EU 28

유럽통합의 이해

이종원 · 윤성원 · 황기식 지음

도서출판 해남

EU 28 유럽통합의 이해

제1판1쇄 인쇄 2014년 6월 2일
제1판1쇄 발행 2014년 6월 5일

저　자 이종원 · 윤성원 · 황기식
발행인 노현철
발행처 도서출판 해남

출판등록 1995. 5. 10 제 1-1885호
주소 서울특별시 서대문구 충정로 38-12 우리타워 6F
전화 739-4822　**팩스** 720-4823
이메일 haenamin30@naver.com
홈페이지 www.hpub.co.kr

ISBN　978-89-6238-075-0　93340

본서는 2014년 KU-KIEP-SBS EU Centre의 지원으로 출판되었습니다.

머리말

지난 60여 년 간 유럽통합은 '확대'와 '심화'를 거듭해 왔다. 일곱 차례 확대를 거쳐 초기 6개국은 28개국으로 늘어났고, 2013년 크로아티아 가입을 계기로 EU의 경계는 이미 동유럽을 거쳐 발칸 지역으로 전진하고 있다. 유로화 가입국 확대도 괄목할 만한 성과이다. EU 경계선 확대만큼의 속도는 아니지만 유로존 초기 12개국의 회원수가 18개국으로 늘어났으며, 대외적으로 전 세계 준비통화량의 27%를 차지하는 주요 국제통화로 자리잡았다.

유럽연합의 외형적 규모가 확대되면서 내부적 거버넌스의 구조나 의사결정 메커니즘 또한 이에 역동적으로 대응하기 시작하였다. 특히, 최근 5~6년간 유럽연합이 시도한 변화는 절박한 현실 인식과 미래 비전에의 염원이 그대로 반영되어 있다. 2009년 발효된 리스본조약은 유럽통합 과정에서 그 동안 규모의 확대에 비해 통합의 심화 정도가 약하다는 비판을 극복하기 위한 특단의 조치였다. EU를 하나의 정치체제로 묶고자 한 리스본조약이 발효되기까지의 과정은 그야말로 드라마틱한 과정의 연속이었다. 2009년 아일랜드의 2차 국민투표 통과로 가까스로 정치통합으로의 첫 단계를 뗀 EU는 글로벌 위기의 후폭풍으로 몰아친 유럽 재정위기라는 엄청난 시련의 과정을 다시 한 번 겪고 있다. 그간의 통합 방식이나 과정에 대한 많은 비판적인 논의가 제기되고 있는 상황이지만, EU 회원국들은 위기를 극복하는 과정을 통해 어느덧 서로에게 벗어날 수 없는 공동운명체가 되어 버렸음을 그 어느 때보다 절감하고 있다.

EU는 내적으로 많은 진통을 겪어 왔지만, 대외적 위상은 상당히 제고되었다. 특히, 한국을 위시한 아시아 국가들에게 적극적으로 다가서고 있다. 한 · 중 · 일 중 상대적으로 가장 소원한 관계였던 한국이 EU의 전략적 동반자가 되었고 아시아 최초의 FTA 체결 대상국이 되었다. 한-EU 관계 50주년을 맞아 양측의 정상들은 '창조경제'의 기치 아래 정치 · 경제 · 사회 및 문화적 교류가 그 어느 때보다도 활발히 전개되고 있다.

본서는 2008년 출판된 『EU 27: 유럽통합의 이해』를 전면적으로 수정 · 보완한 개정판이다. 2014년은 그 동안 힘든 과정을 겪어 온 EU가 제반 분야에서 새로이 목표를 설정하여 진일보하기 시작한 원년이다. 기존에 실행해 왔던 EU의 공동정책을 대대적으로 개편하여 새로이 실행하는 첫 해이자, 유럽의회 직접선거가 치러지고 집행위원회가 새로이 개편되는 해이기도 하다. EU의 제도 및 정책에 대한 가장 최근까지의 현황을 정확히 반영하여 가장 최근의 EU 상황을 생생하고 역동적으로 담아내고자 하였다. 기존판의 부족한 점을 최대한 보완하면서 다년간 대학강단에서의 경험을 바탕으로 학생들이 유럽에 대해 가지는 다양한 관심 분야를 반영하고자 하였다. 그에 따라 통합의 배경, 과정, 정책 분야 및 최근 현황 등 모든 분야를 종합적으로 망라하였다.

본서를 집필하는 과정에서 많은 분들의 도움을 받았다. 『EU 27: 유럽통합의 이해』 출간 당시 큰 도움을 주셨던 한국외국어대학교의 노명환 교수님, 한동대학교의 방청록 교수님, Flor Van de Velde 前 EU 집행위원회 문화담당관님의 기고문은 이번 개정판에서도 귀중한 자료로 활용되었음을 밝히며, 이 자리를 통해 다시 한 번 깊은 감사의 말씀을 드린다. 본서의 발간을 적극적으로 지원해 주신 KU-KIEP-SBS EU Centre 박성훈 소장님을 비롯하여, 김흥종 부소장님, 이재승 부소장님 등 연구소 운영진께도 깊은 감사를 드린다. 어려운 자료수집을 도와 준 동아대학교의 박선화 박사님께도 감사드리며, 차세대 유럽전문가로서 학문적 정진을 기대한다. 또한 출판을 맡아 준 노현철 대표님께도 감사드리며 그의 뛰어난 편집 및 기획능력에 찬사를 보낸다. 이 책의 오류와 미진한 점은 전적으로 저자들의 몫이다.

2014년 5월

유럽의 날(Europe Day)에 즈음하여

공동저자 이종원 · 윤성원 · 황기식 배상

차례

제3장 유럽통합의 이론적 고찰

제4장 EU의 공동정책

제9장 유럽 통화협력의 전개

제10장 유럽 내 기타 경제권역: EFTA와 EEA

제11장 한-EU 관계

약어표

ACP Africa, Caribbean, and Pacific Group of States(아프리카, 카리브, 태평양지역 국가들)
AFSJ Area of Freedom, Security and Justice(자유 · 안전 · 정의의 영역)
AFTA ASEAN Free Trade Area(아세안자유무역지대)
APEC Asia-Pacific Cooperation(아시아-태평양 경제협력체)
ASEF Asia-Europe Foundation(아시아-유럽재단)
ASEM Asia-Europe Meeting(아시아-유럽 정상회담)
BENELUX Belgium, The Netherlands, Luxembourg(벨기에, 네덜란드, 룩셈부르크)
BIS Bank for International Settlement(국제결제은행)
CACM Central American Common Market(중앙아메리카공동시장)
CAP Common Agricultural Policy(공동농업정책)
CCP Common Commercial Policy(공동통상정책)
CEF Connecting Europe Facility(유럽결합기금)
CEN Comité Européan de Normalisation(유럽표준화위원회)
CENELEC Comité Européan de Normalisation Électrotechnique(유럽전기전자표준화위원회)
CET Common External Tariff(공동대외관세)
CFP Common Fisheries Policy(공동어업정책)
CFSP Common Foreign and Security Policy(공동외교 · 안보정책)
CMEA Council for Mutual Economic Assistance(상호경제원조회의(COMECON이라고도 함))
CMO Common Market Organisation(공동시장제도)
CoR Committee of the Regions(지역위원회)
COREPER Committee of Permanent Representatives(상주대표위원회)
CSCE Conference on Security and Cooperation in Europe(유럽안보협력회의)
DG Directorate-General(총국)

EAFRD	European Agricultural Fund for Rural Development(유럽농촌개발농업기금)
EAGF	European Agricultural Guarantee Fund(유럽농업보장기금)
EAGGF	European Agricultural Guidance and Guarantee Fund(유럽농업지도 및 보장기금)
EAP	Environmental Action Programme(환경실행계획)
EaSI	Employment and Social Innovation(고용 및 사회 혁신 프로그램)
EC	European Community(officially known as 'European Communities')(유럽공동체)
ECA	European Court of Auditors(유럽회계감사원)
ECB	European Central Bank(유럽중앙은행)
ECJ	European Court of Justice(유럽사법재판소)
ECOFIN	European Council of Economics and Finance Ministers(경제재무각료회의)
ECSC	European Coal and Steel Community(유럽석탄 · 철강공동체)
ECU	European Currency Unit(유럽통화단위)
EDC	European Defence Community(유럽방위공동체)
EDF	European Development Fund(유럽개발기금)
EDU	Europol Drugs Unit(유로폴 마약단)
EEA	European Economic Area(유럽경제지역)
EEAS	European External Action Service(유럽대외관계청)
EEC	European Economic Community(유럽경제공동체)
EES	European Employment Strategy(유럽고용전략)
EESC	European Economic and Social Committee(유럽경제사회위원회)
EFSF	European Financial Stability Facility(유럽재정안정기금)
EFSM	European Financial Stabilization Mechanism(유럽재정안정 메커니즘)
EFTA	European Free Trade Association(유럽자유무역연합)
EIB	European Investment Bank(유럽투자은행)
EMA	European Monetary Agreement(유럽통화협정)
EMCF	European Monetary Cooperation Fund(유럽통화협력기금)

EMFF	European Maritime and Fisheries Fund(유럽해사어업기금)
EMI	European Monetary Institute(유럽통화기구)
EMS	European Monetary System(유럽통화제도)
EMU	Economic and Monetary Union(경제통화동맹)
EP	European Parliament(유럽의회)
EPC	European Political Cooperation(유럽정치협력체)
EPI	Environmental Policy Integration(환경정책통합)
EPU	European Political Union(유럽정치동맹)
EPU	European Payment Union(유럽지불동맹)
ERASMUS	European Region Action Scheme for the Mobility of University Students(유럽 지역 대학생 교환프로그램)
ERDF	European Regional Development Fund(유럽지역개발기금)
ERM	Exchange Rate Mechanism(유럽환율조정장치)
ERP	European Recovery Programme(유럽부흥계획)
ERP	European Recovery Programme(유럽재건계획)
ESCB	European System of Central Banks(유럽중앙은행제도)
ESF	European Social Fund(유럽사회기금)
ESIF	European Structural and Investment Funds(유럽구조투자기금)
ESM	European Single Market(유럽단일시장)
ESM	European Stability Mechanism(유럽안정 메커니즘)
EU	European Union(유럽연합)
EUA	European Unit of Account(유럽계산단위)
EURATOM	European Atomic Energy Community(유럽원자력에너지공동체(EAEC라고도 함))
EUROPOL	European Police Office(유럽경찰청)
FDI	Foreign Direct Investment(해외직접투자)
FTA	Free Trade Agreement(자유무역협정)

GATS	General Agreement on Trade in Services(서비스에 관한 일반협정)
GATT	General Agreement on Tariffs and Trade(관세 및 무역에 관한 일반협정)
GCC	Gulf Cooperation Council(걸프협력회의)
GDP	Gross Domestic Product(국내총생산)
GNI	Gross National Income(국민총소득)
GNP	Gross National Product(국민총생산)
HA	High Authority(고위 관청)
IBRD	International Bank for Reconstruction and Development(국제부흥개발은행)
IGC	Inter-Governmental Conference(정부 간 회의)
ILO	International Labour Organization(국제노동기구)
IMF	International Monetary Fund(국제통화기금)
JHA	Justice and Home Affairs(사법 및 내무협력)
LLP	Lifelong Learning Programme(평생학습 프로그램)
LTRO	Long-Term Refinancing Operation(저금리 장기 대출)
MCA	Monetary Compensatory Amount(통화보정금)
MERCOSUR	Mercado Comun del Sur(남미공동시장(Common Market of the Southern Cone))
MFF	Multiannual Financial Framework(다년예산안)
NAAEC	North American Agreement on Environmental Cooperation(북미환경협력협정)
NAALC	North American Agreement on Labor Cooperation(북미노동협력협정)
NAFTA	North America Free Trade Agreement(북미자유무역협정)
NATO	North Atlantic Treaty Organization(북대서양조약기구)
OCA	Optimum Currency Area(최적 통화 지역)
OECD	Organization for Economic Cooperation and Development(경제협력개발기구)
OEEC	Organization for European Economic Cooperation(유럽경제협력기구)
OLP	Ordinary Legislative Procedure(보통입법절차)
OSCE	Organization for Security and Cooperation in Europe(유럽안보협력기구)

PIGS	Portugal, Italy, Greece and Spain(유로존 재정위기 국가들)
PJCC	Police and Judicial Cooperation in Criminal Matters(형사 문제에 있어 경찰 및 사법협력)
QMV	Qualified Majority Voting(가중다수결)
RCEP	Regional Comprehensive Economic Partnership(역내 포괄적 경제동반자협정)
RoO	Rules of Origin(원산지 규정)
RQMV	Reverse Qualified Majority Voting(역가중다수결원칙)
SAD	Single Administrative Document(단일행정서류)
SAP	Single Area Payment(단일지역직불제)
SAP	Stabilization and Association Process(안정화 및 연합 과정)
SEA	Single European Act(단일유럽의정서)
SFP	Single Farm Payment(단일농장직불제)
SGP	Stability and Growth Pact(안정 및 성장에 관한 협약)
SLP	Special Legislative Procedure(특별입법절차)
SMP	Securities Market Programme(유로존 자산매입 프로그램)
SOM	Senior Official Meeting(고위관리회의)
SPS	Single Payment Scheme(단일직불제)
TEC	Treaty establishing the European Economic Community(유럽경제공동체조약, 일명 로마조약)
TED	Tenders Electronic Daily(EU 관보)
TEN-T	Trans-European Transport Networks(범유럽 고속통신망)
TEU	Treaty on European Union(유럽연합조약)
TFEU	Treaty on the Functioning of the European Union(유럽연합기능조약)
TREVI	Group Terrorisme, Radicalisme, Extrémisme, Violence Internationale(국제테러주의, 급진주의, 극단주의, 폭력 예방을 위한 협력모임)
TRIPs	Trade-related Aspects of Intellectual Property Rights(무역관련 지적재산권협정)
TSCG	Treaty on Stability, Coordination and Governance in the Economic and Monetary

	Union(EMU의 안정 · 공조 · 거버넌스에 관한 조약)
UN	United Nations(국제연합)
UN/ECE	UN Economic Commission for Europe(유엔유럽경제위원회)
VAT	Value-Added Tax(부가가치세)
WEU	Western European Union(서유럽동맹)
WTO	World Trade Organization(세계무역기구)

EU의 확대

EU는 원래 6개국(벨기에, 프랑스, 독일, 이탈리아, 룩셈부르크, 네덜란드)으로 시작하였다. 1973년 영국, 덴마크, 아일랜드가, 1981년 그리스가, 그리고 1986년에는 스페인과 포르투갈이 합류하였다. 1995년에는 오스트리아, 핀란드, 스웨덴이 참가하여 EU 15개국이 되었다. 2004년 5월부터 체코, 사이프러스, 에스토니아, 라트비아, 헝가리, 몰타, 슬로베니아, 슬로바키아, 리투아니아, 폴란드의 참가로 EU 25개국이 되었다. 2007년 1월에는 불가리아와 루마니아가 가입하였고, 2013년 7월 크로아티아가 가입함으로써 EU 28개국이 되었다.

1952(1958) EU 6

1973 EU 9

1981 EU 10

1986 EU 12

1995 EU 15

2004 EU 25

2007 EU 27

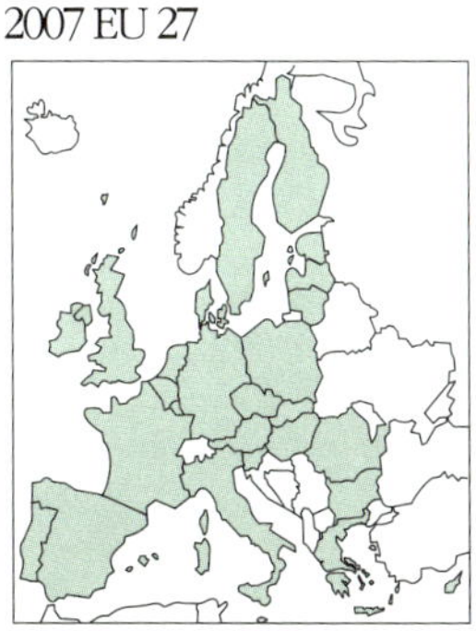

2013 EU 28

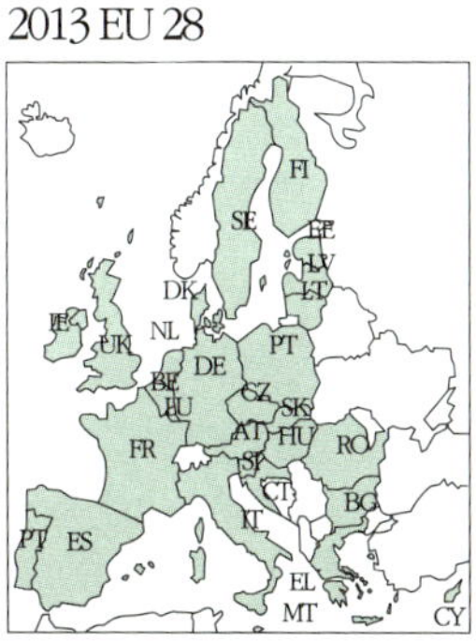

EU의 유로화 사용 지역(2014년 1월 현재)

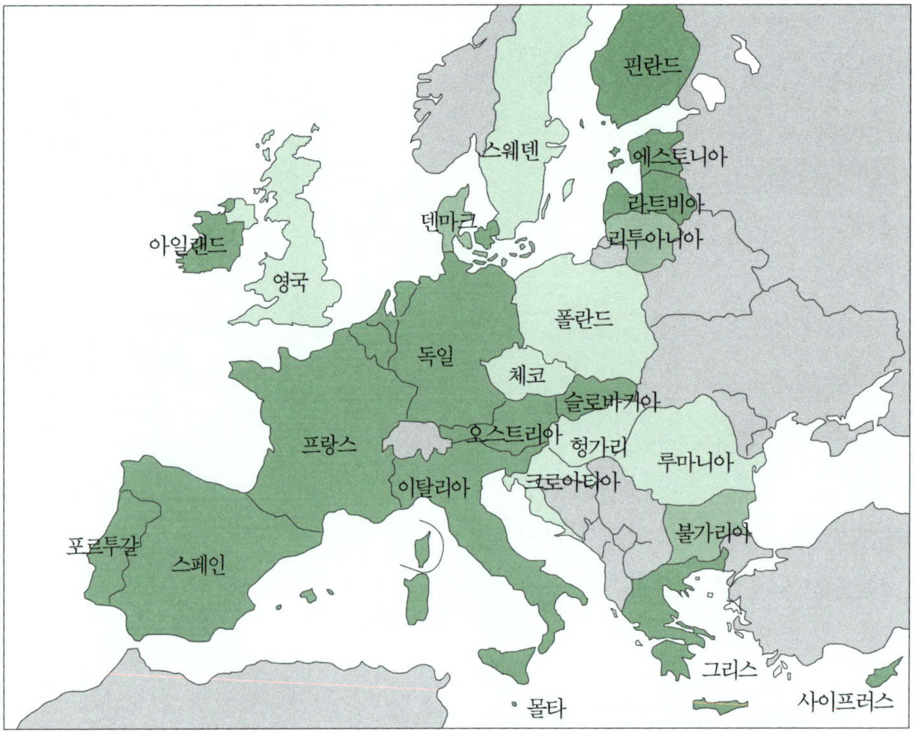

- 유로 지역
- 유로화로 자국 통화 고정
- 자국 통화 사용

EU 주요 기관 소재지

- 집행위원회(European Commission): 브뤼셀 소재, 경제 및 재정, 커뮤니케이션, 교육 및 문화, 정보과학, 통계국 등 일부 총국과 일부 서비스국(인프라 및 물류, 인사행정국, 출판국)은 룩셈부르크에 위치함.
- 각료이사회(Council of the European Union): 각료이사회는 브뤼셀에서 개최함. 단 4, 6, 10월은 룩셈부르크에서 회의함.
- 유럽의회(European Parliament): 매달 열리는 본회의(plenary session)는 스트라스부르(Strasbourg)에서 개최되나 추가 총회와 위원회 일정은 브뤼셀에서 이루어짐. 유럽의회 사무국(Secretariat)은 룩셈부르크에 있음.
- 유럽사법재판소(European Court of Justice), 일반법원(General Court): 룩셈부르크에 위치함.
- 유럽중앙은행(European Central Bank): 프랑크푸르트에 위치함.
- 유럽회계감사원(European Court of Auditors): 룩셈부르크에 위치함.
- 유럽투자은행(European Investment Bank): 룩셈부르크에 위치함.
- 유럽안정화기구(European Stability Mechanism): 룩셈부르크에 위치함.
- 유럽은행감독청(European Banking Authority): 런던에 위치함.
- 기타 기관은 지도 참조

유럽의 구도(2014년 1월 현재)

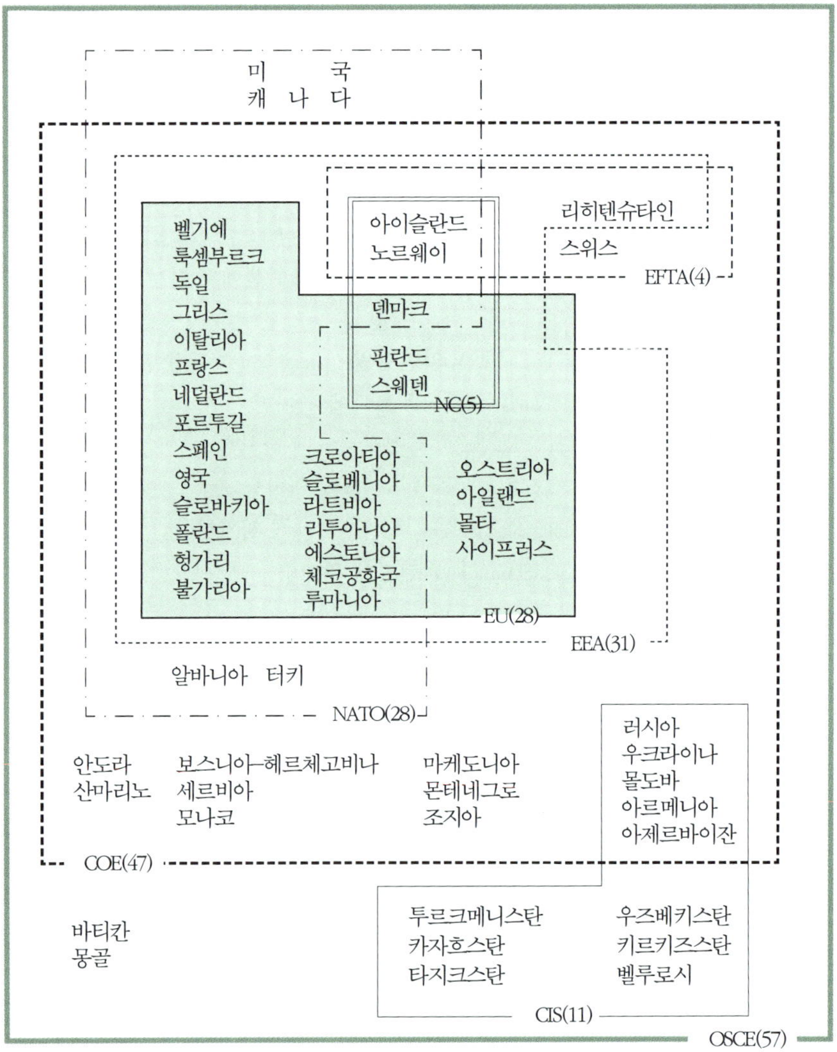

CIS(독립국연합)
EEA(유럽경제지역)
EU(유럽연합)
NC(Nordic Council, 북유럽평의회)
COE(유럽평의회)
EFTA(유럽자유무역연합)
NATO(북대서양조약기구)
OSCE(유럽안보협력기구, CSCE가 전신)

01 유럽통합의 배경과 그 발전

ÍSLAND
NORGE
SVERIGE
SUOMI
FINLAND
EESTI
LATVIJA
LIETUVA
UNITED
KINGDOM
IRELAND
ÉIRE
DANMARK
NEDERLAND
DEUTSCHLAND
POLSKA
BELARUS
RUSSIJA
BELGIË
BELGIQUE
LUXEMBOURG
ČESKÁ
REPUBLIKA
UKRAÏNA
FRANCE
SLOVENSKO
SUISSE
SCHWEIZ
SVIZZERA
ÖSTERREICH
MAGYARORSZÁG
MOLDOVA
SLOVENIJA
ROMÂNIA
HRVATSKA
PORTUGAL
ANDORRA
MONACO
SAN
MARINO
BOSNA I
HERCEGOVINA
BĂLGARIJA
SRBIJA I
CRNA GORA
ESPAÑA
ITALIA
SHQIPËRIA
TÜRKIYE
ΕΛΛΑΔΑ
ELLADA
SOURIYA
MALTA

1.1 유럽의 개념

유럽(Europe)이란 말은 셈계 어원인 '에레브'(ereb)에서 유래된 것으로 전해지고 있는데, 페니키아인이 해가 지는 어두운 서쪽 땅을 가리키기 위해서 사용하였다고 한다. 그 후 이 말은 그리스인에 의해 북방의 야만인 세계를 지칭하는 용어로 그 뜻이 바뀌었다. 그런데 이러한 유럽의 개념이 어느 시기부터는 단순히 지리적 단위뿐만 아니라, 유럽인의 정치적, 경제적 그리고 문화적 동질성을 나타내는 공동체를 의미하게 되었다.

유럽이란 단어는 외부(이슬람, 몽골제국, 터키제국)로부터 침략을 받았을 때 광범위

유럽이란 낱말의 기원과 의미는 무엇인가

헨리쿠스 스테파누스(Henricus Stephanus)는 유럽(Europe)의 의미에 대해서 말하기를 유리오피스(Euryopis)와 유사한 뜻으로 '넓은 시야를 가진 것'을 의미하며, 'ope'를 어미로 갖는 모든 단어처럼 여성의 이름이라고 하였다.

고대 그리스의 신화에서도 유럽의 기원을 찾아볼 수 있다. 폼페이 벽화에 그려진 「유럽의 납치」는 대표적이다. 이에 따르면, 유럽은 페니키아(Phoenicia) 왕 아제노르(Agenor) 또는 피닉스(Phoenix)의 어여쁜 딸이었다. 공주 유럽은 황소로 변장한 제우스(Zeus) 신에 의해 크레타(Creta) 섬으로 납치되어 그 곳에서 왕비가 된다.

유럽의 기원을 밝히는 나무도 있다. 그리스의 크레타 섬에 있는 고르틴(Gortyne) 유적지에는 잎이 떨어지지 않는 플라타너스(platanus orientalis) 한 그루가 우뚝 서 있다. 이 나무에는 "신화: 황소의 모습을 한 제우스가 유럽을 납치해서 이 나무 아래로 데려왔다. 그들의 결합으로부터 미노스(Minos)가 태어났다"는 표지판이 있다.

3500년 전에 벌어진 것으로 되어 있는 이 사건이 없었다면 오늘날 유럽은 분명 다른 이름으로 불렸을 것이다.

빼어난 자태의 황소로 변장한 올림푸스(Olympus)의 왕, 제우스의 마음을 사로잡았던 아름다운 처녀 유럽은 그 후 기독교 서유럽 사회의 어머니가 되면서 세계의 중심으로 부상한다.

그리고 찬란한 문명만큼 부끄러운 흔적도 남겼다. 민주주의, 산업혁명, 계몽주의 철학, 휴머니즘, 인권이 유럽 문명의 밝은 면이라면, 종교재판, 제국주의, 식민주의, 나치즘, 스탈리니즘 등은 그 어두운 이면이다.

출처: 장홍, 『아름다운 처녀 유럽』, 백산서당, 1997.

하게 사용되었다. 외부로부터의 침입을 받지 않았을 때는 그 개념이 유럽 사회에서 약화되었다고 한다.

1. 2 유럽통합 사상의 진전

우리에게 익숙한 근세의 유럽이란 뜻은 몽테스키외(Baron de Montesquieu)[1]나 발레리(Paul Valéry)[2]가 이야기하는 대로 지리적 표현에 불과한 것처럼 느껴진다. 그러나 거슬러 올라가 보면 유럽의 문명사가 및 지성인에게 유럽은 지리적 표현 이상의 의미를 가져왔다.

최초의 유럽동맹안은 1306년 프랑스 법조인이자 외교관이었던 뒤부아(Pierre Dubois)가 제안하였는데, 그는 프랑스 국왕이나 교황이 최고의 심판관이 되어 각 군주를 중재하여 하나의 유럽 통일에 도달할 수 있다고 생각하였다. 뒤부아 이후 약 3세기 동안 유럽통합에 대한 새로운 제안은 거의 없었다. 1623년 크루세(Emeric Crucé)는 파리에서 출간된 『만인에 의한 무역의 자유와 평화를 위한 방법에 관한 강좌』(Nouveau Cynée ou Discours d'Estat représentant les occasions et moyens d'establir une paix générale et la liberté de commerce pour tout le monde)에서 최초로 이 국가들과의 무역을 통한 통합 가능성을 강조함으로써 유럽통합의 새로운 가능성, 즉 비기독교적인 형태의 통합 방향을 제시하였다.

17~18세기에 들어서면서 계몽주의와 혁명을 통해 유럽 사회에는 일대 변혁이 일어나며, 유럽 이념의 내용과 위상도 변화를 맞게 된다. 즉, 인간가치(humanity), 자연권(natural right), 대표정부(representative government) 그리고 연방주의(federalism)에 대한

1) 몽테스키외는 "유럽이란 몇 개의 지방으로 구성되어 있는 하나의 국가"라고 언급하였다.
2) 발레리는 "유럽이란 그저 모여 있는 지역"이라고 하였다.

개념이 새로이 등장하였다. 이러한 가치와 원칙이 실현 · 보장되기 위해서는 유럽 공동체의 구현이 필수적이라고 당시 많은 지식인들이 주장하였다. 유럽인은 유럽이 인종적 · 언어적인 다양성에도 불구하고 상당한 정도의 정신적 · 지적인 단일성을 나타내고 있다고 인식하였다. 이 시기에 이르러 유럽을 강조하는 다양한 종류의 사상이나 감정 표현은 루소(Jean-Jacques Rousseau)나 칸트(Immanuel Kant)와 같은 사상가의 저작뿐만 아니라 많은 평범한 작가의 주제가 되었다.

17세기 후반 유럽의회의 창설을 주장하였던 영국의 철학자 윌리엄 펜(William Penn)과 세력균형 원리에 입각하여 유럽공동체를 제안한 쉴리 공(公)(Duke of Sully), 그리고 18세기 유럽 상원의 창설을 제안한 생피에르(Abbé de Saint-Pierre)와 루소 등도 유럽통합 사상을 주창한 대표적 인물로 들 수 있다. 그러나 이들의 '하나의 유럽'에 대한 염원은 당시로서는 하나의 이상에 머물고 말았다.

19세기 산업혁명 이후 과학과 기술의 발달로 인해 산업과 운송이 많은 영향을 받았다. 그 결과 종래 주권국가의 국경선 개념이 변화하기 시작하였다. 과학, 기술, 대규모 산업화는 도시화를 촉진시켰고, 도시 간 의존도를 심화시켰다. 그 밖에도 미국과 스위스에서 뿌리내린 연방주의 원칙, 그리고 독일에서 창설된 관세동맹(Zollverein)은 유럽 이념을 추구하는 사람에게 훌륭한 사례가 되었다. 위고(Victor Hugo)[3]는 유럽 이념의 실현체로서 '유럽합중국'(United States of Europe)이라는 말을 최초로 사용하였으며, 이를 본떠 후에 『유럽합중국』이라는 잡지가 발간되기도 하였다.

제1차 세계대전 후 결성된 국제연맹이 점점 그 기능을 상실해 감에 따라 연방주의에 입각한 유럽통합의 움직임이 다시 고개를 들기 시작하였다. 이러한 초창기 움직임의 대표적인 인물이 쿠덴호페-칼레르기(R. Coudenhove-Kalergi)이다. 그는 1923년에 출판한 『범유럽』(*Pan-Europa*)이라는 책에서 미국과 유사한 형태의 연방제를 구상할 것을 제안하였으며, 각국의 의회가 어느 정도까지는 자국의 주권을 포기할 것이

3) 1848년 빅토르 위고는 "유럽대륙의 모든 나라가 형제애로 뭉칠 때가 올 것이다. …대서양을 사이에 두고 미국과 유럽합중국이 서로 얼굴을 맞대는 날이 올 것이다"라고 말하였다.

라고 믿었다. 그는 이어서 같은 해에 범유럽운동(Pan-Europa Movement)을 창시하여 자신의 이상을 대중에게 확산시키고자 시도하였으며, 실제로 상당한 성공을 거두었다.

그의 사상은 체코슬로바키아의 외무장관인 베네시(Edvard Beneš), 프랑스 외무장관인 브리앙(Aristide Briand), 그리고 프랑스 총리인 에리오(Édouard Herriot) 같은 몇몇 저명한 정치가에게 영향을 미쳤고, 후에 이들은 범유럽운동에 참여하게 되었다. 이 운동에 참여한 다른 이들 중에는 아데나워(Konrad Adenauer), 퐁피두(Georges Pompidou), 그리고 이탈리아의 스포르차(Carlos Sforza)처럼 1945년 이후의 유럽통합사에 깊이 새겨질 인물들도 있었다.

이와 같은 범유럽운동에 대한 적극적인 참여에 힘입어 유럽관세 · 경제동맹(1926)과 유럽화합연맹(Fédération pour l'Entente européenne, 1927) 등의 설립이 제안되었다. 또 1927년에는 프랑스의 루이 루쇠르(Louis Loucheur) 장관이 석탄 · 철강 및 곡물 부문에서 카르텔을 형성할 것을 주창함으로써 20여 년 후인 1950년에 있을 슈만(Robert Schuman)의 제안을 예고하였다.

그 이후에도 많은 사람이 연방주의적 접근의 통합을 시도하였다. 1930년에 프랑스의 유럽관세동맹(L'Union douanière européenne)과 유럽의회동맹(European Parliamentary Union)안, 바젤(Basel)에서 1933년에 개최된 유럽동맹운동(Europa-Union Movement) 그리고 1938년 영국의 연방제동맹(Federal Union)안 등이 그 대표적인 예이다. 그러나 이러한 모든 시도는 독일의 무력에 의한 침공으로 더 이상 추진되지 못하였다.

1.3 제2차 세계대전 이후 유럽통합의 배경

유럽통합에 관한 체계적 제안은 14세기 초부터 있어 왔지만, 구체적인 유럽통합 노력은 양차 세계대전이 끝난 1945년 이후 시작된 것으로 볼 수 있다.

전후 통합을 향한 유럽의 노력은 다음 세 가지에서 그 원인을 찾을 수 있다. 첫째, 자신의 무력함을 깨달은 유럽의 자각이다. 전후 유럽은 더 이상 세계무대의 주역이 아니었으며, 그 자리는 미국과 소련이라는 두 수퍼 파워에 의해 대체되었다. 두 강대국과는 달리 유럽은 군사적 · 정치적 · 경제적으로 분할된 힘 없는 소국 집단일 뿐이었다. 둘째, 다시는 전쟁을 하지 않겠다는 확고한 신념이다. 유럽은 두 번의 큰 전쟁을 치른 쓰라린 경험을 통해 유럽이 다시는 전쟁터가 되어서는 안 되겠다는 것을 절감하였다. 셋째, 보다 자유롭고 잘 사는 세상을 만들기 위한 바람이다. 즉, 유럽통합의 배경에는 정치, 경제, 안보 등 제 요인이 모두 고려되었다.

정치학자인 벌머(Simon Bulmer)는 유럽통합과 협력의 주역을 연방주의자, 기능주의자, 민족주의자 그리고 외부행위자 등 네 부류로 나누고 있다.[4)]

첫째, 연방주의자(federalist)는 전후 유럽의 구도를 민족 국가에서 민주주의적 방식의 유럽연방으로 대체하려 하였다. 이 구상은 유럽저항운동(European resistance movement)에 뿌리를 두고 있었으며, 1944년 7월 스위스 제네바에서 연방주의자는 성문헌법에 의한 유럽연방질서의 구상을 입안하였었다.[5)]

두 번째 주역은 기능주의자(functionalist)이다. 이들은 연방주의자와 마찬가지로 유럽대륙에서 수적으로는 많았지만, 전자와 같은 조직을 가지지 못하였다. 기능주의자는 연방주의자와 같은 목표를 가지고 있었지만, 목표의 실현에서는 실용적인

4) Simon Bulmer, *History and Institutions of the EU in the Economics of the European Union*, edited by M. J. Artis and N. Lee, Oxford Univ. Press, 1994, pp. 8~9.

5) 제네바회의의 보고서에 관해서는 다음을 참조. 노명환, 『유럽통합사』, 대한교과서, 1994, p. 13.

접근방법을 택하였다. 그들은 정치적인 목적 달성의 시발점으로서 경제협력의 필요성을 자각하였다. 프랑스인 모네(Jean Monnet)는 이 분야에서 가장 뛰어난 인물이었다. 특히, 베네룩스(Benelux) 3국 또한 이 접근 방식을 선호하였다. 벨기에, 네덜란드 그리고 룩셈부르크 3국의 망명정부는 이미 1944년까지 베네룩스관세동맹(Benelux Customs Union)을 창설할 것에 합의하였다.

세 번째 범주에 포함되는 주역은 민족주의자(nationalist)들이다. 이들은 주로 영국과 스칸디나비아, 아일랜드 그리고 스위스 등에 분포되어 있었다. 이들은 통합에 부정적이지는 않았지만 그렇다고 적극적으로 지지하는 것은 아니었다. 다만, 주권국가 간 협력(cooperation)의 성격이 짙은 일부 유럽 기구에는 참여하고자 하였다.

마지막으로 중요한 범주로 외부행위자(external actor)를 들 수 있다. 미국의 정치 엘리트가 대표적인 예이다. 당시 미국은 재정적 · 정치적 원조를 통하여 유럽 협력 내지는 유럽통합을 지원해 주었다. 예를 들면, 마셜플랜(Marshall Plan)으로 알려진 유럽재건계획(European Recovery Program: ERP)은 전후 유럽의 경제재건에 주요한 역할을 하였다. 그뿐만 아니라 미국은 북대서양조약기구(North Atlantic Treaty Organisation: NATO)라는 안보의 틀을 확립함으로써 유럽에서의 경제통합이 가능하도록 해주었다.

1. 4 서유럽에서의 협력과 통합

1947년 UN에 의하여 최초로 범유럽 차원에서 유럽경제위원회(Economic Commission for Europe)가 시도되었으나, 미국과 소련을 정점으로 한 동서 냉전으로 그 노력은 무위로 끝났다. 후에 동유럽은 소련의 주도로 상호경제원조회의(Council for Mutual Economic Assistance: CMEA)를 결성하였다.

반면에 미국은 냉전의 분위기 하에서 전(全) 유럽의 협력과 통합이 어려워지자,

서유럽의 개발에 주력하였다. 미국은 또한 공산주의 확대를 저지하기 위하여 자유와 독립의 유지에 노력하며, 소수에 의한 정부 지배를 거부하는 의사를 가진 세계 여러 나라에 대하여 군사적 · 경제적 원조를 제공한다는 내용의 '트루먼선언'(Truman Doctrine)을 발표하였다. 미국 행정부는 만일 유럽의 민주주의가 건실한 경제에 기반을 둔다면 트루먼선언의 목표가 달성될 것이라고 생각하였다. 이의 수행을 위한 마셜플랜이 1947년 6월에 발표되었다.

마셜플랜에 비교될 수 있는 안보상의 중요한 역사적 사건은 1941년의 대서양헌장(Atlantic Charter) 발표이며, 이 헌장에 의하여 서유럽 안보기구인 NATO가 1949년 4월 서명되었다. 미국은 이 기구의 설립 과정에서도 주도적인 역할을 하였다.

미국의 지도력은 유럽 내에만 국한된 것이 아니었다. 국제통화기금(International Monetary Fund: IMF)과 국제부흥개발은행(International Bank for Reconstruction and Development: IBRD) 설립 기반인 브레튼우즈협정(Bretton Woods Agreement)이 미국의 주도로 1944년에 서명되었으며, 무역자유화를 위한 관세 및 무역에 관한 일반협정(General Agreement on Tariffs and Trade: GATT)이 1947년 10월에 창설되었다. 서유럽의 주요 국가는 모두 IMF와 GATT의 가맹국이었으므로, 양대 기구의 경제원리는 서유럽의 경제협력에 상당한 영향을 미쳤다.

유럽에서 최초의 경제통합 사례는 공동대외관세를 채택한 베네룩스관세동맹이다. 이 동맹은 1948년 1월 1일 벨기에, 네덜란드, 룩셈부르크 3개국 간에 성립되었다. 19세기 중엽에 체결된 독일관세동맹(Zollverein)이 리스트(F. List)의 분류에 의하면 보호주의적 성격을 가졌던 것과는 달리, 베네룩스관세동맹은 시장의 확대에 중점을 두었다. 따라서 베네룩스는 후에 창설된 유럽경제공동체(European Economic Community: EEC)의 모델이 될 수 있었다.

서유럽에서 광역경제협력이 본격적으로 시작된 것은 유럽경제협력기구(Organisation for European Economic Cooperation: OEEC)의 설립과 때를 같이 한다. OEEC는 마셜플랜에 의해 제공된 미국의 원조를 유럽 재건에 효율적으로 사용하고, 관세를 감면시키기 위한 목적을 가지고 있었다. 이 목적은 미국의 원조에 대한 요구조건이

기도 하였다. 초기 유럽 국가의 유동성 부족을 타개하기 위하여 1950년 OEEC 산하에 유럽지불동맹(European Payment Union: EPU)과 같은 유럽 내 지불협정이 체결되었다. OEEC는 자신의 업무를 성공적으로 달성한 후, 1961년에 경제협력개발기구(Organization for Economic Cooperation and Development: OECD)로 대체되었다. 그 후 OECD는 유럽 기구로부터 미국, 캐나다 등을 포함한 국제기구로 성격이 바뀌었다.

OECD는 유럽 재건에 경제적으로 이바지하였을 뿐만 아니라 초국가협력이라는 정치적인 의미를 남겼다. OEEC로부터 초국가통합의 가능성을 발견한 프랑스에 의해 슈만플랜이라는 이름의 독 · 불(獨 · 佛) 공동계획이 제안되었다. 제2차 세계대전 당시 철강과 석탄은 주요한 전략물자이었으므로 연합군 측은 전후 독일의 루르(Ruhr) 지방에서의 철강과 석탄 생산을 통제하였다. 전후 독일 경제의 재건을 위해서는 이 지역에서의 철강 · 석탄 생산이 허용되어야 하겠지만, 이것은 자칫 또 다른 전쟁을 일으킬 위험을 가지고 있었으므로 독일 측에 허용해 줄 수 없었다.

당시 프랑스 관료였던 모네가 모네플랜(Monnet Plan)이라는 이름으로 이 문제의 해결을 위한 방안을 제안하였다. 그 내용은 철강 · 석탄 공동시장을 만들고, 초국가적 기구가 이 공동시장을 공동관리하자는 것이다. 그렇게 함으로써 참가국은 이 생산물에 대한 균등한 기회를 가지며, 아울러 참가국 사이에 일체의 무역장벽이나 차별이 없어지게 된다.

모네는 이 제안을 당시 외무장관인 로베르 슈만(Robert Schuman)에게 하였고, 슈만 장관은 1950년 5월 9일 프랑스 외무성(Quai d'Orsay)에서 공식적으로 선언하였다. 물론 그 배경에는 독일 아데나워(Adenauer) 총리의 즉각적인 수락이 있었다. 이탈리아와 베네룩스 3국은 이 계획에 참여하기로 결정하였지만, 영국은 참여 초청을 거절하였다. 6개국은 1951년 4월 유럽석탄 · 철강공동체(European Coal and Steel Community: ECSC) 창립을 위해 파리조약(Treaty of Paris)에 서명하였다. ECSC의 등장은 통합주의자의 승리를 의미하였으며, 독일은 경제적 이익을 얻었을 뿐 아니라 동등한 조건으로 다시 국제무대에 참여할 수 있게 되었다.

당초 ECSC의 설립은 철강 · 석탄 부문에서 공동시장을 실현한다는 경제적 취지

뿐만 아니라 각종 중무기(重武器)와 원료의 생산 · 소비 · 유통 등 전 부문에 걸쳐 시장통합을 추진함으로써 서유럽 주요 국가 간 전쟁을 미연에 방지하자는 정치 · 군사적 목적도 동시에 있었다.

6개국 정부는 1952년 5월 유럽방위공동체(European Defence Community: EDC) 창설에 서명하였으나, 1954년에 유럽군에 대한 서독의 참여조건에 불만을 가진 프랑스 의회의 비준 거부로 이 안은 좌절되었다. EDC의 실패는 독일을 국가 단위로 재무장하는 결과를 가져왔으며, 1954년 10월에는 NATO에까지 가입하기에 이르렀다.

그 후 베네룩스 3국은 1955년 공동시장 형성을 제안하였으며, 이들의 경제통합의 궁극적 목표는 정치단일체 형성에 있었다. 공동체 형성안은 ECSC 6개국이 받아들였으며, 이를 위해 1955년 6월 이탈리아 메시나(Messina)에서 외무장관 간 모임을 가졌는데, 거기에서 벨기에 외무장관인 스파크(Paul-Henri Spaak)를 준비위원장으로 임명하였다. 이 위원회는 EEC와 유럽원자력에너지공동체(European Atomic Energy Community: EAEC 또는 Euratom)를 탄생시킨 로마조약(Treaty of Rome, 1957년 3월 25일 서명)의 초안을 작성하였다. 그 후 이 조약은 6개국 의회에서 비준을 얻어 1958년 1월 1일부터 발효되었다.

영국은 주권 침해를 우려하여 초국가적인 성격을 가진 EEC 창설에 불참하기로 결정하고, 6개국의 관세동맹에 대항해 비(非)EEC 국가를 설득하여 초국가적 성격을 갖지 않는 자유무역지역인 유럽자유무역연합(European Free Trade Association: EFTA)[6)]을 스톡홀름협약을 통해 설립하였다. 이로써 서유럽은 EEC 6개국(Inner 6)과 EFTA 7개국(Outer 7)으로 양분되는 양상이 되었다. 그러나 EEC의 성공적인 진전을 직시한 영국은 EEC에 가입하는 것이 자국에 유리하다는 판단을 내려 가입 신청을 냈지만, 프랑스 드골(Charles de Gaulle) 대통령이 1963년과 1967년에 각각 거부하였다.

EEC, ECSC, Euratom 세 공동체는 1967년 7월 1일부터 공동체의 제 기관이 통합되어 EC(European Community 또는 European Communties)라고 총칭되었다. 그러나 EEC란 이

6) 창설 회원국은 오스트리아, 덴마크, 노르웨이, 포르투갈, 스웨덴, 스위스, 영국의 7개국이다.

름은 그대로 남아 때로는 EC 대신 EEC로 쓰이기도 한다.[7] 그 후 EC는 1973년에 영국, 덴마크, 아일랜드를, 1981년에 그리스를, 1986년에 스페인과 포르투갈을 가입시켜 12개국으로 확대되었다.

1986년 2월 단일유럽의정서(Single European Act: SEA)가 채택되었고, 이 의정서는 1987년 7월부터 발효되었다. SEA는 로마조약을 일부 개정한 것으로 공동체의 정책과 기구 조항을 발전적으로 변경하였다(유럽정상회의의 정례화, 의회의 기능 강화, 정치협력의 제도화 등). SEA의 주요 목표는 1993년 1월부터 유럽 단일시장을 출범시키는 것이었다. 이를 위하여 EC는 물리적 · 기술적 · 세제적 장벽에 관한 282개의 입법계획을 추진하였다.

단일시장이 아직 정식으로 출범하기 전인 1991년 12월 네덜란드의 마스트리히트(Maastricht)에서 회원국 12개국 정상은 유럽연합조약(Treaty on European Union: TEU 또는 Treaty of Maastricht)에 관하여 포괄적인 합의를 보았다. TEU는 기존 조약을 체계적으로 수정 · 확대한 것이다. TEU는 12개국의 비준을 얻은 후 1993년 11월부터 발효되었다. 새로운 TEU의 구성은 신전(神殿)에 비유되는데, 광범위한 공동목표를 지붕으로 하고 세 개의 기둥(기존 세 개의 공동체에 의한 EC의 여러 가지 활동, 공동외교안보정책, 사법 및 내무 업무)으로 구성되어 있다.

TEU는 공동결정권(co-decision)을 도입하여 유럽의회(European Parliament)의 기능을 강화시켰으며, 공동외교 및 안보, 내무 및 사법 분야(비자, 이민 등)에서의 협력을 강화시켰으며, 그 밖에 환경과 사회 등 제반 분야 정책의 법적 근거도 마련하였다. 공동체 시민권에 대한 개념도 법적으로 명시하였다.

경제통화동맹(Economic and Monetary Union: EMU)과 관련하여, TEU는 들로르보고서(Delors Report)에 기초하여 로마정상회의에서 합의한 대로, EMU를 3단계로 나누어 시행할 것을 명시하였다. 이에 따라 1990년 7월 1일부터 1단계가, 1994년 1월 1일부터 2

7) 통합조약(Merger Treaty)은 1965년 4월 8일 브뤼셀에서 서명되어 1967년 7월 1일부터 발효하였다. 통합조약은 세 공동체 자체를 통합한 것이 아니라, 고등관청(High Authority)과 두 위원회(Commissions)를 하나의 위원회로, 그리고 세 이사회(Councils)를 하나의 이사회로 통합시킨 것뿐이다.

EU 확대 출범, 그 기대와 현실

최근의 통합작업이 유럽 시민의 의사를 무시한 채 정치지도자들이 자의적으로 몰아가고 있다는 비난의 목소리가 내부에서 흘러나오고 있다. "EU 확대 출범이 우리에게 무슨 이익을 줄 수 있을 것인가?" 라는 질문에 상당수의 시민이 이를 달갑지 않게 평가하고 있다는 것을 말한다.

내용은 다소 다르지만 기존 회원국과 신규 회원국 시민들이 공통적으로 비난 또는 회의적으로 생각하고 있다는 점에서 일치한다. 이는 동 · 서유럽 간의 경제적 격차가 워낙 커 경제통합으로 시너지 효과를 발휘하기 어렵다는 지적으로 이해된다.

일반적으로 단일시장이라고 함은 재화 · 노동 · 자본 · 서비스의 자유로운 이동이 보장되어야 하는데, 그 중 노동의 자유로운 이동에 대한 갈등이 심각한 것으로 보인다. 서유럽의 시민들은 동유럽 노동자들이 대거 유입되어 자기 일자리를 빼앗아 가지 않을까 하는 우려를 하였다. 따라서 EU의 재가를 얻어 최대 7년까지 자국 노동시장을 통제할 수 있는 길을 열어 놓은 데 대한 신규 회원국들의 불만이 만만치 않다.

일부 서유럽 회원국들은 자국에 진출해 있던 외국 기업이나 자국 기업들의 동진(東進) 러시에 떨떠름하다. 실업률을 더욱 부채질할 수 있기 때문이다. 같이 잘 살아 보자는 통합인데, 당장 자기의 앞날을 걱정해야 하는 처지로 전락할 수도 있다는 경계심이 확대되고 있다.

신규 회원국 시민들은 물가앙등을 우려한다. EU 가입이 물가만 상승시키고 자신들의 수입이 이를 못 따라가 주머니 사정이 좋지 않아질 것이라는 걱정이다. 중소기업들은 서유럽 기업들의 입성으로 마침내 자신들의 설 자리를 잃어 도산하고 말 것이라는 불안에 떨고 있다. 경제적으로 이익을 주기보다는 오히려 손해를 끼칠 공산이 더 크다는 것에 대체적으로 우려하고 있는 양상이다.

출처: Digital KOTRA.

단계가 시행되었었고, 3단계는 1999년 1월 1일부터 실시되었다. 1998년에 유럽중앙은행(European Central Bank: ECB)이 설립되었고 공동화폐인 유로(euro)가 1999년부터 은행 업무에 사용되기 시작하였으며, 2002년부터는 본격적으로 시중에 유통되었다. 영국과 덴마크 두 나라에는 이 단계에 대한 '선택적 불참'(opt-out)이 인정되어 현재까지도 유로화를 사용하지 않고 있다.

1995년 1월 1일자로 EFTA 회원국 중 오스트리아, 스웨덴, 핀란드 3개국이 새로이 EU에 가입하였으며, 이 국가들도 가입시 TEU를 준수하여 EMU 3단계에 참가하였다(단, 스웨덴은 가입할 때부터 2014년 1월 현재까지 유로를 채택하고 있지 있음). 2004년 5월 1일자로 지중해 2개국(사이프러스, 몰타)과 동유럽 8개국(체코, 에스토니아, 라트비아, 헝가리,

EU의 공식 언어

EU에서는 공식적으로 24개의 언어가 사용되고 있는데, 다음과 같다.

불가리아어	프랑스어	몰타어	크로아티아어
독일어	폴란드어	체코어	그리스어
포르투갈어	덴마크어	헝가리어	루마니아어
네덜란드어	아일랜드어	슬로바키아어	영어
이탈리아어	슬로베니아어	에스토니아어	라트비아어
스페인어	핀란드어	리투아니아어	스웨덴어

유럽통합 초기의 공식 언어는 네덜란드어, 프랑스어, 독일어, 이탈리아어였다. 더 많은 유럽 국가들이 EU 회원국으로 가입함에 따라, EU의 공식 언어수도 증가하였다. 그러나 일부 국가들은 다른 국가들과 동일한 언어를 사용하기 때문에 공식 언어의 수는 회원국의 수보다는 적었다.

집행위원회는 모든 EU 시민들이 어떤 공식 언어로든지 간에 모든 EU의 문서에 접근할 수 있을 뿐만 아니라, 원하는 공식 언어로 EU 측에 제안하고 답변을 받을 수 있어야 함을 원칙으로 하고 있다.

집행위원회에는 1,750명의 번역사와 600명의 지원 인력이 근무하고 있어 세계에서 가장 큰 번역 서비스를 제공하는 조직이라 할 수 있다. 또한 600명의 풀타임 통역사와 3,000명의 프리랜서 통역사도 근무한다.

그러나 비용 절감 차원에서 집행위원회는 현재 영어, 프랑스어, 독일어를 핵심 언어로 사용하고, 나머지 21개 공식 언어에 대해서는 그에 상응하여 활용하는 정책을 만드는 과정에 있다.

출처: EU 집행위원회, Languages: Supporting language diversity in Europe (http://ec.europa.eu/languages/policy/language-policy/official_languages_en.htm).

슬로베니아, 슬로바키아, 리투아니아, 폴란드)이 추가로 가입하여 EU는 25개 회원국으로 확대되었다. 그 후 불가리아와 루마니아가 2007년 1월 1일자로 가입하여 27개국으로 확대되었으며, 가장 최근에는 2013년 7월 1일자로 크로아티아가 가입하였다. 2014년 1월 현재 EU는 총 28개의 회원국을 가지고 있다. 마케도니아, 세르비아, 아이슬란드, 몬테네그로, 터키 5개국은 가입후보국으로 현재 EU와 협상 중에 있다.

확대(widening)와 심화(deepening)를 거듭해 온 EU는 주변 유럽 국가뿐만 아니라 아프리카, 아시아 및 미주 국가 등과 다양한 대외협력 관계를 맺어 왔다. EU의 대외협력 관계 중 특히 주목할 것은 EFTA 국가와 시장통합 수준의 유럽경제지역(European Economic Area: EEA)협정을 체결하고, 이 협정을 1994년 1월부터 발효시켰다는 것이다.

EEA는 원래 EU 12개국과 대부분 EFTA(노르웨이, 스웨덴, 핀란드, 오스트리아, 아이슬란드) 국가 사이에 상품 · 서비스 · 자본 그리고 노동의 자유로운 이동을 보장하기 위해 마련된 광역 유럽경제지역이다. EEA에 참가하는 EFTA 국가는 단일유럽시장에 관한 대부분의 EU 입법사항을 준수하고 더 나아가 공동체 내의 낙후된 지역을 지원하기로 하였다. EEA에 참가하는 EFTA 4개국(오스트리아, 핀란드, 노르웨이, 스웨덴)은 1994년 3월 EU 가입이 결정되었고, 노르웨이(1972년과 1994년에 있었던 국민투표에서 EU 가입에 대한 비준이 거부됨)를 제외한 3개국은 1995년 1월 정식으로 EU에 가입하였다. EFTA 회원국은 EU에 가입함과 동시에 EFTA를 탈퇴하여야 하기 때문에 2014년 1월 현재 EEA 체제에 남아 있는 EFTA 국가는 노르웨이, 아이슬란드, 리히텐슈타인[8] 3개국뿐이다(스위스는 EFTA에 가입되어 있지만 EEA에는 속하지 않음).[9] 이로써 다자간 틀로 시도되었던 EEA는 그 법적 의의를 크게 상실한 것으로 보인다(EFTA와 EEA에 관한 보다 자세한 사항은 제10장 참조).

8) 리히텐슈타인은 1995년 4월의 두 번째 국민투표에서 EEA 가입을 결정하였다.
9) EFTA 4개국 중 스위스는 1992년 12월 6일 국민투표에서 EEA협정 가입을 부결시켰다.

02 EU의 주요 기관과 권력분점형 이중의사결정

NORGE
SVERIGE
SUOMI
FINLAND
EESTI
LATVIJA
LIETUVA
DANMARK
UNITED
KINGDOM
IRELAND
ÉIRE
NEDERLAND
BELGIË
BELGIQUE
LUXEMBOURG
DEUTSCHLAND
POLSKA
BELARUS
RUSSIJA
UKRAÏNA
ČESKÁ
REPUBLIKA
SLOVENSKO
FRANCE
SUISSE
SCHWEIZ
SVIZZERA
ÖSTERREICH
MAGYARORSZÁG
MOLDOVA
ROMÂNIA
SLOVENIJA
HRVATSKA
BOSNA I
HERCEGOVINA
PORTUGAL
ANDORRA
MONACO
SAN
MARINO
ESPAÑA
ITALIA
BĂLGARIJA
SHQIPËRIA
ΕΛΛΑΣ
ELLADA
TÜRKIYE
SOURIYA
ΚΥΠΡΟΣ
KYPROS
KIBRIS
LIBNAN
MALTA

2.1 유럽연합(EU)의 정의

유럽연합(European Union: EU)[1]은 종래 유럽공동체(European Community: EC)가 가지는 경제와 관련된 기능에 추가하여 외교·안보와 내무·사법 분야를 포괄적으로 관장한다. 유럽연합은 EU를 공식적으로 "통합된 유럽 건설에 동참하는 국가 사이의 특별한 관계"로 정의하고 있다.[2]

EU와 EC

European Union(유럽연합)과 European Community(유럽공동체)를 나타내는 용어는 혼동스럽게 사용된다. 각각의 조약에 근거를 둔 세 개의 유럽공동체(European Communities)–ECSC(European Coal and Steel Community), Euratom(European Atomic Energy Community), EC(European Community)– 각각의 조약에 근거를 두고 설립되었는데, 이 중 ECSC조약은 2002년 7월에 끝났으며, 그 임무는 EC로 이양되었다. EC는 법률이 입법 절차에 의해 채택되며, 회원국 법원과 유럽사법재판소에 기초를 둔 법제도가 시행되며, 역내에서의 통일된 법적용과 법해석이 보장된다.

1992년 서명된 유럽연합조약(Treaty on European Union, 일명 마스트리히트조약)에 의거 EU가 설립되었다. EU는 기존의 공동체들과 추가적인 두 개의 기둥(공동외교안보정책과 경찰 및 형사 문제 협력)을 포함한다. EU와 공동체들은 단일의 제도적인 프레임워크(유럽위원회, 이사회, 의회, 법원)를 통하여 운영되지만, 둘째와 셋째 기둥에는 상이한 의사결정 방법(제안권이 배타적으로 유럽위원회에 있지 않고, 유럽의회의 역할이 더욱 제한적임), 제2기둥과 제3기둥 하에서 채택된 법령은 특정의 제한된 상황(제2기둥의 경우 극히 제한적인)에서만 재판이 가능하다.

법률적인 구별이 필요하지 않은 경우 EU란 용어는 EU 및 제 공동체를 나타내는 일반적인 이름으로 흔히 사용된다. 2009년 12월에 발효된 리스본조약에 의해 삼주(三柱)체제는 더 이상 존재하지 않으며 EU는 자체적으로 법인격을 가지는 정치체(polity)가 되었다.

---

1) EU란 종래 EC의 기능뿐만 아니라 회원국 간 외교·안보와 내무 및 사법 분야를 포괄하는 새로운 용어이다. 이 용어는 마스트리히트조약이 발효된 1993년 11월(정확하게는 1994년 1월)부터 사용되기 시작하였다. EU는 이민, 사법 그리고 외무 등 종래 EC가 관할하지 않던 영역을 새로이 추가함으로써 그 활동 범위를 넓혔다. 본서에서는 EC 대신 EU를 대체적으로 사용하고 필요할 때만 EC 또는 EEC를 사용하였다.

2) 주한 EU대표부, 『유럽연합의 오늘(한국과의 관계)』, 1995, p. 4.

유럽의 날과 EU기 그리고 유럽 국가의 의미

5월 9일은 '유럽의 날'(Europe Day), 이 날은 유럽 각국 국민이 유럽의 평화를 유지하고 공동관심사를 위해 협력하게 되었음을 축하하는 날이다. 5월 9일로 정해진 것은 지난 1950년 5월 9일 프랑스의 슈만(Robert A. S. Schuman) 외무장관이 유럽 내 철강자원 공동관리를 위한 '슈만플랜'을 주창, EU의 첫 길을 알린 데서 유래되었기 때문이다.

EU를 상징하는 기(旗)는 파란 바탕에 12개의 황금색 별이 원을 이룬 형태로 구성되어 있다. 별이 이루고 있는 원은 유럽인의 결속을 의미하고, 별 12개는 완전무결한 전체와 완성의 뜻을 담고 있다. 따라서 12개의 별은 회원국이 늘어난다고 해서 바뀌지는 않는다. 이와 같은 의미를 가지고 있는 문장은 지난 1955년 처음으로 제안되어 사용되었으며, 1986년 5월 EU의 공식적인 상징으로 정식 결정되었다.

1972년 유럽평의회(Council of Europe)가 범유럽의 일체감을 조성하기 위하여 채택한 유럽 국가(國歌)를 EU도 같이 사용한다. 이 국가는 쉴러(Friedrich Schiller)가 만든 시(詩) "Ode to Joy"에 카라얀(Herbert von Karajan)이 베토벤의 9번 교향곡 마지막 리듬을 각색하여 만들었다.

출처: http://europa.eu.int/en/eu/anthem.html

일본에서는 EU를 '구주연합'(歐洲連合)으로, 그리고 중국에서는 '구맹'(歐盟) 또는 '구주연맹'(歐洲聯盟)으로 번역하나, 국내에서는 대체로 모든 언론과 학자들이 EU를 '유럽연합'(聯合)으로 번역하고 있다.

국내에서는 유럽연합의 'union'을 '연합'(聯合)으로 번역하나, 경제통화동맹(Economic Monetary Union: EMU)의 'union'은 '동맹'(同盟)이라고 번역하고 있다. 그 이유는 통화동맹의 경우 단일통화를 발행하는 등 강력한 통합이 추진되고 있지만, 전체적인 유럽통합의 경우 아직 전자에 미치지 못하는 느슨한 협력 수준에 머물고 있기 때문이라고 생각된다.

2. 2 주요 기구

로마조약의 최초 가맹 6개국은 공동체 설립이라는 목표를 달성하기 위하여 몇몇 기구를 창설하였다. 그 중 4대 주요 기구로는 고위 관청(High Authority: HA, 오늘날의 집행위원회), 특별각료회의(Special Council of Ministers, 오늘날의 각료이사회), 공동의회(Common Assembly, 오늘날의 유럽의회), 사법재판소(Court of Justice, 오늘날의 유럽사법재판소)가 있다. 각 기구의 역할과 기능은 조약이 거듭 수정됨에 따라 점진적으로 변경되어 왔다. EU 기구의 특징은 다른 국가의 조직과는 달리 정부 간 협력 조직에 가깝다는 것이다. EU는 연방(federation)이 아니기 때문에 각 회원국의 정부와 의회가 유럽 차원의 중앙연방기구에 속해 있지 않다.

1967년에 기존 3개 공동체(ECSC, EEC, Euratom)의 개별 기구가 통합되기 전까지 이들 공동체는 각기 다른 위원회(ECSC의 경우는 고위 관청)[3]와 이사회에 의해 운영되고 있었으며, 의회와 사법재판소는 3개 공동체 공동으로 운영되고 있었다. 1965년 4월 8일 브뤼셀에서 서명되어 1967년 7월 1일 발효된 통합조약(Treaty establishing a Single Council and a Single Commission of the European Communities 또는 Merger Treaty)에 의해 고위 관청과 두 집행위원회가 하나로 통합되었으며, 세 개의 이사회도 하나로 통합되었다. 통합조약은 세 공동체를 통합한 것이 아니고, 공동체 각각의 운영기구를 하나로 단일화시킨 것이다.

EU는 설립 이후 6개국에서 28개국으로 여섯 차례에 걸쳐 회원국수가 늘어났지만 기구의 구조와 권한에는 변화가 없었고, 다만 기구의 구성에만 일부 변화가 있어 왔다. 그러나 1987년 7월부터 발효된 단일유럽의정서(Single European Act: SEA)와 1993년 11월부터 발효된 마스트리히트조약에 의해 유럽통합의 목표가 심화 · 확대되었고,

3) ECSC의 경우 위원회의 명칭은 고위 관청(High Authority)이었다.

이에 따라 각 기구의 권한과 상호간의 관계에도 변화가 있었다.[4] 특히, 마스트리히트조약은 초기 파리조약과 로마조약이 추구하던 경제적 목표에서 한 단계 더 나아가 경제통화동맹(Economic and Monetary Union: EMU)과 유럽정치동맹(European Political Union: EPU)을 유럽통합의 궁극적인 목표로 삼았다.

마스트리히트조약 이후에도 2001년에 합의한 니스조약(Treaty of Nice)[5]은 EU 집행위원을 회원국당 1명씩만 두도록 하였으며 유럽의회 의원수를 626석에서 732석으로 늘려서 재분배하도록 하였다(그 후 회원국 확대를 거듭함에 따라 2014년 1월 현재 의석수는 766석임). 2007년 12월 13일에 서명한 리스본조약(Treaty of Lisbon)[6]은 그간에 이룩한 경제통합을 바탕으로 정치공동체로 한 단계 도약할 기반을 마련하였다는 평가를 받고 있다. 이 개정조약은 2009년 12월 1일자로 발효되었다. 리스본조약은 유럽연합 주요 기구의 구조와 권한에 중요한 변화를 가져왔다. 가장 주목할 만한 변화는 유럽이사회 상임의장(President of the European Council, 언론에서는 유럽대통령으로 종종 소개됨)직을 신설한 것이다. 상임의장은 2년 6개월 임기로 유럽이사회에서 선출하며 1회 연임이 가능하다. 리스본조약 발효 이전까지는 6개월마다 EU 회원국이 이사회를 번갈아 주관하여 개최하는 순회의장국제도(rotating presidency of the Council)를 실시하였다. 유럽이사회 개최시 개최국 수장이 회의를 주재하였고 비용 또한 개최국의 예산으

4) SEA에 의해 도입된 협력절차(co-operation procedure)와 마스트리히트조약에 의해 도입된 공동결정절차(co-decision procedure)에 따라 유럽의회의 기능이 크게 강화되었다. 또 SEA는 사법재판소 아래 제1심 재판소 설치를 가능하게 하였다.

5) 니스조약은 2000년 12월 프랑스 니스에서 유럽연합 15개국이, 2004년 EU 가맹국 확대 및 EU 내부 기구 개혁, 유럽의회 의석 재할당 등을 규정한 조약이다. 이 조약에 따르면 2005년부터 각료회의 의결은 회원국 인구수에 따라 3~29표로 새롭게 할당한 특별다수의결, 과반수 회원국 지지, EU 전체 인구의 62% 지지 등 3가지 기준을 충족해야 한다. 또한 EU 집행위원은 회원국당 1명씩만 두도록 하였으며, 유럽의회 의원수는 626석에서 732석으로 늘려 재분배된다.

6) 리스본조약은 2005년 프랑스와 네덜란드의 국민투표에서 부결된 유럽연합 헌법을 대체하기 위해 개정한 '미니 조약'이다. 유럽연합(EU) 27개 회원국 정상들이 2007년 10월 18~19일에 포르투갈의 수도 리스본에서 열린 EU 정상회담에서 합의되었고, 같은 해 12월 13일에 조약에 공식 서명하였다. 2008년 회원국들의 비준절차를 거쳐 모두 통과되면 2009년부터 발효하기로 한 조약이다. 국민투표에 걸려 좌초된 유럽헌법과는 달리, 리스본조약은 대부분의 국가에서 의회 비준만 거치면 되므로 무난한 통과가 예상되었으나, 국내법 때문에 국민투표를 실시해야만 하였던 아일랜드에서 2008년 6월 13일에 실시한 국민투표에서 반대 53.4%, 찬성 46.6%로 부결되어 한때 리스본조약의 성사 여부가 불투명했었다. 그러나 2009년 1월 2일 치러진 아일랜드 2차 국민투표에서 투표자의 64%가 찬성함으로써 리스본조약은 당해 12월부터 발효될 수 있었다.

로 부담하였다. 그러나 리스본조약은 유럽 정상들 간의 회의인 유럽이사회를 각료이사회와 마찬가지로 EU의 주요 기구로 편입시킴으로써 역할의 지속성과 EU의 대외적 위상을 제고하고자 하였다. 또한 신설된 상임의장이 유럽이사회를 주재하고 유럽이사회 개최 비용도 EU의 예산에서 처리된다. 다만 상임의장이 공석일 경우에는 순환의장국 순번에 따라 해당국 수장이 회의를 주재한다. 순환의장국제도 하에서 유럽이사회는 6개월마다 번갈아가며 해당 의장국에서 개최되었는데, 이러한 개최 방식은 브뤼셀에서 개최하는 것으로 대체되었다. 대신 현 의장국은 이전 의장국, 차기 의장국과 함께 트리오(trio)를 구성한다. 트리오 체제는 EU 업무의 연속성을 위해 회원국 간 협력을 고취시키기 위한 목적으로 도입된 시스템으로, 트리오는 공동 프로그램(common programme 또는 trio programme)을 18개월 간 운영하도록 되어 있다. 유럽이사회는 유럽통합의 진행 방향 및 각 분야의 EU 정책에 대한 방향을 제시하는 역할을 한다. 리스본조약은 상임의장직 외에도, EU 외무장관에 해당하는 EU 공동외교 · 안보정책 고위 대표(High Representative of the Union for Foreign Affairs and Security Policy)직을 신설하였다. 이 자리는 1997년 암스테르담조약(Treaty of Amsterdam)에서 신설된 고위 대표(High Representative)직을 격상한 것이다. 집행위원회 산하에 신설된 유럽대외관계청(European External Action Service: EEAS)을 통솔하며, 외무각료이사회(Foreign Affairs Council: FAC)를 주재한다. 행정부에 해당하는 EU 집행위원회는 현재 28명인 집행위원 수를 2014년 이후에는 2/3명 수준(18명)으로 줄일 예정이다. 의사결정 방식도 바뀌어, 회원국들의 투표수만을 계산하는 기존의 가중다수결 방식에서 2014년부터 인구수도 함께 고려하는 이중다수결제도(double majority voting system)[7]가 단계적으로 도입되고 2017년에 전면 실시된다.

이렇듯, EU의 주요 기구별 구성과 기능은 조약을 통해 조금씩 변화되어 왔다. 각 기구별 구성과 기능은 다음과 같다.

7) 이중다수결제도란 EU가 정책 결정을 회원국 28개국의 55% 이상이 찬성하고 EU 전체 인구의 65% 이상이 찬성하여야 가결되도록 한 제도이다.

〈그림 2-1〉 EU의 주요 기구

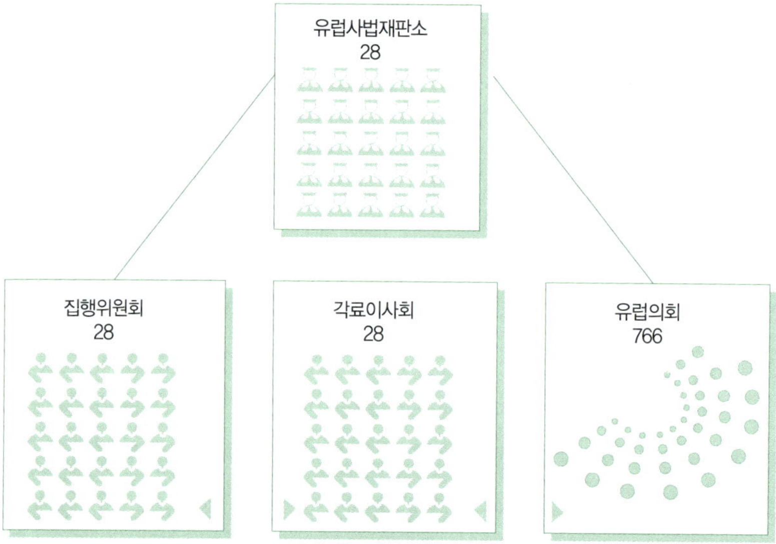

2.2.1 집행위원회

집행위원회(European Commission)는 브뤼셀(Brussels)에 본부를 두고 있으며 EU 내 주요 정책을 제안하며, 그 이행에 책임을 지고 있다. 즉, 행정부인 동시에 입법보조기관의 역할을 하고 있다. 이 기구에는 약 2만 5,000명의 직원(그 중 약 15%는 번역 및 통역사)이 있다. 집행위원장(President of the European Commission)은 유럽이사회에서 지명하고 유럽의회의 동의를 얻어 임명된다. 집행위원(Commissioner)은 집행위원장과의 협의를 거쳐 회원국의 추천을 받는다. 집행위원장이 집행위원단(College of Commissioners)의 포트폴리오(portfolio)를 구성하면, 유럽의회의 청문회(hearing)를 거쳐 동의를 받아 임명된다. 통합 초기에는 집행위원 의석을 5개 주요 회원국(프랑스, 영국, 독일, 이탈리아, 스페인)의 경우는 2명, 나머지 국가들은 1명씩 배정하였으나, 니스조약에 의해 2004년 11월부터 모든 회원국이 각 1명씩 배정되어 현재 총 28명으로 구성되어 있다. 집행위원의 임기는 5년이며, 2014년 1월 현재 집행위원장은 포르투갈 총리 출신의 호세 마누엘 바호주(José Manuel Barroso)이다. 바호주 위원장은 2004년 11월에 집행위원장으로 처음 선출되었으며, 2009년 9월 재임명되어 현재까지 위원장직을 수행 중이다. 한편, 부위원장(Vice-president)은 총 7명이다. 수석 부위원장(First Vice-president)은 영국의 캐서린 애쉬튼(Catherine Ashton)이고, 나머지 6명의 부위원장으로는 룩셈부르크의 비비안 레딩(Viviane Reding), 스페인의 호아킨 알무니아(Joaquin Almunia), 에스토니아의 심 칼라스(Siim Kallas), 네덜란드의 넬리 크루스(Neelie Kroes), 이탈리아의 안토니오 타이아니(Antonio Tajani), 슬로바키아의 마로슈 셰프초비치(Maroš Šefčovič)가 있다.

집행위원회는 기본적으로 입법제안권과 행정권을 갖고 있다. 법을 집행하는 권한도 가지고 있어, 법집행 대상(회원국, 기업 등) EU의 결정에 위반하는 경우 벌금을 부과하며 사법재판소에 제소할 수 있다. 집행위원회는 업무와 관련하여 유럽의회에 대해 책임을 지며, 유럽의회에 출석하여 질문에 대답할 의무를 가진다. 집행위원회는 EU의 법제정을 위한 제안을 거의 전담한다. 또한 공동농업정책이나 공동통상정책을 비롯한 모든 공동정책의 운영을 책임지며, 예산을 관리하고, 공동체 프로그램의 추진을 담당한다. 이 밖에도 회원국들이 EU 법규를 국내 법규로 전환하고 준수하는지 여부를 감독하며, 대외적으로는 양자 또는 다자 협상시 회원국들을 대표하여 협상한다.

집행위원회의 실무는 분야별로 30개가 넘는 관련 총국(Directorate-General: DG)이 담당한다.[8] 집행위원회는 구성원의 과반수에 의해 의사결정을 내린다. 그러므로 28명의 경우 15명 이상의 찬성이 필요하다.

8) 부록 1-3 참조.

2.2.2 이사회

이사회에는 각료이사회(Council of Ministers 또는 Council of the European Union)와 유럽이사회(European Council)가 있다. 각료이사회는 EU의 주요 의사결정기구로 각 회원국의 해당 부처 장관으로 구성된다. 집행위원회의 제안(proposal)에 기초하여 원칙적으로 최종결정권을 행사할 수 있는 EU의 입법기관이다. 리스본조약에 의해 각료이사회는 유럽의회와의 보통입법절차(ordinary legislative procedure: OLP)를 밟아야 한다. 자문기구인 유럽경제사회위원회(European Economic and Social Committee: EESC)와 지역위원회(Committee of the Regions: CoR)도 입법 과정에서 의견을 제시한다.

각료이사회는 하나의 기구이지만, 실제로는 안건에 따라 총괄, 대외 관계, 경제-재무, 법무-내무, 고용-사회정책-보건 등 10개 부문에 걸쳐 개최되며, 해당 회원국 장관들로 구성된다. 각료이사회 중에는 일반이사회(General Affairs Council)가 대표적이나, 대외관계이사회(Foreign Affairs Council), 경제금융이사회(Economics and Finance Ministers: ECOFIN), 농업장관이사회 등도 대단히 중요하다. 각료이사회 의장은 알파벳순으로 회원국이 6개월씩 담당한다(단, Foreign Affairs Council의 경우는 유럽외무장관이 회의를 주재

각료이사회 종류

일반이사회(General Affairs)
대외관계이사회(Foreign Affairs)
경제금융이사회(Economic and Financial Affairs: ECOFIN)
내무사법이사회(Justice and Home Affairs: JHA)
고용 · 사회정책 · 보건 · 소비자 업무 이사회(Employment, Social Policy, Health and Consumer Affairs: EPSCO)
경쟁력이사회(Competitiveness)
수송 · 통신 · 에너지 위원회(Transport, Telecommunication and Energy)
농수산위원회(Agriculture and Fisheries: AGFISH)
환경이사회(Environment)
교육 · 청소년 · 문화 이사회(Education, Youth and Culture)

함). 한편, 각료이사회의 하부 기관으로는 상주대표위원회(Comité des représentants permanents, Committee of Permanent Representatives: COREPER)가 있다. EU에 파견된 각 회원국 대사와 자문위원으로 구성된 COREPER는 회원국과 EU의 관계에서 중요한 역할을 한다.

의사결정은 사안에 따라 단순다수결(simple majority), 이중다수결(double majority), 가중다수결(qualified majority), 만장일치(unanimity) 중 한 형태를 취한다. 단순다수결제는 절차와 관련된 사안에 대해 적용된다. 각 회원국은 1표씩 행사하며 안건은 과반수로 의결된다. 1966년 이래 지속된 만장일치제는 단일유럽의정서 도입 이후 적용 분야가 많이 제한되었다. 오늘날에는 세제(taxation), 사회보장, 회원국 신규 가입, 외교정책, 치안협력 등의 사안에만 제한적으로 적용된다. 가중다수결제는 인구수에 따라 회원국별 차등 부여된 표수를 행사하는 다수결제이며, 마스트리히트조약에 의해 그 적용 범위가 확대되었다. 2014년 1월 현재 회원국별 표의 수는 〈표 2-1〉과 같다. 리스본조약의 발효로 인해 2014년부터는 이중다수결제가 대부분의 정책 결정 시에 적용된다. 이중다수결제는 기본적으로 가중다수결 표수를 적용하되, EU 회원국의 55% 이상의 회원국과 유럽 시민 전체 인구의 65% 이상이 찬성해야 한다.

〈표 2-1〉 가중다수결제에서 적용되는 회원국별 표수

회원국	표수
독일, 프랑스, 이탈리아, 영국	29
스페인, 폴란드	27
루마니아	14
네덜란드	13
벨기에, 체코, 그리스, 헝가리, 포르투갈	12
오스트리아, 스웨덴, 불가리아	10
덴마크, 아일랜드, 리투아니아, 슬로바키아, 핀란드, 크로아티아	7
사이프러스, 에스토니아, 라트비아, 룩셈부르크, 슬로베니아	4
몰타	3
EU 28개국 총합	352

출처: 각료이사회 홈페이지(http://www.consilium.europa.eu/council?lang=en).

〈표 2-2〉 순환의장국(Presidency of the Council of the European Union, 2011~2020년)

2011년 상반기	헝가리	2011년 하반기	폴란드
2012년 상반기	덴마크	2012년 하반기	사이프러스
2013년 상반기	아일랜드	2013년 하반기	리투아니아
2014년 상반기	그리스	2014년 하반기	이탈리아
2015년 상반기	라트비아	2015년 하반기	룩셈부르크
2016년 상반기	네덜란드	2016년 하반기	슬로바키아
2017년 상반기	몰타	2017년 하반기	영국
2018년 상반기	에스토니아	2018년 하반기	불가리아
2019년 상반기	오스트리아	2019년 하반기	루마니아
2020년 상반기	핀란드		

출처: 각료이사회 홈페이지(http://www.consilium.europa.eu/council/presidency-websites?lang=en).

각료이사회는 순환의장국(rotating presidency)제를 채택하고 있다. 6개월마다 의장국이 교체되며, 해당 의장국은 당해 기간 동안에 개최될 각료이사회를 주재한다(단, 대외관계이사회의 경우는 고위 대표가 주재함). 또한 6개월마다의 의장국 교체로 인해 업무의 연속성이 저하될까 우려하여, 전임 의장국과 현 의장국, 그리고 후임 의장국이 3자 협의체(presidency trios 또는 trialogues)를 구성하여 긴밀히 협력하고 논의한다. 예를 들어, 2014년 상반기의 경우, 현 의장국이 그리스이고 전임 의장국이 리투아니아, 후임 의장국이 이탈리아이므로 '리투아니아-그리스-이탈리아' 간에 3자 협의체가 구성되는 셈이다.

각료이사회의 상부 기관으로 유럽이사회(European Council)가 있다. 유럽이사회는 1974년에 프랑스의 지스카르 데스탱(Valéry Giscard d'Estaing) 대통령이 제안하여 설립되었다. 유럽이사회는 EU의 거시적인 정책적 방향을 결정하는 국가원수 또는 정부수반 간의 회의로 6개월마다 2회 이상 개최된다. 2009년 12월 리스본조약이 발효되기 전까지 유럽이사회는 순환의장국제를 채택하여 EU의 모든 회원국이 6개월마다 번갈아가며 의장국의 역할을 수행하게 하였다. 의장국은 해당 기간 동안 유럽이사회를 개최하고 주재할 뿐만 아니라 대외적으로 EU를 대표하는 역할을 하였다. 그러나

의장의 임기가 짧아 업무의 연속성과 대외적 인지도 제고에 비효율적이라는 문제가 계속 제기되어 왔다. EU의 대외적 정치적인 위상을 제고시키기 위한 목적으로 채택된 리스본조약에서는 이러한 한계점을 극복하고자 2년 6개월 임기의 상임의장직(President of the European Council 또는 Permanent President)을 새로 신설하였다. 상임의장은 유럽이사회를 주재하고, 회원국 간의 이견을 조정한다. 또한 이사회의 결과를 유럽의회에 보고한다. 대외적으로 공동외교안보정책 사안과 관련해서 EU 전체를 대표한다. 그러나 대외적 대표성과 관련해서는 리스본조약에서 위상이 강화된 EU 공동외교 · 안보정책 고위 대표직과의 경계가 다소 모호한 부분이 있다.

이사회는 유럽이사회와 각료이사회 모두 사무국(General Secretariat of the Council of the European Union 또는 Council Secretariat)의 지원을 받으며, 사무총장(Secretary-General)이 이사회사무국을 대표한다. 현 사무총장은 독일 출신의 우베 코르세피우스(Uwe Corsepius)로 2011년 6월에 임기를 시작하였다. 리스본조약이 발효되기 전까지는 사무총장이 공동외교 · 안보정책의 고위 대표를 겸직하였다. 고위 대표직은 마스트리히트조약의 외교 · 안보 부문을 보완하기 위해 체결한 암스테르담조약(Treaty of Amsterdam)을 통해서 신설되었다. 당시 북대서양조약기구의 사무총장이었던 스페인 출신의 하비에르 솔라나(Javier Solana)가 암스테르담조약이 발효한 1999년부터 2009년 리스본조약 발효 전까지 초대 사무총장직을 수행한 바 있다.

2.2.3 유럽의회[9)]

유럽의회(European Parliament)는 통합 초기에 '공동의회'(Common Assembly)로 출발하였으며, 각 회원국 의회에서 각기 임명된 78명의 회원국 의회 의원들이 모인 협의체

9) 1958년 3월 19일 ECSC의 Common Assembly와 EEC의 Assembly, 그리고 Euratom의 Assembly가 통합되어 6개국 142명으로 구성된 세 공동체의 단일기관이 되었다. 이 총회(Assembly)는 1962년 3월에 현재의 유럽의회로 개칭되었다.

〈표 2-3〉 유럽의회 정당별 의석수(2014년 1월 현재)

정 당	의석수
European People's Party(EPP, 유럽국민당)	274
Progressive Alliance of Socialists and Democrats(S&D, 사회주의자와 민주주의자의 진보연합)	195
Alliance of Liberals and Democrats for Europe(ALDE, 유럽자유민주동맹)	85
European Greens-European Free Alliance(Greens-EFA, 유럽녹색/유럽자유연합)	58
European Conservatives and Reformists(ECR, 유럽보수개혁당)	56
European United Left-Nordic Green Left(EUL-NGL, 유럽연합좌파/북유럽녹색좌파 연합 그룹)	35
Europe of Freedom and Democracy(EFD, 자유민주유럽)	33
무소속	30
합계	766

출처: 유럽의회 홈페이지에서 재구성(http://www.europarl.europa.eu/aboutparliament/en/007f2537e0/Political-groups.html).

〈그림 2-2〉 유럽의회의 정당별 의석수(2014년 1월 기준)

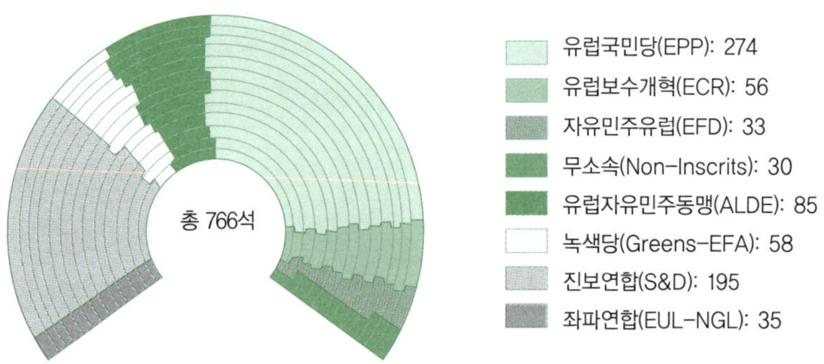

에 불과하였다. 임명제는 1979년부터 선출제로 전환되어 오늘날에는 5년에 한 번씩 유럽 시민들이 직접선거를 통해 유럽의회 의원들을 선출하고 있다. 따라서 유럽의회는 유럽연합 기구들 중에 유일하게 대의민주주의(representative democracy)를 실현하고 있는 기구라 할 수 있다. 기본적으로 유럽의회는 EU의 제반 사안을 토의하고,

각료이사회와 집행위원회에 권고하며 공동정책의 이행을 감시한다. 유럽통합 과정에서 여러 차례 EU조약이 개정되어 왔지만, 유럽의회의 권한은 매우 제한적이었다. 그러나 본격적으로 마스트리히트조약을 통해 공동결정절차(co-decision procedure) 방식이 도입된 후부터 유럽의회가 정책 결정의 15개 분야에서 각료이사회가 승인한 입법을 거부할 수 있게 됨으로 인해, 유럽의회의 기능은 강화되기 시작하였다. 1999년 5월 1일부터 발효된 암스테르담조약은 공동결정절차 적용 분야를 보다 광범위한 분야로 확대시킴으로써 유럽의회의 위상과 책임을 격상시켰다.[10] 유럽의회는 EU 예산을 집행하는 데 있어서 이사회와 동등하게 결정할 수 있는 권한이 있으며, 집행위원회를 불신임할 수 있는 권한을 가지고 있다. 유럽이사회가 지명한 집행위원장 후보를 거부할 수 있으며, 집행위원장이 회원국의 추천을 받아 집행위원단(College of Commissioners)을 구성하면, 청문회(hearing)를 거쳐 집행위원 후보자들에 대한 인준을 거부할 수 있다.

유럽의회의 총의원수는 회원국 확대에 따라 계속적으로 증가하였다. 1990년 독일 통일 직후에 567명이던 것이 1995년에는 626명으로 증가하였다.[11] 동유럽 확대를 계기로 의원 총수는 2004년에 732명, 2007년에 784명으로 증가하였다. 2013년 7월 크로아티아의 EU 가입 후 2014년 1월 현재 의원 총수는 766명이다. 회원국별 의석수는 최소 6석에서 최대 99석이다.[12] 의원들은 국적에 따라서 분류되는 것이 아니고, 이념에 따라 정당을 형성한다. 2009년 선거 결과 중도우파인 유럽국민당(EPP)이 제1당이 되었다. 유럽의회는 프랑스의 스트라스부르(Strasbourg), 벨기에의 브뤼셀(Brussels), 그리고 룩셈부르크(Luxembourg)의 세 곳에 기반한다. 본회의(plenary session)는 스트라스부르와 브뤼셀에서, 위원회(committee)는 브뤼셀에서 열린다. 룩셈부르크에는 사

10) 김대순 · 이종원 · 이창훈, 『EU-정치, 경제, 법』, 삼영사, 2000, pp. 184~185.

11) 1958년 3월 6개국 142명, 1973년 1월 9개국 198명, 1979년 6월 9개국(직선제) 410명, 1986년 1월 12개국 518명, 1990년 통일로 독일 567명, 1995년 15개국 626명으로 확대되었다.

12) 2014년 현재 의원수는 독일 99, 프랑스 74, 영국 · 이탈리아 73, 스페인 54, 폴란드 51, 루마니아 33, 네덜란드 26, 벨기에 · 체코 · 그리스 · 헝가리 · 포르투갈 22, 스웨덴 20, 오스트리아 19, 불가리아 18, 덴마크 · 핀란드 · 슬로바키아 13, 크로아티아 · 아일랜드 · 리투아니아 12, 라트비아 9, 슬로베니아 8, 사이프러스 · 에스토니아 · 룩셈부르크 · 몰타 6, 합계 28개국 766명이다.

무국(General Secretariat)이 위치한다. 본회의는 유럽의회 의장(President of the European Parliament)이 주재한다. 2014년 현재 유럽의회 의장은 사회주의자와 민주주의자의 진보연합(S&D) 정당 소속의 마틴 슐츠(Martin Schulz)이다. 그 밖에 14명의 부의장(Vice-President)이 보좌하고 있으며, 7개의 유럽의회 정당이 존재한다.

유럽의회는 집행위원회 불신임권과 예산의결권 등 종래에 가지고 있던 권한 외에도 주요 안건에 대해 심의 및 공동결정할 수 있는 권한과 신규 가입국에 대한 비준권을 가지고 있다. 그러나 법안의 제안권이 없으므로 국내 의회와는 그 중요성을 견줄 수 없다.

유럽의회는 리스본조약의 발효에 따라 사안별로 다수결 방식을 통해 적용할 의사규칙(Rules of Procedure)을 결정한다.[13]

2.2.4 사법재판소

유럽연합사법재판소(Court of Justice of the European Union)는 EU 내 최고사법기관으로 공동체법의 역내 적용을 보장한다. 유럽석탄 · 철강공동체(ECSC)를 탄생시킨 1951년 파리조약(Treaty of Paris)을 근거로 1952년에 설립되었으며, 리스본조약을 계기로 유럽공동체사법재판소(Court of Justice of the European Communities)에서 개명되었다. 본부는 룩셈부르크에 있으며, 2014년 현재 28명의 판사(judge)와 9명의 법률고문관(Advocate-General)이 있다. 임기는 6년으로 연임이 가능하다. 사법재판소는 공동체법 및 주요 조약에 관해 해석하는 역할을 담당하며, 상부 기관으로는 유럽사법재판소(European Court of Justice: ECJ)를, 하부 기관으로는 일반법원(General Court)을 두고 있다. 일반법원은 리스본조약 발효 전까지는 제1심 재판소(Court of First Instance)로 불렸었다.

유럽연합사법재판소는 국제사법재판소, 헌법재판소, 행정재판소, 민법재판소

13) TFEU 제232조(구 TEC 제199조)에 근거한다.

의 기능을 갖고 있어 그 업무 영역이 다양하다. 또한 공동체법의 제정 과정과 적용에서 심판관의 역할을 한다. 특히, 이 재판소는 불공정한 관행에 대하여 판례라는 원칙을 세움으로써 유럽의 통합 과정에 크게 영향을 미치고 있다.

2.2.5 유럽회계감사원

유럽회계감사원(European Court of Auditors: ECA)[14]은 EU 예산 집행에 관한 모든 사안을 관리 · 감독하는 외부 감사기구로 룩셈부르크에 위치한다. EU조약(TFEU)[15]에서는 감사원이 EU 예산 집행에 관한 모든 사항을 관리 · 감독함을 명시하고 있다. 감사위원은 각 회원국이 지명하고 유럽의회의 자문을 거친 후 유럽이사회의 만장일치로 임명된 28명의 위원으로 구성되어 있다. 임기는 6년으로 연임이 가능하다. 감사원장(President of the European Court of Auditors)은 3년 임기(연임 가능)로 감사위원들 중에서 선출된다.

주요 임무는 EU의 예산 집행을 위한 재원이 올바르게 마련되어 적법하고 규정에 맞게 집행되고 있는지를 감독하는 것이다. 세입과 세출 내역을 비롯한 EU의 모든 예산 집행과 관련된 서류들을 검토하며 필요에 따라 불시에 현장감사(spot check)를 실시하기도 한다. 회계 집행상의 문제점이 발견되면 즉각적으로 보고서를 작성하여 모든 EU 기구와 회원국들에게 알린다.

감사원은 연례보고서(annual report)를 작성하여 유럽의회와 이사회에 제출하며, 보고서 내용은 관보(Official Journal of the European Union)에도 실린다. 유럽의회는 그 보고서 내용을 바탕으로 집행위원회가 해당 연도의 EU 예산을 올바르게 집행하였는지 판단한다. 또한 회계 및 재정과 관련된 입법 과정에서는 협의절차를 통해 반드시

14) 마스트리히트조약에 의해 회계감사원은 다섯 번째의 (중앙)기관(institution)으로 승격되면서 다른 하부 기관(bodies)과는 법적 지위가 달라졌다.

15) 유럽연합의 기능에 관한 조약(Treaty on the Functioning of the European Union: TFEU, 구(舊) 로마조약) 제285조에 근거한다.

의견을 제시해 주어야 하나 그렇다고 해서 협의를 요청한 기구가 감사원의 의견을 반드시 따라야 하는 것은 아니다.

2.2.6 기타 기구

기타 중요한 기구로 유럽경제사회위원회(European Economic and Social Committee: EESC), 지역위원회(Committee of the Regions: CoR), 유럽투자은행(European Investment Bank: EIB), 유럽중앙은행(European Central Bank: ECB) 및 유럽옴부즈맨(European Ombudsman) 등이 있다.

(1) 유럽경제사회위원회

유럽경제사회위원회(EESC)는 1957년 로마조약에 의거하여 설립된 자문기구이다. 단일시장을 형성하기 위해서는 이익집단들 간의 협력이 중요하다는 판단 하에 설립되었다. 브뤼셀에 위치하며, 353명의 위원들로 구성되어 있다. 회원국별 인구수에 따라 위원수에 차등을 둔다. 위원들은 노동자, 사용자, 이익단체 등 세 영역을 대표하며, 이익단체의 경우는 농민, 공예가, 중소제조업체, 소비자 대표단, 전문직업인, 협동조합, 가정, 환경운동단체, 과학교육단체 등 다양한 분야를 포함한다. 위원들의 임기는 5년이고, 1명의 위원장(President)과 2명의 부위원장으로 구성된 위원단(Presidency)이 대표한다. 위원단은 위원들에 의해 선출되며, 임기는 2년 6개월이다. 각료이사회와 집행위원회가 동 위원회와 관련된 분야에서 새로운 규정을 채택할 때는 반드시 동 위원회와 협의를 거쳐야 하는데, 때로는 자체적으로 독립된 의견을 제시하기도 한다. 1992년 마스트리히트조약에 의해 동 위원회가 관여하는 정책 영역이 확대되었다. 주로 사회정책, 사회 및 경제적 결속, 환경, 교육, 보건, 소비자 보호, 범유럽 네트워크, 세제, 구조기금 등에 관한 사안을 다룬다. 지역위원회와 중첩되는 부분도 있어서 사안에 따라서는 지역위원회와 연계하여 업무를 처리하기도 한다.

(2) 지역위원회

지역위원회(CoR)는 유럽경제사회위원회와 함께 EU의 양대 자문기구로 브뤼셀에 위치한다. 1992년 서명된 마스트리히트조약에 의해 근거하여 1994년에 설립되었다. 28개 회원국에서 선출된 353명의 위원으로 구성되어 있으며, 임기는 5년이다. 유럽경제사회위원회와 마찬가지로 회원국별 인구수에 따라 위원수에 차등을 둔다. 위원장이 위원회를 대표하며, 유고시에는 부위원장이 직무를 대행한다. 위원장과 부위원장 모두 임기는 2년 6개월이다.

EU가 제정하는 규정의 상당수는 지역 공동체에 직접적으로 영향을 끼치는 만큼, EU 차원에서 합리적이고 효율적인 법규정을 마련하기 위해서는 해당 지역의 사정 또는 입장에 대한 이해가 반드시 필요하다. 따라서 지역 정부와 시민들의 의견을 직접적으로 듣고 반영하기 위해 지역위원회는 존재한다.

지역위원회가 주로 관여하는 정책 분야는 교육 · 청소년 문제, 문화, 환경, 보건, 고용, 직업교육, 사회정책, 사회적 결속, 교통 및 범유럽 네트워크, 시민보호 등과 같은 분야이다. 이들 정책 분야는 지역의 이해 관계가 얽혀 있기 때문에, 해당 분야에 대한 법규정을 마련할 시에는 동 위원회가 사전에 지역 정부와 집행위원회와 각각 협의 과정을 거친다. 또한 집행위원회가 입법 제안을 하고자 할 때는 반드시 동 위원회와 협의 과정을 거쳐야 한다. 그리고 이사회 또는 집행위원회와 반드시 협의를 거치도록 규정하고 있다. 입법 과정에서는 유럽의회와 이사회가 동 위원회에게 자문을 구하여야 한다. 법규정이 만들어지면, 동 위원회는 새로운 법규정이 제대로 실행되고 있는지를 감시한다.

지역위원회는 1년에 여섯 차례 이상 본회의를 개최하며, 이와 별도로 50건 이상의 의견(opinion)을 제출한다. 6개의 분과위원회(Commission)가 있어 이 분과위원회에서 위원회 전체의 공식적인 의견을 준비한다.

(3) 유럽투자은행

유럽투자은행(EIB)은 유럽통합과 사회 결속을 목적으로 EU 회원국들의 이익을 대변하기 위해 회원국들이 투자하여 만든 은행이다. 로마조약을 근거로 1958년에 창설되었으며, 창설 당시에는 브뤼셀에 설립되었지만 1968년에 룩셈부르크로 본부를 이전하였다.

회원국들이 투자자인 은행으로 회원국별 투자 규모는 EU 가입 시점을 기준으로 EU 내에서의 경제력(GDP 기준)을 고려하여 결정한다. 유사시 각 회원국은 투자한 금액의 최대 2.5배 금액까지 재정 지원을 받을 수 있다.

유럽투자은행의 주요 운영 조직으로는 총회(Board of Governors), 이사회(Board of Directors), 운영위원회(Management Committee), 감사위원회(Audit Committee)가 있다. 총회는 회원국의 재무장관으로 구성되며, 은행의 대외적 활동 및 신용정책 방향을 결정한다. 또한 연회계(annual account)를 승인한다. 이사회는 총 29명의 이사(Director)로 구성되며(회원국별 1인과 집행위원회 1인), 19명의 보조이사(Alternate)가 있다. 이사회는 대출과 관련된 사안을 결정한다. 운영위원회는 은행의 집행부에 해당하며, 이사회의 감독 하에 실질적인 은행 업무를 감독한다. 1명의 은행장(President)과 8명의 부행장(Vice-President)으로 구성되어 있으며, 이들은 이사회의 추천을 받아 총회에서 임명된다. 임기는 6년이고 연임이 가능하다.

감사위원회는 모든 은행 업무를 감사하는 조직이다. 감사 결과를 매년 총회에 보고하며, 이때 이사회에 대한 연차보고서도 함께 제출한다. 업무에 대한 독립성을 보장받으며, 총회가 임명하는 6명의 감사위원으로 구성된다. 임기는 6년(회계연도 기준, 연속적이어야 함)이며, 연임은 불가하다.

(4) 유럽중앙은행

유럽중앙은행(ECB)은 EU의 단일통화인 유로화를 관장하고 유로 지역 내의 통화정책을 담당하는 기구로 프랑크푸르트(Frankfurt)에 위치한다.[16] 1992년 서명된 마스트리히트조약에 의거하여 설립된 유럽통화기구(European Monetary Institute: EMI)가 유럽중앙은행의 전신이다. 유럽통화기구는 마스트리히트조약에 명시된 경제통화동맹(Economic and Monetary Union: EMU)의 목표를 이행하기 위해 설립된 기구이다. 1989년에 당시 집행위원장이었던 들로르(Jacques Delors)가 만든 보고서(Delors Report)는 경제통화동맹을 세 가지 단계를 거쳐 이룰 것을 제시하였다. 들로르보고서의 내용이 마스트리히트조약을 거쳐 구체적으로 실현되었다. 1994년도부터 시작된 2단계에 유럽통화기구가 설립되었으며, 2단계의 마지막 해인 1998년도에 유럽통화기구가 유럽중앙은행으로 대체되었다. 유럽중앙은행의 설립과 아울러 유럽중앙은행제도(European System of Central Banks: ESCB)도 설립되었는데, 이는 EU 28개 회원국 각국의 중앙은행(National Central Bank)과 유럽중앙은행을 아우르는 제도이다. 유럽중앙은행제도는 유로화 회원국 각국의 중앙은행과 유럽중앙은행을 아우르는 유로 시스템(Euro-system)과는 구별된다.

유럽중앙은행의 의사결정 및 운영은 다음 기구들에 의해 행해진다.

① 집행이사회(Executive Board): 총재(President), 부총재(Vice-President), 그리고 4명의 이사(member)로 구성되는데, 이들의 임기는 모두 8년 단임이다. 총재는 집행이사회, 운영이사회, 일반이사회의 모든 회의를 주재한다. 매주 화요일에 회의를 개최하며, 운영이사회에서 결정한 통화정책을 이행하고 개별 회원국 중앙은행에게 필요한 가이드라인을 제시한다. 운영이사회를 준비하며, 중앙은행의 실무 업무도 담당한다. 집행위원회 구성원은 하나의 집단체제(collegiate body)를 이루며 모두가 동등하게 책임을 진다.

② 운영이사회(Governing Council): 유럽중앙은행 내 최고의 의사결정기구이다. 집행이사회 6인과 유로화를 채택한 18개국의 중앙은행 총재로 구성된다. 매달 두 번 회의를 개최하여 통화정책과 유럽중앙은행의 운영에 대해 논의한다. 유로화 발행량도 여기에서 결정된다. 대개 1인 1표의 권한을 행사하며, 가중

16) 유로화는 2014년 1월 현재 18개 회원국이 채택하여 사용하고 있다.

다수결제는 사용하지 않는다. 의견이 동수로 나뉘면 총재가 캐스팅보트(casting vote)를 행사한다. 의사결정시 운영이사회는 각 회원국의 이익이 아닌 EU 전체의 이익을 대변한다. 결정된 사안들은 언론과 홈페이지를 통해 공표된다.

③ 일반이사회(General Council): 일반이사회는 유럽중앙은행 총재와 부총재, 그리고 EU 회원국 전체의 중앙은행 총재로 구성된다. 총재, 부총재를 제외한 기타 집행이사회의 4명의 이사들은 옵서버(observer)로 참여한다. 통상적으로 3개월에 한 번씩 회의를 개최하며, 유로화를 도입하는 과정에서 야기될 수 있는 문제들(예를 들어, 자국 통화와 유로화 간의 환율 조정 문제 등)을 다루는 기구이다. 자문기구의 성격이 강하며, EU 개별국의 이익과 EU 전체의 이익을 함께 고려한다. 실무위원회 및 전체 회원국 중앙은행 총재로 구성된다.

2. 3 EU의 법체제와 의사결정 방식

EU 내부의 의사결정은 일반적으로 집행위원회에서 입법을 제안하고, 각료이사회와 의회에서 각각 검토 후 쌍방 기구의 합의를 통해 결정하는 과정을 거친다. EU 법은 각 회원국의 국내법에 우선하는 상위법이다. EU 법규범에는 EU 설립조약과 그 개정조약인 1차 규범이 있고, 그에 근거하여 EU 기구가 입법하여 제정한 2차 규범이 있다. 2차 규범으로는 규정(regulation), 지침(directive), 결정(decision)이 있고, 이와 별도로 권고(recommendation)와 의견(opinion)이 있다. 각각의 특징은 다음과 같다.

① 조약(treaty): EU 회원국 간의 합의를 바탕으로 서명되어 발효된 것으로 EU의 헌법적 근간이 된다. EU의 다양한 입법 형태 중 가장 상위법이다. 로마조약을 계기로 유럽공동체가 탄생된 이래 조약은 지속적으로 개정되어 왔다. 현재

EU 존립의 근간이 되는 조약은 다음의 두 가지 조약으로, 하나는 1957년에 서명된 유럽경제공동체조약(Treaty establishing the European Economic Community: TEC, 일명 로마조약)이고, 다른 하나는 1992년에 서명된 유럽연합조약(Treaty on European Union: TEU, 일명 마스트리히트조약)이다. 2009년 12월에 발효된 리스본조약(Treaty of Lisbon amending the Treaty on European Union and the Treaty establishing the European Community)은 로마조약을 '유럽연합기능조약'(Treaty on the Functioning of the European Union: TFEU)으로 개명하고 리스본조약의 공식 영문 명칭에서 의미하는 것처럼 EU 기능조약과 유럽연합조약을 수정 · 통합하였다.

② 규정(regulation): 법률과 다소 비슷한 하위 법령 중의 하나로, 집행위원회의 입법 제안과 각료이사회와 유럽의회의 검토 및 논의를 거쳐 제정된다. 규정이 채택되면 이 규정은 즉각적으로 법적 효력을 가지며, 모든 회원국에게 직접 적용된다.

③ 지침(directive): 규정과 유사한 EU의 입법 종류 중의 하나이다. 규정이 즉각적으로 직접적인 구속력을 갖는 데 비해, 지침은 결과에 대해서만 회원국들을 구속하고 실시 형태나 방법에 관해서는 회원국의 권한 하에 결정된다.

④ 결정(decision): 규정이나 지침처럼 구속력을 갖으나, 모든 회원국에게 구속력을 갖는 것이 아니라 사안과 관계된 특정 회원국, 기업, 개인에게만 직접적으로 의무를 부과한다.

⑤ 권고(recommendation)와 의견(opinion): 구속력이 없다는 점에서 규정 · 지침 · 결정과는 다르지만, 정치적인 영향력은 있다.

의사결정 중 입법적 조치 및 행정적 조치를 채택할 권한은 각 설립조약의 규정에 달려 있다. EU의 입법권과 행정권은 집행위원회, 각료이사회, 그리고 유럽의회가 권력을 나누어 행사한다. 공동체 의사결정에서 일부 예외가 있기는 하지만,[17] EU

17) 김대순, 『EU法論』, 삼영사, 1995, p. 70 각주 158 및 159 참조.

의 법규정은 집행위원회의 입법 제안으로 비롯되어 각료이사회와 유럽의회의 검토 및 동의절차로 마무리된다. 2009년 12월에 발효된 리스본조약으로 인해 EU의 입법 절차가 대폭 수정되었다. 이전에는 협의절차(consultation procedure), 협력절차(cooperation procedure), 동의절차(assent procedure), 공동결정절차(co-decision procedure)의 네 가지 입법절차에 의해 입법이 이루어져 왔었다. 이 절차들의 차이점은 입법 과정에서 유럽의회가 각료이사회에 영향력을 행사하는 정도에 있다. 리스본조약 발효 이후부터는 '보통입법절차'(ordinary legislative procedure: OLP)와 '특별입법절차'(special legislative procedure: SLP)에 의해 입법이 이루어진다.

종전의 공동결정절차가 보통입법절차로 개명(改名)되었고, 협의절차와 동의절차는 특별입법절차로 분류되었다. 동의절차도 승인절차(consent procedure)로 명칭을 바꾸었다. 협력절차는 리스본조약을 계기로 폐기되었다. 협의절차와 동의절차에서는 유럽의회가 의견을 개진하나 권고하는 수준에 그치고, 공동결정절차에서는 의회가 이사회와 동등한 정도로 입법 과정에 참여한다. 따라서 리스본조약에서 공동결정절차를 보통입법절차로 명명하여 그 적용 범위를 확대한 것은 그만큼 입법 과정에서 유럽의회의 권한을 강화시킨 것이라고 할 수 있다.

2.3.1 입법절차

(1) 보통입법절차

보통입법절차는 종전의 공동결정절차(co-decision procedure 또는 joint legislative procedure)를 새로이 지칭한 입법절차로, 오늘날 EU에서 규정이나 지침을 만들 때 적용되는 가장 대표적인 방식이다. 1993년 발효된 마스트리히트조약은 공동결정절차를 도입함으로써 유럽의회와 각료이사회 간에 동등한 수준으로 입법 과정에 참여하게 하여 공동의사결정을 실현시키는 데 그 목표를 두고 있다. 도입 당시 공동결정절차의 적용 범위는 역내 시장, 근로자 자유이동과 설립의 자유, 연구개발, 범유럽

〈그림 2-3〉 보통입법절차

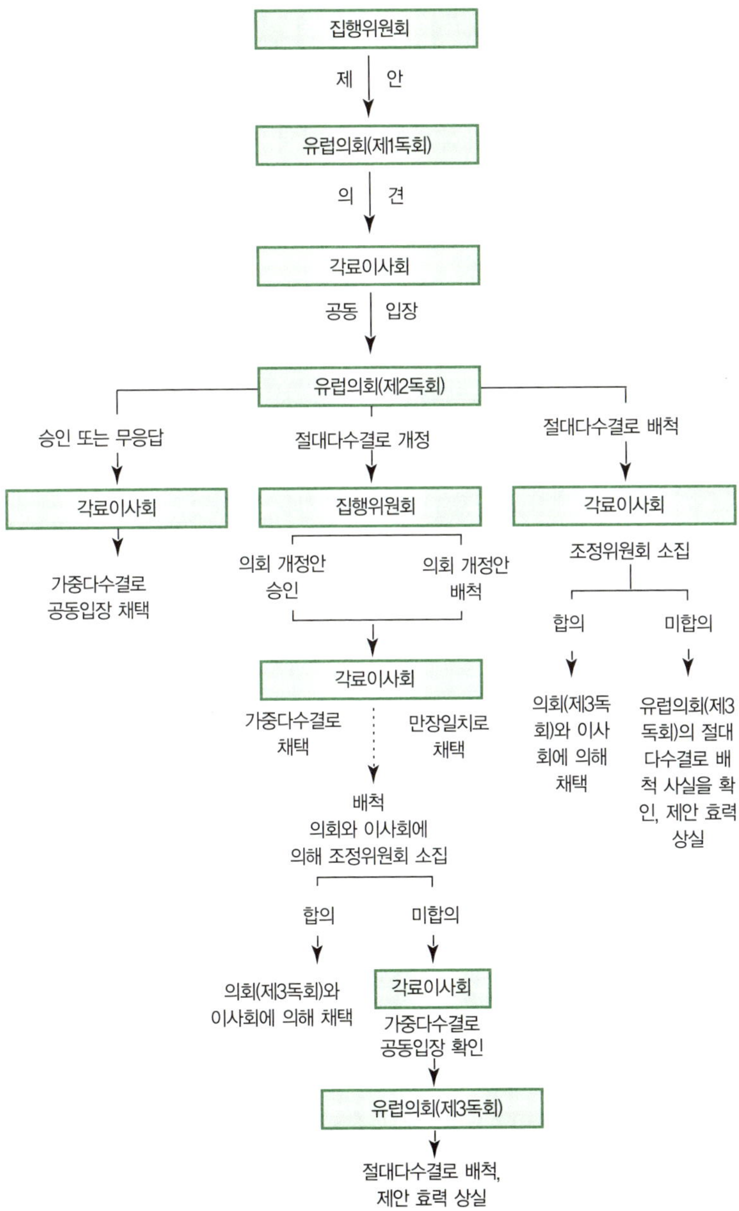
집행위원회
제 안
유럽의회(제1독회)
의 견
각료이사회
공동 입장
유럽의회(제2독회)
승인 또는 무응답
각료이사회
가중다수결로 공동입장 채택
절대다수결로 개정
집행위원회
의회 개정안 승인
의회 개정안 배척
각료이사회
가중다수결로 채택
만장일치로 채택
배척
의회와 이사회에 의해 조정위원회 소집
합의
미합의
의회(제3독회)와 이사회에 의해 채택
각료이사회
가중다수결로 공동입장 확인
유럽의회(제3독회)
절대다수결로 배척, 제안 효력 상실
절대다수결로 배척
각료이사회
조정위원회 소집
합의
미합의
의회(제3독회)와 이사회에 의해 채택
유럽의회(제3독회)의 절대다수결로 배척 사실을 확인, 제안 효력 상실

네트워크, 문화, 건강 등이었으며, 후에 채택된 암스테르담조약으로 인해 공동체 내 대부분의 입법 영역에 공동결정절차가 적용되기에 이르렀다. 리스본조약은 공동결정절차를 보통입법절차로 명명함으로써 이 절차가 EU의 입법 과정에서 적용되는 가장 보편적인 방식임을 공식화하였다.

보통입법절차에 의한 입법 과정은 다음과 같다. 먼저 집행위원회는 유럽의회와 각료이사회에 입법 제안을 한다. 유럽의회가 먼저 제1독회를 거쳐 단순다수결(simple majority)로 입법안에 동의를 하거나 개정을 요청하는 입장(position)을 채택한다. 이 유럽의회의 입장은 각료이사회에 전달된다(제1독회). 각료이사회에서는 제1독회 과정을 통해 가중다수결(qualified majority voting)로 동의 또는 개정을 요청하는 입장을 채택한다. 동의시에는 그 법안은 채택되어 규정, 지침 또는 결정의 형태로 법규정이 만들어진다. 개정 요청시에는 그 각료이사회의 입장이 유럽의회에 전달된다(제2독회). 유럽의회는 3개월(1개월 연장 가능) 내 제2독회를 거쳐야 하며 다음 세 가지의 결과를 도출할 수 있다.

① 단순다수결로 승인하거나 조치를 취하지 않는 경우: 법안은 채택되어 규정, 지침 또는 결정의 형태로 법규정이 만들어진다. 입법절차는 대부분 여기에서 종결된다.

② 절대다수결로 거부할 경우: 법안은 자동적으로 폐기되며, 입법절차도 종료된다.

③ 절대다수결로 개정을 요구하는 경우: 각료이사회 의장은 유럽의회 의장과 합의하여 즉각적으로 조정위원회(conciliation committee)를 소집한다. 조정위원회는 6명 이내(최대한 8명)의 범위에서 각료이사회와 유럽의회 동수로 구성된다. 조정위원회는 6주(2주 연장 가능) 내 각료이사회와 유럽의회가 합의하여 공동문안(joint text)을 도출하여야 한다. 공동문안은 조정위원회의 유럽의회 측은 단순과반수로, 각료이사회 측은 가중다수결 또는 만장일치로 동의해야 채택된다. 만일 공동문안 도출에 합의하지 못하면, 그 법안은 그 자리에서 폐기된다.

공동문안이 채택되면 유럽의회와 각료이사회는 각각 제3독회를 거친다. 각각 6주(혹은 8주) 이내에 표결에 부쳐야 하며, 유럽의회는 단순다수결로, 각료이사회는 가중다수결로 결정한다.

2009년 12월 발효된 리스본조약에서는 이 보통입법절차를 대부분의 정책 분야에 적용하도록 규정하였다.

(2) 특별입법절차

1) 협의절차

협의절차(consultation procedure)에서 각료이사회는 법안을 채택하기 전에 유럽의회에게 의견을 구한다. 유럽의회는 법안을 승인하거나 거부할 수 있다. 각료이사회가 유럽의회의 의견을 반드시 따라야만 하는 것은 아니지만, 유럽의회의 의견은 반드시 구해야 한다. 협의절차는 유럽공동체 탄생과 더불어 로마조약을 통해 도입된 절차로 가장 오래된 입법절차이다. 집행위원회가 법안을 상정하고, 각료이사회가 입법 여부를 결정하는 입법 과정에서 유럽의회가 자문의 역할을 하도록 만든 것이다. 그 후 단일유럽의정서(Single European Act: SEA), 마스트리히트조약, 암스테르담조약, 니스조약, 그리고 리스본조약을 거치면서 유럽의회의 권한은 계속 강화되었다. 리스본조약의 발효로 유럽의회가 각료이사회와 동등한 권한을 가지고 입법 과정에 참여하는 공동결정절차가 보통입법절차(special legislative procedure, 혹은 비입법절차(non-legislative procedure)라고도 함)로 규정되고 명문화되어 입법 과정에서의 유럽의회의 권한이 강화되었다. 기존의 협의절차는 특별입법절차 중의 하나로 분류되어 제한적인 경우에만 적용된다.

협의절차에 의해 결정되는 영역은 역내 시장 면제 관련 사항, 경쟁법 등과 같은 제한된 분야에 국한한다. 공동외교 · 안보정책과 관련된 국제조약을 체결할 때도 협의절차에 의해 의결한다.

2) 승인절차

승인절차(consent procedure)는 1986년 단일유럽의정서에서 도입되었으며 리스본 조약 발효 전까지는 동의절차(assent procedure)로 명명되었다. 승인절차는 유럽의회에게 거부권(right of veto)을 부여한다. 따라서 유럽의회는 집행위원회가 제안한 법안을 수정 요청하지 않고 바로 승인하거나 거부할 수 있으며, 이때 각료이사회는 유럽의회의 의견을 기각할 수 없다. 처음 승인절차가 도입되었을 때는 준회원국 가입(association agreement) 혹은 정회원국 가입과 관련된 사안에 대해서 적용되었으나, 조약이 수정되면서 승인절차의 적용 분야가 점차 확대되었다.

오늘날에는 기본권에 대한 중대한 침해, 신규 회원국 가입, 회원국 탈퇴, 국제협상 등에 관한 사안에 적용된다.

2.3.2 행정체제

EU의 행정체제는 집행위원회와 각료이사회의 두 기구가 권력을 나누어 행사하는 이중행정체제(dual executive system)이다. 집행위원회가 EU의 대표적인 행정기관이기는 하지만 다양한 행정적 조치를 결정하고 집행함에 있어서 완전한 독점적 권한을 가지고 있지 않다. 이른바 커미톨로지위원회(comitology committee, 흔히 comitology라고 함) 체제를 통해 각료이사회가 집행위원회의 행정권력 집행에 다양한 형태로 개입한다. 개별 회원국의 대표와 집행위원회 관료로 구성되며, 집행위원회 관료가 회의를 주재한다. 커미톨로지는 집행위원회가 채택된 법안을 집행하고자 할 때 집행위원회의 집행계획안에 의견을 제출한다. 커미톨로지의 제안은 집행위원회에 다소간 영향력을 행사한다. 그러나 채택된 법안을 집행하는 데에 커미톨로지 절차가 반드시 필요한 것은 아니다.

커미톨로지 절차는 크게 두 가지이다. 하나는 심사절차(examination procedure)이고 다른 하나는 자문절차(advisory procedure)이다.

〈표 2-4〉 커미톨로지체제에 따른 EU 행정조치 결정절차

절차	집행위원회에 요구되는 내용(모든 절차에서 집행위원회는 행정조치를 결정하기 전 반드시 커미톨로지위원회에 자문을 구해야 한다)
권고위원회 (절차 1단계)	집행위원회는 반드시 위원회의 의견을 최대로 반영하도록 노력해야 한다. 그러나 반드시 위원회의 의견을 받아들여야 하는 것은 아니다. 위원회의 의견에 상관없이 행정조치를 실제 집행할 수 있다.
간섭위원회 (절차 2단계 A) (절차 2단계 B)	위원회에서 가중다수결로 반대하지 않아야 집행위원회가 행정조치를 집행할 수 있다. 그렇지 않고 각료이사회로 의제가 넘어간다면 두 가지 단계가 적용: 각료이사회에서 가중다수결로 한 달 이내 행정조치안을 수정하거나(2단계 A); 또는 각료이사회가 3개월 이내 가중다수결로 행정조치안 거부 또는 대폭 수정할 수 있다(2단계 B).
규제위원회 (절차 3단계 A) (절차 3단계 B)	위원회가 반드시 가중다수결로 승인해 줄 경우에만 행정조치를 실제 집행할 수 있다. 그렇지 않고 각료이사회로 의제가 넘어간다면 두 가지 단계가 적용: 각료이사회에서 가중다수결로 행정조치안을 거부 또는 만장일치로 수정할 수 있다(3단계 A); 각료이사회가 단순다수결로 행정조치안을 거부하거나 만장일치로 수정할 수 있다(3단계 B).
긴급조치 (절차 4단계 A) (절차 4단계 B)	집행위원회는 긴급조치에 해당하는 행정조치안을 반드시 각료이사회에 집행 전 사전보고해야 한다. 이후 각료이사회에서 두 가지 단계: 각료이사회가 가중다수결로 거부 또는 수정할 수 있다. 그러나 주어진 기간 안에 각료이사회 결정이 나오지 않을 경우 집행위원회는 행정조치안을 집행할 수 있다(4단계 A); 각료이사회가 단순다수결로 행정조치안을 승인 · 수정 또는 거부할 수 있다. 그러나 정해진 기간 안에 각료이사회 결정이 나오지 않는다면 행정조치안은 취소된다(4단계 B).
각료이사회 직접 집행 (절차 5단계)	특수한 경우, 각료이사회가 직접 행정조치를 결정하고 집행할 수 있는 권리를 보유한다.

출처: Simon Hix, *The Political System of the EU*, Palgrave, 2000, p. 31.

심사절차는 법안 실행의 파급 범위가 크고, 특별히 중요한 영향을 미친다고 판단될 때(예를 들어, 농업정책의 세제 개편안 등) 적용되며, 그 밖의 경우는 자문절차를 적용한다. 심사절차의 경우, 다음과 같은 세 가지 경우가 있다.

① 집행위원회의 집행안에 가중다수결로 찬성하는 경우: 집행위원회는 계획안대로 실행에 옮긴다.

② 집행위원회의 집행안에 가중다수결로 반대하는 경우: 집행위원회는 계획안

대로 실행에 옮길 수 없다.

③ 무응답인 경우: 집행위원회는 원안대로 실행에 옮기거나 새로운 안을 제출한다.

자문절차의 경우, 집행위원회가 계획대로 실행에 옮길지 여부를 결정할 수 있다. 그러나 커미톨로지위원회의 의견을 최대한 고려해야 한다. 위원회는 1년에 여러 차례 열리며, 주로 브뤼셀 집행위원회 건물에서 개최된다.

만일 커미톨로지위원회가 집행위원회로 하여금 법안을 집행하지 못하게 할 경우, 집행위원회는 항소위원회(appeal committee)에 상소할 수 있다. 항소위원회의 구성 및 운영 방식은 다른 커미톨로지위원회와 동일하다. 다만 항소위원회에서 집행위원회의 집행안에 반대할 경우에는 집행위원회는 그 의견에 따라야만 한다.

커미톨로지는 회원국 정부가 정책 집행 과정에서 집행위원회를 견제하며, 때로는 자신들의 의견을 정책 집행 과정에 반영시킬 수 있게 한다. 유럽의회와 각료이사회는 위원회 활동에 대해 알고 있을 권리와 필요에 따라 법안 집행안에 대해 조사할 권리를 가지고 있다.

03 유럽통합의 이론적 고찰

SLAND
NORGE
SVERIGE
SUOMI
FINLAND
EESTI
LATVIJA
LIETUVA
DANMARK
UNITED
KINGDOM
IRELAND
ÉIRE
NEDERLAND
DEUTSCHLAND
BELGIË
BELGIQUE
LUXEMBOURG
POLSKA
BELARUS
RUSSIJA
UKRAÏNA
ČESKÁ
REPUBLIKA
SLOVENSKO
FRANCE
SUISSE
SCHWEIZ
SVIZZERA
ÖSTERREICH
MAGYARORSZÁG
SLOVENIJA
HRVATSKA
MOLDOVA
ROMÂNIA
PORTUGAL
ANDORRA
MONACO
SAN
MARINO
BOSNA I
HERCEGOVINA
SRBIJA I
CRNA GORA
BALGARIJA
ESPAÑA
ITALIA
SHQIPËRIA
TÜRKIYE
ELLADA
SOURIYA
LIBNAN
MALTA
KIBRIS

국제경제의 지역화(regionalization)는 경제통합이론에 의해 설명된다. 경제통합(economic integration)[1]이란 "지리적으로 인접한 다수국이 동맹을 결성하여, 역외국에 대해서는 공동으로 무역제한을 가하며, 회원국 상호간에는 무역자유화를 꾀하는 것이다. 또한 이는 역내의 무역자유화뿐만 아니라 생산요소 이동, 나아가 재정 · 금융 등 경제정책 전반에 걸친 상호 협력을 통하여 지역적 경제협력체 창설"을 추구한다. 완전경제통합 단계(정치통합)에 이르는 각 가맹국은 그들의 권한을 초국가기구인 공동기구에 점차적으로 이양하게 된다.

3.1 경제통합의 5단계

궁극적인 유럽통합의 목표는 정치동맹이지만, 그 목표는 경제통합을 통하여 점진적으로 추진되어 왔다. 즉, 1952년의 ECSC, 1958년의 EEC, 1968년의 관세동맹 달성, 1992년 공동시장 완성, 1999년 경제통화동맹 출범, 2002년 단일통화 출범 등이 그 예이다.

경제학자 발라사(Bela Balassa)는 경제통합을 5단계(자유무역지역, 관세동맹, 공동시장, 경제통합, 완전경제통합)로 나누어 설명하였지만, 여기서는 이 분류를 바탕으로 하되, 마지막 단계인 완전경제통합 대신 정치통합의 개념을 도입하여 유럽통합의 각 단계를 5개의 모델로 설명하고자 한다.

---

1) 롭슨(Peter Robson)은 국제경제통합을 "분리된 국가경제가 큰 경제블록 또는 공동체로 통합되는 제도적인 결합"이라고 정의하고 있다. Peter Robson, *The Economics of International Intergration,* 4th ed., Routledge, 1998(이종원 · 정홍열 역, 『국제통합의 경제학』, 해남, 1999, p. 22).

〈표 3-1〉 경제통합 5단계 개관

	자유무역지역	관세동맹	공동시장	경제동맹	정치통합 (완전경제통합)
관세 및 관세장벽 제거					
공동대외관세					
생산요소 이동					
공동경제정책					
초국가기구 설립					

3.1.1 자유무역지역

본 모델은 A, B, C 3개국 간 자유무역협정을 체결하였으나 D, E 2개국은 그러한 협정을 체결하지 않은 역외국 또는 비가맹국으로 가정한다(〈그림 3-1〉 참조). 이 경우 가맹 3개국은 비가맹국에 대한 무역정책을 자유롭게 행사할 수 있다. 예를 들면, A국은 비가맹국 D가 생산한 X상품에 대해 10%, B국은 0%, C국은 20%의 관세를 부과

〈그림 3-1〉 자유무역지역

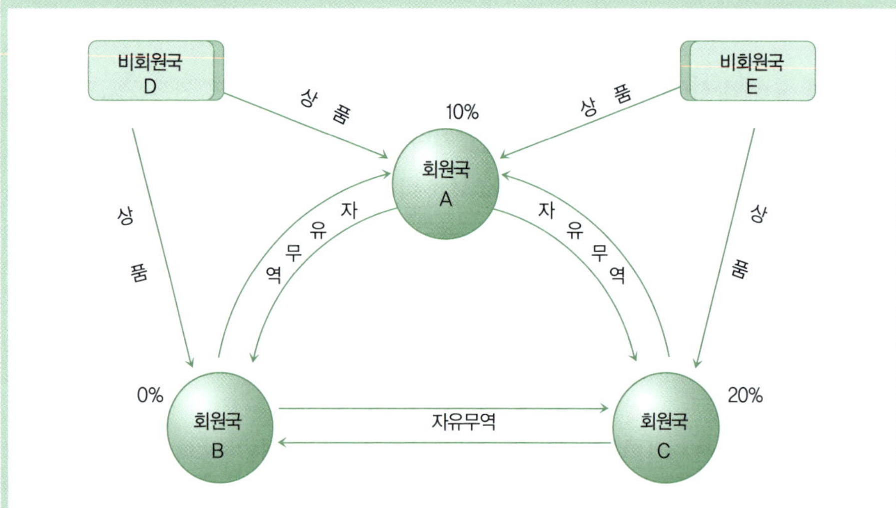

할 수 있다.

이와 같이 느슨한 형태의 경제통합은 국가주권의 상실을 우려하는 민족주의 성향의 국가들 기호에는 부합한다. 그러나 저관세국(예를 들면, 0%의 B)으로 수입된 물품이 고관세국인 A, C국으로 자유롭게 이동하면, 무역편향 또는 무역굴절(trade deflection) 현상이 발생한다. 그러면 A, C국 생산자들은 불공정경쟁(unfair competition)에 대해 항의하게 될 것이고, 따라서 정부는 복잡한 원산지규정(rules of origin)을 만들어 이러한 문제를 해결하려고 하겠지만 그 효과는 의문시된다. 이러한 연유로 관세동맹이 자유무역지역보다 매력적으로 보인다.

유럽 내 대표적인 자유무역지역 EFTA는 국가주권의 침해를 우려한 영국을 위시한 유럽 7개국에 의해 1960년에 만들어졌다. 1994년부터 발효한 EEA는 EU 28개국과 EFTA(스위스 제외) 3개국을 포함하는 유럽 31개국의 광역자유무역지역이다. 유럽 이외 지역의 대표적인 자유무역지역으로는 NAFTA[2]와 AFTA[3]를 들 수 있다.

3.1.2 관세동맹

A, B, C 3개국 간 관세동맹을 체결하고 D, E 2개국은 역외국으로 간주한다(〈그림 3-2〉 참조). 이때 A, B, C 3국은 자유무역협정의 본질(역내 국가 간 관세 및 수량제한 조치 철폐)을 준수할 뿐만 아니라 역외의 비가맹국에 대하여 공동대외관세(Common External Tariff: CET)로 대표되는 공동무역정책을 실시한다. 현실적으로 무역정책 수단은 관세뿐만 아니라 수입수량할당제와 같은 비관세장벽도 있으나 관세동맹이라고 하는 것

2) NAFTA는 North America Free Trade Agreement(북미자유무역협정)의 약어로, 미국, 캐나다, 멕시코 3개국 간 체결된 협정이다. 1994년 1월부터 발효되었으며 인구 3억 6,000만 명에 이르는 단일시장이다. NAFTA는 북미환경협력협정(North American Agreement on Environmental Cooperation: NAAEC)과 북미노동협력협정(North American Agreement on Labor Cooperation: NAALC)이라는 두 가지 보충협정을 가지고 있다.

3) AFTA는 ASEAN Free Trade Area(아세안자유무역지대)의 약어로, ASEAN 회원국 간의 자유무역지역을 의미한다.

〈그림 3-2〉 관세동맹

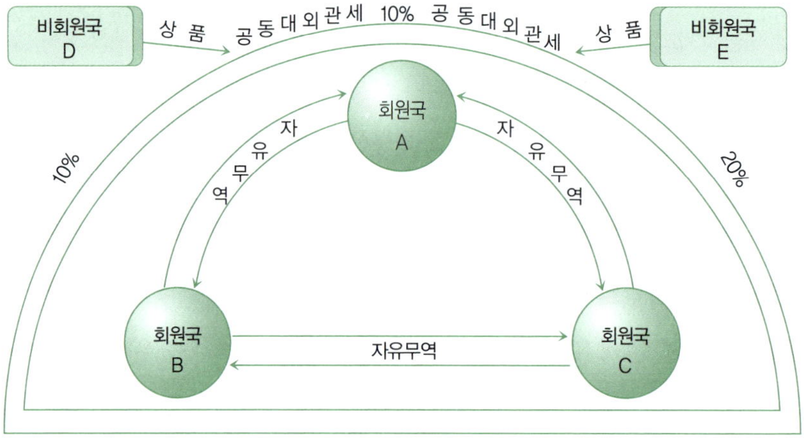

주: 자유무역지역 기능 포함, 공동대외관세(비회원국으로부터 수입에 대한 부과).

은 과거에 무역보호의 주된 수단이 관세이었기 때문이다.

관세동맹은 역내국 간 각종 무역제한 조치의 철폐를 통하여 자유무역을 실현한다는 점에서 자유무역과 비슷하다. 회원국들의 경제적 결합 정도에서 보다 강한 경제블록 유형이라고 볼 수 있다. 따라서 관세동맹은 자유무역의 단점인 역내 저관세국을 통한 역외국의 역내 시장 침투를 막을 수 있으며, 국제경제사회에서 응집된 힘을 발휘할 수 있다는 데 장점이 있다. 관세동맹은 역사적으로 오래 전부터 존재해 왔는데, 1834년 독일관세동맹(Zollverein)과 1958년 EEC[4]가 그 대표적인 예라고 할 수 있다.

관세동맹은 무역정책 분야에서의 경제통합이지만, 각 회원국들이 나름대로의 경제정책과 화폐를 보유하고 있으며, 국가 간 노동과 자본 같은 본원적 생산요소의 이동이 불가능하거나 크게 제약되어 있는 상황을 고려하면 완전한 경제통합 형태

4) EEC는 European Economic Community(유럽경제공동체)의 약어이다. EEC는 당초 계획을 1년 6개월 앞당겨 1968년 7월 관세동맹을 완성하였다.

라고 볼 수는 없다.

3.1.3 공동시장

공동시장은 관세동맹의 특징을 보유하되, 더욱 발전된 경제통합의 형태를 취한다. 즉, 이 제도는 공동대외관세 지역 내의 완전한 상품의 자유무역을 보장할 뿐만 아니라, 이 상품 생산에 필요한 노동과 자본의 역내 이동을 자유롭게 보장한다. 나아가 은행업, 보험, 운송, 소매업 등의 서비스가 공동시장에 참여하는 국내 국경에 관계없이 유통될 수도 있다. 뿐만 아니라 A국의 시민이 B, C국에서 자유롭게 기업을 설립할 수 있으며, 이 기업은 국적을 보유하지 않았다는 이유로 어떠한 차별을 받지 않는다(〈그림 3-3〉 참조).

이 밖에도 이러한 공동시장 내에서 동등하게 경쟁하기 위해서 경쟁에 관한 공동

〈그림 3-3〉 공동시장

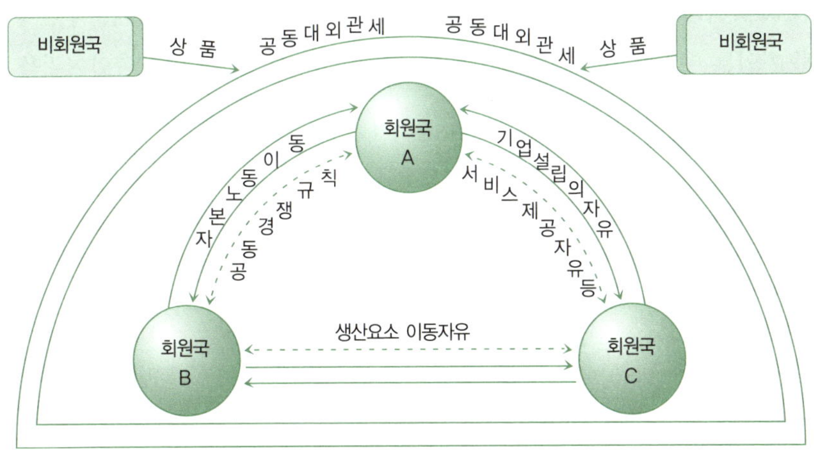

주: 관세동맹 기능 포함, 생산요소 이동장벽 제거(노동 및 자본 서비스(은행, 보험, 소매업, 운송 등) 기업설립의 자유, 공동경쟁규칙).

규칙이 고안되어야 한다. 그러한 규칙에는 취약산업이나 개발 대상 지역에 대한 허용 가능 보조금의 수준이 정해져야 할 것이다. 마찬가지로 한 역내 국가(예를 들면, A국)가 국내 생산자들의 인위적인 경쟁우위를 유지하기 위하여 상대적으로 느슨한 근로조건(사회보장, 안전, 건강 등)이나 투자유치조건(저임금, 노동관계법 등)을 제공하는 불공정경쟁을 예방하기 위한 이 분야에서의 공동규칙도 추구되어야 할 것이다. 이렇게 경제적인 협력이 강화될수록 보다 협력적인 정치적 의사결정 절차가 필요하게 된다. 예를 들면, 역내의 가난한 지역에 대한 공공원조의 수준을 결정할 협상은 순수한 경제적 또는 기술적 성격을 넘어 정치적인 결단을 필요로 하는 문제로까지 발전하게 된다. 즉, 경제통합은 최소한 특정 분야에서의 정치통합으로 확산되며, 그 결과 경제동맹의 개념이 등장하게 된다.

그 대표적인 예는 1993년부터 출범한 유럽단일시장(European Single Market: ESM)이다. ESM은 1985년 단일시장 완성을 위한 백서와 1986년 단일유럽의정서에 의해 제정된 282개의 법령에 의해 상품뿐만 아니라 노동, 자본 등과 같은 생산요소를 포함한 역내의 잔존 비관세장벽을 거의 완전히 제거하였다. 유럽 이외의 지역에는 남미공동시장(Mercado Común del Sur: MERCOSUR), 중앙아메리카공동시장(Central American Common Market: CACM) 등이다. 전자의 경우는 정부 간 협력체로 아직까지는 관세동맹을 실시하고 있는 단계에 있으며, 후자는 초국가 연합체로 단일국경과 단일여권을 도입한 상태이다.

3.1.4 경제통합

경제통합 모델(〈그림 3-4〉 참조)은 공동시장의 특성을 보유할 뿐만 아니라 공동의 초국가기구가 여기에 추가된다. 경제정책에 관한 여러 공동정책을 운영하기 위해서는 초국가기구가 필요하다. 만일 공동기구가 없다면 가맹국들 간에는 수많은 정부 간 회의(Inter-Governmental Conference: IGC)가 요구될 것이다. 이 경우 보다 효율적인

〈그림 3-4〉 관세통합

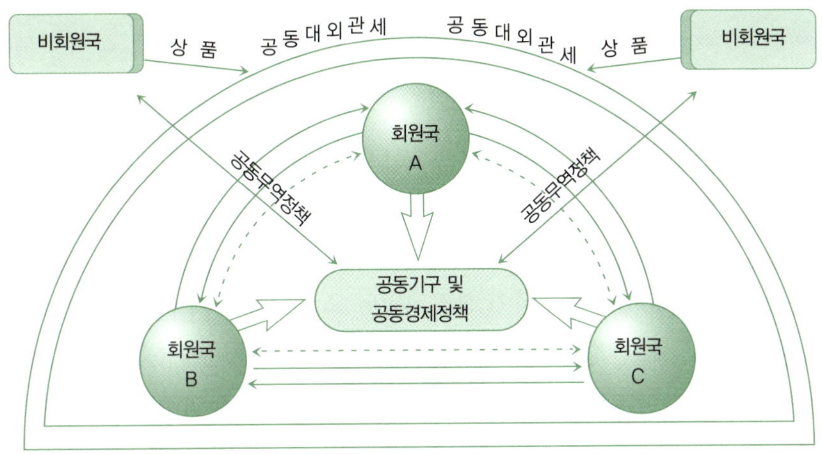

주: 공동시장 기능 포함. 공공시장 및 공동경제정책 조정을 위한 초국가 공동정치기구 설립 추구(무역, 농업, 산업, 산업발전, 지역발전, 통화통합, 산업원조).

경제통합을 위해서는 공동의사결정기구를 설립하는 것이 합리적이다.

공동시장의 단계에서는 무역정책을 제외한 다른 경제정책에는 독자성을 갖고 있으며, 각 가맹국들은 자국의 정치 및 경제 상황에 적합하다고 판단하는 금융통화정책이나 재정정책을 독립적으로 실시하게 된다. 그러나 적절한 통화 변동과 거시경제정책의 조화 없이는 공동시장이 원활하게 그 기능을 발휘하기 어려울 것이다. 만일 한 가맹국이 수출을 촉진하고 수입을 억제하기 위하여 지속적인 평가절하정책을 추구한다면, 다른 가맹국들은 이러한 왜곡된 경쟁에 대해 항의하며 환율 안정을 요구할 것이다. 마찬가지로, 자본이동이 자유로운 공동시장에서 한 나라가 자본유치를 위해 다른 나라보다 현저히 높은 금리를 책정할 때, 자본 흐름은 크게 왜곡될 것이며, 다른 나라들은 이에 항의할 것이다.

상품 · 노동 · 서비스 그리고 자본의 이동이 역내에서 자유로운 공동시장의 경우 국가 간의 결합 정도가 심화될수록 공동경제정책을 수행할 공동정치기구 설립의 필요성이 더욱 부각될 것이다. 이러한 논리는 경제통합의 개념을 선도한다. 그렇지만 경제통합 내에서의 초국가기구는 경제적 문제에 한해서 작동되므로, 그 기능은 불완전하다. 그러므로 경제통합의 최종 단계는 완전한 정치통합임을 예고한다.

3.1.5 정치통합

정치통합 모델(〈그림 3-5〉 참조)은 앞에서 진행된 경제통합의 모든 단계의 내용을 포함한다. 경제 분야에만 제한되어 설립되었던 초국가 공동기구가 다른 정책 분야에까지 확대된다. 즉, 환경, 사회 문제, 교육, 외무, 안보 및 단일통화를 관장할 새로운 공동정치기구가 설립된다. 이 단계에서 가맹국들은 그들의 권한을 중앙기구에 이양하고 연방주의(federalism)에 입각한 공동주권(pooling sovereignty)을 가지게 된다. 가맹국가가 권한을 이양한다고 해서 반드시 모든 권력을 잃게 된다고 볼 수는 없다. 왜냐하면, 개별 국가는 이 제도 하에서 여전히 가장 강력한 행위자로 남기 때문이다.

정치통합 하에서의 책임(responsibility)은 초국가, 국가 또는 지역 단위의 기구들에 의하여 대단히 복잡하게 얽힐 것이다. 이러한 통합 단계에 이르면 더 이상 순수한 경제 문제와 정치 문제를 완벽하게 구분하기는 불가능하게 된다. 따라서 가맹국들은 국가 간 정치 · 경제 문제를 초국가 차원에서 다루려고 할 것이다. 공동경제정책은 사회, 환경, 교육, 문화 등 다양한 영역으로부터 보완받게 된다.

정치통합의 단계에서 개별 국가 간 각자의 고유화폐를 보유한다는 것은 상상하기 어렵다. 국경 없는 단일시장을 넘나들며 영업하는 다국적기업들은 외환 비용의 경감과 환율의 확실성을 확보하기 위해 단일통화(single currency)를 강력히 요구할 것이다. 기업뿐만 아니라 일반시민들의 여행 · 이주 등에도 단일통화가 편리하므로 국민적 합의가 어렵지 않게 이루어질 수 있을 것으로 기대된다. 그러나 한 나라의 경제를 상징하며 국민들의 감정과 연결된 국내 통화를 없애는 데 대한 저항도 만만치 않을 것으로 보인다.

단일통화 외에 정치통합의 가장 어려운 과제 중 하나는 안보 문제이다. 그러나

〈그림 3-5〉 정치통합

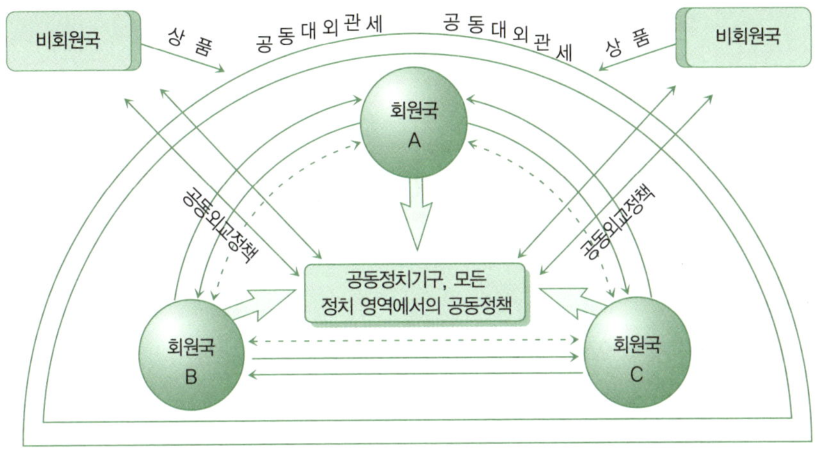

주: 경제동맹 기능 포함. 초국가 공동기구(환경, 사회 문제, 교육, 외교, 국방, 단일화폐).

역내에서 사람의 이동과 투자가 자유로울 뿐 아니라 하나의 화폐를 사용하는 단계에서 국별로 이해 관계가 상충되는 공동외교와 안보정책의 수행이 가능할지는 의문이다. 예를 들면, 가맹국 상호간 경제의존도가 고도로 심화된 상황에서 한 가맹국의 안보가 외부로부터 위협받을 때 과연 다른 가맹국들이 이에 무관심할 수 있겠는가? 이와 같은 경우에 각 가맹국은 자국의 이익을 위해 국가의 기본적인 문제에 관한 공동정책에 어렵지 않게 합의할 수 있다. 따라서 오늘날 주권국가 기능의 대부분에 해당하는 이러한 정책적 합의는 어렵지 않게 경제통합을 최종 단계인 정치통합으로 유도할 것이다.

1993년 11월부터 출범한 유럽연합(EU)은 경제통화동맹[5]뿐만 아니라 외교 · 안보 분야와 내무 · 사법 분야에서의 국가 간 협력을 강화하고, 서유럽동맹(Western European Union: WEU)을 통한 군사 · 안보 분야의 통합도 추진하였다. 이는 경제통합

5) 1999년 1월 1일자로 EU는 경제통화동맹 3단계를, 그리고 2002년 1월 1일부터 단일통화체제를 출범시켰다. 제11장 참조.

단계에서 나아가 정치통합 단계로 나아가기 위한 시도이며, 정치통합이 완성되기까지는 앞으로도 많은 과정과 시간을 필요로 한다.

3.2 경제통합의 정태적(靜態的) 효과: 관세동맹을 중심으로

경제통합은 전통적으로 관세동맹을 중심으로 분석되는데, 그 목적은 관세동맹 결성으로 인한 자원배분의 효과를 파악하는 데 있다.

역사적으로 보면 1950년 관세동맹이론의 발전에 선구자적인 역할을 한 학자는 바이너(Jacob Viner)였다. 그러나 바이너는 무역창출(trade creation)의 생산효과에 관심을 집중시켜 소비효과를 무시하였다. 미드(James Edward Meade)는 1955년 관세동맹의 이론을 확장시켜 처음으로 소비효과를 고려하였다. 그 후 1958년 존슨(Harry Gordon Johnson)은 생산과 소비효과를 종합하여 관세동맹의 총후생이익을 구하였다.

3.2.1 관세동맹의 생산효과: 무역창출효과와 무역전환효과

관세동맹의 대표적인 효과로는 무역창출효과와 무역전환(trade diversion)효과가 있다. 경제학자 립시(Richard George Lipsey)는 1960년에 이미 이들 효과에 대해 명확하게 설명한 바 있다.

(1) 무역창출효과

관세동맹 체결 전 각국은 X재에 대해 관세를 100%씩 부과하고 있다고 가정한다. 생산비가 A국 35달러, B국 26달러, C국 20달러일 때 3국 간에 무역이 발생하지 않는다. 그 이유는 최저생산비국인 C국이 A국에 수출하면 100%의 수입관세를 지불해야 되는데, 그 경우 X재의 가격은 40달러가 되어 A국 국내 생산비를 초과하기 때문이다. 마찬가지로 B국도 A국에 수출할 수 없다.

만일 A국과 B국이 관세동맹을 체결하면 무역이 새로 발생한다. 즉, A국은 가맹국인 B국에 대해 수입관세를 부과하지 않으나, 역외국인 C국에는 여전히 100%의 관세를 부과하고 있다. 그러므로 A국은 B국으로부터 국내 생산비(35달러)보다 저렴한 가격인 26달러에 X재를 수입한다.

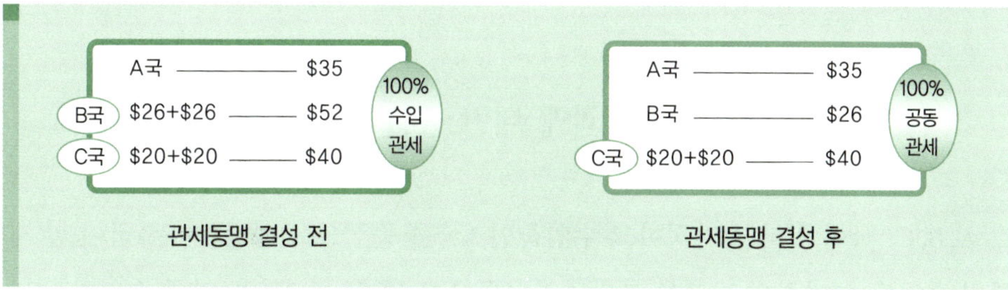

이상과 같이 관세동맹 체결로 인하여 새로운 무역이 발생하는 것을 무역창출효과라고 한다.

(2) 무역전환효과

관세동맹 체결 전 각국은 Y재에 대해 50%의 관세를 부과하고 있다고 가정한다. 생산비가 A국 35달러, B국 26달러, C국 20달러라고 할 때, 최고생산비국인 A국은 최저생산비국인 C국으로 수입관세 포함 30달러에 Y재를 수입한다.

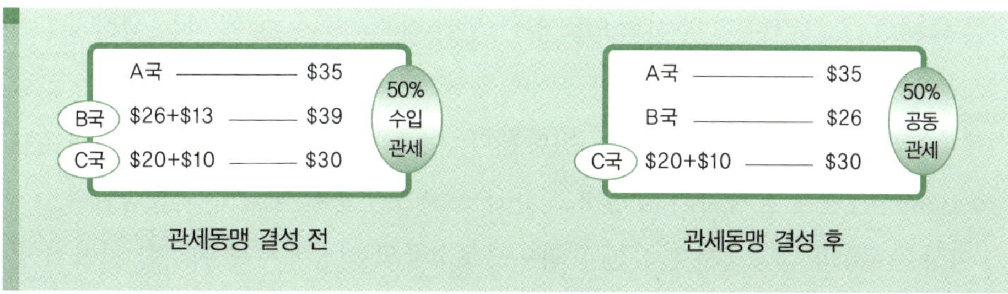

그러나 A국과 B국이 관세동맹을 체결하면 A국은 수입선을 C국으로부터 B국으로 전환하게 되는데, 그 이유는 다음과 같다. A국은 가맹국인 B국에 대해서는 수입관세를 부과하지 않으나, 역외국인 C국에 대해서는 여전히 50%의 관세를 부과하고 있다. 그러므로 A국은 관세 포함 가격이 30달러인 C국으로부터 수입하지 않고, 생산비가 26달러인 B국으로부터 수입한다.

이상과 같이 관세 부과로 인하여 저비용 역외국으로부터 고비용 가맹국으로 수입선이 전환되는 것을 무역전환효과라고 한다.

3.2.2 생산효과와 소비효과에 대한 종합적인 고찰

A, B, C 3국이 있다고 가정하고 수입국인 A국을 중심으로 설명한다. A국이 한 재화의 수입에 CT만큼의 관세를 부과하면, A국은 C국으로부터 Q_2Q_3만큼 수입하지만, B국으로부터는 전혀 수입하지 않는다. 이때 이 재화의 A국 국내 가격은 OT가 되며, 국내 생산은 OQ_2, 국내 소비는 OQ_3가 된다. 이 경우 A국의 국내 후생은 소비자잉여($\Delta DDT'$), 생산자잉여($\Delta TST''$) 그리고 관세수입($CT \times Q_2Q_3$, 즉 $c+e$)의 크기만큼 발생한다.

만일 A국이 B국과 관세동맹을 결성하면 수입선은 C국에서 B국으로 전환된다. 이때 국내 가격이 OT에서 OB로 낮아지므로 국내 생산은 OQ_2에서 OQ_1으로 감소하나, 국내 소비는 OQ_3에서 OQ_4로 증가하게 된다. 그 결과 수입량은 Q_2Q_3에서 Q_1Q_4만큼 증대하며, 전량 B국으로부터 수입된다. 이 경우 A국의 국내 후생은 가격 하락($OT \rightarrow OB$)에 따르는 국내 소비의 증가($Q_1Q_2+Q_3Q_4$)로 소비자잉여는 〈그림 3-6〉의 $a+b+c+d$만큼 증대된다. 그러나 가격 하락으로 인한 생산 감소($OQ_2 \rightarrow OQ_1$)에 따른 생산자잉여 감소분 a만큼, 그리고 A국이 B국과 관세동맹을 결성함으로써 발생한 관세수입 감소분 $c+e$만큼 국내 후생의 감소가 뒤따른다. 이를 종합해 보면, 순후생변화분은 $b+d-e>0$이면 순후생 증가가 발생하고, $b+d-e<0$이면 순후생 감소가 발생한다.

이상은 A국의 입장에서 관찰한 효과이므로 B국의 입장에서도 이러한 관찰이 필

〈그림 3-6〉 경제통합의 생산효과 및 소비효과 종합

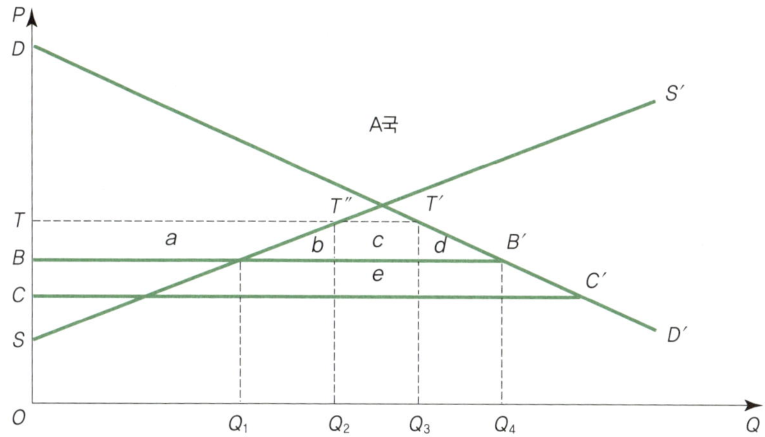

주: DD′ : A국의 수요곡선, SS′ : A국의 공급곡선, BB′ : B국의 공급곡선(∞), CC′ : C국의 공급곡선(∞), OB : B국의 생산비, OC : C국의 생산비

요하며, B국의 효과와 A국의 효과를 종합해 보면 동맹 전체의 효과를 판정할 수 있다. 그러나 상기 2개국 모두에 양의 효과가 나타나더라도, 이것이 세계 전체의 후생을 확대시킬 것인지 감소시킬 것인지 알 수 없다. 왜냐하면, 역외 국가인 C에 미치는 음(陰)의 효과가 측정되고 있지 않기 때문이다.

순후생의 증가는 ① 초기의 관세가 높을수록(창출이익이 크기 때문에), ② B국과 C국의 생산비 차이가 작을수록(전환손실이 적기 때문에), ③ A국의 수요가 탄력적일수록(소비증대효과) 커진다. 기타 가맹국끼리 지리적으로 인접할수록, 가맹국의 수가 많을수록, 가맹국 경제가 보완적이기보다는 경쟁적일수록, 가맹국 사이의 경제적 관계가 깊을수록 후생이익을 더욱 증가시킬 가능성이 커진다.

3.2.3 유럽 경제통합의 정태적 효과

1958년 발족되어 역내 관세율 인하와 공동대외관세 도입을 목표로 경제통합을 추진한 유럽공동체(EC)는 1968년 7월에 관세동맹을 출범시켰다. 관세동맹은 무역창출효과와 무역전환효과를 야기한다. 초창기 유럽통합의 정태적인 후생효과를 앞에서 논의된 방향으로 측정하기 위해 몇 차례 시도하였던바, 정태적인 순후생효과는 놀라울 정도로 작은(GNP의 1% 정도 또는 그 이하) 것으로 나타났다.

이와 달리 동태적 이익은 그보다 훨씬 클 것으로 추정되었으나, 그 측정이 대단히 어려웠다. 1988년 발표된 체키니(Paolo Cecchini)보고서는 처음으로 공동시장의 동태적 효과를 체계적으로 분석하였다.

3.3 경제통합의 동태적(動態的) 효과: 공동시장을 중심으로

3.3.1 공동시장의 제 장벽

동태적 효과는 주위 환경의 변화와 시장의 확대와 더불어 시간이 지나면서 서서히 나타나게 되는 효과를 말한다. EU의 동태적 효과는 정태적 효과의 5~6배 정도 큰 것으로 추산되고 있다. 동태적 효과는 경쟁 강화, 규모의 경제, 투자에 대한 자극, 그리고 경제자원의 효율적 이용 등에 기인한다.

1968년 관세동맹을 완성하고 공동시장 단계에 진입한 유럽공동체(EC)는 1980년 중반에 들어서면서 공동시장 형성은 당시의 국제경제 환경을 감안할 때 하나의 희망사항에 불과할 수 있다는 생각을 하기에 이르렀다. 이에 EU 정상들은 1985년 집행위원회의 역내시장백서를 승인하였다. 이 백서는 비관세장벽을 제거하는 약 300개

〈표 3-2〉 EU 기업들이 지적한 시장장벽 순위

전체 산업 \ 국 가	B	DK	D	GR	E	F	IRL	I	L	NL	P	1	EUR 12
① 국내 표준규격과 규제	2	1	1	7	6	1	2	4	2	3	4	4	2
② 정부조달	6	8	8	8	8	7/8	7	2	8	7	3	2	8
③ 행정장벽	1	2	2	1	1	2	1	1	1	1	1	3	1
④ 물리적인 국경지연과 비용	3	3	4	3	2	4	3	3	3	2	2	8	3
⑤ 부가가치세 상이	8	7	5/6	4/5	7	3	6	7	7	8	8	5	6/7
⑥ 화물운송의 규제	5	4/5	5/6	4/5	3	5	4	8	5	4	5	7	6/7
⑦ 자본시장 제한	4	6	7	2	5	7/8	5	5	4	6	6	6U	5
⑧ EU법	7	4/5	3	6	4	6	8	6	6	5	7	K	4

주: 순위는 질문에 대한 대답을 기준으로 하였다(즉, 귀사는 이러한 장벽의 제거가 얼마나 중요하다고 생각하는가? 등급의 범위는 1(가장 중요)~8(덜 중요)까지이다).
B: 벨기에　GR: 그리스　IRL: 아일랜드　NL: 네덜란드　DK: 덴마크　E: 스페인
I: 이탈리아　P: 포르투갈　D: 독일　F: 프랑스　L: 룩셈부르크　UK: 영국
출처: European Commission 설문조사.

항(후에 282개로 조정됨)의 규정을 통해 1992년까지 진정한 공동시장(역내 단일시장)을 창설하기 위한 입법 일정을 설정하였다.

역내시장백서에서 명시한 대로 기본적인 발견은 EC의 기업, 소비자 그리고 정부가 이러한 장벽들로부터 오는 비용에서 해방되고, 1990년대에 EC의 진정한 단일시장의 혜택을 누리고자 한다면, 이러한 일련의 장벽들은 모두 제거되어야 한다는 것이다. 이러한 장벽들은 크게 세 가지 유형으로 나눌 수 있다.

① 물리적 장벽: EC 역내 국경에서 통관을 위한 정지, 통관 통제 및 관련 서류작업
② 기술적 장벽: 예를 들면, 제품 표준규격과 기술적 규제에서의 각 국가 간 상이한 회사법, 각국의 공동조달시장으로부터의 보호
③ 조세장벽: 특히, 부가가치세와 내국소비세(excise duty)의 세율 차이

이 중에서 어느 것이 최악의 장벽인가를 정확하게 구분하기는 어렵지만, 제조부문의 기업이 자신 스스로 평가를 내리고 있다. 본 연구를 위해 특별히 실시한 11,000

인의 기업경영자를 포함한 설문조사를 실시한 결과, 행정적 장벽 및 세관장벽, 각국별 상이한 표준규격과 기술규제가 악화요인의 상위에 자리잡고 있다.

3.3.2 시장통합의 미시경제적 분석

시장통합의 관문은 비관세장벽의 제거에 있다. 이 관문의 빗장이 일단 풀린다면 예상보다 훨씬 넓은 공간을 향해 열릴 것이다. 그 과정에서 얻어야 할 다이내믹한 이익의 완전한 형태는 확대된 공간에서 새로이 자유화된 모든 요인들이 전개하는 상호작용에 의해 결정된다. 시장통합에서 생기는 미시경제적 이익의 인과 관계 순환회로는 〈그림 3-7〉에 잘 나타나 있다.

〈그림 3-7〉 EU 시장통합에 따른 미시경제적 효과

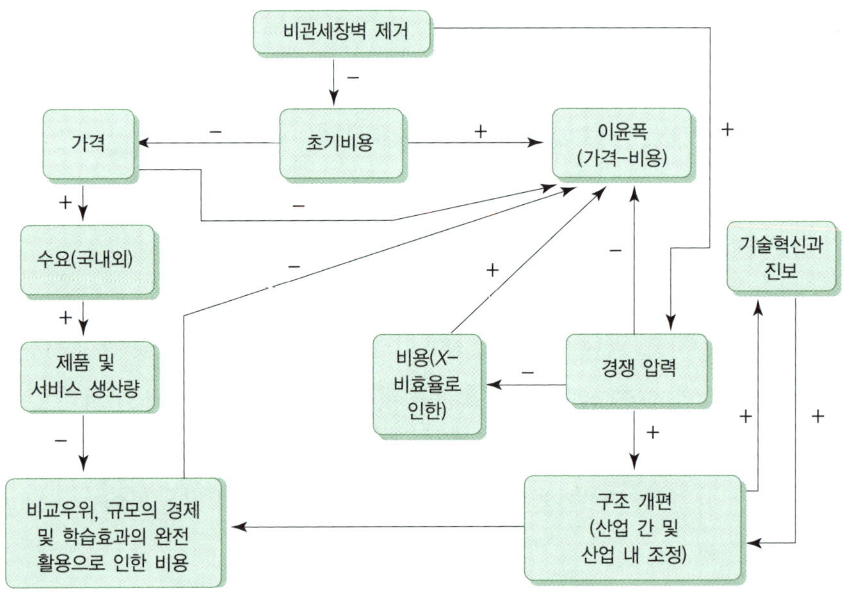

주: +는 증가, −는 감소.

〈그림 3-7〉은 우선 비관세장벽의 제거가 초기비용을 직접 인하시키며, 또한 경쟁이 안정된 조건 하에서 가격을 하락시킨다. 뿐만 아니라 장벽의 제거가 경쟁 압력을 강하게 하여 더 한층 가격 하락을 유발하며, 또한 경쟁 압력은 이윤에 영향을 주어 가격을 비용에 가깝도록 하락시킨다.

여기에서는 이 상호작용의 여러 가지 측면을 조사한다. 그 분석은 제한된 EU 규모의 자료와 방법론적 도전을 포함한 일련의 복잡한 문제점들을 극복해야만 하였다. 가설의 사용에 신중을 기하였음에도 불구하고 전체적인 결과는 강한 인상을 준다.

첫째, 사례 중심으로 발견된 사실들을 기초로 해 도달한 결과는 비관세장벽의 제거가 최종소비재 및 중간소비재, 서비스의 비용과 가격을 직접적으로 인하하는 것, 그리고 이 절약에 따라 국내 및 국제적인 수요의 성장을 유발시킨다는 것이었다. 수요의 증대는 산출량의 증가를 가능하게 하고 또한 규모의 경제와 학습곡선(learning curve)효과(기업은 그 활동을 되풀이하는 과정에서 보다 효율적 작업을 배움)의 완전한 활용을 방해하고 있는 제약을 완화한다. 그러한 비용 절약의 가능성을 검토한다.

둘째, 규모의 경제와 학습효과로부터의 이익 외에 기업은 경영합리화와 비효율적인 생산 단위의 삭감을 추진한다. 이것들은 통합시장이 주입하는 새로운 경쟁의 자극에 대한 대응으로 발생되는 이익이다. 이러한 자극이 가격 수준과 기업의 이윤에 주는 충격을 관찰한다.

셋째, 같은 현상을 분석하는 두 가지의 다른 접근방법을 사용해 역내 시장의 완성에서 기대되는 이익이 어느 정도 되는가를 계산한다. 이러한 이익은 소비자와 생산자의 경제적 후생의 개선이라는 형태로 나타난다. EU의 기술 혁신과 기술 활동에 EU 규모의 경쟁이 미치는 다이내믹한 효과가 뒤따른다.

넷째, 역내 시장에서 얻는 이득 중의 몇 가지는 거의 자동적으로 발생하나, 대부분은 최대의 목표 달성을 위해서 경제주체들의 행동 변화가 요구된다. 기업이 직면하고 있는 새로운 전략적 도전의 개요를 설명한다. 이러한 도전은 경쟁적 행동이 적절하게 취해지고 있을 때에만 기업들에 의해 시작될 것이다. 확고한 경쟁정책은 오늘날 EU 역내 시장에서 중요한 부분을 차지한다.

3.3.3 시장통합의 거시경제적 분석

앞에서 설명한 미시경제적 분석과는 다른 보다 넓은 각도, 즉 역내 총생산, 고용, 물가와 같은 거시경제적 측면으로 시장통합의 이익을 분석할 수 있다. 어떤 의미에서 그 규모로 보면 역내시장백서 프로그램에 의해 집행되는 공급 측면의 충격은 거시경제의 몫이다.

이러한 거시경제적 분석은 관세장벽의 제거, 공공조달시장의 개방, 금융 서비스의 자유화, 공급 측면의 효과의 네 가지 주요한 관점에 초점을 맞추고 있다.

(1) 국경 통제의 제거

국경 통제의 제거는 EU 역내에서 교역되는 재화와 서비스의 가격이 초과비용분(국경에서의 지연과 관료적 절차에 결부된 비용)만큼 삭감되도록 하향 압력을 넣을 것이다. 국경 통제의 거시경제적 영향은 대부분 이 가격 하락에 의해 발생한다. EU 역내의 다른 국가로부터 들어오는 수입품은 국내 생산품이나 EU 역외로부터의 수입품에 비해 경쟁력이 강화된다. 이러한 현상은 두 가지의 상품대체를 유발하는데, ① 국내 상품이 EU 역내 수입품에 대체되는 경우이고, ② EU 역외의 수입품을 EU 역내 수입품이 대체하는 경우이다. 수입가격이 하락하기 때문에 EU 각국의 교역조건이 개선되고(같은 수준의 수출량이 더 많은 수입량과 교환됨을 의미함), EU의 전체적인 무역수지에 긍정적인 영향을 미칠 것이다. 그 결과 EU의 GDP는 중 · 장기적으로 상승하는 결과를 가져온다.

(2) 공공조달시장의 개방

공공조달시장의 자유화는 상징적인 효과도 크지만 대체로 관세장벽의 제거보

〈그림 3-8〉 역내 시장통합에 따른 주요 거시경제적 효과

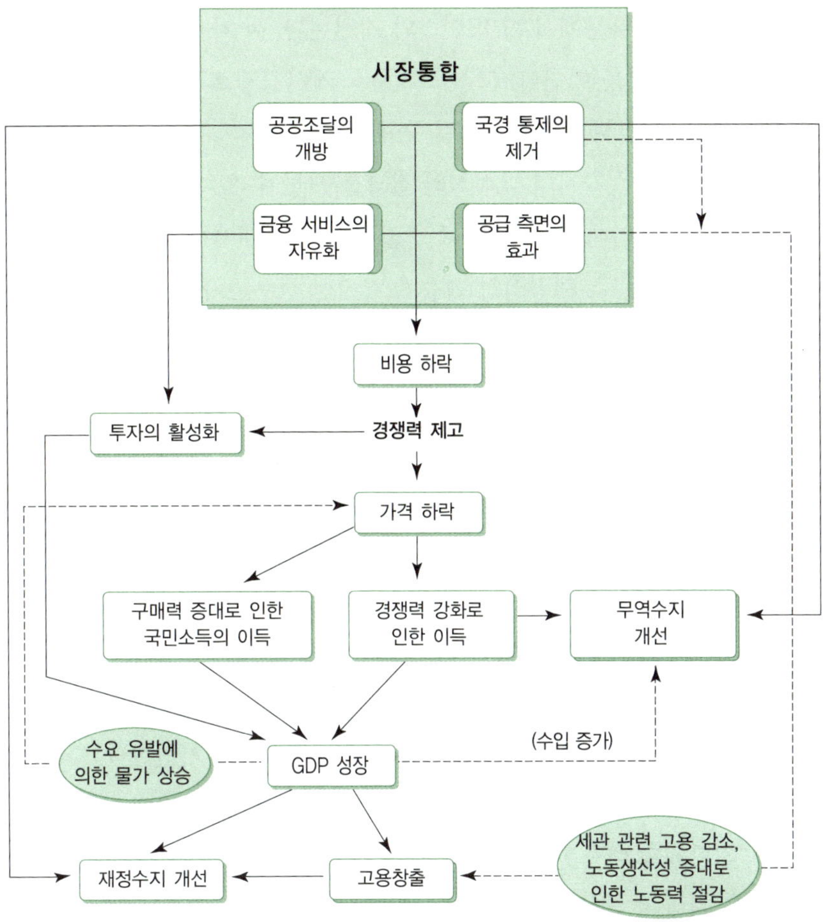

주: —— 강화요인, ---- 약화요인.

다 훨씬 큰 가시적인 효과를 경제 전반에 미치게 한다. 그 거시경제적 귀결은 관련된 세 주요 행위자–공공기업, 공공당국 및 공공시장에 공급하는 기업–를 통해 나타난다.

수송 서비스, 에너지 서비스, 원거리 통신 서비스 등을 공급하는 공공기업에게

있어 공공조달의 자유화는, 특히 자본재 가격이 외국 공급자의 경쟁 압력 하에서 하락함에 따라 구매비용과 투자비용의 대폭적인 삭감을 의미한다. 경쟁적 환경 하에서 비용 절감은 많은 부문에서 가격 인하와 직결된다. 이 가격 인하는 경제 전반에 걸쳐 상당한 파급효과를 미친다. 그러므로 주요 거시경제효과는 일반적인 가격 수준의 하향 압력과 EU의 대외가격경쟁력 향상이다.

공공당국은 주로 두 가지의 긍정적인 결과를 거둘 수 있다. 첫째는 예산 절약이고, 둘째는 세수 증가인데, 후자는 새로 창출된 경쟁 상태에서 활성화되는 기업 활동에 의해 가능하게 된다. 재정적인 여유가 커지면 정부는 주로 세 가지 정책 선택을 한다. 즉, 재정적자의 삭감, 감세 또는 직접적인 수요 진작이다. 첫 번째의 선택은 예상되는 이익의 실현을 지연시키나 다른 두 가지 선택은 경제성장과 고용을 직접적으로 조장할 것이다.

(3) 금융 서비스의 자유화

금융 부문(은행, 보험, 증권 서비스)의 자유화에 대한 경제적인 효과는 첫 단계부터 가시적으로 나타난다. 효과는 본질적으로 시장통합에 의한 과대가격의 조정에 따른 경쟁력 증대효과에 의해 발생한다.

1차 효과의 확대는 신용대부에 대한 낮은 비용에 대체로 기인한다. 자본비용의 감소는 생산투자를 촉진하고, 또한 이에 따른 성장잠재력을 활발하게 증진시킨다. 시장통합의 전반적인 이익을 제한할 수 있는 자본 부족(capital shortage) 현상을 해소할 수 있다. 경제 전반에 걸쳐 중요한 지원역할을 하고 있는 금융 서비스의 자유화는 폭넓은 신용의 이용 가능성과 금융 지원의 효율적인 배분을 보장한다. 또 한 가지 중요한 효과는 낮은 금리의 신용대부에 의한 주택 관련 지출 촉진인데, 이 부문은 고용창출효과가 크다고 알려져 있다.

은행 부문의 대부 활동으로부터 대부분 발생하는 이러한 이익 외에도 금융 서비스의 일반적인 가격 인하효과는, 특히 공업제품 소비자들에게 지출 감소라는 형태로 발생한다. 그 결과는 경제 전체를 통하여 디플레이션 현상으로 나타난다. 이것은 구매력 증대를 통하여 국내 수요를 촉진시키고, EU의 경쟁력을 강화시켜 외부 수요도 촉진시킨다. 그러므로 가계는 이중혜택을 받는다. 즉, 그들은 금융 서비스에 덜 지급하고 또한 가격 하락으로 인한 이익을 보게 된다.

EU가 공동시장을 도입할 당시 금융 서비스의 자유화는 중기적으로 공동체 GDP를 약 1.5% 추가 성장, 약 1.5% 물가 하락 및 GDP의 약 1%에 해당하는 공공재정의 개선(주로 재정적자 감소에 의한)에 공헌할 것으로 예상되었다. 그러나 대외수지는 두 가지의 상충하는 움직임에 의해 결정되는데, 여기에는 EU의 경쟁력 제고를 통한 개선요인과 고용의 성장 및 투자로 인한 수입 증대에 의한 악화요인이 있다. 금융비용의 인하 또한 노동을 값싼 자본으로 대체하는 경향을 유발하므로, 단기적으로는 고용 상실을 가져온다. 그러나 새로운 경제성장에 따른 고용 증대는 이것을 보상하고도 남으므로 중 · 장기적으로는 경제성장에 긍정적 효과를 가져온다. EU의 공동시장 설립 당시 중기적인 신규 고용의 창출 전망은 약 50만 명 가까이 되었다.

(4) 공급 측면의 효과: 새로운 경쟁 환경에 대응하기 위한 기업전략

공급 측면 충격의 거시경제적 귀결은 모두 두 가지 요인으로부터 발생하고, 그 요인은 상반되는 영향을 미친다. 즉, 가격 하락에서 생기는 긍정적인 중기적 효과는 단기적으로는 생산성 향상에 의해 약화된다. 가격 하락은 실질소득(특히, 가계)을 증가시킴으로써 역내 수요를 자극할 뿐만 아니라 EU의 경쟁력 증대에 의해 대외수요(역내 수입)를 증가시킨다. 다른 한편에서 생산성 증대는 생산요소(자본 수입)를 증가시킨다. 그러나 생산성 증대는 생산요소(자본과 노동)에서 비용 절약을 의미하므로, 이러한 절약은 다음에 수요를 억제시키는 효과가 있다.

이러한 두 가지 요인이 서로 맞물리는 역학 관계에서 최초의 시련이 극복된 후 주된 중기적 이익이 발생한다. 즉, 단기적으로 생산성의 증가는 일정한 정도의 실업을 의미할지 모르나 고용의 일시적 하락은 점차적으로 회복되고 그 후에는 극적인 상승으로 전환된다. EU 공동시장의 경우 중기적으로 공급 측면의 효과와 탄력성의 증가에 의해 약 100만 명의 새로운 고용이 창출된다고 추정되었다. 단기의 애로사항은 장기의 이익과 불가분의 관계가 있다. 즉, 케이크를 먹기 위해서는 먼저 그것을 구어야 하는 것이다.

만약 EU 기업이 예상되고 있는 잠재적인 이익을 실현한다면 거시경제적 효과는 상당히 클 것임에 틀림이 없다. 공급 측면의 성공은 경제성장에 대한 제약의 대폭적인 완화와 결부되어 중기적으로 GDP의 2%에 상당한 추가 성장을 가져올 것으로 전망되었다. 여기에서 제약 완화는 물가의 급격한 하락(2% 이상이라 예상됨)과 공공재정의 건전화(GDP의 0.4%)이다. 장기 전망은 누적 과정의 결과에 따라 더욱 바람직하게 전개될 것으로 예상되었다.

04 EU의 공동정책

ÍSLAND
NORGE
SVERIGE
SUOMI
FINLAND
EESTI
LATVIJA
LIETUVA
DANMARK
UNITED KINGDOM
IRELAND
ÉIRE
NEDERLAND
BELARUS
RUSSIJA
DEUTSCHLAND
POLSKA
BELGIË
BELGIQUE
LUXEMBOURG
ČESKÁ REPUBLIKA
UKRAÏNA
FRANCE
SLOVENSKO
SUISSE
SCHWEIZ
SVIZZERA
ÖSTERREICH
MAGYARORSZÁG
MOLDOVA
SLOVENIJA
HRVATSKA
ROMÂNIA
PORTUGAL
ANDORRA
MONACO
SAN MARINO
BOSNA I HERCEGOVINA
SRBIJA I CRNA GORA
BĂLGARIJA
ESPAÑA
ITALIA
SHQIPËRIA
TÜRKIYE
ΕΛΛΑΔΑ
ELLADA
MALTA
ΚΥΠΡΟΣ
KYPROS
KIBRIS
LIBNAN
SOURIYA

4.1 예산

4.1.1 세입

EU를 운영하는 재정 수입(revenue)을 말한다. 주요 수입원으로는 몇 가지가 있는데, 연간 세입의 총규모는 EU 전체의 국민총소득(Gross National Income: GNI)의 1.23%를 넘지 않는다. 주요 세입원으로는 다음의 세 가지가 있다.

① 전통적인 세입원: EU 역외로부터 수입되는 물품에 대한 수입관세(customs duties)와 설탕세(sugar levies)

② 부가가치세(value-added tax) 관련 세입원: 각 회원국으로부터 일괄적으로 VAT 수입의 0.3%를 EU 세수(稅收)로 확보한다.

③ 국민총소득 관련 세입원: 각 회원국은 GNI의 일정 비율을 EU의 세수로 전환한다. 이 세수가 오늘날 EU 예산의 가장 중요한 세입원이 되었다.

그 밖에 은행 이자, EU 직원의 보수 삭감분, 세금, 비EU 회원국으로부터의 기부금, 지급 지연에 따른 연체료 등이 기타 세입원이며, 총세수의 약 1%를 차지한다.

그러나 이와 같은 세원 조달의 방법은 자칫 일부 회원국에는 다른 회원국에 비해 지나치게 많은 부담을 주고 있어 몇몇 회원국에는 세수 부담을 경감해 주는 조정 메커니즘(correction mechanism)을 다음과 같이 적용하고 있다.

① 영국의 리베이트(rebate): 영국이 EU에 지불하는 분담금과 EU가 영국으로 지출하는 금액 차이의 66%를 EU로부터 환급한다. 이 환급 메커니즘은 1984년 마거렛 대처(Margaret Thatcher) 총리 재임 당시 도입되었다. EU 예산 집행의 대부분

(1980년대 당시 80%에 육박, 오늘날에도 40% 이상 집행됨)이 공동농업정책(Common Agricultural Policy)에 집행되었는데, 영국은 농업이 차지하는 비중이 다른 회원국에 비해 크지 않을뿐더러 EU 가입 당시에는 회원국들 중 두 번째로 빈곤한 국가였기 때문에 이 조정 장치가 도입되었다.

영국으로의 환급액은 EU 내에서의 GNI 기여율에 비례하여 나머지 회원국이 부담한다. 다만, 독일, 네덜란드, 오스트리아, 스웨덴은 부담금액이 크다고 판단되어, 환급금액의 25% 범위 안에서 나누어 부담한다. 이 장치는 2014~2020년에도 계속 적용된다.

② 일괄 지불(lump-sum payment): 덴마크, 네덜란드, 스웨덴의 경우 각각 1억 3,000만 유로, 6억 9,500만 유로, 1억 8,500만 유로를 일괄적으로 삭감해 준다. 이는 2014~2020년 기간 동안 적용된다.

③ VAT 세율 경감: 독일, 네덜란드, 스웨덴의 경우 0.15%로 경감시켜 준다.

그 밖에 EU는 2014~2020년 기간 동안 전통적인 세입원의 비율을 20% 이하로 낮추기로 하였다.

4.1.2 세출

EU의 예산 지출(expenditure)은 통합 초기에 많은 정치적인 논쟁을 야기시켰다. 예산절차를 보면 집행위원회가 매년 예산을 편성하고, 이사회는 이를 채택한다. 예산당국은 각료이사회와 유럽의회로 이원화되어 있는데, 각료이사회는 예산 편성과 지출 우선순위를 결정하는 데 있어서 각 회원국의 입장을 반영하려는 한편, 유럽의회는 EU 전체의 입장을 반영하려 하다 보니 양 기구 간에 마찰이 있기 마련이다. 1980년대에 유럽의회는 세 차례나 각료이사회가 승인한 예산 초안을 거부하여, 기금 할당을 둘러싼 예산당국 간의 불협화음이 고조된 바 있다.

〈그림 4-1〉 유럽연합의 다년예산안(2014~2020년) (단위: 백만 유로, 2011년 물가 기준 산정액)

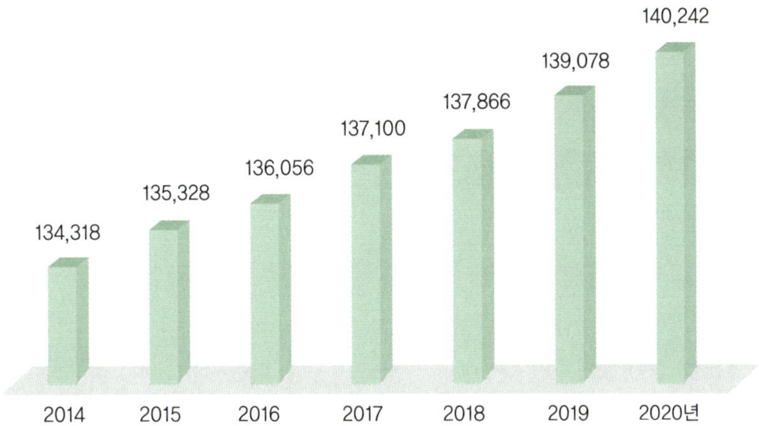

출처: European Commission, Financial Programming and Budget(http://ec.europa.eu/budget/mff/index_en.cfm).

〈표 4-1〉 유럽연합 다년예산안-연도별 예산 항목 및 예산 규모 (단위: 백만 유로, 2011년 물가 기준 산정액)

	2014	2015	2016	2017	2018	2019	2020	총합
1a. 성장과 고용을 위한 경쟁	15,605	16,321	16,726	17,693	18,490	19,700	21,079	125,614
1b. 경제 · 사회 · 영토 통합	44,678	45,404	46,045	46,545	47,038	47,514	47,925	325,149
2. 지속 가능한 성장: 천연자원	55,883	55,060	54,261	53,448	52,466	51,503	50,558	373,179
3. 사회보장과 시민권	2,053	2,075	2,154	2,232	2,312	2,391	2,469	15,686
4. 글로벌 유럽	7,854	8,083	8,281	8,375	8,553	8,764	8,794	58,704
5. 행정	8,128	8,385	8,589	8,807	9,007	9,206	9,417	61,629
6. 보상	27	0	0	0	0	0	0	27
총합	134,318	135,328	136,056	137,100	137,866	139,078	140,242	959,988

출처: European Commission, Financial Programming and Budget(http://ec.europa.eu/budget/mff/figures/index_en.cfm).

각료이사회와 유럽의회 간의 마찰은 집행위원회가 포함된 기구 간 협정인 '예산 규율과 예산절차의 개선에 관한 기구 간 협정'(Interinstitutional Agreement on Budgetary

〈그림 4-2〉 EU의 다년예산안 기간별 비교(2007~2013년/2014~2020년) (단위: 백만 유로, 2011년 물가 기준 산정액)

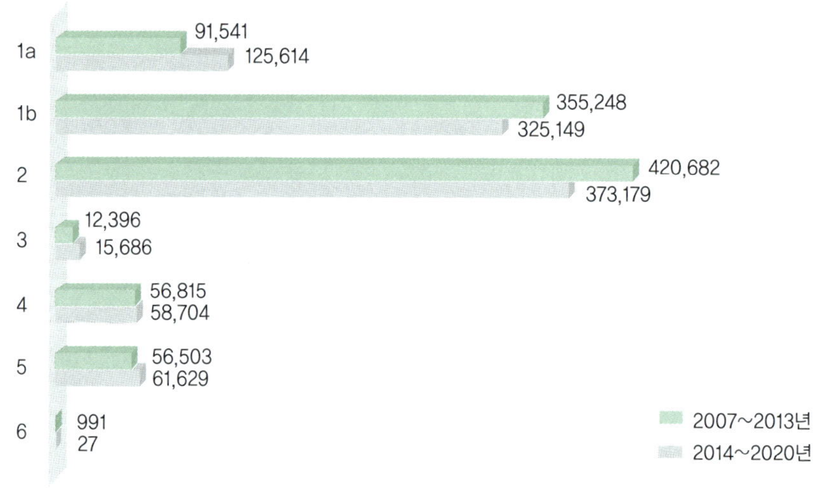

주: 1a. 성장과 고용을 위한 경쟁; 1b. 경제 · 사회 · 영토 통합; 2. 지속 가능한 성장: 천연자원; 3. 사회보장과 시민권; 4. 글로벌 유럽; 5. 행정; 6. 보상

출처: European Commission, Financial Programming and Budget(http://ec.europa.eu/budget/mff/figures/index_en.cfm).

Discipline and Improvement of the Budgetary Procedure)을 1988년에 체결함에 따라 크게 감소하였다. 그리고 이 협정은 1993년에 갱신되어 주요 정책 영역에 대해서는 향후 7개년 간 예산 편성과 지출 한도의 규모를 미리 정하는 다년예산안(Multiannual Financial Framework: MFF)으로 편성되게 되었다. 2007년에서 2013년 기간에 이어 2014년에서 2020년까지 새로운 예산안에 의거하여 예산이 집행된다. 2014년부터 2020년 기간 동안 편성된 총 EU 예산 규모는 9,600억 유로이며, 2014년의 집행 예산 규모는 약 1,343억 유로이다.

예산 편성 과정은 집행위원회, 유럽의회, 각료이사회가 개입을 필요로 한다. 집행위원회가 먼저 예산안을 제출하면 유럽의회와 각료이사회가 승인함으로써 채택된다. 제출한 예산안은 MFF에서 정한 예산 규모를 벗어날 수 없다. 유럽의회가 먼저 승인절차(consent procedure)를 거쳐 동의를 하면, 각료이사회에서는 만장일치제(unanimity)를 적용하여 예산안을 최종 채택한다.

EU의 예산 항목은 원래 의무지출(compulsory expenditure) 항목과 임의지출(non-compulsory expenditure) 항목으로 구분되어 있었다. 의무지출 항목에 해당되는 내역은 조약이나 2차 입법, 국제조약 등에 의해 규정되었고, 임의지출 항목은 예산 편성 담당기구에서 임의대로 조정하여 편성할 수 있었다. 지출 항목을 의무지출 항목 또는 임의지출 항목으로 편성하는 것은 각료이사회와 유럽의회의 몫이었기 때문에, 그만큼 두 기구 간의 마찰은 불가피하였다. 그러나 리스본조약에서 두 지출 항목에 대한 구분을 폐지함으로써 임의지출 항목에 대해서만 최종 결정 권한을 가지고 있었던 유럽의회의 권한이 상대적으로 격상되는 결과를 가져왔다.

2014~2020년 EU의 다년예산안은 여섯 가지 항목으로 구성되어 있는데, 지출 항목과 각 항목별 지출 내역은 다음과 같다.

① 스마트한 포용적 성장(Smart and Inclusive Growth): 이는 다시 두 가지 세부 영역으로 나뉜다.
  - 성장과 고용을 위한 경쟁(Competitiveness for Growth and Jobs): 연구 · 개발, 교육 · 훈련, 에너지 · 교통 · 텔레커뮤니케이션 분야에서의 범유럽 네트워크, 사회정책, 기업 개발 등
  - 경제 · 사회 · 영토 통합(Economic, Social and Territorial Cohesion): 저개발 회원국을 지원하고, 지역경쟁력을 제고하는 한편, 지역 간 협력을 고취시키기 위한 목적으로 집행되는 지역정책

② 지속 가능한 성장: 천연자원(Sustainable Growth: Natural Resources): 공동농업정책, 공동어업정책, 농촌 개발, 환경정책 등

③ 사회보장과 시민권(Security and Citizenship): 내무 및 사법, 국경 통제, 이민 및 망명정책, 공중보건, 소비자 보호, 문화, 청소년, 정보, 시민과의 대화 등

④ 글로벌 유럽(Global Europe): 개발 원조, 인도주의적 원조 등을 포함한 모든 외교

정책 관련 분야(단, 유럽개발기금(European Development Fund: EDF)[1]은 제외함. EDF의 재원은 EU 예산이 아닌 회원국별 개별 공여금임)

⑤ 행정(Administration): 모든 EU 기구를 운영하는 비용과 연금, EU 직원 자녀들을 교육시키기 위해 설립된 European School 운영비

⑥ 보상(Compensation): 2013년 크로아티아의 EU 가입으로 EU에 지불하는 분담금을 초과하는 재정 지원 차액을 지원하기 위해 마련된 임시적인 항목임(2013년 당해에만 편성됨).

4. 2 공동정책

4.2.1 결속정책

결속정책(Cohesion Policy)은 좁은 의미에서는 지역정책(Regional Policy)의 동의어로 사용되나, 넓은 의미에서는 사회정책(Social Policy)까지도 함께 아우른다. 지역정책은 EU 전 지역을 경제적 격차 없이 골고루 발전시키는 것을 목표로 하며, 사회정책은 유럽 시민들이 직면하는 경제 · 사회적 문제점을 해결하여 시민 개개인이 경쟁력을 갖추고 사회에 통합하여 질 높은 삶을 영위할 수 있도록 환경을 마련해 주는 것을 목표로 한다. 결속정책은 과거에는 지역정책만을 의미하는 것으로 사용되다가 최근 들어 사회정책까지도 포함하는 개념으로 사용하기 시작하였다. 그만큼 EU가 바라보는 유럽통합의 핵심이 과거에는 지역 간 균형 개발을 통한 EU의 경제적 통합에 있었다면, 오늘날에는 구성원인 유럽 시민 개개인의 경쟁력과 결속력 제고를 고려

1) 유럽개발기금(EDF)은 몇몇 개발도상국들과 ACP(African, Caribbean and Pacific) 국가들에 대한 개발협력을 제고하기 위한 목적으로 1958년에 마련된 기금임.

한 사회 · 정치 통합으로 전환되고 있음을 반증한다.

결속정책의 핵심인 지역정책은 1957년 로마조약에서부터 시작되었으며, 오늘날 EU 예산 전체의 1/3 이상을 지역정책에 배분할 정도로 EU 정책들 중에서 매우 중요하게 다루어지고 있는 정책 분야이다. EU 전역에 걸쳐 경제 · 사회 · 영토적 불균형을 없애고, 쇠퇴한 산업 지역을 재건하고 농촌 지역도 경쟁력을 갖출 수 있도록 다변화하는 것이 지역정책의 구체적인 목표이다. 이런 목표들을 실현하는 과정에서 EU의 각 지역은 더욱 경쟁력을 갖추고, 경제발전을 이루고, 새로운 일자리를 창출할 수 있게 된다. 한 단계 더 나아가 지역정책은 기후 변화, 에너지 문제, 글로벌화와 같은 중요한 미래의 과제들에도 대비할 수 있게 한다. 지역정책은 EU의 전 지역을 대상으로 하며, 각 지역을 경제 수준에 따라 목표(objective)별로 분류하여 구조기금(Structural Fund) 또는 결속기금(Cohesion Fund)을 지원한다. 구조기금과 결속기금은 지역정책을 실행하는 데 있어 가장 중요한 재정적 수단이었다.

결속정책의 범위는 지역정책과 사회정책뿐만 아니라 공동농업정책, 공동어업정책 분야로까지도 확대되고 있는 추세이다. 특히, EU는 2014년부터 이는 기존에 각 정책별로 운영되던 기금들을 하나로 통합하여 관리하고 결정하였다. 이는 2014~2020년 예산 편성에 바로 반영이 되어 구조기금과 결속기금과 기타 기금들을 묶어서 유럽구조투자기금(European Structural and Investment Funds: ESIF)을 설립하였다. 기금을 통합 관리함으로써 기금 운영의 효율성을 제고할 수 있을 뿐만 아니라 예산의 중복 집행을 막고, 정책 간 상호 보완성도 향상시키는 결과를 기대할 수 있다.

(1) 유럽구조투자기금

EU는 설립 근간이 되는 로마조약의 전문(前文)에 지역 간 격차 축소 및 제거를 강조하고 있다. 공동체는 실제로 이와 같은 문제를 해결하기 위하여 1958년에 유럽사회기금(European Social Fund: ESF)을, 1964년에 유럽농업지도 및 보장기금(European Agricultural Guidance and Guarantee Fund: EAGGF)을, 그리고 1975년에 유럽지역개발기금(European Regional Development Fund: ERDF)을 설립한 바 있다. 이 중 유럽농업지도 및 보

유럽지역개발기금(ERDF)의 설립 배경

유럽지역개발기금(ERDF)이 설립되기까지는 영국의 입김이 크게 작용하였다. 1960년대부터 집행위원회는 일찍이 공동체 차원에서 지역 개발을 위한 기금을 설립하고자 하였으나, 이탈리아를 제외한 다른 회원국들은 그다지 찬성하지 않았다. 당시 영국은 1973년 EC 가입을 염두에 두고 있었는데, EC에 가입하여 분담금을 지불하게 되면 분담금이 공동농업정책(CAP)에 대부분 쓰일 것이므로 농업 인구가 상대적으로 많지 않은 영국에게 돌아오는 재정적인 혜택은 별반 크지 않을 것을 우려하였다. 1972년 파리 유럽이사회에서 지역개발기금을 마련할 것을 강력하게 요청한 결과, 영국의 제안이 받아들여졌다. 이듬해 바로 설립하려던 계획이 1973년 오일쇼크(oil shock)로 잠시 지체되었지만 1975년에 결국 설립되었다.

장기금은 2007년에 유럽농업보장기금(European Agricultural Guarantee Fund: EAGF)과 농촌발전을 위한 유럽농촌개발농업기금(European Agricultural Fund for Rural Development: EAFRD)으로 대체되었다.

2014년부터 운영되는 유럽구조투자기금은 다음의 다섯 기금을 통합 운영한다. 이 다섯 가지 기금들은 공동규정(common rule)에 의해 관리된다.

① 유럽지역개발기금(European Regional Development Fund: ERDF): 지역정책
② 결속기금(Cohesion Fund): 지역정책
③ 유럽사회기금(European Social Fund: ESF): 사회정책
④ 유럽농촌개발농업기금(European Agricultural Fund for Rural Development: EAFRD): 공동농업정책
⑤ 유럽해사어업기금(European Maritime and Fisheries Fund: EMFF): 공동어업정책

유럽지역개발기금과 결속기금은 지역정책에서 운영해 왔으며, 유럽사회기금은 사회정책에서 운영하는 기금이다. 그리고 유럽농촌개발농업기금은 공동농업정책에서 운영하는 기금이다. 유럽해사어업기금은 2014년에 신설된 기금으로 공동어업정책(Common Fisheries Policy: CFP)에서 운영한다. 이 기금이야말로 EU가 2020년까지 추

구하는 경제성장, 일자리 창출, 지속 가능한 발전을 이루기 위한 EU의 가장 중요한 재원으로 사용될 예정이다.

결속정책 운영기금이 ESIF로 통합되기 전까지는 크게 구조기금과 결속기금의 두 가지로 운영되어 왔다. ERDF와 ESF가 대표적인 구조기금이었다. ERDF는 1975년에 도입되었으며, 전통적으로 EU 구조기금 중 가장 큰 비중을 차지하였다. 주로 일자리 창출을 위한 투자와 인프라 확충 사업을 지원한다. 2007~2013년 기간 동안에는 지역 간 경제 수준 격차 극복, 지역경쟁력 강화 및 고용, 지역 간 협력 등의 세 가지 아젠다에 초점을 두어 지원한 바 있다.

- 지역 간 경제 수준 격차 극복(Convergence Objective): 경제구조 다변화, 지속 가능한 일자리 창출, 경제성장 촉진, 소외된 지역으로의 관심 제고 등
- 지역경쟁력 강화 및 고용(Regional Competitiveness and Employment): 혁신과 지식경제, 환경과 리스크 예방, 교통 및 텔레커뮤니케이션의 접근성 향상 등
- 지역 간 협력(Territorial Cooperation): 국경 간 경제 · 사회 · 환경 협력 활동 증진, 지역 간 협력 및 네트워킹 등

로마조약 때 설립된 ESF는 구조기금 중 가장 오래된 기금이다. ESF의 도입 취지는 고용률을 증가하여 궁극적으로 역내 시장의 생산성과 경쟁력을 높이자는 것이었는데, 이를 기본 취지로 하면서 시대별로 상황에 맞게 주안점을 조금씩 달리 해왔다. 처음 설립 당시에는 노동자들이 역내로 이주하여 잘 정착하도록 도움을 주는 데에 있었다. 그러다가 점차 청년실업과 비숙련 노동자의 실업 문제가 가시화되면서 이들의 고용을 높이는 데에 초점을 두기 시작하였다. ESF는 유럽 시민들 개인의 직업경쟁력을 강화시키기 위한 목적으로 운영되는 기금인 만큼, 주로 직업훈련, 청년 및 장기간 실업자 구제, 양성 평등(gender equality), 사회적 약자 구제와 관련한 사업을 지원한다.

결속기금은 다른 구조기금에 비해 비교적 늦은 1994년에 마련되었다. 이 기금은

〈그림 4-3〉 2014~2020년 구조기금 지원 대상 지역

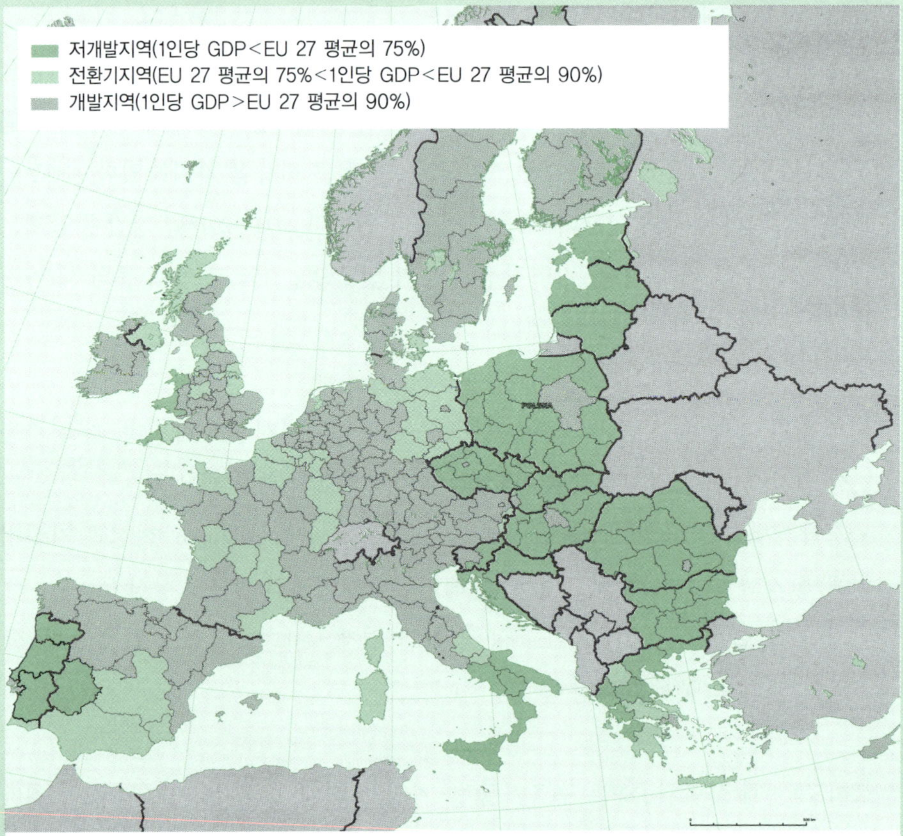

출처: EU Regional Policy(http://ec.europa.eu/regional_policy/what/future/eligibility/index_en.cfm).

1인당 GNI가 EU 전체 평균의 90%에 미치지 못하는 회원국들을 대상으로 지원하며, 주로 환경이나 교통망 확충과 관련된 사업을 지원한다. 때로는 기금 수혜를 위해 추가적인 조건이 따를 때도 있는데, 수혜국의 공공부채가 해당국 GDP의 3%를 초과하면 부채 규모를 회원국이 줄이기 전까지 추가 사업 지원을 받지 못하게 되어 있다. 각료이사회에서는 언제든지 가중다수결로 지원 유보 결정을 내릴 수 있다.

2007~2013년 기간 동안 결속기금으로 총 660억 유로가 투입되었고, 범유럽 고속

통신망(Trans-European Transport Networks: TEN-T) 확충 사업과 에너지 효율성 향상, 신재생에너지, 대중교통 확충 등의 관련 사업에 주로 지원되었다. 이 기간 동안 불가리아, 크로아티아, 사이프러스, 체코, 에스토니아, 그리스, 헝가리, 라트비아, 리투아니아, 몰타, 폴란드, 포르투갈, 루마니아, 슬로바키아, 슬로베니아 등이 수혜를 받았다.

유럽농촌개발농업기금(European Agricultural Fund for Rural Development: EAFRD)은 유럽농업보장기금(European Agricultural Guarantee Fund: EAGF)과 함께 공동농업정책의 대표적인 기금이다. 이 기금들은 기존에 운영해 오던 유럽농업지도 및 보장기금(European Agricultural Guidance and Guarantee Fund: EAGGF)을 2007년에 대체하였다. EAFRD는 회원국의 농촌 지역 개발 사업을 지원하며, EAGF는 농산물의 특성상 발생할 수 있는 시장의 변동성을 감안하여 손실 발생시 생산자에게 직접 보상해 주는 기금이다. 농업 지역은 전체 EU 지역의 90%를 차지하고, 농업 인구는 유럽 시민의 50%를 차지한다. 따라서 농촌 개발은 EU의 농업정책에 있어 매우 중요한 이슈이다. 농업과 임업이 농촌경제에 중요한 비중을 차지하고 있는 만큼, 농촌 개발은 다양한 방법으로 농촌 지역을 활성화시키는 것을 골자로 한다. 게다가 기후 변화, 신재생에너지, 생물다양성, 수자원 관리 또한 EU의 농촌개발정책에 중요한 이슈로 부상하고 있다.

유럽해사어업기금(European Maritime and Fisheries Fund: EMFF)은 공동어업정책에서 집행되는 신설 기금이다. EMFF는 지속 가능한 어업을 지원하고, 어촌 지역 공동체가 다양한 지역경제 활동을 할 수 있도록 지원하며, 어촌 지역의 일자리를 창출하고 삶의 질을 향상시킬 수 있게 도와 주는 역할을 하도록 마련되었다. EMFF는 회원국 개별이 지원하는 대응자금과 함께 집행된다. 다시 말해서, 어업의 규모에 따라 회원국별 대응자금의 규모가 결정된다. 집행위원회의 승인 하에 어촌 지원 사업을 추진하면 회원국 정부와 집행위원회가 공동으로 자금을 지원하여 사업을 추진하는 방식으로 추진된다.

(2) 2014~2020 결속정책

EU가 새롭게 수정한 결속정책에 따라 EU는 2014~2020년 기간 동안 총 3,250억 유로(2011년 물가 기준)를 유럽 전 지역과 도시들에 걸쳐 지원한다. 이 금액은 같은 기간 집행될 예산 규모인 총 9,600억 유로의 1/3에 해당되는 금액이다. 이 기간 동안의 결속정책은 '일자리'(job)와 '성장'(growth)에 초점을 두어 Europe 2020 목표를 달성하는 것을 정책 목표로 삼는다. Europe 2020의 목표는 성장 촉진 및 일자리 창출, 기후 변화 대응 및 재생에너지 개발, 빈곤 퇴치 및 사회통합 등이다. 결속정책의 핵심 기금은 ERDF와 ESF이다. ERDF는 '성장'을 위해 지원되며 연구와 혁신, 정보 및 커뮤니케이션 기술 개발, 중소기업(SME)의 경쟁력 강화, 저(低)탄소경제가 우선 지원 분야이다. 한편, ESF는 '사람'을 위해 지원되며, 고용과 자유로운 이동, 더 나은 교육 기회 제공, 사회통합, 공공행정의 효율성 증대의 네 가지 분야에 우선적으로 지원된다.

2014~2020년 기간 동안 집행될 결속정책은 다음의 10가지 특징으로 요약된다.

① EU 전 지역 지원: 각 지역별 발전 수준에 따라 다음과 같이 구분하여 지원한다.

- 저개발지역(Less Developed Regions): 1인당 GDP < EU 27 평균의 75%
- 전환기지역(Transition Regions): EU 27 평균의 75% < 1인당 GDP < EU 27 평균의 90%

〈그림 4-4〉 2014~2020년 EU 예산 구성

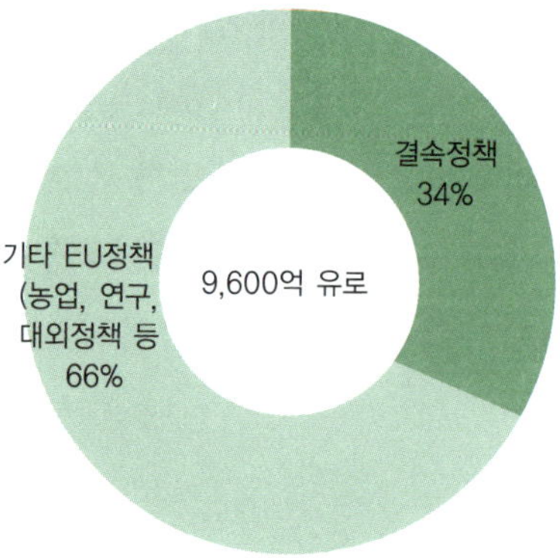

출처: EU Regional Policy(http://ec.europa.eu/regional_policy/what/future/index_en.cfm).

• 개발지역(More Developed Regions): 1인당 GDP > EU 27 평균의 90%

② 주요 성장 관련 분야 지원: 유럽지역개발기금은 혁신과 연구, 디지털 아젠다, 중소기업(SME) 지원, 저탄소경제의 네 가지 분야를 중점적으로 지원하는데, 지역별로 지원금액을 차등 지급한다(저개발지역: 50%, 전환기지역: 60%, 개발지역: 80% 지원). 총 1,000억 유로가 이들 분야에 투입될 예정이며, 그 중 최소한 230억 유로는 저탄소경제 분야(에너지 효율 향상, 신재생에너지 개발 등)를 지원하는 데 사용된다. 저탄소경제 분야 지원 역시 지역별로 차등 지원한다(저개발지역: 12%, 전환기지역: 15%, 개발지역: 20%).

그리고 이와 별도로 660억 유로는 결속기금의 형식으로 범유럽 고속통신망 확충 사업과 환경인프라 구축 사업에 투입된다.

유럽사회기금은 직업훈련과 평생교육, 사회통합을 통한 고용을 주요 지원 분야로 하고 이와 관련된 사업을 집중적으로 지원한다. 또한 회원국별로 지원받는 ESF의 20% 이상은 고용 관련 사업을 지원하는 데 사용되어야 한다. 회원국별 ESF 기금은 각 회원국의 요청에 따라 다르게 배분되는데, 최소 700억 유로 이상이 배분된다. 특히, ESF 지원으로 운영되는 '청년일자리 만들기 사업'(Youth Employment Initiative)은 '청년고용보장'(Youth Guarantee)정책 실행을 지원하기 위해 최소 600억 유로 이상이 투입된다.

③ 투명하고 측정 가능한 목표 수립: 회원국들은 기금 지원 목표를 구체적으로 제시하고 기금 집행 과정 또한 투명하게 공개하여야 한다.

④ 효율적 투자를 위한 분야별 맞춤형 선제조건(pre-condition) 제시: '스마트 전문화'(smart specialisation) 전략을 예로 들 수 있다. 이는 비즈니스 프랜들리 개혁, 운송전략, 공공조달 시스템 향상 방안, 청년실업 해결전략, 양성평등 실현 방안 등 해당 분야의 강점과 잠재력을 파악하기 위해 필요한 전략을 의미한다.

⑤ 공통의 전략 수립: ESIF 기금들 간의 조화로운 운용을 위해 공동전략틀(Common Strategic Framework)을 마련한다. ESIF 기금들은 서로 다른 지원 목표와 사용처를 가지고 있어 서로 지원 분야가 겹치지 않되 전체적으로는 서로 보

〈그림 4-5〉 2014~2020년 결속기금 지원 대상 지역

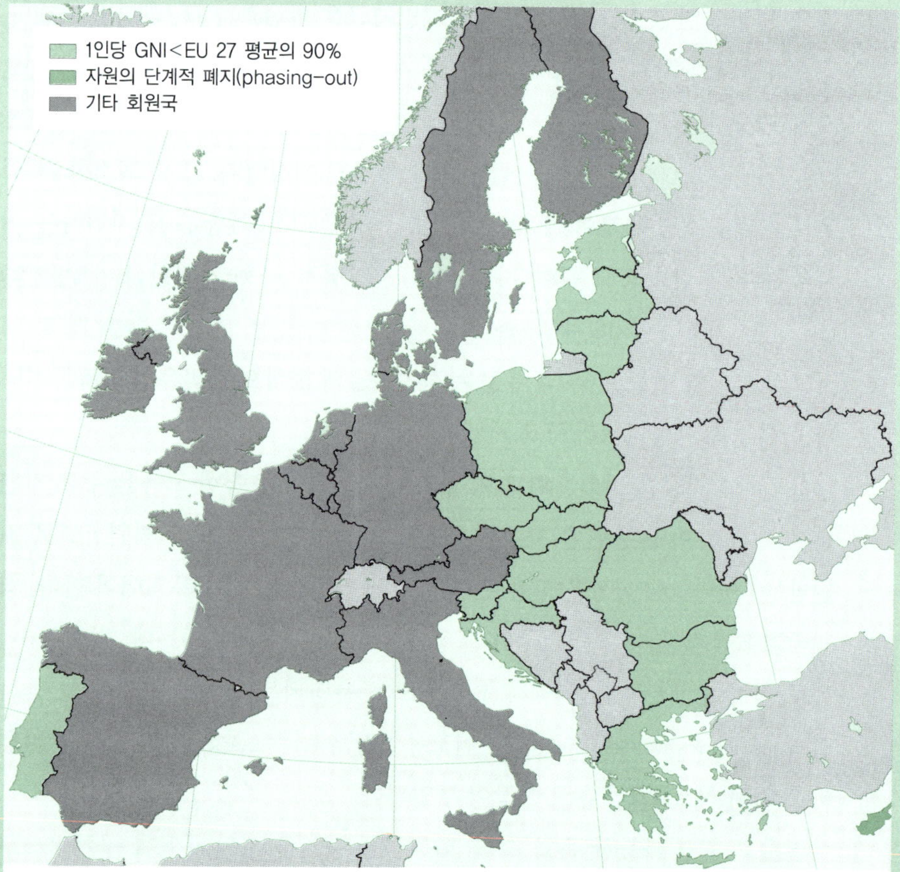

출처: EU Regional Policy(http://ec.europa.eu/regional_policy/what/future/eligibility/index_en.cfm).

완이 될 수 있게 한다. 이는 더 나아가 Horizon 2020(연구 혁신 프로그램), 유럽연결기금(Connecting Europe Facility: CEF, 범유럽 고속통신망 구축), 고용 및 사회 혁신 프로그램(Employment and Social Innovation: EaSI) 등과 같은 다른 EU 프로그램과도 연결된다.

⑥ 관료적 형식주의 철폐: ESIF 관할 기금들을 단일한 규정 하에 관리하고 회계

규정도 단일화한다. 이를 통해 e-cohesion을 구현한다.

⑦ 도시 지역 지원 강화: ERDF의 일정 비율을 할애하여 도시 간 통합 사업을 우선적으로 지원하도록 한다.

⑧ 초국가 간 협력 강화: 초국가 협력 사업 실행을 장려한다. 다양한 국가 사업과 지역 사업을 통해 광역지역전략(macro-regional strategies)으로서 다뉴브 강 유역 지역 개발과 발트해 지역 개발 사업을 지원한다.

⑨ 결속정책의 EU의 경제 거버넌스와의 연계 강화: 결속정책 하의 프로그램들이 회원국 국가 개혁 프로그램(National Reform Programmes)과 잘 연계되도록 하고, EU가 회원국별로 제시한 제안과도 잘 부합되도록 한다. 필요에 따라 집행위원회는 각 회원국에게 개혁 프로그램을 지원하도록 요청한다. 집행위원회는 회원국에게 제시한 권고안이 잘 받아들여지지 않을 경우 지원을 중단할 수도 있다.

⑩ 중소기업 지원 강화: 다양한 재정적 인센티브와 혜택을 중소기업에게 제공한다.

4. 3 공동농업정책

공동농업정책(Common Agricultural Policy: CAP)은 1957년 로마조약에 의해 공동체 정책으로 처음 도입되었고, 이듬해 이탈리아의 스트레사(Stresa) 유럽회의에서 구체적인 원칙이 논의되었다. 공동농업정책은 1962년부터 발효되었다. 로마조약(제39조)에 명시된 바에 따르면, CAP의 세 가지 기본 목표는 농산물시장 단일화(market unity) 형성, 공동체 선호(community preference) 원칙, 재정적 연대(financial solidarity) 원칙 도입이다. 유럽 내 단일농업시장 형성 움직임은 밀, 보리, 호밀, 옥수수, 쌀, 설탕, 낙농품,

소고기, 돼지고기, 양고기, 포도주, 과일, 야채 등의 모든 농산품에 대해 단일한 규칙을 적용하는 공동시장제도(Common Market Organisation: CMO)를 설립하는 데에서 비롯되었다. 역내 간 이들 상품에 대해 자유무역을 실시하면, 자연스럽게 역외 상품에 대해서는 진입 장벽이 생기면서 유럽 농부들을 보호할 수 있게 된다는 계산이 깔려 있었다.

CMO는 가격보전(guaranteed price), 공공수매(public intervention), 관세 부과의 세 가지 방법으로 운영된다. 가격보전은 CAP의 특징을 가장 잘 반영하는 제도이다. 농업은 근본적으로 기후 변화와 자연재해에 매우 취약하여 공급량을 조절해서 수확할 수가 없다. 따라서 농산품의 경우는 시장에서 가격이 저절로 형성되도록 두는 것이 아니라 제도적 가격(institutional price)을 설정하여 농민들이 기후 변화와 자연재해에 따른 작황 변화에도 덜 영향 받고 최소한 수입을 보전할 수 있도록 한다. 제도적 가격은 공동체 관료들에 의해 설정된다. 반면, 작황이 좋아 예년보다 더 많은 수입을 거두게 되면, 그것은 농민들의 몫이다. CAP가 도입될 당시는 제2차 세계대전 직후로 식량 자급자족이 당면 과제였다. CAP 도입의 중요한 목적도 식량 자급자족을 달성하기 위함이었다. 가격보전은 프랑스와 독일 간의 정치적 타협의 산물이었다. 당시 독일에서는 비효율적인 생산체제로 곡물 생산량이 매우 부족하였었다. 반면, 독일 농민들은 정치적으로 목소리를 내어 곡물 가격을 매우 높은 수준으로 보존해 줄 것을 요구하였다. 프랑스는 비록 독일보다 더 효율적인 생산체제로 곡물 가격이 독일이 요구하는 가격 수준보다 낮게 책정되어 있었지만, CAP에서 곡물 보전 가격을 프랑스의 수준보다 높은 수준에서 책정하는 데 별반 이견을 제시하지 않았다. 어차피 독일이 CAP에 가장 많은 분담금을 지불하는 회원국이기 때문이었다. CAP 도입 이후 오늘날까지 독일이 가장 많은 분담금을 지불하는 회원국이며, 프랑스가 가장 많은 재정 지원을 받는 회원국이 되었다.

공공수매는 역내 농산물이 과잉 생산되어 농산물 가격이 하락하고 농민들의 수입이 감소하는 결과를 가져오게 되면, 해당 기관에서 시장에 개입하여 농산물의 과잉 공급분을 수매(收買)하여 가격을 적정 수준 이상으로 유지시켜 주는 방법이다.

관세 부과는 역외 농산물이 역내에서 저렴한 가격에 유통되는 것을 방지하기 위

과격한 프랑스 농민의 시위

1992년 6월 프랑스 농민은 EC의 CAP 개혁에 반대하여 대규모 시위를 벌였다. 파리로 통하는 간선도로에 농작물을 흩뿌려 놓기도 하고, 트랙터로 도로를 가로막아 파리 포위망을 형성하였다. 더욱이 국내 간선도로에 CAP에 반대한다는 입간판을 세워 놓기도 하였다. 또 이와 때를 같이 하여 트랙터 운전사들이 '면허점수제 도입'에 반대하여 국내의 도로를 점거하여 프랑스 정부를 당황하게 하였다. 프랑스는 유럽에서도 선두를 달리는 농업국이기 때문에 그만큼 농민의 항의 행위도 과격하다. 1991년에는 파리 번화가에 트랙터를 몰고 나와 20만 명에 가까운 사람이 시위를 벌인 유명한 사건도 있었다. 1992년 11월에 미국과 EC 사이의 농업교섭 합의가 이루어진 직후에 농민시위대가 경관과 충돌하였을 뿐만 아니라 미국 제품의 상징인 코카콜라 공장 및 맥도널드(햄버거) 가게 앞에서 항의 행동을 벌인 것도 유명한 이야기이다.

출처: 일본경제신문사 지음, 국제사회문화연구소 옮김, 『유럽경제입문』, 고려원, 1993.

한 목적으로 역외 농산물에 관세를 부과하는 것을 말한다. 이는 앞서 언급한 공동체 우선이라는 두 번째 목표를 달성하기 위한 조치이기도 하다. 역외 농산물에 관세를 부과함으로써 수입된 역외 농산물은 역내 농산물과 비슷하거나 혹은 더 높은 가격에 유통된다. 반대로, 역내 농산물이 역외로 수출될 때 공동체는 '수출보조금'을 지급하여 유럽 농민들의 수입에 큰 타격 없이도 국제 농산물시장에서 가격경쟁력을 잃지 않도록 지원해 준다.

이들 방법을 도입한 결과 유럽 농업은 외부의 경쟁으로부터 보호를 받으며, 비약적으로 발전하였다. 농산물 교역량도 급증하여, 1950년대에는 역내 무역량의 14%에 불과하던 것이 50%까지 증가하기에 이르렀다.

EEC는 CAP 운영을 위해 유럽농업지도 및 보장기금(European Agricultural Guidance and Guarantee Fund: EAGGF)을 설립하였는데, EAGGF는 '지도'(guidance)와 '보장'(guarantee)의 두 부분으로 나뉜다. 지도기금은 공공수매나 수출보조금과 같은 시장체제 운영에 필요한 비용을 지원한다. 보장기금은 구조정책을 지원한다. 기금 규모는 지도기금이 훨씬 크다. 보장기금과 지도기금은 2007년에 각각 유럽농업보장기금(European Agricultural Guarantee Fund: EAGF)과 유럽농촌개발농업기금(European Agricultural Fund for Rural

Development: EAFRD)으로 대체되었다.

시간이 지남에 따라, 공동농업정책은 역내(예산상의 지나친 부담) 및 역외(농업수출국의 반발)의 문제점으로 개혁이 불가피하였다. 아시아의 식량 자급률이 상승함에 따라 역내 · 외 농산물시장은 포화 상태에 이르러 잉여농산물이 축적되기에 이르렀다. 또한 공동체 예산으로 높은 가격을 유지하여야 하므로, 농산물의 생산량이 증가할수록 소요 예산도 증가할 수밖에 없었다. CAP의 개혁안은 1968년 당시 농업총국 집행위원이었던 만숄트(Sicco Mansholt)가 제시한 계획(일명 '만숄트 계획'(Mansholt Plan))이 최초의 개혁안이다. 만숄트는 보고서에서 CAP를 통해 엄청난 규모의 재원이 투입되었음에도 불구하고 농민의 생활 수준이 향상되지 않았음을 강조하면서 생산 방식을 현대화하고 사라질 위기에 있는 소규모 농가 비중을 높여야 함을 강조하였다. 그러나 CAP의 수혜를 받고 있는 유럽 농민들의 반발이 심하였고, 결국 만숄트 계획은 받아들여지지 않았고, 다만 원래 계획안 중에서 일부만 선택하여 1972년 농업 생산의 현대화, 일부 농업 활동 중단, 농민 기술교육에 관한 세 가지 지침(directive)을 채택하는 것에 그쳤다.

본격적인 CAP 개혁은 1992년에 이루어졌다. 1986년 GATT의 우루과이라운드(Uruguay Round) 협상에서 농업이 처음으로 협상 대상으로 포함되었는데, 이때 EU 측은 미국과 케언스 그룹(Cairns Group)[2] 국가들로부터 많은 비난을 받았다. 미국 측은 특히 CAP를 가리켜 유럽 농민들의 자생력을 떨어뜨리고, 농산물시장을 왜곡하는 정책이라고 비난하였다. 결과적으로 EU는 어쩔 수 없이 CAP를 개혁하기에 이르렀다. 1992년 당시 농업총국 집행위원의 이름을 따서 명명한 맥셰리 개혁(MacSharry Reform)은 가격을 지원하는 대신 직불제(direct payment)를 실시한다. 다시 말해, 농산물 가격을 대폭 낮추고 농민들의 소득 저하는 보조금을 직접적으로 지불하여 보상한다.

맥셰리 개혁안은 이후 Agenda 2000에 포함되었다. Agenda 2000은 1999년 3월 24

2) 1986년 오스트레일리아 케언스에서 공식 결성되었으며, 농산물 수출시 보조금을 지급하지 않거나 혹은 미미한 보조만을 지급한다. 1980년대 당시에는 14개 국가가 가입되었으나, 현재는 19개 국가로 확대되었다. 회원국은 과테말라, 남아프리카공화국, 뉴질랜드, 말레이시아, 볼리비아, 브라질, 아르헨티나, 오스트레일리아, 우루과이, 인도네시아, 칠레, 캐나다, 코스타리카, 콜롬비아, 태국, 파라과이, 파키스탄, 페루, 필리핀이다.

일부터 3일간 개최된 베를린 유럽이사회에서 타결된 EU 농업 개혁 방안이다. EU는 중 · 동부 유럽의 EU 가입에 대비하여 1995년부터 동 · 서유럽 지역의 농업의 통합을 준비하는 새로운 개혁에 착수하였고, 냉전구조 붕괴 후 새롭게 형성된 유럽의 지정학적 조건에 맞추어 CAP를 변화시키자는 필요에 의해서였다. Agenda 2000이 표방하는 새로운 공동농업정책은 새로운 시장불균형의 발생, WTO 뉴라운드(도하라운드), EU의 확대에 대비하고, 환경보전형 농업을 추진하는 데 있다. 또한 Agenda 2000에서는 농업정책에 이주(二柱)체제를 도입하였다. 농산물시장 지원 목적의 직불제가 제1기둥이라면, '농촌 개발'을 새로운 정책의 한 축으로 도입하여 제2기둥으로 삼는다. 비록 지원 규모면에서 농촌 개발 영역에 투입되는 자금 비중은 직불제에 비해 미미한 수준이지만, EU는 이후의 지속적인 개혁을 통해 농촌 개발의 중요성을 강조한다. CAP의 이주(二柱)체제(two-pillar structure)는 오늘날까지 지속되고 있다. Agenda 2000은 또한 농업의 다원적 기능(multifunctionality)을 강조하였고, 농민들의 소득을 지지하는 것에 대한 사회적 수용성을 높이기 위해 이행조건(cross-compliance)제도도 마련하였다.

2003년 중간 점검(mid-term review)은 1999년 베를린 유럽이사회에서 타결된 개혁 방안을 중간 평가하는 과정에서 결과적으로 CAP를 개혁하게 된 경우이다. 2003년 개혁의 핵심은 EU 농민들을 위한 단일농장직불제(Single Farm Payment: SFP, 단일직불제(Single Payment Scheme: SPS)라고도 함)를 도입한 것이다. SFP는 보조금이기는 하나, 기존의 보조금이 생산을 지원하기 위한 목적으로 지원되었던 것인 데 반해, 생산과 연계 없이 지급되는 보조금이다. 단일농장직불제는 환경, 식품 안정성, 동식물 보건, 가축 후생 등의 부문에서 규정을 잘 준수하는 농민에게는 누구에게나 지급된다. 극단적인 경우, 어떤 농산물도 재배하지 않는 농민이라 하더라도 환경 관련 규정을 잘 준수하면 보조금을 수혜할 수 있다. 다만, 기존의 생산 지원 보조금은 일부분만이 유지되어 농업 생산의 포기를 방지하기 위해 지불된다. 단일지불제는 곡류, 육류, 우유를 포함하여 주요한 시장 분야에서 먼저 시행한 후, 2006년에는 담배, 올리브유, 면화 분야로 확대 적용하기로 하였다. 단일직불제는 농가의 수급액을 결정하는 방식에 따라 단일농장직불제(SFP)와 단일지역직불제(Single Area Payment: SAP)로 나뉜다. SFP는 지급액 기준이 SFP 도입 이전에 농가가 수령하던 보조금 수령액을 기준으로 지급하는 방식으로 EU 15에 적용된다. SAP는 신규 회원국에서 적용되는 제도로, 지역별로 면적당 단가를 결정하고 이에 따라 직불금을 지급하는 방식이다.

이후 2008년 건전성 점검(health check)을 통해 생산과 비연계된 직불금이 더욱 확대되었고 신규 회원국에 대한 직불제 예산이 증액되었다.

2014년부터 2020년까지 적용될 CAP의 개혁안은 다음의 다섯 가지 특징으로 집약된다.

① 단일직불제를 기초직불제(Basic Payment Scheme: BPS)로 대체: 기존의 이원화되어 운영되었던 단일농장직불제와 단일면적직불제를 기초직불제라는 하나의 체계로 통합한다. 기초직불제는 회원국별로 예산을 할당하고, 또 지역별로 지역 여건들을 고려해 요율을 결정한 후에 농가에 지급하는 방식이다. EU는 2019년까지 모든 농민들에게 국가와 지역 평균 수준의 최소 60% 이상 수준으로 직불금을 지급할 것을 목표로 하고 있다.

② 환경성(greening) 강화: 집행위원회는 환경성을 강화하기 위한 조치로 다음의 세 가지 조건을 준수하도록 하고 있다.

- 작물재배 다양화: 10~30ha의 경우는 최소 두 가지 이상의 작물을 심고, 30ha 이상인 경우는 세 가지 이상을 심어야 한다. 어느 경우도 한 종류가 면적의 75%를 넘지 않으며, 두 종류 작물이 95%를 넘지 않는다.
- 목초지 확보: 2015년 면적을 기준으로 국가 · 지역별 전체 초지가 5% 이상 감소하지 않아야 한다.
- 생태 관심 구역 확보: 경작지가 15ha 이상인 농가는 영구 초지와 영구 작물 재배 면적을 제외한 면적의 5%를 생태적 관심구역으로 지정한다.

③ 청년농업인 직불제(young farmers direct payment) 도입: 만 40세 이하인 농업경영주는 청년직불제를 신청하면, 본래 수령하게 될 직불금에 추가해서 25%를 더한

금액을 5년간 수령할 수 있게 된다. 이는 이번 개혁에 새로이 도입된 제도로 모든 회원국이 반드시 시행해야 한다.

④ 소농직불제(small farmers direct payment) 도입: 기존 직불제는 경작 규모가 클수록 수령액이 커져 소농들은 직불제 수령에서 소외되는 문제점을 내재하고 있었다. 이를 보완하기 위해 EU는 소농직불제를 도입하여 2015년부터는 연간 500~1,000유로를 일괄적으로 농가에 지급한다. 회원국은 직불제 예산의 최대 10%를 소농직불제에 할당할 수 있다.

⑤ 활동농업인(active farmer) 기준 강화: 직불금을 수령할 수 있는 '활동농업인'의 기준을 강화하여 농업에 실제 종사하는 사람에게만 전달되도록 한다. 기존의 직불금제도는 농지면적에 일정한 요율을 적용하여 지급하는 방식이었기 때문에 소수의 대지주에게 많은 금액이 지원되는 문제점이 야기되었다. 직불금 지급의 공정성을 강화하기 위해 회원국들은 비농업기업 리스트(negative list)를 만들어 수령 대상 선별을 강화하고, 고액의 직불금 수령자들은 구간별로 직불금 삭감액을 높이기로 하였다.

4. 4 공동통상정책

공동통상정책(Common Commercial Policy: CCP)은 EU와 제3국 간의 통상에 관련한 정책으로, 상품 및 서비스 교역을 비롯한 대외무역거래와, 통상협정 및 조약 체결이 핵심이다. 공동통상정책은 1957년 로마조약에서부터 EC의 대외적 권한이 직접적으로 명시된 유일한 정책 분야이다. 유럽공동체는 국제통상 환경의 변화와 유럽통합의 심화(deepening) · 확대(widening)에 따른 역내 환경의 변화에 지속적으로 대응해야 하였다. 관세동맹을 앞두고 있던 EC에게는 공동대외관세를 부과하는 주체로서의

'외부 권한'과 관세정책을 중앙부에서 일괄적으로 집행할 '내부 권한'이 필요하였다. 로마조약을 통해 공식적으로 역외 국가와의 상품 교역에 있어 EC가 외부 권한을 행사하는 주체임을 분명히 하였다. 그러다가 점차 역내 경제통합이 관세동맹의 차원을 넘어서게 되면서, 회원국 개별의 기준을 통일하여 공동의 수출입 규정을 마련해야 할 필요가 생겼다. EC는 공동통상정책의 영역을 확대하여 EC가 독점적으로 모든 상품의 역내 · 외 교역에 관한 회원국 공동의 규칙을 마련하도록 하였다. 1975년 유럽사법재판소는 Opinion 1/75에서 공동통상정책의 속성에 대해 규정하였는데, 공동통상정책은 EU의 배타적 권한(exclusive competence) 영역이므로 회원국은 EC가 공동통상정책을 실행하는 데 있어서 영향을 미칠 만한 어떤 개별 입법도 불가함을 분명히 하고 있다. 공동통상정책에서의 배타성은 대외적으로는 공동체로서의 단일한 위상을 보여 주고 내부적으로는 공동의 이익을 보호하기 위해 부여된 속성이다.

EU의 통상정책은 EC조약 제131조, 제133조, 제134조 등에 규정되어 있다. 특히, 제133조에서는 집행위원회와 각료이사회에 통상 분야에서 공동정책을 취할 수 있는 법적 권한을 부여하고 있다. 이에 따라 EU는 공동대외관세(CET)를 부과하고 덤핑이나 보조금이 지급된 수입에 대해 공동체 차원의 대책을 취해 왔다.

WTO가 출범하면서 '세계화'와 '무역 자유화'가 국제경제질서의 키워드로 등장하였다. WTO는 상품 교역뿐만이 아니라 서비스와 지적재산권까지도 교역의 대상으로 포함하여, 이에 대한 새로운 국제무역규정을 만들었다. GATS(General Agreement on Trade in Services)[3]와 TRIPS(Trade-related Aspects of Intellectual Property Rights)[4]는 GATT와 더불어 일괄타결(single undertaking) 대상 의제에 포함되었다. 유럽사법재판소는 Opinion 1/94에서 EC만이 회원국을 대표해서 WTO를 협상할 권한이 있음을 인정하였다.[5] 그러나 GATS와 TRIPS가 GATT처럼 공동통상정책의 영역에 속한다고 주장한 집행위원회의 견해와는 달리, TRIPS 규정의 대부분은 CCP의 범위에 벗어나며, 서비스 교역도

3) '서비스 무역협정'이라고 한다.
4) '무역 관련 지적재산권에 관한 협정'이라고 한다.
5) 제3국과의 무역 협상 및 계약시 집행위원회가 EC를 대표하여 협상과 계약을 체결한다. 이와 관련된 사항은 EC조약 제133조에 규정되어 있다.

네 가지 형태(mode)[6] 중에서 Mode 1만이 CCP 범위에 해당된다고 보았다. 유럽사법재판소는 CCP의 범위를 매우 엄격하게 제한하였지만, 역내 단일시장이 형성됨에 따라 상품 교역뿐만이 아니라 서비스 교역과 지적재산권에 대해서도 EU 차원의 공동정책을 수립할 필요성이 점차 대두되었다. 이러한 필요성은 1990년대 후반부터 조약 개정을 통해 반영되기 시작하였다. 1999년 5월 1일부터 발효된 암스테르담조약(Treaty of Amsterdam)에 의해 EC조약 제133조(구 제113조)에 제5항이 신설되었다. WTO 협정의 내용을 반영하여 "이사회는 […] 서비스 및 지적재산권에 관한 국제협상 및 협정에도 제133조의 제1~4항을 확대 · 적용할 수 있다"[7]라는 조항을 삽입함으로써 공동통상정책의 적용 범위를 넓혔다.

니스조약은 이 항목을 추가 개정하여 암스테르담조약 규정의 모호성을 보완하였다. 첫째, 공동통상정책도 다른 공동체 정책 영역과 밀접하게 연관되어 있음을 강조하였다. 따라서 정책 실행에나 규정 적용에 있어 관련 EU 기구의 권한과 책임이 동일하게 엄격히 적용된다. 둘째, 제133조 제5항의 문구를 개정 · 보완하여 서비스와 지적소유권에 관한 국제조약 협상권과 체결권을 구체적으로 명시하였다. 여기에서 서비스와 지적소유권에 관한 공동체의 권한이 국제조약 '협상'과 '체결'시에만 부여된다고 명시함으로써 이 두 가지 경우에만 국한됨을 분명히 하고 있다. 다만, 서비스와 지적소유권에 대한 구체적인 정의는 규정되고 있지 않아 그 의미는 여전히 모호하게 남아 있다. 셋째, 이 분야의 공동체 권한은 회원국의 권한과 공유됨

6) 서비스 교역은 생산자, 소비자 및 생산요소의 이동 유무를 기준으로 4가지 형태(mode)로 구분된다.
- Mode 1(국경 간 공급, Cross-border): 한 회원국의 영토로부터 다른 회원국의 영토 내로의 서비스 공급(금융, 국제전화 서비스, 원격 교육 등)
- Mode 2(해외 소비, Consumption Abroad): 한 회원국의 개인 또는 기업이 다른 회원국의 서비스를 이용하는 해외 소비(관광 서비스, 환자의 해외 병원 치료 등)
- Mode 3(상업적 주재, Commercial Presence): 외국 기업이 다른 국가에 자회사나 지사를 설립해 서비스를 공급하는 상업적 주재(대형 할인점, 은행의 지점 공급 등)
- Mode 4(자연인 이동, Movement of Natural Persons): 한 국가의 자연인(개인)이 다른 국가로 이동해서 서비스를 공급(경영 컨설턴트, 변호사 등의 고학력 전문가)

7) 원문은 다음과 같다: "The Council, acting unanimously on a proposal from the Commission and after consulting the European Parliament, may extend the application of paragraphs 1 to 4 to international negotiations and agreements on services and intellectual property insofar as they are not covered by these paragraphs."

〈표 4-2〉 EU 통상정책의 법적 근거

법적 근거	내용
기능조약 206조	관세동맹 설립의 목적(자유무역의 조화로운 발전, 국제무역 및 해외 직접투자에서의 장벽을 점진적으로 철폐, 관세장벽 인하)
기능조약 207조	통상정책의 적용 범위, 정책결정 방식, 표결 방식(가중다수결과 만장일치 적용 분야), 통상정책에 있어서 EU의 권한과 회원국 권한의 구분
EU조약 제21조	국제관계 영역으로서의 통상 분야, 공동체 차원의 정책수립 마련을 통해 세계경제에 편입

을 분명히 하고 있다. 제133조 제5항(4)에서 "회원국은 공동체 법과 관련 국제조약에 위배되지 않는 범위 내에서 제3국과 국제조약을 협상하고 체결할 권리를 지닌다"[8)]고 밝히고 있다. 이 조항은 앞서 설명한 공동통상정책의 배타성과는 대비되는 항목이다. 그러나 서비스 무역과 지적소유권에 대한 정의가 불분명한 상태에서 공동체에 전적으로 배타적 권한을 부여하는 것은 회원국 고유의 권한을 존중하지 않는 것으로 간주되므로 이 분야에서 만큼은 공동체와 회원국이 공동의 권한(shared competence)을 가지고 서로 협력해야 함을 강조하고 있다. 더 나아가 제133조 제6항(신설 조항)에서 교육, 문화 및 시청각 분야, 사회, 보건과 관련된 서비스 교역과 지적소유권은 공동통상조약 배타성의 예외가 적용되는 분야라고 명시하고 있다.

공동통상조약은 리스본조약에서 다시 한 번 개정되었다. 리스본조약은 기존 공동체의 모든 대외 관련 활동을 기능조약(TFEU) 안에 하나의 독립된 장(章)으로 묶고 EU조약(TEU)의 대외 관계 장(章)과 연결시켰다. 공동통상정책은 대외 관계와 직접적으로 연관되는 정책으로 포함되어 있어, 그만큼 공동통상정책의 중요성이 리스본조약을 통해 강조되었음을 알 수 있다. 리스본조약에서 개정된 사항은 다음과 같다.

① 공동체의 권한 영역 재(再)규정: 기능조약(TFEU) 제207조 제1항에서는 공동통상정책의 범위를 상품 및 서비스, 지적소유권 외에도 해외직접투자(Foreign

8) 원문은 다음과 같다: "This paragraph shall not affect the right of the Member States to maintain and conclude agreements with third countries or international organisations in so far as such agreements comply with Community law and other relevant international agreements."

Direct Investment: FDI)까지 확대하여, 이들 영역에서의 계약 체결은 공동통상정책의 관할 하에 있음을 분명히 하였다. 해외직접투자가 새로이 포함된 것이 특징이며, 기존에 상품 교역과 서비스 및 지적소유권 영역을 구분하여 영역별로 따로 권한을 규정하던 것과는 구분된다. 그러나 여전히 서비스와 지적소유권에 대한 공동체의 정의는 규정되어 있지 않다.

② 병행주의(竝行主義, parallelism) 강화: 리스본조약에서 해외직접투자를 포함시키고, 상품 교역과 서비스 및 지적소유권 영역에 대한 구분을 없애면서 병행주의를 더욱 강화시키는 방향으로 개정되었다. 기능조약(TFEU) 제207조 제6항은 "공동통상정책 영역에서 이 조항에서 부여한 권한을 행사하는 것이 공동체와 회원국 간의 권한 한계를 규정짓는 데에 영향을 끼쳐서는 안 된다"고 규정하고 있다. 더 나아가 공동체가 권한을 행사하는 것이 "조약에서 규정 통일을 예외로 하는 영역에서 입법 혹은 규제 법안을 통일하도록 영향을 끼쳐서는 안 된다"고도 명시하고 있다. 또한 해외직접투자와 문화 및 시청각 서비스, 사회, 교육, 보건 서비스에 관해서는 각료이사회에서 만장일치에 따라서 결정하도록 되어 있다(TFEU 제207조 제4항). 이들 영역에 대해서도 공동통상정책의 영역에는 포함이 되지만, 회원국의 권한을 인정하고 공동체의 권한이 임의대로 회원국의 권한을 침범할 수 없음을 명시하여 공동체 권한과 회원국 권한이 병행함을 인정하고 있다.

4. 5 공동외교 · 안보정책

공동외교 · 안보정책(Common Foreign and Security Policy: CFSP)은 EU의 안보, 방위, 외교를 관할하는 정책 영역이다. 1970년에 비공식적 협의체인 유럽정치협력체

(European Political Cooperation: EPC)가 설립되었는데, 각 회원국은 EPC를 통해 대외정치 관계의 정보를 교환하고 정책을 조정해 왔다. 그러나 외교 · 안보 분야가 공식적인 EU의 정책 영역이 아니었기 때문에, 국제적 외교 · 안보 사안에 대해 EU 차원에서 공동의 의견을 피력하고 공동의 조치를 취하는 데에는 한계가 있었다. 1990년대 초에 발발한 유고슬라비아 내전 당시 EPC의 한계점은 명확히 드러났다. 1991년 정부간 회의(Inter-Governmental Conference)를 거쳐 1992년 EU조약(일명 마스트리히트조약)을 체결하는 과정에서 유럽 정상들은 대외정책을 EU 차원에서 강화시킬 필요성을 느꼈고, 따라서 공동외교 · 안보정책을 EU조약에 포함시켰다.

공동외교정책의 목적은 국제정치 무대에서 EU의 정체성을 확고히 하는 데 있다. 그리고 이 정책을 통해 실현하고자 하는 바는 국제 문제에 관한 실제적이고 지속적인 정보 및 의견 교환, 각국의 입장 조율, 공동접근과 나아가 합동행위를 통한 공동실행이었다.

경제통합이 통합 초기부터 진행되어 온 것과는 달리 외교 · 안보 분야에서의 통합은 EU조약을 계기로 본격적으로 시도되었다고 할 수 있다. 그러나 회원국 대부분은 정치통합의 발전 속도는 강요될 수 없다는 데 의견을 같이 한다. 공동외교 · 안보정책은 만장일치제에 의한 정책 결정을 전제로 하여 회원국 개별의 이익을 우선시하고 초국가기구의 권한을 제한하였다. 따라서 삼주체제에서 공동외교 · 안보정책

'나무와 사원'으로 상징되는 두 개의 상반되는 개념

벨기에 · 네덜란드 · 독일과 이탈리아 등의 지지를 받는 집행위원회로서는 여러 갈래의 가지로 되어 있는 나무에서처럼 EU가 EMU에 대해서 뿐만 아니라 외교정책적인 문제나 대내외적 안전이라는 새로운 영역에 대해서도 더욱 강화된 공동체적 권한을 행사할 수 있어야 한다는 입장이었다. 이러한 개념과는 반대로, 영국 · 덴마크 · 스페인 · 포르투갈과 그리스의 지지를 받는 프랑스의 주장은 이 새로운 영역이 비록 '그리스 신전'에 비유되는 EU라는 한 지붕 아래 EC와 함께 있을지라도, EC라는 기둥(pillar)과는 분명히 구분되는 다른 기둥을 구성해야 한다는 것이었다. 이처럼 CFSP와 내무 · 사법 분야에서 협력은 본질적으로 공동체의 제도적 권한에 포함되는 것이 아닌 만큼, 오직 정부 간 협력으로만 추진되어야 한다는 것이다. 결국 EU는 후자의 안과 유사한 세 기둥으로 구성되었다.

〈그림 4-6〉 마스트리히트조약에 명시된 EU의 세 기둥

주: JHA는 암스테르담조약에 의해 '형사 문제에 있어 경찰 및 사법협력'(Police and Judicial Cooperation in Criminal Matters)으로 개정되었다.

기둥(제2기둥)은 정부 간 협력주의(Intergovernmentalism)의 성격을 띤다.

암스테르담조약에서 공동외교 · 안보정책 고위 대표(High Representative for the Common Foreign and Security Policy)직을 신설하여 외교 · 안보 분야에서 EU의 대외적인 대표성을 강화하고자 하였다. 이 고위 대표직은 이사회 사무총장이 겸직하였고, 솔라나(Javier Solana)가 암스테르담조약이 발효한 1999년부터 2009년 12월 리스본조약이 발효되기 전까지 초대 사무총장직을 수행한 바 있다.

리스본조약은 고위 대표직의 공식 명칭을 'High Representative of the Union for Foreign Affairs and Security Policy'로 명명하고, 그 지위와 권한을 격상시켰다. 이 새로운 고위 대표직은 기존의 '공동외교 · 안보정책 고위 대표'와 '대외 관계와 근린정책을 담당하는 집행위원'(European Commissioner for External Relations and European Neighbourhood Policy)을 합친 직책이다. 2011년 12월에는 유럽대외관계청(European External Action Service: EEAS)을 신설하여 고위 대표 지휘 하에 두었다. 대외관계청은 궁극적으로 EU의 공동외교 담당 부처로 발전시킬 것을 염두에 둔 조직이다.

공동외교 · 안보정책은 정책의 성격상 규정이나 지침, 결정보다는 공동행위(joint action) 또는 공동입장(common position)을 채택하는 경우가 많다. 공동행위는 EU의 공동작전이 필요하다고 생각되는 상황에 대해 명시하고, 해당 목표와 범위, 방법 등을 구체적으로 규정한 것을 말한다. 공동입장은 특정 사안에 대해 EU가 취하는 방법을 기술하고, 그에 따라 각 회원국이 취해야 할 개별 국가 정책의 틀과 방향에 대해 제시한다.

4. 6 내무 · 사법 협력

내무 · 사법 협력정책은 EU 회원국 국민이 역내 어디에서나 동일한 자유와 안전, 정당한 법의 지배를 받을 수 있도록 회원국 내무 · 사법 당국 간의 공조를 통해 EU를 '자유 · 안전 · 정의의 영역'(area of freedom, security and justice: AFSJ)으로 발전시키는 것을 목적으로 하는 EU 정책 분야이다. 1957년 로마조약에서 사람의 자유로운 이동을 규정한 이래, 국경 간의 거래 증가와 이에 따른 치안 · 범죄의 증가로 인해 공동체 차원에서 공동대응의 필요성이 제기되었다. 1975년 트레비 그룹(TREVI group)이 시초라고 할 수 있다. 트레비 그룹은 각 회원국의 내무 및 사법 장관들이 참석하는 정부 간 협력 네트워트로 1975년 로마 유럽정상회의에서 처음 제안되어 창설되었다. 트레비라는 명칭은 첫 회의의 장소가 트레비 분수로 유명한 로마였기 때문에 여기서 유래되었다. 또한 프랑스어로 TREVI는 테러주의(Terrorisme), 인종차별주의(Radicalisme), 극단주의(Extremisme), 국제폭력(Violence Internationale)의 약어이기도 하다. 1972년 뮌헨 올림픽의 테러 참사를 비롯한 수차례의 테러행위가 발생하자, 당시 유럽공동체는 테러리즘에 효과적으로 대항할 방안에 대해 논의하게 되었고, 이것이 트레비 그룹을 결성하는 데 직접적인 영향을 미쳤던 것이다. 이 영역이 공식적으로

셴겐협정(Schengen Agreement)

셴겐협정은 유럽 각국이 공통의 출입국 관리정책을 사용하여 국경 시스템을 최소화하여 국가 간의 국경 통행에 제한이 없게 한다는 내용을 담은 협정이다. EU 회원국 중 22개국과 비EU 회원국인 아이슬란드, 리히텐슈타인, 노르웨이, 스위스 등 총 26개국이 조약에 서명하였다. 셴겐협정 가맹국들은 국경검사소 및 국경검문소가 철거되었고, 공통의 셴겐 사증(visa)을 사용하여 다른 셴겐 국가에 입국할 수 있다. 이 조약은 EU 이외 국민의 거주 및 취업 허가는 포함하지 않는다.

이 협정은 벨기에, 프랑스, 독일, 룩셈부르크, 네덜란드 5개국이 1985년 6월 14일에 프랑스, 독일과 국경을 접하고 있는 룩셈부르크의 셴겐이라는 작은 마을에서 서명하였다. 셴겐협정은 원래 EU와는 별개의 것이었으나 암스테르담조약에서 EU 공동체 법규(acquis communautaire)로 포함되었다. EU 회원국 중 아일랜드와 영국은 처음부터 이 협정에 서명하지 않기로 합의하였고, EU 회원국인 불가리아, 루마니아, 사이프러스, 크로아티아는 순차적으로 가입 예정이다.

EU 정책에 편입된 것은 마스트리히트조약에서이다.

새로이 도입된 삼주(三柱)체제의 세 번째 기둥이 사법 및 내무정책(Justice and Home Affairs: JHA)인데, EU 시민의 기본권, 개인 자유이동, 망명 · 이민, 비자정책, 마약 · 인신매매, EU 외부 국경관리, 경찰 · 사법 당국 간 협력을 담당하는 정책 분야이다. 법무 및 내무장관으로 구성된 각료이사회가 주요 의사결정기구이며, 정책 결정은 만장일치에 의한다. 이 정책 영역은 암스테르담조약을 통해 '형사 문제에 있어 경찰 및 사법협력'(Police and Judicial Cooperation in Criminal Matters: PJCC)으로 명칭이 변경되었다. EU 회원국들은 이민, 망명, 마약거래와 같은 국제범죄 문제에 초점을 맞추어 보다 긴밀한 협력을 할 수 있게 되었다. 한편, 마스트리히트조약에 의해 유럽경찰청(European Police Office: Europol)이 네덜란드의 헤이그에 설립되었다. 처음에는 1994년 1월에 유로폴 마약단(Europol Drugs Unit: EDU)이라는 소규모 조직으로 출발하였는데, 1998년 모든 회원국들이 유럽경찰협약(Europol Convention)에 비준한 후 1999년 7월 1일부터 정식으로 활동을 시작하였다. 현재 유로폴에는 약 800명의 직원이 근무하고 있으며, 28개 회원국 전역을 담당한다. 회원국들뿐만이 아니라 인접 국가, EU 주요 기구 및 국제기구와도 긴밀하게 공조체제를 구축하여 국제조직 범죄를 소탕하기 위해 노력하고 있다. 2010년 1월 유로폴이 EU agency로 격상된 후 범죄 정보를 수집하는 권한이 강화되었으며 유럽의회도 유로폴에 대한 예산을 증가시키고 있다.

리스본조약은 기존의 삼주체제를 폐지하고 내무 및 사법 영역을 공동체 영역으로 편입하였다. 그리고 여권 및 신분증, 가족법, 경찰 작전 협력(operational police cooperation), 유럽공안검사기구(European Public Prosecutor's Office) 신설 등을 제외한 나머지 분야에 대해서는 가중다수결(QMV)제도와 보통입법절차(OLP)에 의해 의사결정하도록 하였다.

2009년 12월 유럽이사회에서는 스톡홀름 프로그램(Stockholm Programme)을 채택하였다. 스톡홀름 프로그램은 EU의 시민권 강화, 기본적 권리 증진, 공동 이민 및 망명 정책 수립, 안전한 유럽 건설, 소수민족 권리보호, 사생활 보호 등 6개 항을 제시하여 2010년부터 5년간 내무 · 사법 분야의 중점 협력 목표로 삼고 있다.

4.7 경쟁정책

EU 경쟁정책(Competition Policy)의 목적은 단일시장에서 왜곡되지 않은 경쟁제도를 창출 · 유지하는 것이다. 자유경제이론에서 경쟁정책은 시장에서의 완전경쟁을 보장하고 소비자에게 가격상의 불이익을 줄 수 있는 독과점의 출현을 예방하는 것이 그 목표이다. 자유로운 경쟁은 공급자에게 이노베이션을 통해 소비자의 니즈(needs)에 부합하는 상품의 품질 향상을 촉진시킨다. 반면에 경쟁의 제한은 가장 싼 값에 양질의 상품과 서비스가 소비자들에게 제공되는 시장 기능을 반감시킨다. 단일시장 내에서 카르텔이나 수량 제한으로 경쟁이 제한된다면 경쟁의 의미는 크게 약화될 것이다. 따라서 운송과 우편 서비스나 전기통신 분야 등 중요한 공익을 위해 신뢰할 만한 상품 및 서비스 제공이 필요한 경우에만 독점이 허용된다.

디종의 법칙(Cassis de Dijon)

'Cassis de Dijon' (Rewe-Zentrale AG v Bundesmonopolverwaltung Für Branntwein, Case 120/78)이라고 알려진 1979년 2월 20일 유럽사법재판소의 판례이다. 동 판례는 한 나라에서 합법적으로 제조되고 판매되는 제품은 다른 회원국에도 아무런 제한 없이 수입되어야 한다는 원칙을 확립하였다. 때로는 상품표준인증이라고 알려진 이 원칙은 단일시장 내 상품의 순환을 원활히 하고 그러한 순환을 보장하기 위하여 상세한 제품표준에 대한 조화(harmonization)의 필요성을 부각시켰다.

Cassis de Dijon은 프랑스에서 제조된 과실주(liqueur)이다. 독일 주류전매청(Spirits Monopoly)은 독일법에 따른 리큐르(liqueur)의 최소 알코올 도수인 25%에 미달한다는 이유로 독일 시장 진입을 금지시키려고 하였다. 그러나 유럽사법재판소는 공동체 설립의 목표에 따라 독일의 조치를 수용하지 않았다. 이 원칙은 나중에 1992년 단일시장의 완성과 관련된 새로운 접근 방식인 상호인증제의 기초가 되었다.

집행위원회에서 EU의 경쟁정책을 관할하는 총국은 경쟁총국(DG Competition)이다. 산업경쟁력 제고를 목표로 하는 기업 및 산업총국(DG Enterprise and Industry)도 경쟁정책과 매우 관련성이 높은 총국이다. 기업 및 산업총국은 반독점 규제, 합병, 국가보조금 등과 관련된 입법안을 마련할 때 실질적으로 많은 도움을 주기도 한다.

집행위원회는 반독점(Antitrust), 기업결합규제(Merger Control), 국가보조금규제(State Aid Control) 등의 장치를 통해 역내 시장에서의 공정한 경쟁을 보장한다. 반독점은 유럽 기업들을 보호하기 위해 그들의 경쟁력을 저해할 수 있는 관행(가격담합, 사재기, 국경 간 기업 활동 방해 등)을 규제하는 장치이다. 상품이나 서비스를 생산할 때 필요한 생산요소를 사고파는 인풋 시장(input market)에서 특히 더 필요하다. 기능조약(TFEU) 제101조는 경쟁을 저해할 목적으로 둘 이상의 시장운영자(market operator)가 계약을 체결하는 것을 금지하고 있다. 매우 특별한 경우에만 예외적으로 허용된다. 기능조약 제102조는 시장 내 지배적(dominant) 위치를 남용하여 부당한 가격을 청구하거나, 생산을 제한하는 등의 불공정 행위를 금지하고 있다.

기업결합규제는 기업들이 합병을 통해 구조조정을 하고 시장을 확대한 결과 유럽 소비자들과 기업들이 가격 인상이나 기타 반(反)경쟁적(anti-competitive) 영향을 받

마이크로소프트와 EU

1993년에 EU는 마이크로소프트사가 반경쟁 수단을 통해 시장에서 경쟁자를 막고 있다고 주장하였는데, 그 이유는 소비자가 컴퓨터를 구입할 때마다 마이크로소프트사의 실행 시스템을 함께 구입하게 되므로 이것은 EU의 경쟁정책에 반하는 행위라고 보았던 것이다. EU는 2003년 마이크로소프트사에 윈도우 미디어 플레이어가 장착되지 않은 버전을 시장에 출품하라고 명하였고, 윈도우 데스크탑 또는 서버와 완전히 호환이 가능한 타 제품의 소프트웨어에 관한 정보를 제공하라고 하였다. 2004년에는 마이크로소프트사에 4억 9,700만 유로의 벌금을 부과하였다. 마이크로소프트사에서는 EU가 지적재산권에 대해 부정적인 영향을 끼치며 시장을 장악하고 있는 주요 기업들이 새롭게 혁신하는 것을 막고 있다는 문서를 발표하였지만, EU에서 부과한 벌금은 모두 지불하였다. 2008년 5월 EU는 마이크로소프트사의 개방형 문서(Open Document: OD) 지원 방식을 조사하겠다고 공표하였다. 2009년 1월 집행위원회는 마이크로소프트사의 윈도우와 인터넷 익스플로러(IE)와의 결합판매 방식은 웹 브라우저 간의 경쟁을 저해하는 행위이기 때문에 이에 대해 조사하겠다고 발표하였다. 마이크로소프트사는 이에 대해 유럽에서 판매되는 Window 7E에 대해서는 윈도우와 IE를 결합하여 판매하지 않겠다고 하였다.

2010년 3월 마이크로소프트사는 BrowserChoice.eu를 개설하여 인터넷 사용자들이 윈도우를 열면 12개의 브라우저 중에서 선택할 수 있는 기능을 새로 넣었다. 그러나 이 기능이 2011년 2월 Windows 7 Service Pack 1을 출시하면서 빠졌는데, 이에 대해 마이크로소프트사는 '기술적인 오류'라고 하면서 14개월 간 아무런 조치를 취하지 않았다. 그 결과 2013년 3월 집행위원회는 조치를 취하겠다는 약속을 이행하지 않은 대가로 마이크로소프트사에게 5억 6,000만 유로의 벌금을 부과하였다.

지 못하도록 규제하는 것이다. 합병하는 기업들의 총 연간 매출액이 세계 및 유럽 판매량의 일정 기준 이상이 되면, 그 합병건은 집행위원회의 심사를 받아야 한다. 그 기준에 미치지 못하면 회원국의 해당 기관이 심사한다. 또한 집행위원회는 개별 회원국이 심사를 요청할 경우에도 해당 사례를 심사한다. 특별한 경우에는 반대로 집행위원회가 회원국 해당 기관에게 심사를 요청하기도 한다. 기본적으로 집행위원회는 합병건이 공정한 경쟁을 심각하게 저촉하지 않는다고 판단되면, 합병을 승인한다. 그리고 합병 대상 기업들이 서로 과당(過當) 경쟁 관계였거나 합병으로 인해 공정한 경쟁체제가 무너질 수 있다고 판단되면 합병을 승인하지 않는다. 그러나 상황에 따라서 합병기업들 간에 경쟁 왜곡을 방지할 조치를 취하기로 약속하여 소비

〈표 4-3〉 EU 경쟁정책의 법적 근거

조항	내용
기능조약 제101조	경쟁 제한 및 회원국 간 통상에 영향을 미치는 행위 금지
기능조약 제102조	지배적인 지위의 남용이 회원국 간 통상에 영향을 미치는 경우 금지
기능조약 제103조	관련 규정과 지침 채택 경우와 채택절차 규정
기능조약 제104조	회원국의 권한 규정
기능조약 제105조	집행위원회의 권한 명시(결정공표 및 회원국에 권한 부여)
기능조약 제106조	공공사업 분야에 적용
기능조약 제107조	국가보조금 원칙적 금지, 예외 규정 명시
기능조약 제108조	집행위원회의 지속적 감시 및 위반시 절차
기능조약 제109조	각료이사회와 유럽의회의 기능

자들의 이익에 해가 되지 않는다는 판단 하에서 조건부로 승인하기도 한다.

국가보조금규제는 보조금으로 인해 해당 분야와 기업의 경쟁력이 제고됨을 전제로 하여 단일시장 내에서의 시장 교란을 막기 위해 규제하는 장치이다. 기능조약(TFEU) 제107조는 "어떤 회원국도 국가 차원에서 특정 기업에 보조금을 지급해서는 안 된다"고 규정하고 있다. 국가보조금으로 판단되려면 국가가 개입하여 다양한 형태(세금 감면, 보조금 등)로 국가의 재원을 지원받고, 국가의 개입으로 인해 수혜자가 선정 과정에서 혜택을 받으며(특정 기업이나 산업 분야, 또는 특정 지역에 위치한 기업 등), 경쟁이 심하게 왜곡되고 회원국 간 무역에 영향을 미쳐야 한다. 국가보조금에 대해서 전반적으로 금지하고 있지만, 공정한 경제 활동을 위해 개별 정부의 개입이 필요할 경우를 대비해 예외 규정을 마련하고 있다. 관련 규정들은 EU 차원에서 정기적으로 검토하며, 집행위원회는 회원국과 긴밀히 협력하여 관련 법안을 채택한다. 경쟁정책은 다양한 산업 분야에서 실행되며, 특히 환경 및 에너지, 금융 서비스, 미디어, 자동차, 의약, 우편 서비스, 텔레커뮤니케이션, 교통, 농업, 스포츠 산업이 그 예이다.

4. 8 환경정책

EU의 환경정책(Environmental Policy)은 유럽경제공동체(EEC) 설립 당시만 해도 로마조약에 포함되어 있던 정책 분야도 아니었고, 공동체의 관심 영역도 아니었다. 그러나 점차 환경에 대해 EU가 주목하기 시작한 이유는 회원국별로 다른 환경 기준이 역내 시장에서 무역장벽과 경쟁 왜곡을 야기할 수 있다는 우려에서였다. 게다가 환경 문제가 점차 전 지구적인 문제로 등장하면서 국제적인 협력 없이는 환경 문제를 해결하기 어렵다는 인식이 팽배하기 시작하였다. EU의 환경정책은 1972년 파리 유럽이사회에서 처음으로 환경정책에 대한 선언문을 채택하여 집행위원회에 환경전략을 마련하도록 요청한 것이 그 시초이다. 1973년 집행위원회는 제1차 환경실행계획(Environmental Action Programme: EAP)을 채택하였다. 제1차 환경실행계획(1973~1976)은 공해와 보건에의 위협요인을 주제로 삼고, 환경 경영, 환경 기준의 세분화, 권한 배분, 정책통합 등에 관한 주요 원칙들을 마련하였다. 대부분 OECD에 언급되어 있는 내용을 참고로 하였지만, EU 차원에서 처음으로 다루어졌다는 점에 의의를 둘 수 있다. 집행위원회는 그 후로도 지속적으로 환경실행계획을 마련하였다. 제2차 환경실행계획(1977~1981)은 정책 결정 과정에 있어서 환경영향평가(environmental impact assessment)와 같은 과학적인 절차를 강조하였다. 제3차 계획(1982~1986)과 제4차 계획(1987~1992)에서부터는 보다 구체적인 환경보호전략(배기가스 감축기술 등)을 제시하였다. 제5차 계획(1993~2000)은 지속 가능한 발전의 개념을 도입하여 이에 입각한 환경보호전략을 제시하였고, 제6차 계획(2002~2012)은 기후 변화, 생물다양성(biodiversity), 환경과 건강을 주제로 다루었다.

처음으로 환경을 공식적인 정책 영역으로 규정한 조약은 1986년 단일유럽의정서(SEA)이다. 의정서는 로마조약을 수정하여 제130r조 및 제130s조 등의 조항을 삽입하였다. 환경 장(章)의 첫 조항인 제130r조는 환경의 질을 보존 · 보호하고 개선하는

환경 이야기: 바르샤바 유엔기후변화협약 당사국 총회 결산

예상했던 대로 그들이 바르샤바로 가져온 가방 속에 이렇다 할 카드는 들어 있지 않았다. 퇴장과 철수, 상호 비난 등으로 얼룩진 회의였지만 190여 개국 대표단들이 결정문에 도장은 찍었으니 파국은 피한 셈이다. 하지만 내용을 뜯어 보면 2015년 새로운 기후체제에 합의해야 하는 기후 변화 당사국 총회가 열릴 '파리로 가는 길'은 더 불투명해졌다.

이번 회의를 통해 해소되길 기대했던 주요 쟁점의 하나인 온실가스 감축 책임 분담과 관련해 각국이 온실가스 감축 목표를 '공약(commitment)한다는 표현 대신 '기여'(contribution)한다는 애매한 결정문이 나온 것은 2011년 더반 플랫폼에서부터 예정된 것이었다. 당시 유럽연합은 새 기후체제의 법적 구속력을 확실히 해두기 위해 '법적 체제(legal instrument)를 가진 의정서'라는 구절을 넣으려 했지만 '법적 결과물(legal outcome)로서의 의정서'를 고집하는 인도의 강력한 반발에 부딪쳐야 했다. 결국 '법적 효력을 가진 합의 결과물'(agreed outcome with legal force)이라는 타협적 표현으로 봉합되었지만, 이 표현이 어느 정도의 구속력을 의미하는지는 여전히 오리무중인 상태다.

또 다른 쟁점인 녹색기후기금(GCF)도 여전히 신기루에 가깝다. 개발도상국의 기후 변화 대응을 지원하기 위해 2020년까지 조성하기로 한 1,000억 달러를 누가 얼마나 내놓을 것인지 구체적인 결정은 기약 없이 미루어졌고, '새롭고 추가적인 재원'에 대한 해석과 조달 방식은 불씨로 남겨졌다. 기후 변화에 따른 극한 기후 현상과 해수면 상승 등의 피해 구제를 위한 '손실과 피해' 대응도 기존 적응체제 아래서 시작하되 3년마다 효과를 평가하는 것을 전제로 한 '바르샤바 메커니즘'으로 타협되었지만, 재원 조달과 관련해서는 마찬가지로 어떤 결정도 이루어지지 않았다.

이번 총회는 산림 분야에서 2억 8,000만 달러 규모의 재정 지원과 평가방법론, 운영조직 설립, 재정 지원 방안 등에 대한 합의가 이루어지는 등 성과도 일부 남겼다. 하지만 전체적으로 기후 변화 협상의 역사에서 최악이라는 평가를 받을 만하다. 더반 플랫폼 합의 이후 2년이 흘렀지만 2015년까지 협상을 타결하기 위한 국제사회의 의지와 준비가 매우 부족하다는 사실을 드러냈기 때문이다.

무엇보다 바르샤바 당사국 총회는 시간과의 싸움에서 패했다. 지난 9월 27일 발표된 기후변화정부간협의체(IPCC) 제5차 보고서는 지구 평균 기온 상승을 산업혁명 이전 대비 2℃ 이내에서 억제하려면 이산화탄소 누적배출량이 1조t을 넘어서지 않아야 한다고 밝혔다. 지금과 같은 배출 추세를 유지할 경우 이 수치는 2040년 11월 25일에 도달하게 된다. 해야 할 숙제를 뒤로 미룰 만큼 한가한 상황이 아니라는 얘기다. 지난 주 화요일 바르샤바 총회장에서 반기문 유엔 사무총장은 이렇게 말했다. "우리는 자연과 협상할 수 없다." 우리가 해야 할 일은 2035년까지 에너지 수요를 엄청나게 부풀린 제2차 에너지기본계획부터 바로잡는 일이 아닐까.

출처: 한겨레, 2013년 11월 26일.

것과 인간의 건강보호에 기여하고, 자연자원을 신중하고 합리적으로 사용하는 것이 환경정책의 목표라고 규정하고 있다. 제130s조는 정책 결정 방식에 대한 조항으로 각료이사회에서 만장일치에 의해 결정한다고 규정하고 있다. 그러나 바로 덧붙여 각료이사회가 가중다수결을 적용할 수 있는 사안도 별도로 규정할 수 있다고 명시하였다. 의정서는 환경 부문에 관해 공동체 차원의 법령적 권한, 목표 등의 법적 근거를 처음으로 마련하였다는 점에 의의가 있다. 1993년 11월부터 발효된 마스트리히트조약에는 균형된 발전, 지속 가능한 발전 등의 개념을 언급하여 환경에 관한 관심을 새로운 차원으로 끌어올렸다. 암스테르담조약에서는 마스트리히트조약에서 제시된 환경에 관한 지속 가능한 개발을 처음으로 자세히 언급하고 이를 조약의 중앙 부분에 삽입하였으며, 제6조(종전 제3조)에서는 "제3조에 언급된 EU의 제 정책과 활동의 정의와 이행에 있어서 환경보호의 요구가 반드시 통합되어야 한다"라고 규정하였다. 조약에서 명시한 EU 환경정책의 목표는 다음과 같다.

① 환경의 질을 보존 · 보호 · 개선하고,
② 인간의 건강보호에 기여하며,
③ 자연자원의 신중하고 합리적인 사용을 확보하며,
④ 국제적 환경조치들을 장려한다.

1997년 12월에 채택된 교토 의정서(Kyoto Protocol)는 선진국들의 온실가스 배출 감축 의무규정을 담고 있다. EU는 의무감축국으로서 2008~2012년 기간 동안 온실가스 배출을 '기준연도(base year)-8%' 수준까지 줄이기로 공약하였다.[9] 그리고 EU 회원국[10]은 책임분담(burden sharing) 협정을 맺어 각국별로 감축 목표를 설정하여 목표치를

9) 기준연도는 대부분의 경우 1990년도를 가리키나, 하이드로플루오로카본(hydrofluorocarbon: HFC), 과불화탄소(perfluorocarbon: PFC), 육불화황(Sulfur Hexafluoride: SF6) 등의 불소화가스(fluorinated gases)의 경우는 1995년을 기준연도로 삼는다.

10) 당시 EU 회원국은 오스트리아, 벨기에, 덴마크, 핀란드, 프랑스, 독일, 그리스, 아일랜드, 이탈리아, 룩셈부르크, 네덜란드, 포르투갈, 스페인, 스웨덴, 영국의 15개국이다.

〈표 4-4〉 EU 환경정책의 발전 과정

연도	활동
1972	파리 유럽정상회담, 집행위원회에게 환경전략을 준비할 것을 요청
1973	집행위원회, 제1차 환경실행계획(EAP) 마련
1981	집행위원회에 환경총국 설치
1987	단일유럽의정서, 환경정책의 법적 기반 마련
1993	마스트리히트조약 발효, 가중다수결(QMV) 적용 분야를 확대하여 환경정책에도 적용 '지속 가능한 발전'(sustainable development)을 주제로 한 제5차 환경실행계획 마련
1997	암스테르담조약, '지속 가능한 발전' 강조와 아울러 환경정책통합(Environmental Policy Integration: EPI)을 핵심 목표로 설정
2002	제6차 환경실행계획 채택
2008	EU, 회원국별로 준수해야 하는 종합적인 기후 및 에너지 감축안 채택(2020년까지 온실가스 배출 20% 감축 목표)
2010	EU, 새로운 에너지 감축안(2020년까지 온실가스 배출 30% 감축) 채택을 위한 회원국 간 합의 실패
2011	EU, 2009년 코펜하겐 기후 변화 정상회의에서의 지지부진한 성과를 2011년 더반 기후 변화 총회에서 만회하고자 함.
2012	새로운 에너지원(바이오연료, 셰일가스 등)에 대한 규제 문제를 두고 EU와 다른 무역상대국들 간에 갈등 발생

출처: David Benson and Andrew Jordan, "Environmental Policy," in *European Union Politics*, Michelle Cini and Nieves Perez-Solórzano Borragan(eds.) Fourth edition, Oxford University Press, 2013, p. 326.

달성하고자 노력하였다. EU의 자체 평가에 따르면, EU는 2008~2012년 기간 동안 '기준연도-12.2%' 수준까지 감축하여 감축 목표를 여유 있게 달성한 것으로 나타났다.[11] 쿄토 의정서에 따른 의무감축에 대한 1차 이행기간이 2012년에 종료되었으며, 2차 이행기간이 2013년부터 시작되었다. 2020년까지 진행되는 2차 이행기간 동안

11) 물론 회원국마다 편차는 매우 크다. 회원국별 온실가스 감축 성과(2008~2012년)는 다음과 같다.

	AT	B	DK	FI	F	D	GR	IRL	I	L	NL	P	SP	SE	UK
성과(%)	-13	-7.5	-21	0	0	-21	+25	+13	-6.5	-28	-6	+27	+15	+4	-12.5

AT: 오스트리아, B: 벨기에, DK: 덴마크, FI: 핀란드, F: 프랑스, D: 독일, GR: 그리스, IRL: 아일랜드, I: 이탈리아, L: 룩셈부르크, NL: 네덜란드, P: 포르투갈, SP: 스페인, SE: 스웨덴, UK: 영국
출처: 집행위원회, Climate Action(http://ec.europa.eu/clima/policies/g-gas/kyoto/index_en.htm).

EU는 28개 회원국과 아이슬란드와 함께 공동감축 목표를 달성하기 위해 노력하기로 하였다. 2004년 1월 집행위원회는 기후 변화 대책에 대한 2030년 목표(2030 Framework)를 발표하였다. 이 내용에 따르면 EU는 2030년까지 온실가스 배출을 '기준연도-40%'로 낮추고, 전체 에너지 생산에서 신재생에너지 생산이 차지하는 비중을 27%로 높이기로 하였다.

이와 아울러 집행위원회는 제7차 환경실행계획을 발표하여 2013년부터 2020년까지 실행하도록 하였다. 제7차 계획은 다음의 9가지 주요 목표를 제시한다.

① 자연자본(natural capital): 생물다양성을 보전하기 위한 전략을 EU 차원뿐만이 아니라 각 회원국 차원에서도 수립한다.

② 자원효율경제(resource-efficient economy): 자원의 고갈로 천연자원의 가격이 상승할 것을 대비하여 모든 경제 활동에서 자원효율성을 높인다.

③ 건강한 환경, 건강한 사람: 환경을 보호하는 것이 곧 우리 자신을 보호하는 것임을 깨닫고 환경보호를 위해 관련 법규를 강화한다.

④ 이행의 개선: 관련 법규 이행을 강화하여 사회적 경제비용을 절약한다.

⑤ 최신 정보에 입각한 최선의 결정: 환경에 대한 지식을 기반으로 하여 올바른 정책 결정을 한다.

⑥ 환경을 고려한 건전한 투자: 올바른 투자는 환경에의 영향과 환경에 드는 비용을 함께 고려한 투자이다.

⑦ 더 나은 통합: 환경에서 뿐만 아니라 다른 정책 영역들에서도 통합이 이루어져야 효과가 배가된다.

⑧ 지속 가능한 도시: 공동의 해결 방안을 위해 함께 협력한다.

⑨ 범지구적 도전에 대응: EAP는 궁극적으로 모든 나라가 함께 협력해야 달성할 수 있는 것임을 깨닫고 국가 간 협력을 강화한다.

4.9 문화정책

문화정책(Cultural Policy)이 공식적인 정책 영역으로 등장한 것은 마스트리히트조약이지만, 통합 초기부터 문화에 대한 공동체 차원의 논의는 꾸준히 있어 왔다. 특히, 1984년에 있었던 두 번째 유럽의회(European Parliament)의 직접선거에 대한 투표 참여율이 극히 저조해지자 위기의식이 팽배해졌고, 향후 유럽통합의 완성을 위해서는 시민들로부터의 소속감을 고취시키는 것이 필요하다는 생각을 하게 되었다. 1984년 퐁텐블로(Fontainebleau) 유럽이사회(European Council)에서 이 문제에 대해 논의하였고, 그 결과 아도니노 특별위원회(Adonnino *ad hoc* committee)를 구성하여 대책을 마련하고자 하였다. 아도니노 위원회는 보고서를 통해 '시민의 유럽'(A People's Europe)과 '유럽 정체성'(European identity)을 강조하였다.[12] 유럽 시민들의 유럽 정체성을 고양하기 위해 동 위원회는 유럽기(旗), 유럽가(歌), 유럽 우표의 도입, 유럽의 날(Europe Day) 제정에서부터 유럽 시청각 공동지역(European Audiovisual Area) 구축, 과학·기술·예술 아카데미(Academy of Science, Technology and Art) 설립, 유로복권(Euro-lottery) 도입 등을 제안한 바 있다.

그러나 EU 차원의 문화 활동이 보다 가시적인 결과로 나오게 된 시기는 마스트리히트조약 발효 이후부터이다. 마스트리히트조약 제9장 제128조 제1항은 다음과 같이 문화정책의 목표를 규정하고 있다:

> "유럽연합은 회원국 각국의 문화적 다양성을 존중하면서 이와 아울러 공동의 문화적 유산을 진작시킴으로써 회원국 각국의 다양한 문화가 번영하도록 이바지할 것이다."[13]

12) Commission of the European Communities, "A People's Europe, Reports from the ad hoc Committee," Bulletin of the European Communities, Supplement 7/85, 1985.

집행위원회는 1990년대 중반부터 칼레이도스코프(Kaleidoscope), 라파엘(Raphael), 아리안(Ariane)의 세 가지 프로그램을 실행하였다. 칼레이도스코프 프로그램은 예술 및 문화 활동을 지원하였고, 라파엘 프로그램은 문화유산을 보존 · 지원하였다. 아리안 프로그램은 도서 · 출판 및 문학 번역을 지원한 프로그램이다. 이들 프로그램을 통해 집행위원회는 ① 다양한 형태로 문화적 협력을 장려하고 예술작품 순환을 장려하고, ② 상징적 문화 이니셔티브를 지원하고, ③ 새로운 커뮤니케이션 기술이 가져다주는 기회를 최대한 활용하고, ④ 사회 및 문화 개발에서의 문화적 차원을 강화할 것을 추구하였다.[14] 이들 프로그램은 2000년에 Culture 2000으로 통일되었다. 프로그램 평가를 통해 운영의 효과를 높이기 위해 세 가지 프로그램을 통합하여 하나로 운영할 필요가 있음이 제안되었기 때문이다.[15] Culture 2000 프로그램은 2006년도에 Culture 2007 프로그램으로 명칭을 변경하여 2013년까지 운영되었다(Culture 2007~2013 Programme).

2014년부터는 기존의 문화 프로그램을 'Creative Europe' 프로그램으로 개편하여 2020년까지 운영 중이다. Creative Europe 프로그램은 2014~2020년 기간 동안 총 18억 유로의 예산이 지원되며, 문화적 · 언어적 다양성을 증진과 일자리 창출과 경제성장, 사회통합에 중요한 역할을 할 문화 및 창조 분야의 발전을 추구한다. 집행위원회가 계획하고 있는 구체적인 목표는 다음과 같다.

① 30만 명의 예술가 및 문화 관련 종사자들이 해외 시장으로 진출하는 것을 지원한다.

② 5,500권 이상의 도서 번역 출판을 지원한다.

13) 원문은 다음과 같다: "The Community shall contribute to the flowering of the cultures of the Member States, while respecting their national and regional diversity and at the same time bringing the common cultural heritage to the fore."

14) Commission of the European Communities, "European Community Action in Support of Culture," COM(94)356final, p. 4.

15) Commission of the European Communities, "Report on the Implementation of the Community Programmes Kaleidoscope, Ariane and Raphael," COM(2004)33final, p. 13.

유럽문화수도(European Capital of Culture) 프로그램

EU가 추진하고 있는 유럽문화수도 프로그램은 1985년에 처음 시작되어 오늘날까지 지속되고 있는 대표적인 문화정책 프로그램이다. 1983년 당시 유럽정상회의에서 채택된 '유럽연합에 관한 선언'(Solemn Declaration of European Union)에 대한 실천 방안의 하나로 당시 그리스 문화부의 멜리나 메르쿠리(Melina Mercouri) 장관이 처음으로 제안한 것이 그 등장 배경이다.

EU는 해마다 유럽 전역에서 1~3개 도시를 선정하여 '문화수도'라는 타이틀을 부여하고 약간의 재정적인 지원을 제공한다. 지원금의 규모는 해마다 차이가 있으나 지속적으로 증가해 왔다. 프로그램 도입 초반에는 개최도시에 일률적으로 10만 8,000유로를 지원하는 데 그쳤으나, 2007년부터는 각 개최도시에 각각 150만 유로를 지원하기까지 이르렀다. 물론 재정 지원 규모가 열 배 이상으로 확대된 것은 개최도시가 운영하는 행사의 기간과 규모가 대폭 확대된 것과도 무관하지 않다. 1980년대 말까지는 1개 도시가 선정되어 2~3달 기간 동안 행사를 진행하였고, 아무리 길어도 최대 6개월을 넘기지 않았다.

그러나 1990년대부터는 1년간 행사를 개최하는 방식으로 공식적인 행사기간이 확대되었다. 이는 유럽연합이 공동체 차원에서 이 프로그램의 중요성을 점차 인식하기 시작했다는 반증이기도 하다. 뿐만 아니라, 2000년대 들어와서는 2개 도시에서 동시에 1년간 행사를 개최한다. 해마다 많은 유럽 국가도시들이 개최를 희망하고 있음을 고려한다면, 유럽문화수도 프로그램이 이제 각 회원국의 집중적인 관심을 받고 있음은 물론이고, 유럽연합 차원에서도 매우 중요한 문화정책 프로그램으로서의 위치를 점하게 된 것으로 해석할 수 있다.

③ 수천 명의 문화기관과 문화종사자들이 새로운 기술을 훈련받고 국제적으로 일할 수 있는 역량을 강화할 수 있도록 지원한다.

④ 본 프로그램 지원 사업을 통해 최소한 1억 명 이상의 시민들이 문화적 접촉을 할 수 있게 한다.

Creative Europe 프로그램은 세 가지 섹션으로 구성된다. 하나는 문화 섹션이고, 또 하나는 MEDIA 섹션이고 다른 하나는 문화 영역 간(trans-sectoral) 협력 섹션이다. 문화 섹션에는 총 5억 유로가 배정되어 있는데, 집행위원회는 추가로 2억 1,000만 유로를 더 지원할 계획이다. 이와는 별도로 6,000만 유로를 배정하여 문화 영역 간 협력 정책 및 새로운 비즈니스 모델 구축에 지원할 계획이다.

〈표 4-5〉 역대 유럽문화수도 개최지 및 개최예정지

연도	개최국	개최도시	연도	개최국	개최도시
1985	그리스	아테네	2008	영국	리버풀
1986	이탈리아	피렌체		노르웨이	스타방게르
1987	네덜란드	암스테르담	2009	오스트리아	린츠
1988	독일	서베를린		리투아니아	빌리우스
1989	프랑스	파리	2010	독일	에센
1990	영국	글래스고		헝가리	피치
1991	아일랜드	더블린		터키	이스탄불
1992	스페인	마드리드	2011	핀란드	투르크
1993	벨기에	안트워프		에스토니아	탈린
1994	포르투갈	리스본	2012	포르투갈	기마랑스
1995	룩셈부르크	룩셈부르크		슬로베니아	마리보르
1996	덴마크	코펜하겐	2013	프랑스	마르세이유
1997	그리스	데살로니카		슬로바키아	코시체
1998	스웨덴	스톡홀름	2014	스웨덴	우메아
1999	독일	바이마르		라트비아	리가
2000	벨기에	브뤼셀	2015	벨기에	몽스
	스페인	산티아고		체코	필센
	이탈리아	볼로냐	2016	스페인	산 세바스티안
	프랑스	아비뇽		폴란드	브로츠와프
	노르웨이	베르겐	2017	덴마크	오르후스
	폴란드	크라코우		사이프러스	파포스
	핀란드	헬싱키	2018	네덜란드	레이와르던
2001	체코	프라하		몰타	발레타
	포르투갈	포르토	2019	이탈리아, 불가리아	
2002	벨기에	브뤼헤	2020	크로아티아, 아일랜드, 세르비아	
	스페인	살라만	2021	루마니아, 그리스	
2003	오스트리아	그라츠	2022	리투아니아, 룩셈부르크	
2004	이탈리아	제노아	2023	헝가리, 영국	
	프랑스	릴	2024	에스토니아, 오스트리아	
2005	아일랜드	콕	2025	슬로베니아, 독일	
2006	그리스	파트라스	2026	슬로바키아, 핀란드	
2007	룩셈부르크	룩셈부르크	2027	라트비아, 포르투갈	
	루마니아	시비우	2028	체코, 프랑스	

출처: 박성훈 · 윤성원 · 김장호, 『EU 문화정책의 유럽통합에 대한 파급효과와 동아시아 통합에 대한 시사점: 유럽문화수도 프로그램의 사례연구를 중심으로』, SNU-KIEP EU센터 연구시리즈 08-03, 대외경제정책연구원, 2008, p. 41에서 인용 및 추가 보완.

4.10 교육정책

EU의 교육정책(Education Policy)은 통합 초기부터 공동체 차원에서 주목받던 정책 영역은 아니었다. 다만, 유럽통합의 목표가 경제통합에 초점을 맞추었기 때문에 성공적인 경제통합을 위한 인적 자원의 경쟁력 제고는 교육을 통해서 가능하다고 보았다. 로마조약에서 언급한 교육 관련 조항은 매우 제한적이다. 제41조에서는 농업정책을 잘 실행하기 위해 직업교육이 필요하다고 언급하였으며, 제128조에서는 단일시장 완성과 개별 회원국의 경제발전이 잘 조화되기 위해 필요하다면 EU 기구 간 합의에 의해 공동의 직업교육정책을 공동체 차원에서 실행할 수 있다고 규정하였다. 그러나 보다 심도 있는 논의가 진행된 것은 1983년 노동 및 사회 장관들과 교육장관들 간의 공동이사회에서부터였다. 이 이사회에서는 공동체 차원에서 공동의 직업훈련이 필요함을 역설하였다.[16] 그 후 집행위원회는 고용 및 사회 문제 총국(DG V)으로 하여금 직업교육을 담당하도록 하였다. 그러나 직업교육 이외의 다른 교육 분야는 여전히 논의에서 배제되었다. 공동체 차원에서 교육정책이 공식적인 정책 영역으로 등장한 것은 마스트리히트조약부터이다. 제3장 교육, 직업교육 및 청소년 장(章)에서 교육과 직업교육을 함께 다루었다. 제126조와 제127조는 각각 교육과 직업교육에 관한 공동체의 입장을 명시하고 있다:

> "공동체는 회원국별 교육의 내용과 교육제도의 구성, 그리고 문화적 · 언어적 다양성을 고려하는 한편, 회원국 간의 협력을 고양시킴으로써 교육의 질을 발전시키는 데에 기여한다"[17](EU조약 제126조).

16) Official Journal of the European Communities, "Council Resolution of 11 July 1983 concerning vocational training policies in the European Community in the 1980s," 1983.

17) 원문은 다음과 같다: "The Community shall contribute to the development of quality education by encouraging cooperation between Member States and, if necessary, by supporting and supplementing

"공동체는 회원국별 교육의 내용과 교육제도의 구성을 전적으로 존중하는 한편, 회원국별 조치를 지원하고 보충할 직업교육정책을 공동체 차원에서 실행할 것이다"[18](EU조약 제127조).

이후 1994년부터 구체적인 프로그램이 실행되었다. 크게 두 가지로 나뉘는데, 하나는 EU 국가 간 교육 · 훈련과 교류협력을 촉진하기 위한 목적인 '소크라테스(SOCRATES) 프로그램'이고, 다른 하나는 직업훈련에 초점을 맞춘 '레오나르도 다빈치(Leonardo da Vinci) 프로그램'이다. 소크라테스 프로그램은 다섯 가지 교육 프로그램을 운영하는데, 그 중에서 가장 핵심적인 프로그램은 '유럽 대학교 상호 교환 프로그램'(European Community Action Scheme for the Mobility of University Students, 보통 Erasmus Programme이라고 함)이 있다. 이는 고등교육 기관 간의 협력을 통해 학생 · 교원 교류, 커리큘럼 개발을 장려한다. 중등교육 기관을 대상으로는 Comenius 프로그램이 있다.[19] 이들 프로그램은 1999년까지 1차적으로 운영되었고(Socrates I), 이어 2000년부터 2006년까지 연장 운영되었으며(Socrates II), 2007년부터는 평생학습 프로그램(Lifelong Learning Programme: LLP)에 편입되어 2013년까지 운영되었다. 특히, Erasmus 프로그램은 EU 외 국가들과도 협력하는 에라스무스 문두스(Erasmus Mundus) 프로그램으로 확대 · 발전되었다.

2014년부터는 새로운 Erasmus+ 프로그램을 실행하고 있다. 이 프로그램은 2020년까지 학교교육, 직업교육, 청소년 활동, 스포츠에 초점을 맞추어 학교교육과 직업교육의 콘텐츠를 현실에 맞게 개편하여 청소년의 미래 고용 가능성을 높이는 데 목적을 둔다. 종전 예산의 40%를 증액하여 2014~2020년 동안 총 147억 유로를 지원

their action, while fully respecting the responsibility of the Member States for the content of teaching and the organization of education systems and their cultural and linguistic diversity."

18) 원문은 다음과 같다: "The Community shall implement a vocational training policy which shall support and supplement the action of the Member States, while fully respecting the responsibility of the Member States for the content and organization of vocational training."

19) 그 밖에 Grundtvig programme(성인교육), Lingua programme(언어교육), Minerva programme(IT 기술교육) 등이 있다.

에우리디케 네트워크

유럽연합은 현재 평생학습 프로그램(Lifelong Learning Programme)의 일환으로 에우리디케 네트워크(Eurydice network) 구축을 추진 중이다. 이 네트워크는 유럽 국가들의 교육 시스템과 정책에 대한 정보를 공유하고 유럽 교육 시스템에 대한 공동의 이슈에 관해 연구를 수행함으로써 유럽 차원의 협력을 강화하고 지원한다. 참가국들은 EU 회원국 28개국과 마케도니아, 아이슬란드, 몬테네그로, 세르비아, 터키, 리히텐슈타인, 노르웨이, 스위스의 36개국이다.

이 네트워크는 1980년에 처음 구축된 이래, 교육 분야에 있어 집행위원회와 회원국이 설립한 가장 전략적 유럽 협력 메커니즘이 되었고, 2007년에는 EU의 실천 프로그램인 평생학습 프로그램에 편입되었다. 초국경적 협력을 강화하는 프로그램으로 유럽 차원에서의 교육협력과 정책 개발을 목적으로 하고 있다.

출처: European Commission, EACEA(http://eacea.ec.europa.eu/education/eurydice/index_en.php).

하며, 400만 명 이상에게 유학 또는 훈련의 목적으로 해외에 체류할 수 있는 기회를 제공할 계획이며, 이를 위해 외국 기관과의 협력을 더욱 강화할 예정이다. 또한 스포츠를 처음으로 Erasmus+에 도입함으로써 승부조작, 약물 복용, 폭력, 인종차별과 같은 초국가적 문제에도 대응하고자 한다. 기존의 평생학습 프로그램 하에 운영되어 온 프로그램들은 모두 Erasmus+ 프로그램에 편입되어 운영된다.

05 EU의 정치협력과 사회적 차원

NORGE
SVERIGE
SUOMI
FINLAND
EESTI
LATVIJA
LIETUVA
DANMARK
UNITED
KINGDOM
IRELAND
ÉIRE
NEDERLAND
DEUTSCHLAND
BELGIQUE
LUXEMBOURG
POLSKA
BELARUS
RUSSIJA
UKRAÏNA
ČESKÁ
REPUBLIKA
SLOVENSKO
FRANCE
SUISSE
SCHWEIZ
SVIZZERA
ÖSTERREICH
MAGYARORSZÁG
MOLDOVA
ROMÂNIA
SLOVENIJA
HRVATSKA
BOSNA I
HERCEGOVINA
PORTUGAL
ANDORRA
MONACO
SAN
MARINO
SRBIJA I
CRNA GORA
BĂLGARIJA
ESPAÑA
ITALIA
SHQIPËRIA
TÜRKIYE
ELLADA
MALTA
KIBRIS
SOURIYA

5.1 EU의 정치협력[1)]

5.1.1 머리말

유럽통합의 과정에서 형성된 EU는 미국, 일본과 함께 세계 정치 · 경제 질서의 한 중심축을 이루며 국제 관계에서 막대한 정치 · 경제적 영향력을 발휘하여 왔다. EU는 지역통합의 결과물로 구성된 일종의 국제기구적 성격을 지니지만, 동시에 기존의 국가가 지니고 있었던 많은 특성을 함께 공유하고 있어 이의 성격을 명확히 규정하기 어려워 이에 대한 논의가 활발히 이루어져 왔다. EU는 일반적으로 한 국가의 대내외적 주권에 대한 규정이 없으며, 또한 소속 국민을 통제 · 동원할 수 있는 법적 근거나 제도적 장치가 없다는 의미에서 유럽 차원에서 단일국가의 역할을 담당하고 있다고 보기는 어렵다. 그러나 동시에 EU는 기존의 국제기구가 행사하였던 일반적 권한을 훨씬 넘어서는 범위에서 정책을 수립 · 적용하며 회원국 국민의 일상생활에까지 많은 영향을 미치고 있다는 면에서, 단순한 국제적 조직체 이상의 기능을 담당하고 있는 것 또한 사실이다. 따라서 현재 EU는 특정 정책에 연관된 분야에서 국가주권의 일부를 회원국들로부터 이양받아 일반적인 국제적 조직체의 역할 범주를 넘어선 정치적 권한을 행사하고 있어, 국가와 국제기구 사이에 위치하며 특정 시기의 국제정치 · 경제적 역학 관계의 변화에 따라 그 기능과 권한을 확대시켜 온 것으로 이해될 수 있다.[2)]

1) 이 장(章) 5.1은 이종원 · 황기식, 『EU 27: 유럽통합의 이해』, 해남, 2008에 방청록 교수(한동대학교 국제어문학부)가 기고한 글을 부분 편집 및 수정하여 게재한 것이다.

2) John McCormick, *The European Union: Politics and Policies*, Oxford: Westview Press, 1996, pp. 86~89.

5.1.2 유럽의 정치적 통합과 유럽 정치협력

EU가 국제 관계상 점차로 중요한 위치를 차지하는 정치 · 경제적 공동체로 자리매김하여 왔음에도, 외교와 안보를 포괄하는 정치적 통합에 관한 논의는 EU의 발전 과정에서 중심적 역할을 담당하지는 못하였다. 실제로 1957년에 체결되어 유럽경제공동체(EEC)와 유럽원자력공동체(Euratom)의 창설을 명시하였던 로마조약에는 EEC의 활동에 관한 규정에서 공동의 외교정책에 관련한 조항이 없다. 당시 유럽의 통합이 경제논리를 중심으로 하여 이루어져 왔기 때문에, 정치 부문에서는 다만 공동경제정책의 실행과 더불어 이와 연관된 영역에서의 회원국 간의 정치적 협력을 유도하는 이른바 확산효과(spillover effect)의 결과로 유럽 내 정치적 통합 수준을 높일 수 있을 것으로 기대되어 왔을 뿐이었다. 예를 들어, 1968년에 이르러 유럽공동체 회원국이 마침내 관세동맹의 결성이라는 임무를 완수함으로써, 이후부터 회원국 간 내부 교역에 부과되던 관세가 철폐되는 동시에 대외교역상에는 공동대외관세(common external tariff: CET)를 적용하게 되었다. 이에 따라 관세동맹에 참여하는 국가는 그 동안 대외 관계에서 개별적으로 행사하여 왔던 경제주권의 일부를 유럽 차원으로 이양하게 되었고, 이 결과 관련된 분야에서 회원국 간 정치적 협의와 협력을 유도할 수 있었던 것이다. 이와 같은 배경 하에서 1958년에 EEC가 형성되었고, 이어 1968년에는 회원국 간 관세동맹이 결성되었으며, 1993년에는 마침내 유럽 내 단일시장이 완성되는 등 경제적 영역에서의 유럽 사회의 통합은 꾸준히 진행되어 왔다.

이에 반하여 정치적인 영역에서의 유럽 국가 간 협력은 좀더 높은 수준에서의 정치통합을 이루기 위한 지속적인 노력에도 불구하고, 회원국이 외교 · 안보 분야에 대하여 각기 상이한 입장을 견지하여 온 이유로 이에 상응하는 결실을 맺지는 못하여 왔다. 특히, 유럽의 공동방위를 목적으로 추진되어 온 유럽방위공동체(European Defence Community: EDC)의 건설계획이 1954년 8월 프랑스 의회의 반대로 무산된 이후, 유럽 차원에서 정치적 통합을 이룩하려는 노력은 큰 진전을 보지 못한 채 유럽의 통합을 위한 중심적 논의 과정에서 배제되어 왔었다. 이에 따라 EU는 경제통합의 진전에 걸맞는 수준에서의 정치통합을 이끌어 내지 못하여, 결국 유럽 국가 간 외교정책에 관한 긴밀한 협력은 기초적인 수준에 머무르게 되었다.

그러나 1970년대에 들어서면서 EU 회원국은 국제정치상 중대한 문제가 발생하였을 경우 유럽 차원에서 회원국 상호간의 입장을 조율하고, 이를 통하여 대외 관계에서 유럽 국가의 입지를 강화시키고자 노력하게 된다. 1969년 12월 헤이그에서 열린 유럽공동체 정상회담을 통하여 회원국은 정치 · 외교 분야에서 협력을 증대시킬 수 있는 방안을 마련하여야 한다는 점에 공감하였고, 이는 유럽 국가 간 정치협력을 촉구하게 되는 중요한 계기가 되었다. 1970년 다비뇽(Étienne Davignon, 前 벨기에 외무부 관료이자 집행위원회 부위원장)은 이사회에 제출된 보고서를 통하여 국제 관계상 중요한 사안에 관하여 회원국이 정기적인 협의와 정보 교환을 통하여 상호간 이해를 증진하고, 필요하다고 여겨지는 경우에는 특정 사안에 대해 유럽 국가 간 협력을 강화하고 공동대응 방안을 추구할 수 있는 제도적 장치가 마련되어야 한다고 주장하였다.

1970년 10월 EU의 이사회는 다비뇽보고서를 채택하였고, 이에 따라 외교정책 분야에서 회원국 상호간의 사전협의를 제도화하고 정치협력을 강화할 목적으로 유럽정치협력체(European Political Cooperation)를 구성하게 되었다. 유럽정치협력체의 출범과 더불어 비로소 유럽공동체 회원국은 정치 · 외교 부문에서 상호 협력을 추구할 수 있는 제도적 절차를 갖추게 된 것이다. 유럽의 정치협력은 1970년 중동에 관한 유럽공동체의 공동선언과 야운데협약(Yaoundé Convention)의 조인 등 제한된 영역에서 소기의 성과를 거둘 수 있었다. 그러나 유럽정치협력체의 구성이 공동체의 조약에 의해 규정되지 않았기 때문에 회원국 간 정치적 협력은 유럽공동체의 범주 안에서 이루어지지 않았고, 또한 이러한 제도적 절차에 따라 이루어진 협의 내용이 공동체 차원에서 아무런 법적 구속력을 지니지 않으므로, 정치협력은 외교 부문에서의 회원국 간 관행적 협의 수준을 벗어나지는 못하였다.

1975년 12월에 제출된 틴더만보고서(Tindermans Report)는 유럽의 정치협력이 지니는 한계를 극복하고 유럽공동체의 대외 관계에서 일관성 있는 경제 · 정치정책을 추구하기 위해서는 가중다수결원칙에 의사결정의 기반을 두는 공동의 외교정책이 마련되어야 한다고 제안하였다. 그러나 회원국은 자국의 외교정책이 다른 유럽 국가에 의해 간섭받는다거나 전체의 논리에 의해 자국의 이해 관계가 무시되는 상황을 원하지 않았기에 틴더만에 의해 제안된 '급진적'인 개혁안은 받아들여지지 않았다. 결과적으로 회원국 간의 정치협력은 여전히 공동체 이외의 비공식적인 채널을 통하여 이루어져 왔으며, 이로 인해 유럽 국가들이 중요한 국제 문제에 대해 조화된 공식 입장을 유지하기에는 많은 어려움이 존재하였다.

그러나 유럽 차원에서 정치적인 통합을 이끌어 내려는 노력은 이후에도 계속적으로 이어져, 1984년 유럽의회의 제도분과위원회에 의해 제출되어 유럽의회에 의해 독자적으로 채택되었던 EU조약 초안(일명 '스피넬리(Spinelli)계획')과 1985년 유럽이사회에 제출되었던 두주보고서(Dooge Report) 역시 정치와 외교 부문에서 유럽 국가 간 협력의 증진 방안을 제안하는 등 유럽공동체 차원에서의 전반적인 제도 개혁을 요구하였다. 특히, 두주보고서는 정치적 통합이 한 단계 더 진전된 EU의 창설을 목적으로 입법에 관한 유럽의회의 역할과 권한을 더욱 강화하고, 유럽이사회에 전략적 역할을 부여하며, 이사회의 정책 결정 과정에서 가중다수결의 원칙을 대폭 도입하고, 유럽법원의 권한을 증대시키며, '시민의 유럽'을 건설하기 위해 '국경검문의 철폐'와 같은 상징적인 조치를 취할 것을 제안하는 등 구체적인 제도 개혁의 방안을 폭넓게 제시하였다.

이와 같은 스피넬리계획과 두주보고서는 실제로 1987년에 발효된 단일유럽의정서(Single European Act: SEA)의 효시를 이루며, 유럽의 정치통합 수준을 한층 더 높이는 데 크게 기여하였다. 특히, 단일유럽의정서는 유럽 단일시장의 계획과 정책 결정에 관련된 제도적 절차의 변화와 더불어, 외교정책 분야에서 기존의 유럽정치협력체를 대체하며, 회원국 간 더욱 긴밀한 외교적 협력 방안을 강구할 것을 촉구하고 있다. 이로써 공동체 내에서 아무런 법적 권한을 지니지 못하던 유럽정치협력체가 유럽법상 제도화된 기구로 존재하게 되어 유럽 국가의 외교정책을 협의하는 과정에서 한층 드높아진 정치적 권한을 가지게 된 것이었다. 그러나 SEA 역시 외교정책 영역에서 회원국 간의 긴밀한 협조를 권고하는 수준에 머물렀을 뿐 구체적 정책의 내용을 담고 있지는 않아, 유럽 차원에서 공동외교안보정책(CFSP)을 수립하고 적용하기에는 여전히 많은 한계점을 지니고 있었다.

이후에도 유럽 차원에서 정치통합을 가속화시키고자 하는 노력은 계속되었다. 정치적 통합에 관한 논의가 마침내 1984년 프랑스의 퐁텐블로(Fontainebleau)에서 개최되었던 EU 정상회담의 주요 의제로 채택된 이후, 1985년 6월에 열린 밀라노 정상회담의 결과 정치적 통합을 위한 정부 간 회의(Inter-Governmental Conference: IGC)를 개최할 것에 대한 결의로 이어졌고, 이는 1991년 말 유럽의 정상이 네덜란드의 마스트리히트에서 EU의 공동외교 · 안보정책을 채택하는 직접적인 계기가 되었다.

5.1.3 마스트리히트조약의 체결과 공동외교 · 안보정책

유럽의 정치통합은 1991년 마스트리히트조약의 체결과 더불어 한층 더 발전된 수준에서 진행되었다. 마스트리히트조약, 즉 EU조약은 공동외교 · 안보정책에 관한 규정을 포함함으로써 EU가 제한적으로나마 외교 · 안보 부문에 관한 고유의 법적 권한과 기능을 지니게 되었다. 마스트리히트조약의 제J-4조 제1항에 따르면, EU의 공동외교 · 안보정책은 궁극적으로 이루어질 '공동방위정책'의 제정을 비롯한 유럽 안보에 관련된 모든 문제를 포함하고 있었다. 이로써 그 동안 경제 중심으로 이루어져 온 EU 회원국 간의 정책적 통합이 '공동방위'에 대한 고려와 더불어 외교와 안보에 연관된 분야로 확대되는 근거를 가지게 된 것이었다.

더욱이 제J-4조 제2항은 EU의 방위에 관련한 정책의 결정과 그에 따른 군사적 행동사항을 고안하고, 실행할 권한을 서유럽동맹(Western European Union: WEU)에게 부여하였다. WEU는 1948년 유럽 국가가 방위와 안보 부문에서 협력을 강화할 목적으로 구성한 기구로 그 간 유럽의 10개국을 중심으로 하여 독자적으로 유럽 방위에 관련된 문제를 담당하여 왔다.[3] 그러나 마스트리히트조약에 의하여 WEU가 EU의 군사적 역할을 담당하게 되면서, 독자적인 두 기구가 공식적으로 관련을 맺게 되었을 뿐 아니라, 유럽의 외교와 안보에 관한 회원국 간의 상충되는 정책적 입장을 조정할 수 있는 제도적인 장치를 마련하였다. 이에 따라 WEU는 NATO에 의해 제시되는 공동 방위정책과 양립하는 한에서 EU의 안보와 방위를 위한 공동정책을 결정하고 이를 이행할 임무를 담당하게 된 것이었다.

또한 1999년 1월 암스테르담조약의 발효에 따라 EU의 공동외교 · 안보정책은 새로운 정책 수단을 보유하게 되었다. 우선 EU의 대외 관계에서 중요한 의미를 지니는 정책 분야에 대해서는 EU 차원에서 공동전략(common strategies)을 채택할 수 있게 되었다. 공동전략은 EU의 대외 관계가 정치 · 경제 분야 등에서 일관성을 지닌 정책을 추구하기 위한 목적에서 수립되며, 일단 공동전략 채택이 결정될 경우 EU는 공동조치(joint action), 공동입장(common position), 그리고 여타 정책 수단 등을 통하여 이행할 수 있다. 여기서 공동조치는 EU 차원에서 채택되어 실제 적용되는 정책적 조치를 의미하며, 공동입장은 국제 관계상의 특정 상황 또는 사안에 대한 EU 차원의 공동입장을 취하기로 결정하는 것을 의미한다. 결국 암스테르담조약의 발효에 따라 EU의 외교 · 안보정책은 한층 더 높은 수준으로 발전하게 되었음을 알 수 있었다.

그럼에도 불구하고 EU의 공동외교 · 안보정책은 여전히 그 규정의 모호함으로 인하여 이전에 존속하여 온 EPC와 비교하여 실제 적용상 큰 차별성을 보이지는 않았다. 현재 EU의 공동외교 · 안보정책은 회원국 모두에게 법적 구속력을 지니는 공동정책을 실제로 채택하여 시행하기보다는 외교와 안보 분야에 관련된 주요 사안에 대하여 유럽의 국가가 상호간 협의와 정책적 협력을 증진하여 서로에 대한 이해를 높이는 것으로 그 역할을 다하고 있었다.[4] 다시 말하여, 공동외교 · 안보정책은

3) EU 회원국 중 오스트리아, 덴마크, 핀란드, 아일랜드 그리고 스웨덴은 옵서버의 자격으로 WEU에 참가하였고, NATO의 회원국이면서 EU에 가입하지 않은 아이슬란드, 노르웨이, 터키는 준회원 자격으로 참여하였다. 냉전 종식 후부터 WEU의 임무와 기구는 EU의 공동안보방위정책(Common Security and Defence Policy)으로 조금씩 이전되어 왔다. 2009년 리스본조약에서 WEU의 상호 방위규정이 회원국 간의 연대 조항(Solidarity Clause)으로 편입되면서 이전 과정이 마무리되었다. 2011년 6월 30일자로 WEU는 공식적으로 종료되었다.

단지 유럽 국가 사이에 보다 강화된 정치협력을 촉구하는 역할을 담당하여 왔다고 볼 수 있다. 이에 따라 공동외교 · 안보정책의 수립과 적용 결과 회원국 간의 공동행동을 요구하는 구체적인 정책대안이 채택되기보다는 다소 상징적인 의미를 지니는 선언적인 조치가 취해지는 경우가 많았음이 사실이었다.

외교와 안보에 관련된 구체적인 정책 수립은 유럽이사회가 제시하는 전반적인 정책의 틀과 원칙에 의거하여 EU의 의장국과 집행위원회가 정책에 관한 제안을 하게 되었고, 이에 대하여 이사회는 공동조치가 적용되는 범위, 정책 실행을 위한 조건 및 수단, 이를 위한 절차 등에 관한 결정을 내리게 되었다. 이와 같은 의사결정 과정에서 이사회는 정책 수립의 원칙에 해당되는 영역에 대하여는 일반적으로 만장일치제를 통해 최종 결정을 내렸다. 그러나 회원국이 특정 사안에 대하여 공통의 이해 관계(common interests)를 지니고 있다고 판단될 경우 공동전략(common strategies)을 취할 것을 결의할 수 있었으며, 이에 관련된 정책은 가중다수결제도에 의하여 결정할 수 있도록 규정하고 있어 외교와 안보 분야에서 기존의 정책 결정 방식과 비추어 볼 때 제도상의 큰 변화가 있었다.

그러나 가중다수결제도가 적용될 수 있는 영역이 구체적으로 명시되어 있지 않은 까닭에, 실제로 관련 정책을 결정하는 과정에서는 회원국 간의 전반적인 합의, 즉 만장일치제에 기초하여 EU의 정책적 입장을 결정하는 경우가 많아 위의 규정이 실제로 큰 효력을 발휘하고 있지는 못하였다. 이는 다수의 회원국이 외교와 안보 문제에 관해 상이한 이해 관계를 가지고 있을 뿐만 아니라, 국가주권에 심대한 영향을 미칠 수 있는 정책 입안과 결정 권한은 여전히 개별 국가가 지니고 있어야 한다고 주장하여 왔고, 또한 정책의 결정 과정에서 소수국의 의견이 무시될 수 있는 가중다수결의 방법보다는 자국의 이해가 최대한으로 반영 · 보호될 수 있는 '상호간 합의' 과정을 더 선호하여 왔기 때문이었다.

4) Peter van Ham, "The EU and WEU: From Cooperation to Common Defence?," in Geoffrey Edwards and Alfred Pijpers(eds.), *The Politics of European Treaty Reform: The 1996 Intergovernmental Conference and Beyond*, London: Pinter, 1997, pp. 306~309.

EU는 대내외의 다양한 정책 영역에 관한 협력을 더욱 확대해야 하는 시점에 있었다. 암스테르담조약의 체결에 따라 1999년 공동외교 · 안보정책을 담당하는 고위대표(High Represent for Common Foreign Security Policy)가 임명된 바 있으며, 9.11테러 이후 변화된 안보환경에 대응하여 2003년 EU의 안보독트린인 유럽안보전략(European Security Policy)을 채택하였음은 큰 진전이 있었다는 것을 의미하였다. 더욱이 그 동안 EU는 대내적으로 유럽 시민들의 이동의 자유와 국경을 넘는 범죄로부터 보호받을 권리를 보장하였으며, 사법협력을 더욱 확대하기 위한 노력을 지속해 왔다. 이러한 노력은 EU 차원의 내무 · 사법 협력(Justice and Home Affairs Cooperation)의 확대로 발전하여, 내무 및 사법 분야에 관한 회원국 간 정치적 협력 역시 강화되어 왔다. 다만, 이처럼 다양한 대내외적 정책 분야에 대한 EU 차원의 협력이 강화되어 왔음에도 불구하고, 회원국들은 자국의 주권을 보호하기 위해 협력에 적극적으로 나서지 않는 경향을 보였다는 점은 여전히 한계로 남았다.

이와 같은 자국 이익에 대한 우선적 추구는 국제적 분쟁과 같이 외교 · 안보상 중대한 상황이 발생하였던 경우에도 EU의 회원국들이 공동의 입장을 수렴하여 적절히 대응하지 못해 온 근본적인 이유가 되어 왔다. 걸프전이나 유고슬라비아 내전, 이라크전쟁 등과 같은 국제 문제를 접하면서도 유럽 차원에서 일관된 정책을 수립할 수 없었던 전례를 통하여도 알 수 있듯이, EU가 최근에 이르기까지 공동외교 · 안보정책의 일환으로 채택 · 시행하여 온 공동조치는 유고 사태를 포함한 극히 제한된 영역에 국한하여 적용되었으며, 그나마 회원국들로부터 공동의 행동 방안을 결집시켜 낼 역량을 갖추지 못한 채 단지 선언적인 의미로 채택된 경우가 많았다.[5]

5) Stelios Stavridis, "The Common Foreign and Security Policy of the European Union: Why Institutional Arrangements Are Not Enough," in S. Stavridis, E. Mossialos, R. Morgan, and H. Machin, *New Challenges to the European Union: Policies and Policy-Making*, Aldershot: Dartmouth, 1997, pp. 89~91.

5.1.4 맺음말

이상에서 논의된 바와 같이, 유럽 차원에서 이루어지는 정치적 통합이 중요한 의미를 지니고 있음에도 불구하고 유럽의 통합 과정에서 중심적인 위치를 차지하지는 못하여 왔다. 이는 유럽 국가가 국제 관계에서 서로 다른 이해 관계를 지니고 있을 뿐만 아니라 동시에 자국에 고유한 정치 · 외교 주권이 타국에 의해 침해당하는 상황을 원하지 않기 때문이었다. 그러나 이상에서도 알 수 있듯이 EU는 정치적 영역에서도 꾸준히 회원국 간 협력을 강화시켜 왔다. 또한 유럽경제통화동맹이 실현되어 유럽 시장 내에서 단일화폐가 유통되고, 사회정책의 범주가 더욱 확대 적용될 경우 EU 회원국은 결국 한 차원 더 진보된 영역에서의 정치적 협력을 요구받게 될 것이었다. 그리고 이후에 계속적으로 이어질 공동외교 · 안보정책에 대한 보완과 개혁은 마침내 유럽의 정치적 통합을 가속화시킬 수 있을 것으로 예상되었다.

유럽의 통합 과정이 종국에 이르러 연방제적 성격을 지니는 유럽의 통합체를 형성할 것인지, 또는 정부 간 협력을 중심으로 하는 국제기구적 성격을 유지하는 선에서 공동정책의 적용 범위를 확대시켜 나갈 것인지에 대한 논의는 계속되어 왔다. 즉, 기존의 논의는 EU가 '초국가적 존재'로 발전할 것인지, 아니면 현재의 통합 수준을 유지하며 국가 간 협력을 확대할 것인지에 대한 것이었다. 그러나 유럽의 통합 과정은 이미 완성된 정태적인 그 무엇이 아니라, 현재에도 역동적으로 변화 · 발전해 가는 과정으로 이해되어야만 한다. 유럽의 통합은 초기의 '유럽경제공동체'로부터 현재의 '회원국 간의 보다 더 긴밀한 연합체'(an ever closer union)인 EU에 이르기까지 점진적인 발전 과정을 통하여 이루어져 왔으며, 또한 미래에도 각 시기의 정치 · 경제적 역학 관계의 변화에 따라 그 통합 형태와 수준을 달리할 것이다.

5.2 EU의 사회적 차원

5.2.1 로마조약과 사회정책

로마조약 제2조는 "경제 활동의 조화로운 발전, 지속적이고 균형 있는 신장, 안정의 증대, 생활 수준의 가속화된 향상 등" 유럽공동체가 추구하는 목표를 명기하고 있다.

유럽공동체의 주된 관심사는 경제적 이익의 확대이지만, 제2조의 내용을 분석해 보면 사회적 측면이 경제적 측면과 밀접하게 관련되어 있음을 알 수 있다. 통합 이익의 배분과 사회 서비스 등은 1차적으로 회원국에게 맡겨져 있다. 그러나 장기적으로 보면 조화(harmonisation)에 영향을 주므로 공동체 차원의 조치가 필요하다고 하겠다.

로마조약에 나타난 사회정책 중 가장 중요한 내용은 요소이동에 관한 사항이었다. 공동시장은 개념상 관세동맹과는 달리 노동이동의 자유를 보장한다.[6] 제48조는 국적에 관계없이 공동체 내에서 자유롭게 취업할 수 있으며, 보수 및 근로 조건에서 차별 철폐를 명시하였다. 계속해서 제52조는 "한 회원국의 시민이 다른 회원국에서 기업 설립을 자유롭게 하는 데 따른 장애요인을 과도기간 동안 제거한다"라고 규정하였다. 기업 설립의 자유는 자회사, 지점, 지사, 대리점 등의 형태를 통해 다른 회원국에서의 사업 활동을 자유롭게 영위할 수 있도록 한다. 법인뿐만 아니라 개인업주의 영업 활동과 개인서비스업을 경영하는 사람도 역내 다른 회원국에서 영업 활동을 자유롭게 할 수 있도록 보장하는 데에 그 취지가 있다고 하겠다.

둘째는 사회 개선과 사회 조화에 관련된 조항인데, 이것은 제117조에서 제122조

6) 공공행정 부문은 예외로 인정된다. 또한 이동의 자유는 공공안전과 공공안보 그리고 공공보건인 경우 제한될 수 있다.

〈표 5-1〉 로마조약(1957년)에 나타난 주요 사회 조항

구분	내용
의무조항	① 100조는 회원국 국내법과 규정 그리고 행정조치가 공동시장의 설치 또는 기능에 직접 영향을 주는 항목의 접근화를 허용한다. ② 근로자 이동의 자유(제48~49조) ③ 이민 근로자의 사회보장(제51조) ④ 자영기업 설립의 자유(제52~58조) ⑤ 남녀 근로자의 동등한 보수(제119조) ⑥ 유럽사회기금(제123~128조)
임의조항	① 생활 수준, 근로조건 그리고 기타 사회 분야 일반(제117~118조) ② 유급휴가제도(제120조) ③ 공동직업훈련정책(제128조) 기타 공동농업정책(Title II)과 공동운송정책(Title IV)에 관련된 사회 조항 등이 있다.

까지에 명시되어 있었다. 제117조는 생활 수준 향상과 근로조건 향상을, 제118조는 고용, 노동법과 근로조건, 기초 및 고급 직업훈련, 사회보장, 직업병 및 사고예방, 직업위생, 그리고 교섭권과 단체협상권 등에 관한 사회요소를 언급하면서, 이것들이 포상과 같은 속도로 조화되는 것이 바람직하다고 하였다. 제119조는 급여에 대한 남녀평등을, 제120조는 유급휴가제도를 언급하였다.

셋째는 유럽사회기금(European Social Fund)에 관한 내용이다. 제123조는 "사회기금의 최종 목표는 지리적 직업별 노동이동을 증대시킴으로써, 공동시장에서 근로자의 고용 가능성을 개선시키고, 이에 따른 근로자의 생활 수준을 향상시키는 데 있다"고 언급하였었다. 사회기금은 회원국이 실업근로자의 직업훈련과 재취업을 위해 또는 기업이 사업을 전환할 때, 근로자 보호를 위해 경비를 지출하는 경우 회원국의 요청에 따라 경비의 50%를 부담하도록 되어 있었다.

5.2.2 단일유럽의정서(SEA)의 사회적 측면

1980년대 후반 역내 단일시장을 완성하기 위한 노력은 공동체 사회정책의 새로운 시작을 의미하였다. SEA 제130A조는 “공동체 전체의 조화로운 발전을 위해서, 공동체는 경제 · 사회적 결속 강화를 유도하는 조치를 진전 · 추구한다”고 명시하였다. 제118A조는 “회원국들은 근로자의 건강 · 안전 등 근로 환경의 개선을 고무하는 데 각별히 주의할 것이며, 개선 노력을 계속하는 한편, 개선의 목표를 이 분야 조건의 조화에 둘 것이다”라고 언급하였다. 이러한 목적을 위해 각료이사회는 종래와 같은 만장일치제가 아니라 가중다수결에 의해 지침을 채택하였다.

1988년 6월 하노버 유럽이사회에서 각국 정상은 ‘역내 시장 완성의 사회적 측면’에 대한 중요성을 강조하였다. 즉, 역내 시장의 완성은 모든 시민에게 혜택을 주어야 하며, 근로조건과 생활, 보건 및 안전보호 수준을 개선할 필요가 있으며, 직업훈련, 정보, 자문, 경영과 노동 간의 대화 등을 접근시킬 필요가 있다는 것이었다. 이와 관련하여 1988년 12월 집행위원회는 가능한 한 최고 수준의 고용 증대와 공동체 내 경제 · 사회의 결속 강화에 관한 제반 조치를 강구하였다.

한편, 1988년 2월 유럽이사회는 경제 · 사회의 결속을 위하여 1993년의 구조기금을 1987년보다 두 배 증액시킬 것에 합의하였다. 따라서 유럽사회기금은 1993년에 6억ECU를 초과할 것으로 예상되었다. 이 증액된 사회기금은 유럽지역개발기금(ERDF)과 마찬가지로 구조기금의 용도에 관한 규칙 2052/88에 따라 집행되어야 하였다.[7]

---

7) 1988년 6월 24일 각료이사회는 지역개발기금 배분을 위한 투자 우선 분야를 결의하였는데, 1989년 1월부터 시행된 기금 배분 원칙과 투자 우선순위는 다음과 같았다.
① 목표 1: 낙후 지역의 개발 촉진 및 구조조정 촉진(ERDF, ESF, EAGGF-guidance)
② 목표 2: 국경 지역이나 사양산업 지역 등지의 재개발(ERDF, ESF)
③ 목표 3: 장기 실업 해소(ESF)
④ 목표 4: 25세 이하 청소년의 고용 증진(ESF)
⑤ 목표 5a: 농림업의 구조 적응 가속화(EAGGF-guidance)
목표 5b: 농촌 지역 개발 촉진(EAGGF-guidance)
⑥ 목표 6: 스칸디나비아 북부 지역 개발 촉진

〈표 5-2〉 단일유럽의정서에 도입된 추가 사회 조항(1986년)

새로운 의무조항	① 건강, 안전, 환경보호 그리고 소비자 보호 등과 관련된 국내법의 접근화(제100A조) ② 근로 환경 및 근로자의 건강과 안전(제118A조) ③ 공동체 내 경제 · 사회적 결속(제130A~130B조까지)
새로운 임의조항	경영자와 근로자 간의 대화를 통한 합의 유도(제118B조)

언급한 규칙 2052와 세부 규정에 따라 ESF는 장기 실업대책(목표 3)과 청년취업 촉진(목표 4)에 기여하며, 안정된 고용과 취업 및 재취업을 장려하기 위한 목표 1, 2, 5b에도 지출되었다. 전자의 목적을 위해서 ESF는 각 회원국이 실시하는 고용정책을 지원하였다.

ESF는 후자에 관해서 보다 광범위하게 관여하고 있는데, 주로 후진 지역과 중소기업을 위한 신기술 도입이나 경영기술 분야의 재훈련에 지출되었다. ESF 지원의 핵심은, 양자의 경우 모두 직업훈련, 고용 증진, 자영업 창업에 대한 재정 지원이다. 뿐만 아니라 ESF는 역내 시장 완성에 대비하여 연구, 기술 지원, 회원국 간이나 지역 간 경험 교환, 그리고 공동체 차원에서 직원훈련 등을 보조하였다.

1989년 2월 집행위원회는 장기 실업과 청년취업 촉진에 대한 ESF의 개입을 위한 가이드라인을 채택하였다. 이 가이드라인은 회원국이 제출한 계획을 기초로 하여 ESF가 구조기금을 통하여 지원할 수 있는 기준을 만들어 주었다. 첫째, 장기 실업대책에 관해서인데, 안정된 직업의 창출, 자영업 창출 그리고 장기 휴직 후 노동시장에 복귀하기를 원하는 여성의 훈련 촉진 등에 우선순위를 주었다. 둘째, 청년취업 촉진에 관해서인데, 학업을 중도에 포기하는 청소년들을 위한 직업훈련, 신기술 사용을 위한 고급직업훈련, 새로 창출되는 직업에 대한 채용 보조, 그리고 자영업 활동 창출 등에 우선순위를 주었다.

5.2.3 사회헌장의 발전과 내용

단일시장의 형성이 '사회적 덤핑'(social dumping) 현상을 야기시킨다는 확산된 인식을 바탕으로 집행위원회는 이를 예방하기 위하여 사회헌장(社會憲章) 제정 작업에 착수하였다. 이에 앞서 유럽경제사회위원회(EESC)는 단일시장의 완성이 근로자의 기본적인 사회권을 약화시켜서는 안 된다고 반복적으로 주장하면서, 시장통합 노력과 병행된 사회결속 노력을 강조하였다. 1988년 경제사회위원회는 집행위원회의 위촉을 받아 '근로자의 사회 기본권에 관한 공동체헌장'(The Community Charter of the Fundamental Social Rights of Workers)을 작성하게 되었다.

근로자의 일반권리를 정의하기 위한 노력은 오래 전에 ILO, OECD 등 국제기구가 시도한 바 있다. 특히, 유럽평의회가 1961년에 채택한 유럽사회헌장(영국도 서명국임)과 1988년의 추가 프로토콜은 사회헌장 제정의 훌륭한 참고자료가 되었다. EU 차원에서도 이와 유사한 노력이 전혀 없었던 것이 아니며, 1974년 집행위원회의 사회실천계획과 같은 것이 이에 해당되었다.

기본권에 관한 공동체헌장의 초안은 1989년 6월 사회문제이사회에 처음으로 제출되어, 영국을 제외한 11개국의 환영을 받았다. 당시 영국 총리였던 대처는 '계급투쟁시대로의 회귀'라고 비난하면서 사회헌장을 '사회주의자 헌장과 유사한 것'이라고 평하였다. 따라서 나머지 11개국은 영국을 포함한 전 회원국 만장일치의 참가를 유도하기 위하여 초안을 수정하였다. 그럼에도 불구하고 1989년 12월 유럽이사회에서 영국은 이를 거부하였으며, 결국 나머지 11개국에 의해서만 이 사회헌장이 채택되었다.

이 헌장은 법적 구속력이 없는 일종의 '신사협정'(gentlemen's agreement)으로 엄숙한 선서(solemn declaration)의 성격을 가지고 있었다. 따라서 서명자는 이 헌장에 포함되어 있는 사회권을 보장한다고 도덕적 또는 정치적으로만 약속한 것이다. 사회헌장은 본질적으로 근로자의 권리를 보장하기 위한 것이지만 다른 내용들도 포함하고 있었다(〈표 5-3〉 참조).

〈표 5-3〉 사회헌장(1989년)

1. 공동체 내 일할 국가를 선택할 수 있는 권리
2. 공정한 임금을 받을 수 있는 권리
3. 개선된 생활 및 근로 조건에 대한 권리
4. 현행 국가 위주의 제도 아래서 사회보호에 대한 권리
5. 조합 결성 및 단체교섭권
6. 직업훈련을 받을 수 있는 권리
7. 남녀가 평등하게 보수를 받을 수 있는 권리
8. 정보, 상담 그리고 참여에 대한 근로자의 권리
9. 작업중 건강보호 및 안전을 보장받을 수 있는 권리
10. 청소년에 대한 보호
11. 노인에 대한 최저생활 수준 보장
12. 장애자에 대한 사회 및 직업 참여 개선

사회헌장은 공동체의 경제적 차원과 동일한 중요성을 가지는 사회적 차원을 선언한 것이다. 클라인만(Mark Kleinman)과 피아초드(David Piachaud)는 공동체 내 일관된 사회정책의 철학이 없다고 지적하였지만, 이 헌장의 조항은 EU의 경제를 강화하고 역내에서 사회적 합의를 이루어 나가자는 의도를 가지고 있었다.

5.2.4 마스트리히트조약과 사회정책

1990년 12월 로마 정상회담에서 EMU(경제통화동맹) 및 EPU(유럽정치동맹)에 관한 IGC(정부 간 회의)가 결정된 후, 1991년 1년 동안 IGC가 진행되었다. 그 결과 1991년 12월 9~10일 양일 간 네덜란드 남부의 고도(古都) 마스트리히트에서 당시의 12개국 정상은 상기 EMU와 EPU에 관한 두 조약에 합의하였다. 두 조약은 나중에 하나로 통합되어 1992년 2월 7일에 12개국 정상들이 정식으로 서명하였다. 1993년 11월부터 정식으로 발효된 TEU(EU조약, 일명 마스트리히트조약)는 SEA(1986년)에 이어 두 번째로 로

마조약(1957년)을 수정하였다.

사회적 차원에 관련된 수정은 정치동맹조약에 포함되어 있었다. 그러나 사회정책에 관한 논의는 순조롭게 진행되지 않았으며, 크게 두 가지 문제점에 직면하였었다. 첫째는 스페인을 위시한 남부 국가의 대규모 결속자금 요구였고, 둘째는 연방주의적 사고에 반대하는 영국의 사회정책에 대한 거부였다. 첫 번째 장애요인은 스페인 등 남부 국가에 대한 개발기금 증액과 이 국가들의 양보로 해결되었으나, 두 번째 요인은 영국 보수당 메이저 총리의 강력한 반대에 부딪쳐 제한적인 진전만 이루어졌다. 정상회담 직전 들로르(Jacques Delors) 집행위원장은 사회적 차원은 꼭 달성되어야 한다고 발표하였으며, 메이저 총리는 사회적 차원의 비용만을 강조해 평행선을 그었다.

그 결과 로마조약 제117~122조 사회규정(social provisions)을 대체할 예정이었던 사회적 권리에 관한 장(章)(social chapter)의 삽입계획은 무산되고 제14의정서가 '사회정책에 관한 의정서'(Protocol on Social Policy) 형식으로 채택되었다. 이 의정서 자체는 12개 회원국 모두에 의해 채택되었지만, 이 의정서에 첨부된 '사회정책에 관한 협정'(Agreement on Social Policy Concluded between the Member States of EC with the Exception of the UK)에는 영국이 서명하지 않았다. 이 사회정책협정에는 11개 회원국에 의한 두 개의 선언(declarations)이 다시 첨부되어 있었다. 의정서 전문은 "[…] 11개 회원국은 1989년의 사회헌장에 규정된 노선을 지속해 나가는 것을 희망하며, 이 목적을 위하여 그들 상호간에 한 개의 협정을 채택하여 본 의정서에 부속시킨다"고 규정하였다.

5.2.5 암스테르담조약과 사회정책

그 결과 마스트리히트조약에 사회적 권리에 관한 장(章)은 조약의 본문에 삽입되지 못하고, 그 대신 사회정책에 관한 의정서 형식으로 조약에 부속되었다. 그러나 1997년에 집권한 영국 노동당 정부는 새로운 조약 체결 이전부터 사회협정[8] 하에서의 사회 분야 각료이사회에 참가하였다. 따라서 이미 사회협정의 법적 성격에 관한 논쟁은 무의미해졌다.

이에 앞서 1996년 3월 29일 이탈리아 토리노(Torino)에서 회원국 정부 대표들이 모여 마스트리히트조약의 제도적인 모순을 해결하고자 하였다. 특히, 정부 간 회의에서는 EU 확대에 대비하고자 하였으며, 사회 문제들이 토의의 핵심을 이루었다. 이 정부 간 회의의 결과가 1997년 6월 16~17일 암스테르담 유럽이사회에 제출되었다. 동 조약은 유럽공동체 조약, 유럽석탄 · 철강공동체 및 원자력공동체 조약의 조항들과 조치들을 개정한 것으로 분량이 매우 많은 자료였다.[9] 특히, 영국이 사회정책에 관한 의정서와 협정에 가입함으로써 이것들이 동 조약 본문(사회정책, 교육, 훈련 및 청소년)에 실리게 되었다. 결국 1997년 10월 2일 외무장관들이 암스테르담에서 동 조약에 서명하게 되었다. 동 조약은 프랑스의 비준을 끝으로 마치고 1999년 5월 1일 발효되었는데, 일반적으로 많은 기여를 한 것으로 평가된다. 기본권 위상 강화, 사회정책 분야에 영국 참여, 공동결정 절차의 확대와 간소화, 외교정책에서의 행동 수단 강화, 사법 분야에서의 협력, 강화된 협력 설정 등이다. 특히, 암스테르담조약은 영국이 EU의 사회정책에 참여하였다는 점과 기존의 사회헌장(1961년의 유럽사회헌장과 1989년 근로자 기본 사회권 공동체헌장)을 참고하였다는 점이 특징이라고 할 수 있다.[10]

사회정책에 관한 협정과 같은 내용들이 암스테르담조약 제136~148조(EU조약 제117~125조)에 규정되었으며, 이후 EU 15개국에게 모두 적용되었다. 이 조항들을 정리하면 다음과 같다.

마스트리히트조약의 개정판인 암스테르담조약에 EU의 고용창출 방안이 새롭게 들어 있는데, 이러한 목적을 달성하기 위하여 새로운 조약에는 고용에 대한 회원국의 1차적인 책임을 확인하는 동시에 EU 차원의 공동대처 방안을 강구할 것을 규

8) 사회정책에 관한 협정(Agreement on Social Policy Concluded between the Member States of EC with the Exception of UK)은 사회정책에 관한 의정서(Protocol on Social Policy)에 첨부되어 있다.

9) 암스테르담조약을 일컬어 '1만km의 개정'이라고 할 정도로 수정 부분이 많았다. 그럼에도 불구하고 제도개혁에 관한 문제들을 해결하지 못하여, 후속 니스조약의 체결 여지를 남겨 놓았다.

10) 임문영, 『유럽연합의 사회정책』, 계명대학교 출판부, 2003, pp. 55~56.

〈표 5-4〉 사회정책의 주요 내용(암스테르담조약)

제136조:	사회적 조치들의 기본 목표 설정: 유럽사회헌장과 근로자 기본 사회권 공동체헌장의 정신계승과 인적 자원 개발
제137조:	목표 달성을 위한 회원국 활동 지원, 만장일치제에 부칠 사항(제3항), 사회적 파트너(제4항)
제138조:	사회적 대화 활동/자문 의무화(위원회)
제139조:	사회적 파트너 간의 대화의 협정교류 가능성
제140조:	위원회와 회원국 간의 협력 강화
제141조:	남녀보수 동등 적용
제142조:	유급휴가제 유지
제143조:	위원회 연차보고서 작성 의무화
제144조:	이사회의 공동조치 수행에 관한 기능조치
제145조:	위원회의 연차보고서에 사회적 장치 의무화
제146~148조:	유럽사회기금

정하고 있다.[11] 동 조약은 고용에 관한 장(제125~130조)을 신설하였다.

이 고용 조항의 내용은 다음 몇 가지 중요한 항목을 포함하였다.[12]

① 유럽연합은 높은 고용 수준을 목표로 정하였다. 이 목표는 성장과 안정이라는 거시경제적 목표만큼 중요하였다.

② 고용은 유럽연합의 공동관심사이다. 유럽연합은 그 바탕 위에 유럽공동체 차원의 조정된 고용전략을 수립할 수 있는 법적 근거를 마련하였다.

③ 회원국들과 공동체는 잘 조정된 고용전략과 함께 숙련되고 잘 훈련된 노동력을 발전시키며, 노동시장이 경제적 변화에 반응을 보일 수 있는 공동의 전략을 마련해야만 하였다.

④ 암스테르담조약 제127조는 모든 공동체정책의 고용 영향을 고려해야 하는 것을 요구하고 있었다. 따라서 이 조약은 고용정책을 다른 경제정책과 대등

11) 이종원, 『EU론(개정판)』, 도서출판 해남, 2001, p. 265.

12) 민문홍, 「유럽연합의 노동·사회정책 패러다임 변화에 관한 연구 – 1990년대 이후 고용 및 사회통합정책을 중심으로」, 2002년도 학술진흥재단 기초학문분야 '동아시아의 로칼리즘, 내셔날리즘, 리저널리즘'에서의 발표논문, 서울대학교 국제대학원·현대일본학회, 2003. 5. 17, p. 138.

하게 여기는 원칙을 포함하였다. 이 조약의 제28조에 의거해서 유럽공동체는 개별 국가적 차원의 감시절차를 위한 틀을 만들었다. 즉, 회원국의 고용정책들은 위원회와 평의회가 공동으로 간행하는 매년 발간되는 공동보고서에 의해 검토되었다. 그 밖에 위원회는 회원국을 위한 각 해의 고용지침을 제안하고 각료이사회는 이것을 채택하였다. 그리고 이것을 기반으로 각 회원국은 고용을 위한 국가실천계획을 개발하였다.

⑤ 이 조약 제130조는 영속적이고 헌법적 기반을 갖는 제도적 기구를 만들었다. 이 위원회는 유럽 수준에서의 가시적이고 지속적이며 투명한 고용과 다른 구조적 정책에 대한 논의를 가능하게 하였다.

⑥ 이 조약 제129조는 분석과 연구와 좋은 관행을 교환할 수 있는 법적 기반을 마련하였다. 그리고 고용을 위한 동기부여적 방책들을 촉진시켰다.

⑦ 가중다수결제도에 의한 결정을 가능하게 함으로써 특정 국가가 유럽과 그 시민들 전체에 필요한 중요한 결정사항이나 권고안을 방해하는 것을 예방하였다.

암스테르담조약을 법적 근거로 하여 1997년 11월 룩셈부르크 고용특별정상회의는 고용전략을 위한 '룩셈부르크 절차'(Luxembourg Process)를 결정하였다. 동 정상회의에서는 고용정책을 위한 공동의 목표와 구체적 대상 집단을 확립하기 위한 회원국들의 참여를 의무화한 실천의 틀을 만들어 냈다. 이어 2000년 3월 리스본에서 각료이사회를 열어 향후 10년간의 몇 가지 고용전략을 확립하였다. 2002년 3월 바르셀로나 각료이사회에서는 완전고용을 EU 전체 목표로 하고 확대 유럽에서 리스본전략을 보강하기 위해 고용전략을 강화할 것을 요청하였다. 상기 논의들을 바탕으로 유럽위원회는 공동선언문을 발표하였는데, 그 목표는 완전고용, 노동의 질과 생산성, 결속력을 지닌 통합적인 노동시장이다. 2004년 2월 1일부터 발효한 니스조약은 원래 새로운 회원국을 받아들이기 위해 암스테르담조약을 개정한 것으로서, 근본적으로는 바뀐 것이 없지만 결정절차에서 사소한 변동이 있었다. 예를 들면, 경제·사회통합 분야도 입국사증, 망명, 이주 등과 같이 공동결정절차에 적용받게 되었다.

니스조약의 제137조에 의해 5개 분야 중 사회보장 조정을 제외한 4개 분야[13]는 여전히 만장일치에 의해 결정되었다.

5.2.6 새로운 유럽 사회통합 모델과 EU의 확대

경제사가 폴라니(Karl Paul Polanyi)는 『거대한 변환』(*The Great Transformation*)(1990)에서 '경제'와 '사회' 간의 역사적 상호 관계를 다루었다. 19세기에서 20세기 초 시장경제의 발전과 사회적 반응(발전과 갈등의 고조기, 휴지기, 파국)을 설명하면서, ① 시장경제, ② 국민국가, ③ 국제체제의 상관 관계를 주목하였다. 유럽통합은 이제 통화통합의 단계에 이른 점을 고려하면 현 단계에서 이제 폴라니의 사회와 경제 간의 기본 패러다임은 국민 국가 수준을 넘어 최소한 지역적 차원에 확대 적용될 필요가 있다고 보인다.[14]

디마스(Stavros Dimas)는 '유럽 사회 모델'(European Social Model)을 "좋은 경제 실적, 높은 수준의 사회보호와 교육, 그리고 사회적 대화(social dialogue)"라고 묘사하였다. 동 모델은 경제와 사회 번영의 병행 발전을 나타내며 경제효율과 사회 진보의 일관성에 의존하였다.[15]

로마조약은 1950년대 경제적 호황기에 입안 · 발효되었기 때문에 가난과 사회배제(social exclusion)는 관심 밖이었다. 동 조약 사회정책의 최대 관심사는 근로자의 자유이동(free movement)과 고용된 근로자의 사회보장이었지만, 고용으로부터 배제된 집단의 권리보호는 아니었다. 1970년대 초까지는 낮은 실업과 높은 성장이 지속되고 있었으므로, 사회정책의 조화는 공동시장 그 자체의 운영에 맡겨져 있었다. 따

13) 사회보장과 근로자 보호, 고용이 종료된 노동자의 보호, 집단이익대표 및 공동결정, 제3 국적자 고용.
14) 이호근, 「유럽통합과정과 사회정책」, 2000년 한국정치학회 춘계학술대회, p. 29.
15) 스타브로스 디마스는 그리스 출신 정치인이자 관료로 2004~2010년 기간 동안 집행위원회에서 고용 · 사회문제총국 집행위원과 환경총국 집행위원을 맡은 바 있다; Stavros Dimas, "The European Social Model," European Parliament-Plenary Session, EU Institutions Press Release, Speech/04/224, 2004.

라서 가난과 사회 배제에 대한 관심은 1970~1980년대 경제적 불황에 따른 사회 문제에 대한 관심과 함께 시작되었다. 1970년대부터 EU는 사회 실천 프로그램(social action programme)을 수립하여 가난과 사회적 배제에 대응하였다. 또한 유럽지역개발기금(ERDF)을 설립하고 유럽사회기금을 근본적으로 개정하였다.

EU에서 사회적 차원이 강조되기 시작한 것은 역내 단일시장 계획부터이다. 오도넬(Rory O'Donnell)은 서로 다른 견해들을 종합하여 시장 완성의 장기적인 이익은 불공평하게 분배되는 것 같다고 결론내렸다.[16] 그는 계속해서 "통합이익의 상당 부분은 규모의 경제를 시현하고 있거나 첨단산업을 보유하고 있는 지역으로 귀속될 것이므로, 내부 시장의 완성이 역내 지역 간 불균형을 축소시키지는 못한다"고 하였다. 유럽통합에 매우 낙관적인 견해를 가진 체키니보고서(Cecchini Report)도 결론 부분에서 "고용, 노동의 이동, 직업훈련 그리고 부의 지역적 재분배" 등을 위한 사회정책의 중요성을 역설하였다. 동 보고서는 1992년 유럽의 도전은 경제적 도전뿐만 아니라 정치적 · 사회적 도전이라고 주장한 바 있다.[17] '1992 단일시장'의 형성을 위한 경제자유화는 노동정책을 왜곡시키고 근로자의 사회적 보호를 약화시키는 사회적 덤핑을 야기시킬 수 있다는 우려가 표명되기도 하였다.

이러한 우려를 불식시키기 위해서 단일유럽의정서(SEA)에 경제와 사회의 결속조항을 새로이 보완하고 구조기금을 개혁하였다. 또한 단일시장이 사회적 덤핑 현상을 야기시킨다는 확산된 인식을 바탕으로 사회헌장의 작업을 착수하였다. 이러한 여러 작업 가운데 EU의 사회정책을 한 단계 격상시킨 것은 마스트리히트조약이었다(1993년 11월 1일 발효). 이 조약은 외견상 정치동맹과 통화통합만을 염두에 둔 외교적 선언처럼 보이지만, 그 배경과 조약 기획자들의 의도를 면밀히 분석해 보면 동 조약은 기존의 시장경제 지향적 원칙과 사회통합적 원칙을 적극적으로 결합시키려는 노력을 엿볼 수 있다. 그 방향은 기존의 노동시장 구조를 개혁하고 여기에 영향

16) Rory O'Donell, "Policy requirement for regional balance in economic and monetary union," in A. Hannequart(ed.), *Economic and social cohesion in Europe*, London: Routledge, 1992, p. 25.
17) 체키니 파올로 저, 이종원 역, 『유럽의 도전: 1992 역내시장통합의 효과』, 형설출판사, 1990.

을 미치는 사회보장 체계를 현대화하는 것이다. 동 조약과 이를 확인한 암스테르담 조약(영국도 참가)의 비준을 계기로 1990년대 유럽의 노동 · 사회정책의 패러다임은 크게 바뀌었다. 전통적 사회정책이 경제 분야의 시장통합에만 초점을 맞추고 있었다면, EU는 두 조약을 계기로 고용정책을 다른 산업 발전을 위한 거시정책과 대등한 위치에 올려놓음으로써 경제정책, 고용정책, 사회정책들 사이의 역동적 상호작용에 의한 시너지 효과를 얻기 위해 새로운 정책적 혁신과 조율에 힘을 기울였다.[18]

이때부터 시작된 적극적 사회통합정책은 가난을 적극적으로 정의하고 사회적으로 배제된 집단을 찾아 내고 그 원인을 규명하여, EU 차원에서 회원국과 협조하여 낙후된 지역과 배제된 집단을 적극적으로 지원하는 정책을 전개하였다. 이러한 새로운 정책은 기존의 정책들과 잘 결합하여, 즉 신정책의 목표인 고용전략과 전통적 정책의 목표인 가난 퇴치가 역동적으로 결합하였다. 또한 새 정책들은 사회적 파트너들 및 민간단체와의 적극적인 연계 강화를 추구함과 동시에 고용정책을 다른 경제정책 및 사회복지정책과 밀접한 협조 관계를 가진 통합정책의 형태로 운영되었다. 그리고 각 회원국들과 긴밀히 협조하여 해당 국가의 특수사정을 감안한 고용정책을 발전시키는 한편, 회원국들 간의 서로 좋은 고용사례를 벤치마킹할 수 있도록 하고, 고용정책을 잘 조직된 노동시장 프로그램 및 경제개혁 프로그램과 연결시킴으로써 기존 유럽 노동시장정책을 한 단계 격상시켰다. 이렇게 함으로써 실업을 소극적으로 해결하는 사회정책에서 실업을 적극적으로 예방하고 대처하는 종합적인 프로그램을 포함하고 있는 패키지(package)식 노동시장정책으로 전환시킨 것이다.

EU를 명실상부한 정치동맹으로 만들어 가려면 보다 효율적인 사회정책의 실시가 필수적이었다. 이를 위해서는 사회정책의 강력한 추진 주체가 필요하였는데, EU는 정치적으로나 재정적으로 회원국 정부의 사회정책 결정에 간섭하거나 광범위한 공동체 차원의 사회정책을 실시할 위치에 있지 않았다. 왜냐하면, EU는 아직 초국가적인 성격을 가진 연방국가가 아니기 때문이었다. 실업과 사회적 배제는 EU 사회

18) 민문홍, 「유럽연합의 노동 · 사회정책 패러다임 변화에 관한 연구」, 2002년 학술진흥재단 연구발표논문, 2003, p. 162.

정책의 가장 중요한 의제이지만, 이 분야에 대한 EU의 조치는 주된 책임을 가진 회원국들을 잘 보완하는 것이었다. 이때 그 수단은 구조기금을 활용하는 것이었다. 각 회원국은 각국의 역사와 전통에 따라 형성된 다양한 사회정책을 실시하고 있었다. 만일 보다 광범위한 사회정책을 실시하려면 동 분야가 정치적 · 역사적 배경 차이로 인하여 정책 결정의 중립 지역으로 방치되어서는 안 될 것이었다.

다소 그 개념이 모호하기는 했지만, 'EU 시민권'(EU citizenship)이라는 개념이 마스트리히트조약에 의해 도입되었다. EU 시민은 누구나 정치적 · 사회적으로 동등한 대우를 받아야 되겠지만, 사회적인 혜택의 경우 회원국에 따라 그 차이가 컸다. 이러한 사회통합의 다단계(multi-speed)는 EU의 확대에 따라 더욱 악화되었다. 신규 가입국의 평균 소득이 기존 국가의 40%에도 미치지 못하는 점을 감안한다. 현재에도 많은 문제점을 내포하고 있는 EU의 사회적 차원은 더욱 어렵게 될 전망이었다. 뿐만 아니라 신규 국가들의 노동의 자유이동은 최장 7년(독일의 경우)까지 제한받았으며, 이로써 신규 가입국 시민은 2등 시민의 신세를 지게 되기도 하였다. 이들의 인접국들은 대량이민으로 인하여 자국 사회 시스템의 악화를 우려하고 있었다. 이러한 문제점을 예방하기 위하여 신규 국가들은 이미 EU의 가입 전 프로그램에 따라 기존 EU 법규(사회 문제 포함)를 이행하였으며, 교육 및 훈련 프로그램을 EU의 지원 하에서 실시해 왔다.

EU가 이들 국가에 요구하는 내용은 민주주의, 시장경제, 시민사회 등으로 대변되는데, 적절히 이해하고 행동하는 데 적지 않은 어려움을 호소하고 있다. 문제는 법적 차원에서보다 사회적 분위기에서 더 많은 요인을 찾을 수 있다. 즉, 사회적 상호작용, 교섭과 타협, 시민사회의 견제 등의 서구적 유산은 하나의 사회자본(social capital)으로 형성되었기 때문에, 이런 경험이 일천한 동유럽 국가들이 단기간에 서구적 기준(Western standards)에 적응하는 것을 기대할 수는 없다.[19)]

19) 김시홍, 「유럽연합 시민권과 정체성의 사회적 차원」, 『유럽연구』 제18권, 2003년 겨울, p. 103. 같은 논문에서 김시홍은 반체제 인사들의 업적, 1989년의 성공적인 혁명, 낮은 범죄율, 문화적 업적, 친척 및 친구 관계의 건강성 등을 동유럽의 긍정적인 문화유산이라고 주장하였다.

현재 28개국 5억 명으로 확대된 EU가 해결해야 할 사회적 과제는 더욱 커진 것처럼 보인다. 이러한 과제를 해결하기 위해 제시될 사회적 모델은 훌륭한 경제 실적, 높은 수준의 사회보장과 교육, 그리고 사회적 대화이다. 경제적 발전과 사회적 번영은 일관된 경제적 효율과 사회적 진보에 의존하게 될 것이다.

5.2.7 리스본조약과 사회정책

리스본조약에서 사회적 측면을 가장 대변하는 단어는 '결속'(cohesion)이다. 현재 EU에서는 결속정책을 기본으로 하여 모든 정책이 만들어지고 시행되고 있다고 해도 과언이 아니다. 특히, 리스본조약에서 사회적 차원에 관하여 초점을 맞춘 부분은 EU 시민과 EU 간의 민주적인 의사소통이다. 2004년 프랑스와 네덜란드 국민이 투표를 통하여 EU의 헌법조약 체결을 부결시킨 후, EU는 회원국 시민이 EU를 현실적이고 구체적인 존재로 여기도록 이끌어야 한다는 데 의견을 수렴하기 시작하였다. 2004년 이후 중동부 유럽 확대에 따른 회원국 확장이 기존 회원국에 경제적인 타격을 안겨 주었다는 부정적 의견에 따른 변화라고도 볼 수 있다. 즉, 더 많은 회원국이 의사결정을 하게 되고, 더 많은 회원국 국민들에게 EU 시민으로서의 자격이 주어짐에 따라 EU는 내부 사회를 통합하는 데 초점을 맞추기 시작하였다.

리스본조약이 기존 조약보다 사회적 차원에 더 큰 비중을 두고 있는 부분은, 특히 민주주의와 사회적 의사소통, EU 시민권, 권리와 자유와 보안 그리고 고용과 실업 부분이다. EU는 리스본조약에서 유럽의회와 28개국 국가의회의 역할을 강화시켜 회원국 국민들이 EU 차원 또는 국가 차원에서 비중 있는 참여를 할 수 있도록 하였다. 즉, 의회의 의원들은 모두 국민들의 투표를 통해서 선출되고 있는 만큼, EU의 입법 과정, 예산 결정 과정, 국제조약 결정 과정에 유럽의회의 역할을 강화시켰다. 특히, 의사결정 과정에서 유럽의회와 각료이사회가 대등한 위치에서 협의하도록 개정되었다. 28개국 의회 또한 유럽의회가 EU 차원의 의제를 모니터링할 수 있도록 하는 장치가 생기기도 하였다(보충성의 원칙). 이것은 EU가 의사를 결정하는 데 있어서 각 회원국과 EU 시민들이 모두 적극적으로 의사결정에 참여할 수 있는 동시에, 민주적인 입법절차를 확대할 수 있다는 점에서 매우 큰 의미가 있다고 하겠다. 이와 함께, 리스본조약은 EU 시민이라면 누구나 유럽이사회에서 새로운 정책을 제안할 수 있는 시민 이니셔티브(Citizens' Initiative)를 발족시켰으며, EU 기준에 부합하지 않는다고 판단될 시에는 어떤 회원국이라도 EU에서 제외시킬 수 있는 조항이 로마조약 이후에 최초로 포함되었다. 즉, 시민들의 민주적인 참여에 따라 EU와 각 개인의 대화의 창을 열어 둠으로써 EU가 시민들에게 현실적인 사회 장치로 다가갈 수 있도록 함과 동시에, 모든 시민에게 EU를 책임질 수 있는 의무를 부여하도록 한 것이다.

이는 마스트리히트조약 때 도입되었던 EU 시민권을 리스본조약에서는 더욱 구체적으로 규정하여 설명하고 있다는 점에서 더 두드러진다. EU 시민들은 인간으로서의 존엄성을 지녔으며, 자유와 민주주의와 평등을 바탕으로 한 인권을 지킬 권리가 있다는 조항은 리스본조약의 핵심 내용이다. 리스본조약에서는 EU 회원국에서 100만 명 이상의 서명을 받은 의제는 집행위원회에서 입법절차를 거치도록 하는 제도를 도입하면서 EU 시민의 기본적인 권리를 보장하도록 하였다.

EU 시민의 기본적 권리 및 의무는 정의 · 자유 · 보안 차원에서 강조되고 있는데, 경제통합을 성공적으로 이루어 내고 중동부 유럽까지 편입시키는 데 성공한 EU가 이제는 내부적인 문제, 즉 지속 가능한 환경을 구축해 나가는 데 주력하고 있는 부분도 이와 상응한다고 볼 수 있겠다. 암스테르담조약에서는 주로 정의 · 자유 · 보안 영역이 회원국 국민들이 EU를 자유롭게 이동하는 부분과 EU의 국경 · 망명 및 이민 문제 그리고 범죄와의 싸움으로 규정되어 있었다. 그러나 부결되었던 헌법조약과 리스본조약에서는 그 내용이 보다 구체적으로 수정되어 EU 시민이 사회적 통합을 실현하는 데 요구되는 사항이 국가적 차원과 정부 간 협의로 정의되는 EU 차원을 결속시키고 통합시키는 데 주력하고 있다. 이 영역이 다루는 구체적인 내용은 다음과 같다.

① EU의 기본 권리: 존엄성, 평등성, 연대성, 시민권리, 정의
② 사람들의 자유로운 이동, 망명, 이민: 셴겐 지역과 협력, 셴겐 정보 시스템, 시민들의 EU 내에서의 자유로운 이동, EU 국경, 비자, 피난, 이민, 비(非)EU권 국가의 권리, 불법이민, 비(非)EU권 국가 간의 관계
③ 민간 문제의 사법협력: 시민권리와 상업권리, 유럽계약법, 계약 의무시 적용법, 비계약 의무시 적용법, 범죄와 민간 문제 관련 사법 네트워크, 사법권
④ 범죄의 사법협력: 유럽 사법기관 공조체제(Eurojust), 유럽 사법 네트워크, 국가 간 상호 공조, 유럽 공동체포영장제, 전쟁범죄
⑤ 경찰과 통관수속협력: 경찰협력, 유로폴(Europol), 대중질서와 안전유지, 통관수속협력, 비(非)EU권 국가와의 협정
⑥ EU 시민권: 지방자치 투표, 유럽 선거, 외교적 또는 영사적 보호
⑦ 차별과의 투쟁: 인종차별, 외국인혐오증, 반유대주의, 성(性) 평등
⑧ 조직범죄와의 투쟁: 범죄예방, 총기의 밀수입, 사이버 범죄, 돈세탁, 환경보호, 경제금융범죄
⑨ 인신매매와의 투쟁: 인신매매 전문조직, 아동보호, 여성보호
⑩ 약물과의 투쟁: 반(反)약물전략, 마약밀매, 약물 생산
⑪ 사기행위 및 부정부패와의 투쟁: 반사기행위사무국, 유럽공동체의 금융이익을 보호, EU 자금을 이용한 사기행위, 위조, 부정부패
⑫ EU 확장에 관련된 정의, 자유, 안보: 확장, 후보국, 공동체법(acquis communautaire)[20]

고용 및 실업에 관한 문제를 EU 차원에서 다루기 시작한 것은 암스테르담조약에 고용에 관한 조항을 추가한 이후와 2000년 리스본전략이 채택된 이후이며, 리스본전략에서는 2010년까지 완전고용을 목표로 하였다. 룩셈부르크 절차라고 부르기

20) http://europa.eu/scadplus/leg/en/s22000.htm

EU 시민권

1992년 마스트리히트조약에 의하면, 조약 하에서 모든 EU 시민은 EU 시민으로서 다음과 같은 권리를 가진다.

① EU 영토 어디에서든지 거주하고 이동할 자유가 있다.

② EU 시민은 거주하는 나라가 어디이건 유럽의회 선거에 투표 및 입후보할 권리를 가진다.

③ 만일 자국의 해외 공관이 없는 경우, EU 이외의 국가에서 EU 시민들은 어떤 다른 EU 회원국의 외교 및 영사 업무에 관한 도움을 받을 수 있다.

④ 조약이 정한 대로, 유럽의회에 청원을 제출할 수 있는 권리를 가진다.

⑤ 조약이 정한 대로, 옴부즈맨(Ombudsman) 제도를 이용할 수 있다.

또한 리스본조약 이후, EU적 가치를 증진하고 EU 시민을 보호하기 위한 기본법을 확립하기 위하여 다음과 같은 가치를 보장한다.

- 민주적 가치
- 시민권 및 기본권: 리스본조약에는 EU 시민의 기본권에 대한 조항이 처음으로 명시되어 있는데, 시민적 · 정치적 · 경제적 · 사회적 권리를 모두 포함한다.
- EU 시민의 자유권
- 회원국 간의 결속: 리스본조약에서는 자연재앙이나 인간에 의한 재앙 또는 테러에 의한 공격을 상대로 회원국끼리 연합한다.
- 안보적 권리: EU는 리스본조약에서 자유 · 안보 · 정의 부분을 확대하여 EU가 범죄나 테러에 대항할 수 있는 권리를 명시하였다. 이것은 EU 시민을 보호하고 인도주의적 원조, 공중위생을 포함하여 EU 시민이 안보에 있어 누릴 수 있는 모든 권리를 뜻한다.

도 하는 유럽고용전략(European Employment Strategy: EES)이 2005년 리스본전략에서 수정 과정을 거치면서 고용과 성장에 관한 지침서가 통합되었다. 유럽고용전략은 EU적 차원에서 통합된 지침서를 완성하고, 각 회원국의 고용과 성장에 관한 정책 부분을 개편하며, 당시 27개 회원국이 자국을 분석한 고용성장 보고서를 관리하는 데 주력하였다.

결론적으로, 리스본조약에 나타난 사회적 측면은 결속을 중심으로 한 EU와 개인, EU와 국가 간의 원만한 의사소통과 의사소통을 위한 민주적 장치를 통합하는 과정이라고 볼 수 있다. 유럽의회와 각국의 의회를 동시에 강화시켜 시민들의 참여

공존 vs 추방… 유럽 '1,000만 불청객' 집시 문제 골머리

독일 뒤스부르크 외곽에 자리한 집시 거주촌은 쓰레기와 들쥐가 들끓는 대표적인 슬럼가이다. 현지인들은 이곳을 '문제의 집', '공포의 집'으로 부른다. 지난해 1월부터 9월까지 이곳에 사는 집시들이 일으킨 절도, 강도 등의 범죄 건수는 277건에 달하였다. 극우파 단체의 페이스북에 올라온 '집시촌을 폭발시키자', '불태우자'는 글에는 '좋아요' 클릭수가 수천 건에 이른다. 그만큼 집시를 증오하는 사람들이 많다는 뜻이다.

반면 일부 극좌파 행동주의자들은 경찰들이 쳐들어왔을 때 쇠막대기와 후추 스프레이로 이들을 보호해 주기도 하였다. 이곳에 살고 있는 니코는 "아이들을 학교에 보낼 수 있고, 재활용품을 수거해 슈퍼마켓에 팔아 돈을 벌 수 있다"면서 "어차피 우리가 살던 루마니아에는 아무 것도 없다. 여기가 좋다"고 말하였다.

독일 시사주간지 슈피겔은 지난 7일(현지시간) '유럽이 원하지 않는 사람들'이란 제목으로 유럽대륙 전역에서 핍박받고 있는 집시(로마족)의 불안한 삶을 재조명하였다. 집시는 1000년 넘게 유럽을 떠돈 민족으로 유엔 등 국제기구에서는 '순례자'라는 의미의 '로마(족)'라는 명칭을 사용하고 있다. 슈피겔은 이러한 현상이 루마니아와 불가리아에 대한 유럽연합(EU) 내 이주 제한 철폐로 더 심해질 것으로 보인다고 전망하였다. 루마니아와 불가리아에는 각각 190만 명, 75만 명의 집시가 살고 있다.

실제 지난 1일부터 루마니아와 불가리아에 대한 이주 제한 조치가 풀리면서 독일의 고민은 깊어지고 있다. 한스 페터 프리드리히 전 독일 내무부 장관은 심지어 "집시들을 빨리 몰아내야 한다"고 말하기도 하였다. 독일 정부는 집시에 대한 사회보장 혜택을 줄일 계획이다.

유럽에는 대략 1,000만~1,200만 명의 집시가 거주하는 것으로 추정된다. 지난해 영국과 프랑스에서는 집시 거주촌 해산 작업으로 치열한 갈등이 빚어지기도 하였다. 영국 플리머스, 뉴포트, 치체스터, 버크셔 등지에서 집시 거주촌을 두고 분쟁이 벌어졌고, 프랑스 북부에 자리한 루베는 지난해 9월 집시 거주촌을 해산시켰다.

집시의 고향과도 같은 동유럽 국가에서도 차별과 박해는 계속되고 있다. 불가리아에서는 지난해 '안티 집시' 시위가 벌어졌다. 헝가리에서는 지난해 8월 집시 8명을 살해한 인종주의자가 유죄 판결을 받았다. 헝가리 집권당인 청년민주동맹의 공동 설립자 졸트 바예르는 "집시는 함께 살기에 적합하지 않다. 이들은 동물이며 동물처럼 행동한다"고 말해 물의를 빚었다. 헝가리의 일부 마을에서는 아이를 낳지 말라고 강요하는 사례도 있는 것으로 알려졌다.

일부 국가는 집시와 공존하는 방안을 모색하고 있다. 영국 북부의 달링턴과 노샐러턴은 집시 거주촌을 해산시키지 않고 인정해 주기로 결정하였다.

이탈리아 정부는 살로네 지역에 컨테이너 박스로 집시 거주촌을 건설할 계획이다. 프랑스 파리도 이번 겨울 동안 집시들이 시내 빈 집에서 지낼 수 있도록 하고 있다.

출처: 서울신문, 2014년 1월 10일, p. 17.

도를 이끌어 내고, 28개국 5억 명이라는 인구의 정의, 자유, 안보를 위한 법적 장치를 세부화하였으며, 28개국의 경제적 · 사회적 불평등 구조를 고용 및 성장전략을 통하여 해소하려고 노력하고 있는 것이다.

06 EU의 문화적 특성

6.1 유럽의 공동문화와 개별 민족문화

6. 2 유럽 문화의 다양성, 다차원, 새로운 패러다임을 위한 모색

NORGE
SVERIGE
SUOMI
FINLAND
EESTI
LATVIJA
LIETUVA
UNITED
KINGDOM
IRELAND
ÉIRE
DANMARK
NEDERLAND
BELGIË
BELGIQUE
LUXEMBOURG
DEUTSCHLAND
POLSKA
BELARUS
RUSSIJA
UKRAÏNA
ČESKÁ
REPUBLIKA
SLOVENSKO
FRANCE
SUISSE
SCHWEIZ
SVIZZERA
ÖSTERREICH
MAGYARORSZÁG
MOLDOVA
ROMÂNIA
SLOVENIJA
HRVATSKA
BOSNA I
HERCEGOVINA
PORTUGAL
ANDORRA
MONACO
SAN
MARINO
ESPAÑA
ITALIA
BALGARIJA
SRBIJA I
CRNA GORA
SHQIPËRIA
TÜRKIYE
ELLADA
MALTA
KYPROS
KIBRIS
SOURIYA

6.1 유럽의 공동문화와 개별 민족문화[1)]

6.1.1 머리말

EU의 문화를 논할 때 우리는 유럽 공동문화와 EU 각 회원국의 문화를 거론한다. 유럽통합이 진행되는 과정에서, 특히 EU의 문화적 차원에서는 당연히 유럽 공동문화의 의의가 강조된다. 그러나 EU 각 회원국의 문화를 부정하거나 소홀히 할 수 없고, 또 그렇게 해서는 안 되는 것이 현실이다. EU의 문화정책은 '다양성 속의 통일'(unity in diversity)로 함축된다. 이는 EU 각 회원국의 다양한 문화를 존중하고 진흥시키는 가운데 EU 차원의 문화적 공감대를 정립시켜 나간다는 뜻이다. EU의 이러한 문화정책 목표는 유럽사에 대한 인식에 그 바탕을 두고 있다. 유럽의 보편성을 대변하는 유럽의 공동문화는 무엇이며, 유럽 각국의 개별성을 나타내는 문화는 어떻게 형성되어 왔는가? 유럽의 보편성과 개별성, 그리고 이 둘의 상관 관계를 파악하기 위해 역사적 개괄이 유용한 방법이 될 수 있다.

유럽이라는 개념의 근원에 대해서는 신화적인 설명과 어원적인 추정이 있다. 그리스의 주신(主神) 제우스(Zeus)가 페니키아(Phoenicia) 지역의 한 해변에서 친구와 놀고 있던 페니키아의 공주 유로파(Europa)를 유혹하여 크레타(Crete) 섬으로 데려가 그곳에서 세 아들을 낳았다. 그 중 하나가 곧 크레타왕국을 건설한 미노스로 이곳은 고대 그리스 문화의 요람이 되었다. 그리스를 중심으로 하는 지역을 유럽이라 하였는데, 그리스는 앞으로 언급될 역사 과정을 통해 유럽 문화의 근원이 되었다. 유로파는 또 풍요를 관장하는 여신으로 받들어져 유럽은 풍요로운 곳이라는 의미를 가진다. 그런데 주지하다시피 역사적 사실을 조망하는 데 이러한 신화적 설명은 명백

1) 이 장(章) 6.1은 이종원 · 황기식, 『EU 27: 유럽통합의 이해』, 해남, 2008에 노명환 교수(한국외국어대학교 정보관리학과)가 기고한 글을 부분 편집 및 수정하여 게재한 것이다.

한 한계성을 갖는다.

어원적인 설명에 의하면, 고대 페니키아인은 이 지역을 해가 지는 지역이라는 '에레브'(ereb)라 불렀다. 이 에레브가 변형되어 유로파가 되었다는 것이다. 즉, 이 설에 따르면 유로파는 서양이라는 뜻이다. 그런데 이것은 유럽의 어원을 지리적 지역으로 설명하는 데 지나지 않는다.

6.1.2 유럽인의 정체성과 기독교

그러면 유럽인 자신이 유럽인이라는 정체성을 확보하게 되는 계기는 언제인가? 이것은 기독교 세계로서의 유럽의 형성이었다. 특히, 711년 이슬람 세력이 이베리아반도에 쳐들어와 이를 점령하고 732년에는 피레네 산맥을 넘어 프랑크왕국의 영토에 침입하였는데, 프랑크왕국의 궁재 마르텔(Charles Martel)이 유럽군을 조직하여 푸아티에(Poitiers)에서 이를 격퇴시켰다. 피셔(Bernd J. Fischer) 등 여러 학자들에 따르면, 이때에 유럽이라는 단어가 많이 사용되었으며, 이슬람에 대항한 기독교 유럽 세계의 정체성이 정립되기 시작하였다. 800년에 서로마 가톨릭 교황으로부터 서로마제국의 황제라는 대관을 받은 샤를대제가 세습과 정복을 통해 그의 통치권에 들어온 지역을 기독교 유럽 세계로 완성하였다. 962년에는 오토대왕이 샤를대제 사후 흐트러진 제국을 다시 추스리고 대부분의 독일 영토와 북부 이탈리아를 통일하여 신성로마제국을 건설하였다. 샤를대제의 서로마제국과 오토대왕의 신성로마제국 모두 라틴계 주민과 게르만계 주민을 묶어 기독교 유럽왕국을 건설하였다는 특징을 갖는다.

476년 서로마가 게르만인에 의해 멸망하였을 때 기독교는 로마인과 게르만인을 묶어 하나의 유럽을 이루는 데 결정적인 역할을 하였다. 게르만인이 서로마를 군사적으로는 멸망시켰으나 문화적으로는 이에 동화되었다. 게르만인은 로마 문화 중에서도 로마에 정착되기 시작한 기독교를 받아들이는 데 적극적이었으며, 이것이

게르만인이 그리스 · 로마 문화를 이어받는 유럽인의 일부가 될 수 있는 결정적인 계기였다. 게르만인이 이끄는 유럽 세계의 가치를 위해 가장 중요한 원천은 기독교였다.

기독교 유럽 세계의 정체성은 11~13세기에 걸쳐 진행된 십자군전쟁을 통해 더욱 강화되었다. 서로마 멸망 이후 동로마의 명맥을 이어 오던 콘스탄티노플이 이슬람 세력의 침략위기에 봉착하여 서로마의 가톨릭 교황에게 원조를 요청하였으며, 이를 받아들인 교황 우르반Ⅱ세는 콘스탄티노플을 방어하기 위한 원조는 물론 이슬람 수중에 들어간 예루살렘을 탈환할 목표로 하는 성전(聖戰)을 수행하게 되었다. 십자군전쟁 이후에도 계속해서 이슬람 세력이 발칸반도를 거슬러 유럽으로 쳐들어왔는데, 1453년 콘스탄티노플이 오스만터키에 의해 정복되었을 때 그 절정에 달하였으며, 1529년에는 신성로마제국의 수도인 빈(Wien)을 포위하기에 이르렀다. 여기에서 비롯되는 유럽인의 위기의식은 유럽인에게 더욱 강한 기독교 공동운명체 의식을 갖게 하였다. 유럽은 곧 기독교 세계라는 동의어가 이루어질 정도로 유럽의 기독교 정체성은 강화되었으며, 이는 유럽을 하나로 묶는 중심 끈이었다. 이러한 측면에서 당시 지식인은 유럽을 '기독교 공화국'(Res publica christiana)이라 불렀다. 당시 유럽인에게 가장 중요한 지식의 원천은 사제를 통해 듣게 되는 성서의 내용이었으며, 기독교 윤리는 이들의 의식구조를 형성하는 초석이었다.

6.1.3 유럽인의 정체성과 헬레니즘 전통

기독교 중심 세계의 중세(Middle Ages) 말엽에, 특히 십자군전쟁을 통해 동방 문화에 접하면서 유럽인은 그리스 · 로마의 고전(classics)에 눈을 뜨게 되었다. 이는 르네상스라는 점진적인 역사변환으로 이어지고, 지식인 사이에 그리스어와 라틴어 교육이 확산되었으며, 그리스와 로마의 고전이 폭넓게 학습되었다. 이 고전어 과목은 유럽의 모든 고등교육기관에서 필수과목이 되었다. 유럽인은 바로 이 고전의 학습을 통해 지역적인 차이를 넘어 공동의 지적 토양을 갖게 되고 공동운명체 소속감을 고양시켜 나갔다. 이러한 공동의 지식공동체는 교육을 통해 확대 · 재생산되었다. 유럽인은 이를 통해 형성되는 유럽 세계를 '학문 공화국'(Res publica litteraria)이라고 불러 '기독교 공화국'이라는 개념과 대비시켰다. '학문 공화국'의 발전과 더불어 그리스와 로마의 세계관, 예를 들어 신화의 세계관과 사상은 기독교 세계관과 더불어 유럽의식을 형성하는 유럽 문화의 본질적인 두 기둥으로 정착되어 갔다. 이 고전학습은 인문학(studia humanitatis)으로 총칭되었는데, 유럽의 휴머니즘 개념은 19세기에 이루어진 조어(造語)로서 르네상스기의 '후마니타스'(humanitas)에서 연원한다. 휴머니즘 전통은 인간에 중심을 둔 인류 최고의 업적물로 여겨진 고전(古典)의 인간관 · 세계관에 기반을 두었다. 이러한 유럽의 고전문화 체계는 고대 그리스를 의미하는 '헬라스'(Hellas)에서 파생한 헬레니즘(Hellenism)으로 총칭되기도 한다.

6.1.4 종교개혁과 유럽의 국가 · 민족문화의 맹아(萌芽)

지금까지 서술된 측면에서 볼 때, 유럽의 공동문화를 형성하는 본질적인 두 기둥은 기독교와 헬레니즘이다. 이 두 요소는 유럽의 교육제도와 내용을 비롯한 유럽 문화의 심층에 자리잡고 있는 본질적인 사항이다. 이 두 요소의 비중이 다음에 설명한 유럽사의 세속화 과정과 민족주의 발달의 결과로 오늘날에는 많이 약화되기는 하였으나, 그 전통은 아직도 뿌리깊다.

르네상스의 진행은 종교개혁으로 이어지고 기독교 중심의 유럽 중세사회 질서에 근본적인 변혁을 일으키는데, 이는 결과적으로 유럽 전체를 포괄하는 가톨릭 교황의 권위를 약화시켰다. 즉, 이는 유럽 세계의 기독교 정체성이 약화됨을 의미하였다. 부패한 가톨릭 지도자의 지배에 대한 저항에서 개신교(Protestant)가 성립되었으며, 이 개신교 안에서도 여러 분파가 출현하였다. 이들은 가톨릭 교황의 권위를 부정하고 독자적인 교회질서를 발전시켰다. 이는 그 동안 가톨릭 교황의 단일권위 아래 유지되어 온 유럽의 통일성에 대해 근본적인 구조조정을 야기시켰다. 각 종교 분파는 독특한 가치관과 성격을 가졌으며, 어떤 종파가 어느 지역에 자리잡느냐에 따라 그 지역의 문화발전 방향과 성격에 큰 영향을 미쳤다. 이미 로마가 서로마와 동로마로 갈라져 서유럽과 동유럽으로 상이한 발전을 하는 계기도 종교의 분열, 즉 서로마 가톨릭권과 그리스정교권으로 분리된 데 기인한 것이었다. 종교개혁 과정을 통해 가톨릭은 칼뱅교 지역, 루터교 지역, 성공회 지역 등으로 구획되어 각기 상이한 문화권으로 발달하였다. 이 상이한 종교문화권은 서로 배타성을 띠었는데, 가톨릭과 프로테스탄트가 가장 중요한 대립 단위였다. 이 대립과 갈등은 30년전쟁(1618~1648)에서 극명하게 표현되었다.

그런데 중요한 것은 이 종교적 분파의 성립 과정과 당시에 진행되고 있던 중앙집권체제의 세속 국가 발전 과정이 상호 연결되었다는 사실이다. 이제 종교적 분파는 세속 국가 영역 안에서 그 권위를 뿌리내리고, 국가에 의해 보호되며, 국가 발전과 자신의 존재의의를 일치시켜야 하였다. 교회권에 비해 세속권이 강화되는 경향이 뚜렷하였다. 이는 유럽 공동의 소속감(유럽의식)이 약화되고, 유럽 각국의 소속감(국가의식)이 강해짐을 의미한다. 즉, 유럽의 시대가 가고 유럽 국가의 시대가 도래하고 있었다.

6.1.5 유럽인의 정체성과 '문명인'의 개념

르네상스의 전개는 인간 이성에 대한 신뢰를 심화시켜 과학 · 기술의 발전을 촉진하고 지리상의 발견을 가능하게 하였다. 지리상의 발견이 이루어진 결과 유럽인은 기독교권과 이슬람권 외의 세계를 인식하게 되었고, 그들과 자신의 문화를 비교하면서 문명이라는 개념을 창출하기 시작하고, 문명인으로서 자신의 정체성을 확립시켜 나갔다. 유럽인은 이러한 문명이 기독교 세계의 질서와 인간 이성의 질서를 주체적으로 조화시킨 결과라고 생각하였으며, 이러한 그들의 사고는 계몽주의에서 그 절정에 다다랐다. 비교할 수 없는 과학 · 기술 수준은 물론이려니와 유럽 사회에서는 민주주의가 주요한 사회가치로 부각되어 있었다. 민주주의의 원형으로서 아테네의 민주주의에 대한 연구가 심층적으로 시작되었으며, 유럽의 공동유산으로서 아테네의 민주주의 가치가 인정되었다. 이는 유럽의식을 형성하는 한 주요 요소가 되었다. 이와 같이 이제 유럽인이 유럽인인 것은 다른 지역에 비해 문명을 누린다는 사실에 기인한다는 것이었다.

6.1.6 유럽의 국가 · 민족문화의 발달

그런데 이러한 문명 개념에 기초한 유럽의 정체성은 관념적인 것이었다. 왜냐하면, 실질적인 문명 개화의 단위체는 유럽이 아니라 유럽 국가이었다. 지리상의 발견과 상업 · 과학 · 기술의 발전 과정에서 유럽 각국은 치열한 경쟁을 벌였다.

이러한 경쟁은 중상주의(重商主義, Mercantilism)라는 개념으로 대표되는데, 국력을 강하게 하기 위해서는 부의 축적이 첫째이며, 이를 위해서는 과학 · 기술의 발전이 수반되어야 하였다. 중상주의 역사의 전개는 유럽에서 국가를 단위로 하는 자본주의 발전의 태반이었다. 이러한 자본주의 발전의 와중에서 국가구성원은 그들의 가치관과 실천윤리를 민족 · 국가주의라는 관점에서 결집시켜야 하였고, 이는 국가문화가 정립되는 데 근간이 되었다.

시민혁명과 산업혁명을 거치면서 유럽 전반에 걸쳐 민족 국가가 폭넓게 형성되어 가고, 또 이의 건설이 열정적으로 추구되면서 민족주의가 뜨겁게 달아올랐다. 시민 · 산업혁명은 국가의 테두리 안에서 수행되었고, 이러한 혁명의 진전은 각국의 독자적인 영역을 강화시켰다. 각 민족 국가는 유럽의 공동요소를 자기 국가의 고유한 것으로 정착시키는가 하면, 자기 국가만이 유럽의 문화전통을 계승 · 발전시키는 지도국이 될 수 있다고 주장하였다. 그들은 유럽의 공동문화보다는 민족 고유의 문화에 적극적인 관심을 보였다. 민족 고유의 전통문화를 찾아 내어 이를 체계화하

유럽 국가별 에티켓과 문화적 차이

유럽 나라들의 문화적 차이는 국가별 에티켓을 보면 알 수 있다. 유럽 몇몇 국가들의 경우를 보면 다음과 같다.

■ 영국

- 사다리 밑으로 지나가거나 방 안에서 우산을 펴면 불길하다고 믿는다.
- 길을 걷다가 지나가는 검은 고양이를 보면 행운의 상징이라고 생각한다.
- 런던의 지하철 에스컬레이터를 이용할 때 왼쪽 편에 서면 무조건 걷거나 뛰어야 한다. 그렇지 않으면 "좀 비켜 주시겠어요?" 라는 말을 듣게 된다. 런던의 지하철에서는 반드시 지켜야 한다. 만약 움직이기 싫다면 오른편에 서야 한다.
- 영국인들은 애완동물을 끔찍이 생각하므로 함부로 다루거나 위협적인 행동, 가혹행위는 절대 삼가야 한다.

■ 프랑스

- 택시 운전석 옆에 손님이 앉지 않는 것이 예의이다. 운전사가 허락한다면 탑승은 가능하지만 추가 요금이 청구된다.
- 미국식 O.K. 사인은 '가치가 없다'는 의미이므로 프랑스인 앞에서 조심해야 할 제스처(gesture)이다.
- 주위의 허락 없이 닭고기를 손에 들고 먹으면 야만인 취급을 받게 되므로 사전에 동의를 구해야 한다.
- 레스토랑에서 가르송(garçon, 영미권의 웨이터에 해당)을 부를 때 손을 흔들거나 큰 목소리로 부르면 예의에 어긋난다. 지나가는 가르송을 조용히 쳐다보며 눈맞춤을 한다. 눈길이 마주칠 때 고개를 끄덕이면 알아서 다가온다.
- 반가움 표현으로 와락 껴안는 것은 예의에 어긋나며 서로 뺨을 가볍게 부딪치며 입으로 뽀뽀하는 소리를 내는 '비쥬'(bisous)를 하는 것이 익숙하다.
- 와인을 다 마셨다고 직접 따라 마시는 것은 삼가야 한다. 웨이터가 잔을 채워 줄 때까지 기다리면 된다. 특히, 여자는 남자가 와인을 따라 줄 때까지 기다리는 것이 예의이다. 잔이 비어 있으면 웨이터가 알아서 채워 준다. 만약 그만 마시고 싶을 때는 절반 정도 채워진 잔을 그냥 두면 된다.

■ 독일

- 꽃 선물은 홀수로 하되 13송이를 선물하는 것은 삼가야 한다. 13일의 금요일처럼 불길한 징조로 여기기 때문이다.
- 선물을 포장할 때 흰색, 검정색, 갈색 포장지는 피해야 한다. 장례식을 연상케 한다.

- 독일인과 만날 때마다 식사는 하였냐고 물어 보면 먹는 거밖에 모르는 별난 속물로 오해받을 수 있으니 주의해야 한다.
- 독일인들은 대화를 하는 도중 무의식적으로 주머니에 손을 넣는 것을 무례한 행동이라 생각한다.

■ 이탈리아

- 소금이나 후추 등을 다른 사람 손을 거쳐 받으면 좋지 않다는 미신이 있으니, 소금과 후추는 직접 가져와 먹는 것이 좋다.
- 손가락을 턱에 댔다 떼었다 하면 '귀찮다'는 의미이다.
- 자신의 귀를 만지는 것은 상대를 모욕하는 사인이므로 주의해야 한다.
- 이탈리아의 수많은 성당을 구경하기 위해서는 보수적인 옷차림이 꼭 필요하다. 대부분의 성당에서는 짧은 바지나 미니스커트, 민소매 옷을 입고서는 입장이 불가하다.

■ 스페인

- 시에스타(siesta)는 스페인어로 '낮잠'이라는 의미이다. 옛날 스페인의 농가에서는 뜨거운 태양 볕을 피하기 위해 점심식사 후 낮잠을 자는 풍습이 있었는데 이것이 지금까지 전해 내려오고 있다 . 오후 1시부터 4시까지 낮잠을 자기 때문에 레스토랑이나 상점, 관광지, 박물관 등도 문을 닫으므로 사전에 미리 알아보고 방문을 해야 한다.
- 저녁식사는 9~10시경에 하는 것이 보통인데, 초대를 받았을 경우 시간을 맞춰 가는 것보다 조금 늦게 가는 것이 예의이다. 또한 빈손으로 가는 것은 예의에 어긋나므로 와인이나 디저트를 선물로 갖고 가는 것이 좋다.
- 2011년부터 건물 내 흡연이 전면 금지되었으며 술집에서도 금지이므로 주의한다.
- 스페인의 성당을 구경하기 위해서 너무 짧은 옷이나 민소매 옷을 착용하면 입장이 불가능할 수도 있다는 점에 주의한다.

출처: 한국관광공사, 「글로벌에티켓」에서 발췌 및 수정(http://korean.visitkorea.or.kr/globaletiquette/global2.jsp).

고, 민족 고유의 역사를 개척 · 미화하여 이를 교육하는 것이 애국지식인의 가장 중요한 과제로 여겨졌다. 국가에 대한 애국심이 인생의 가장 중요한 덕목으로 자리잡았다. 이러한 상황이 전개되는 가운데 유럽의식이란 추상적인 형태로서 유럽인의 잠재의식 속으로 억눌려 들어가고 민족의식만이 현실적인 중요한 가치로 전면에 나타났다. 민족 고유의 언어를 정비하여 열정적으로 교육시키고, 민족 고유의 생활 문화(예를 들어, 의식주 등에 관련한 민속문화)를 창달하며, 민족학(Volkskunde)이라는 학문이 발달하였다. 기독교 문화도 민족문화의 연계 속에서 더욱 새롭게 정립되어야 하였다. 예를 들어, 교회 조직과 교회 윤리, 교육제도나 교육 내용 등도 각 민족문화 또는 민족 국가의 목표와의 관계 속에서 재정립되어야 하였다. 이러한 교육을 통해서는 당연히 유럽인이 길러지는 것이 아니라, 유럽의 한 민족 국가의 시민이 길러지는 것이다. 이러한 민족주의의 발전은 앞에서 언급한 문명이론의 진전과 국가를 단위로 하는 자본주의의 발전 등과 더불어 제국주의의 역사로 이어졌다. 유럽 국가 간의 치열한 제국주의 경쟁은 제1차 · 제2차 세계대전의 원인이 되었다.

6.1.7 유럽통합과 유럽 문화

이러한 전대미문의 대량파괴전쟁을 겪고 나서 민족주의 그리고 제국주의에 대한 반성이 일고, 이는 실질적인 유럽통합운동으로 나타났다. 이 과정에서 다시 유럽의 공동문화에 대한 관심이 고조되었다. 즉, 유럽통합이 진행되는 시기에 유럽인에게 유럽의식이 다시 주요한 가치가 되었다. 예를 들어, 기독교 분파의 형성과 함께 유럽의 통일성에 근본적인 변화가 일어났다는 역사적 측면을 고려할 때, 유럽통합이 추진되는 시기의 초교파운동(ecumenical movement)은 지대한 관심을 끈다. 학교 교육 과정에서 고전어 과목과 유럽 중세사 등이 강조되는 현상도 주목을 받을 만하다. 유럽통합 추진자는 유럽의식을 고양시키는 데 많은 노력을 기울여 왔다. 회원국 역사가의 공동작업에 의해 유럽 공동의 역사서가 출간되었다. EU 회원국 학교 간에 학생 · 교사 교환 프로그램이 활발히 시행되고 있는데, 그 대표적인 것이 에라스무스(ERASMUS) 프로그램이다. 르네상스시대의 대표적인 휴머니스트인 에라스무스(Desiderius Erasmus, 1466~1536)를 연상시키는 이 프로그램은 '유럽 지역 대학생 교환프로그램'(European Regin Action Scheme for the Mobility of University Students)의 약어이다. 이렇게 의도적으로 ERASMUS라는 약어를 추출하여 프로그램 이름으로 제정한 것은 고전교

독일-프랑스 공동역사교과서 주요 내용과 쟁점

나폴레옹전쟁, 보-불전쟁, 제2차 세계대전 등 역사적으로 여러 차례 전쟁을 치렀던 독일과 프랑스가 공동역사교과서를 발간하였다. 유럽연합(EU)의 지도국으로서 유럽통합을 주도하고 있는 양국은 젊은 세대에게 역사 인식을 공유하고 이를 통해 미래의 비전을 함께 할 수 있는 계기를 마련해 주었다. 그러나 오랜 역사적 갈등 관계를 유지해 온 양국의 역사 기술에 차이가 나는 것은 당연한 일이다. 공동역사교과서 편찬위원들은 이런 쟁점 사항에 대해 이를 병기함으로써 일방적인 시각을 배제하였다. 또한 역사적 사건들에 대해 교과서 분량의 20%는 객관적 기술을 담고 80%는 지도, 도표, 사진, 참고자료 등 사료를 직접 제공함으로써 학생들 스스로 탐구하고 비교하도록 하였다. 게다가 이 교과서는 독일과 프랑스의 역사뿐 아니라 유럽사, 나아가 세계사를 함께 조망할 수 있는 내용을 담고 있다.

다음은 독일-프랑스 공동역사교과서의 주요 쟁점사항을 정리한 것이다.

- 제2차 세계대전 후 미국의 역할: 독일 측은 제2차 세계대전 이후 미국의 유럽에 대한 지원과 민주주의 정착을 위한 역할을 긍정적으로 평가하였다. 반면 프랑스 측은 미국의 영향력 확대를 제국주의적 정책으로 평가하였으며 미국의 패권주의 경향을 경계하는 입장을 보였다.
- 냉전 시기: 독일과 프랑스의 대부분 역사학자들은 냉전을 1947~1989년 사이의 동서 진영 간 대결로 규정하고 있으나 독일의 일부 역사가들은 냉전을 1962년 쿠바 미사일 위기 당시까지로 기간을 한정해 해석하고 있다.
- 공산주의에 대한 평가: 프랑스에서 공산주의는 레지스탕스운동, 나치 독일에 대항하는 소련의 투쟁 등과 연관시켜 제2차 세계대전 이후 존경의 대상이 되기도 하였으며, 심지어는 프랑스 정부 구성에 참여하기도 하였다.

  그러나 독일에서는 동독 정권 수립, 베를린 봉쇄, 동독 민중봉기 유혈진압, 베를린 장벽 건설 등 소련의 위협 등으로 공산주의는 부정적인 이미지를 갖고 있다.
- 식민지 해방: 독일은 제1차 세계대전 이후 식민지를 상실해 냉전 시기에 진행된 탈식민지 논쟁에 휘말리지 않았으나 프랑스는 알제리전쟁(1954~1962)으로 인해 정치권이 분열되는 등 식민지 해빙운동에 직접적으로 많은 영향을 받았다.

출처: 연합뉴스, 2006년 7월 10일.

육에 기반하여 유럽 공동문화의 뿌리를 내린 역사를 연상시키기 위한 것임을 알 수 있다. 유럽의식을 고양시키려는 노력은, 예를 들어 '유럽문화수도'(European Capital of Culture) 제정사업이나 '유럽의 날'(Europe Day) 행사 등에서도 잘 나타난다.

그러나 현실의 유럽통합은 회원국이 주체가 되어 이루어지고 있고, 유럽통합 과정에서도 각 회원국의 민족의식은 여전히 뿌리깊다. 국가의 구성원, 달리 말해 국가시민을 위해 지금까지 국가가 해오던 사회 · 문화적 역할과 기능을 EU 내지는 앞으로 있을 수 있는 유럽연방이 대신해 줄 수 있을지에 대해서는 아직도 많은 유럽인이 의구심을 가지고 있다. 따라서 현실적으로 유럽 각국의 민족의식이나 국가의식을 무시하고 유럽의식을 진흥시키는 데는 명백한 한계가 있다. 또한 이런 것을 무시해서도 안 될 것이다. 왜냐하면, 이것은 다양한 유럽의 귀중한 문화유산에 대한 훼손을 초래할 것이기 때문이다. EU 문화정책의 주안점은 각 민족문화를 존중하고 진흥시키면서 여하히 유럽의식을 심화시키느냐 하는 데 놓여 있다. 이른바 '다양성 속의 통일'이라는 문화정책이 이를 대변한다. 즉, 유럽의 공동문화를 계승하고 또 새로이 창출하여 유럽 각국의 개별성이 변증법적인 통일을 통해 유럽 보편성을 형성해 내고, 기존의 유럽 보편성을 확대 · 재생산하는 과정에서 유럽 각국의 문화를 더욱 풍요롭게 하는 차원의 정책을 추진하고 있다고 볼 수 있다. 그러나 이러한 문화정책의 실현은 신속히 진행되어야 하는 유럽통합의 일정에 비추어 통합 원동력으로서의 구체적인 기조는 될 수 없다. 현 단계에서 볼 때, 이는 EU의 문화적 차원에서 설정된 기본 목표라고 보아야 옳을 것이다. 특히, 주목을 끌고 있는 회원국 공동의 직업교육 프로그램과 같은 구체적인 문화정책도 그 실현효과를 위해 장기간의 시간과 정성을 요하는 사항이다. 그러나 EU의 궁극적인 실현 목표 중의 하나가 유럽시민권 제도임을 볼 때, 문화적 차원은 유럽통합 과정의 본질적인 것 중 하나임이 분명하다.

6.1.8 맺음말

EU를 문화적 차원에서 규명한다는 것은 유럽 보편의 문화유산으로서 기독교 문화와 그리스 · 로마 문화에서 그 원류를 찾는 휴머니즘 전통, 그리고 유럽 각국의 민족문화를 파악하고, 이들이 유럽통합이라는 역사적 진행 속에서 상호 얽혀 있는 관계를 인식하는 일이다. 이러한 규명 작업은 세계 단일경제시장의 완성을 향해 항진하고 있는 작금의 세계화 추이 속에서 세계문화의 향배에 대한 귀추를 추론해 보는 계기도 될 수 있을 것이다.

6.2 유럽 문화의 다양성, 다차원, 새로운 패러다임을 위한 모색[2)]

6.2.1 시장통합과 유럽 내 문화적 다양성 보존을 위한 모색

(1) 기원

유럽 사회의 통합 과정은 다음과 같은 사실들로 간략히 정리될 수 있다. 유럽에 독특한 사회 모형의 창출, 단일시장의 건설과 공동정책을 동반하는 경제적 통합, 그리고 공통적인 문화적 유산의 존재, 그러나 우리는 유럽 역내에 동질적인 경제 영역을 건설해 가는 과정이 언제나 다민족 또는 다문화의 보존이라는 문제와 대치되어 왔음을 잊어서는 안 된다.

EU는 초기의 형성 단계부터 현재에 이르기까지 문화적인 영역에서의 통합은 그렇게 활발히 이루어지지 않았다. 경제적인(그리고 궁극적으로는 정치적인) 통합은 문화의 표준화 또는 동일화를 동반하지 않은 상태로 달성되어야만 하였다. 유럽 모형의 독특성은 결국 유럽 내에 문화의 다양성을 유지하는 가운데 경제적 · 정치적 통합을 이루어야만 함을 의미하는 것이다.

그러나 모네가 고취하여 유럽통합의 과정에 도입되었던 신기능주의적(neo-

2) 이 장(章) 6.2는 이종원 · 황기식, 『EU 27: 유럽통합의 이해』, 해남, 2008에 게재된 Flor Van de Velde 前 EU 집행위원회 문화담당관의 글을 부분 편집 및 수정한 것이다.

functional) 접근 방식은 유럽의 발전이 궁극적으로 문화적 차원에 기반을 두고 있어야 한다는 점을 고려하여 본다면, 현재 그 유용성을 잃어 가고 있는 것으로 보인다.

(2) 역사적 발전 과정

EU가 문화 영역에서 보인 활동 내역은 시기에 따라 구분될 수 있다. 1977~1982년의 시기에는 EC조약을 문화 부문에 적용하는 데 주력하였고, 1982~1986년에는 EC의 주요 원칙 중 하나로 경제 관련 정책이 문화에 미칠 수 있는 영향을 적극 고려하여야 한다는 점이 널리 받아들여졌으며, 1987~1992년에는 EU의 주요 활동 영역 중 하나인 문화 부문을 지원하기 위해 보다 체계적인 활동계획이 도입되었다. 또한 1992~1996년에 도입된 EU의 문화 활동에 관한 계획은 회원국 간의 문화적 다양성(cultural diversity)에 대한 인식의 제고와 보충성의 원칙(principle of subsidiarity)이라는 두 가지 원칙에 그 기초를 두고 있다. 그러나 이 계획은 단지 권고사항으로 존재할 뿐, EU의 실제 활동계획으로는 아무런 법적 효력이 없었다.

역사적 발전 과정에 관한 고찰을 통해서도 알 수 있듯이, 유럽의 통합 과정에서 중심적 역할을 담당해 온 경제논리가 결국 문화 영역에도 영향을 미치게 되어 궁극적으로 문화 부문에서 유럽의 모형을 창출하는 데 큰 제약으로 작용하여 왔다. 즉, 회원국 사이에 더 이상의 차별이 존재하지 않고, 또한 무역장벽이 모두 제거된 단일 유럽시장을 건설하고자 하는 경제적 목적과 각 회원국이 발전시켜 온 기존의 다양한 문화정책 사이에 명백한 긴장 관계가 형성되어 왔다는 것이다.

우선, 유럽 차원에서 단일시장을 건설하고자 하는 노력과 개별 회원국이 자국의 특정 문화와 문화 활동을 지원하고자 하는 정부 역할 사이에 긴장 관계가 나타나게 된다. EU 차원에서 자국 기업에 대한 회원국 정부의 차별적인 지원을 금지해 온 EU 조약(TEU) 제92조와 자국 내 또는 지역 내 특정 문화를 지원해 온 문화보조금 지급 정책은 양립하기 힘든 면이 있다. 그러나 무차별규정(non-discriminatory rule)은 각국의 교향악단, 출판업자, 영화제작자와 문학 등에 대하여 지급되고 있는 문화보조금의 특수성에 대하여 일정 정도 양해하고 있음이 사실이다.

시장통합과 미디어정책 간의 관계 또한 많은 문제점을 지니고 있다. 유럽 차원에서 적용되는 미디어정책은 기존의 보호무역주의 정책을 철폐함으로써 이루어지는 '소극적 통합'(negative integration)과 회원국 간 공통의 문화적 이해를 보존하는 가운데 이루어지는 '적극적 통합'(positive integration)(또는 정책통합)의 양면을 동시에 지니고 있다.

시장통합은 또한 각국의 언어정책에도 많은 영향을 미친다. 과연 한 국가가 자국 내의 특정 직무를 수행하는 데 있어 필수적이지 않는데도 불구하고 다른 유럽인에게 반드시 자국의 언어를 습득하도록 요구하여야만 하는가? 이와는 반대로 문화의 다양성과 개별 언어의 독특성은 함께 존중되어야만 하는 것이다.

(3) EU

신기능주의적 접근 방식에 입각한 경제통합의 논리가 일정 정도 EU 내에 존재하는 소수 문화를 말살하며 문화와 언어의 표준화(standardisation)를 유도해 온 측면도 있는 반면, EU가 문화 영역에서의 활동을 법적으로(공식적으로) 규정하여 유럽 모형의 특수성을 보존하고자 노력하여 왔음도 사실이다(예를 들어, 회원국 간 문화적 다양성에 대한 법적 인정과 보충성의 원칙 제시 등).

점차로 경제가 국제화되어 가는 현재의 상황 하에서 개별 국가와 지역은 자신의 정체성을 보존해야 할 필요성을 인식하여 왔다. 이에 따라 TEU는 유럽 내 경제와 사회의 통합을 강화하는 동시에, 문화의 다양성을 보존 · 발전시키기 위하여 두 가지 측면에서 노력을 경주하여 왔다.

TEU 제128조는 "EU는 회원국 내에 존재하는 각국의 그리고 지역의 다양성을 존중하는 동시에 현존하는 공동의 문화적 유산을 보존하여 문화를 더욱 풍성하게 하기 위하여 기여할 것"임을 밝히고 있다. 이에는 세 가지 요소가 구분되어 언급되었다.

① EU는 단일한 문화정책을 추구하기보다는 문화의 다양성을 보전 · 장려하기

스코틀랜드의 분리 독립 움직임

1995년 영화 「브레이브하트」(Braveheart)에서 보여준 스코틀랜드의 700년 독립 염원이 현실이 될까. 내년 9월 18일 스코틀랜드는 영국에서 분리 독립할 것인지를 묻는 주민투표를 실시한다. 투표 문항은 딱 하나, '스코틀랜드가 독립국이 되어야 하는가'이다.

알렉스 새먼드 스코틀랜드 자치정부 수반이 26일(현지 시각) 독립의 청사진을 담은 백서(白書) 『스코틀랜드의 미래』를 발표하였다고 BBC가 보도하였다. '독립국으로 가는 가이드'라는 부제가 붙은 이 백서는 670쪽 분량에 이른다. 무상보육 지원, 최저임금 현실화 등 복지 공약과 핵미사일 잠수함 기지 폐쇄, 세제 개편안 등을 담고 있다.

이번에 나온 백서의 골자는 "스코틀랜드가 독립하면 영국 '치하'에 있을 때보다 세금은 줄어들고 복지는 강화된다"는 것이다. 독자 여권을 발행하고, 정규군 1만 5,000명 규모의 군대도 창설할 계획이다. 새먼드 자치정부 수반은 "지금껏 독립을 추진한 나라들이 발표한 청사진 가운데 가장 광범위한 내용"이라고 자신하였다. 새먼드는 분리 독립을 주장하는 '스코틀랜드 국민당'(SNP) 대표다. 지난 2011년 총선에서 독립을 공약으로 내걸고 승리하였다.

내년은 영화 「브레이브하트」의 배경이었던 배넉번전투(1314년) 700주년이 되는 해다. 당시 스코틀랜드는 이 전투에서 승리한 뒤 독립의 발판을 마련하였다. 하지만 1707년 영국에 다시 병합된 뒤, 오늘에 이르고 있다. 스코틀랜드는 700년 만에 독립의 꿈을 재현하려고 하지만, 관건은 현실적 능력이다. 영국의 알리스테어 달링(60) 전 재무장관은 백서에 대해 "아무런 의미 없는 주장만 담긴 허구의 산물"이라고 혹평하였다. 스코틀랜드가 독립하면 재정 지출 부담이 늘어날 수밖에 없는데도, 구체적인 재원 조달 대책 없이 '장밋빛 계획'만 늘어놓았다는 비판이다.

분리 독립 진영도 이런 비판을 알고 있다. 이 때문에 경제 분야는 가능한 한 현재 기틀을 유지하는 내용을 많이 넣었다. 영국 파운드화(貨)와 영국은행을 기축통화와 중앙은행으로 각각 유지하고, 엘리자베스 2세 여왕을 명목상의 군주로 인정하겠다는 내용이 대표적이다. 일간 가디언은 "유권자의 15~24%에 이르는 부동층을 공략하기 위한 유화책"이라고 전하였다.

독립에 대한 스코틀랜드 주민들의 회의나 불안감은 여전히 높다. 올해 현지 주민들을 대상으로 실시된 23차례의 여론조사에서 독립 찬성이 반대보다 높았던 적은 단 한 차례에 불과하였다. 나머지는 모두 독립 반대 의견이 찬성보다 8~27%포인트 가량 높았다.

출처: 조선일보, 2013년 11월 28일.

위하여 힘쓴다.

② EU는 제한된 영역에 한해서만 정책적 발전을 추구한다.

③ 각국 문화정책의 조화(통합)를 금한다.

TEU는 경제적 · 정치적 통합을 추구하는 한편 문화적 다양성도 함께 보전될 수 있도록 종합적인 노력을 기울이기 위한 그 첫걸음이었다. 유럽 차원에서 문화와 예술을 진흥시키기 위해서는 유럽 내 공동의 문화적 유산에 관한 인식을 제고하는 동시에 문화의 다양성을 존중하여야 한다. 또한 이 밖에 EU 정책과 계획의 수립 과정에도 사회적 차원에서 적극적으로 고려하여 문화 영역과 여타의 정책 부문이 한층 더 높은 차원에서 통합을 이룰 수 있도록 하여야 한다.

6.2.2 새로운 환경 하에서 유럽의 새로운 문화 패러다임: 다문화 유럽의 다차원적 정체성

(1) 배경

유럽 사회에 증가하여 온 개인주의의 경향(정신적 공동화 현상)과 사회 · 경제체제 간의 통합(비인간화와 체제의 시장화 현상)은 결국 사회구조적인 변화를 초래하였고, 이에 따라 기존의 문화와 경제 그리고 사회 간의 관계 또한 재정립되었다. EU는 문화적 다양성을 가장 중요한 특성 중의 하나로 지니고 있기 때문에 각 문화를 지나치게 '동일화'시키지 않도록 주의하여야 한다. 그러나 EU는 문화정책을 실행하는 가운데 각 문화 간의 독특성을 보전하기보다는 행정적 편의를 위하여 특정 절차만을 따르게 될 위험이 있다(부연하면, EU의 문화정책을 위한 지출이 있을 경우 각 문화의 독특성을 우선적으로 고려하여야만 한다). 우리는 유럽이 역내 문화의 다양성이 사라진 채 모든 문화가 동일화되어 버리는 범세계적 문화공간으로 변모되지 않도록 주의하여야만 한다. 유럽 내 문화가 서로 잘 융화될 경우 궁극적으로 다양성은 잉여가치를 창출할 수 있다. 그러므로 유럽 내 소수 문화에 대한 보호는 그 무엇보다도 중요한 의미를 지니고 있는 것이다.

(2) 유럽을 위한 새로운 문화 패러다임

이상과 같은 배경 하에서 유럽에 존재하는 경제적 · 사회적 · 문화적 그리고 종교적 공동체 간의 평화적 공존과 상호 존중은 매우 중대한 문제로 남는다. 유럽에서의 문화적 통합과 다양성에 관한 논쟁 가운데 가장 합리적인 해결점과 현대 유럽 사회 발전의 주동력은 도덕성을 겸비한 다원주의적 방법으로부터 찾을 수 있다. 바로 이러한 다원주의의 원칙이 유럽 내 새로운 관계가 형성되는 과정 속에서 우리의 사고와 활동을 인도하는 지표가 되어야 한다.

이는 문화가 사회의 전반적 변화에 대하여, 그리고 그 사회에 소속된 시민 사이에 표출되는 특정의 이해 관계에 대하여 이미 역동적이고도 변증법적으로 반응하고 있음을 의미한다. 즉, 우리는 후기 근대사회의 긍정적인 측면에 주목하여야 한다는 것이다. 사회의 인간화(humanisation of society)는 사회구성의 원리로 제기되는 민주

지브롤터 영토 갈등… 스페인, 영국의 외교 행낭까지 훔쳐 봐

대서양과 지중해를 구분 짓는 지브롤터 해협에 위치한 영국령(領) 지브롤터 자치구의 영유권을 둘러싸고 촉발된 영국과 스페인 간 갈등이 고조되고 있다.

스페인 당국이 지브롤터에서 국경을 넘어 스페인으로 운반되던 영국 정부의 외교 행낭을 개봉하여 영국이 크게 반발하고 있다고 BBC가 26일 보도하였다. 영국 정부는 스페인이 외교 행낭 속 내용물을 재외 공관 주재국 정부나 제3국이 마음대로 들여다볼 수 없도록 한 '외교 관계에 관한 빈 협약'을 위반했다고 주장하였다.

이번 일은 최근 터진 스페인 측량선의 지브롤터 영해 침범 사건과 관련해 영국이 군사력 동원 가능성을 내비친 지 이틀 만인 22일 발생하였다. 스페인 측량선은 지난 18일 측량 조사를 명목으로 국경선을 넘어 지브롤터 영해에 진입, 20시간 정도 머물다가 영국 해군 경비정의 경고를 받고 철수하였다. 영국 외무부 마크 시먼즈 부장관은 20일 하원 외무위원회에서 "지브롤터 주권과 경제, 안전을 위해 필요한 모든 조치를 하겠다"며 "해군 파견도 검토하겠다"고 밝혔다.

스페인 정부는 지난 7월 26일 영국에 지브롤터 자치구 반환 협상을 요구하며 국경선에서 통행 차량에 대한 세관 검색을 강화하였다. 스페인은 지브롤터행 항공기의 스페인 영공 통과를 거부하는 방안도 검토 중이다.

이에 영국 외무부는 "주권을 보호하기 위해 모든 수단을 동원할 것"이라며 반발하였다.

영국은 1701년 시작된 스페인 왕위계승전쟁에 참전하던 중 지브롤터를 점령하였다. 이후 지브롤터는 1713년 위트레흐트조약에 따라 영국에 양도되었다.

출처: 조선일보, 2013년 11월 28일.

주의와 시장경제의 원칙을 넘어서는 새로운 정치학적 틀(meta-politics)과 경제학적 틀(meta-economics)을 필요로 한다.

향후 유럽통합의 성공 여부는 역사적·문화적으로 특수한 상황 속에서 형성되는 특정 가치에 대한 전반적인 공감과 인식에 달려 있다고 볼 수 있다. 21세기에 있는 대다수의 사람은 사회적 담론을 통하여 정치적·경제적·도덕적인 차원에서 드러나는 각종 사회적·문화적 문제(예를 들면, 기술관료나 기존의 과학적 사고, 또는 현존하는 사회적 상호 관계에 관련한 문제)에 대한 해결점이 제시될 때에만 사회적 결손(social deficit) 문제가 극복될 수 있다고 믿는다. 이와 같은 문제점에 대한 해결점은 다양성을 제거함으로써 이루어지는 소극적 통합방법을 통하여서는 결코 찾을 수 없다. 현재의 개방된 유럽 사회는 사회의 복합성을 극복할 수 있는 대안으로서의 새로운 개념에 기반을 두는 적극적인 정책 접근과 새로운 사회적 관계를 요구하고 있다.

이상에서 논의된 바와 같이, 유럽과 국제사회 사이의 상호 의존이 심화되어 감에 따라 유럽통합은 위협과 희망의 양면을 동시에 지니고 있다. 유럽 전역에 걸쳐 나타나는 억압적인 민주주의 정책과 내부 지향적 지역주의의 경향(이는 후기 근대사회의 부정적 측면이다)이 나타나는 동시에, 더욱 굳건히 통합되어 가는 EU의 내부로부터 표출되는 긍정적인 현상으로서 지역적·민족적 열망을 발견할 수 있는 것이다.

오늘날 점차 복잡해지는 유럽 사회에서 발견할 수 있는 다양한 사회적·문화적 변화들은 향후 유럽 사회가 발전해 나가는 과정에서 채택되어야 할 문화의 패러다임에도 변화가 있어야 함을 의미한다. 이에는 자연과학계 내부에서 끊임없이 진행되고 있는 패러다임에 관한 논쟁이 사회과학 부문에서의 논의에도 많은 도움을 줄 수 있을 것으로 생각된다.

6.2.3 결론

EU가 문화 간 상호 교류를 주요 특성으로 갖는 다문화의 공간을 유럽에 창출하기 위해 지속적인 노력을 경주하여 왔음에도 불구하고, 유럽은 현재에도 여전히 새로운 사회적 구성이 요구되는 다문화의 시대적 상황 하에 있다. 상이한 문화가 서로 분리되어야 할 필요는 없다. 각 문화가 서로를 파괴하거나 혼란시키지 않으며 상호 간의 다양성을 유지할 수 있을 때 모두 함께 단일한 유럽 사회를 구성할 수 있을 것이며, 또한 서로에게 영향을 미치며 상호 관계를 유지하는 가운데 서로의 변화를 유도할 수 있을 것이다. 이러한 과정은 경제통합과 사회문화적 다양성의 인정이라는 두 가지 중요한 경향의 결과로 나타나는 것이다.

그러므로 문화를 중심으로 하여 형성되어 온 사회인 유럽은 대내외적으로 물질적 · 정신적인 차원에서 표출되는 다양한 사회적 표현이 함께 공존할 수 있도록, 상이한 문화 간 그리고 크고 작은 문화적 구성체 사이에 적극적인 교류의 장을 마련하여야만 한다. 이러한 의미에서 문화 중심의 새로운 유럽 건설과 이에 걸맞는 새로운 패러다임의 도입은 전반적인 인식구조의 측면에서 두 가지 시사점을 제시하고 있다. 우선적으로 수많은 역사적 · 지적 모순점 가운데서도 '유럽 차원에서 사고'하는 것과 '유럽에 대하여 상상'한다는 것은 유럽 사회의 복합성과 더불어 사회적 행위자 사이에 문화적인 교류가 급속히 증대되고 있다는 사실에 대하여 인식하고 있음을 의미하는 것이며, 동시에 동일한 '유럽성'(Europeanness)에 대한 정신적 교감이 존재하고 있음을 의미하는 것이다.

결론적으로 현재 형성되고 있는 유럽 사회의 모형은 유럽 내에 존재하는 다양한 문화적 표현과 각자가 지니는 문화적 역량의 다양성을 바탕으로 하여 '시민의 유럽'이 궁극적으로 '유럽의 사회'로 변화 · 발전할 수 있도록 이 과정에서 필수적으로 요구되는 제반 조건을 구비하고 있어야만 한다. 문화는 사람이 다양한 인식과 상황 속에서 역동적으로 사회 관계를 가지며, 이를 통해 사회구성원이 상호간에 교류를 이루고 있음을 이미 전제하고 있다. 이와 같은 사실이 무시된다면 EU가 그 자신의 존재이유를 잃는 것과 마찬가지일 것이다. 따라서 우리는 경제와 사회 간의 관계가 더욱 긴밀하게 재구성되고, 그 가운데 인간성이 다시 회복되며 궁극적으로는 문화적 차원에 관련된 문제가 미래 유럽 사회의 모형 속에 충분히 반영될 수 있도록,

코페르니쿠스적인 인식의 전환을 이루어 내야만 한다. 이를 위한 노력을 경주하고 또한 이에 필요한 상상력을 마음껏 펼칠 수 있기 위해 우리는 각자가 지닌 나래를 힘차게 펼쳐야만 할 것이다.

07 EU의 확대

7.1 EU의 확대 과정

7.2 EU 회원국 가입 기준

7.3 EU 확대로 인한 경제적 변화

NORGE
SVERIGE
SUOMI
FINLAND
EESTI
LATVIJA
LIETUVA
DANMARK
UNITED
KINGDOM
IRELAND
ÉIRE
NEDERLAND
DEUTSCHLAND
POLSKA
BELARUS
RUSSIJA
BELGIE
BELGIQUE
LUXEMBOURG
ČESKÁ
REPUBLIKA
SLOVENSKO
UKRAÏNA
FRANCE
SUISSE
SCHWEIZ
SVIZZERA
ÖSTERREICH
MAGYARORSZÁG
MOLDOVA
SLOVENIJA
HRVATSKA
ROMÂNIA
PORTUGAL
ANDORRA
MONACO
SAN
MARINO
BOSNA I
HERCEGOVINA
SRBIJA I
CRNA GORA
BALGARIJA
ESPAÑA
ITALIA
SHQIPËRIA
TÜRKIYE
ΕΛΛΑΔΑ
ELLADA
SOURIYA
ΚΥΠΡΟΣ
KYPROS
KIBRIS
LIBNAN
MALTA

7.1 EU의 확대 과정

1952년 ECSC를 창설한 EU 원가입 6개국(프랑스, 독일(당시 서독), 이탈리아, 벨기에, 네덜란드, 룩셈부르크)은 1958년에 EEC와 Euratom을 추가로 설립함으로써 초창기 유럽 통합의 틀을 확립하였다. 이들 기구의 성공적인 운영으로 1973년 EFTA 3개국(영국, 아일랜드, 덴마크)이 EC에 가입하여 EU의 1차 확대가 이루어졌다. 이어 1981년 그리스(2차 확대), 1986년 스페인과 포르투갈(3차 확대), 1995년 오스트리아, 스웨덴, 핀란드(4차 확대)가 EU에 가입함으로써 EU 회원국은 15개국으로 확대되었다.

이후 2004년 5월 1일 중동부 유럽 및 지중해 10개국의 EU 가입이 오랜 협상 끝에 실현되었다(5차 확대). 10개국은 체코, 사이프러스, 에스토니아, 라트비아, 헝가리, 몰타, 슬로베니아, 슬로바키아, 리투아니아, 폴란드이다. 2007년 1월 1일에는 불가리아와 루마니아가 추가로 EU에 참여하게 되었고(6차 확대), 가장 최근인 2013년 7월 1일에는 크로아티아가 EU 회원국이 되었다(7차 확대). 이로써 EU는 5억 명, 28개국의 회원국을 가진 슈퍼 경제통합체가 되었다.

〈표 7-1〉 EU의 확대

1952년(ECSC), 1958년(EEC, Euratom)	프랑스, 독일(서독), 이탈리아, 벨기에, 네덜란드, 룩셈부르크
1973년 1차 확대(EC)	영국, 아일랜드, 덴마크
1981년 2차 확대(EC)	그리스
1986년 3차 확대(EC)	스페인, 포르투갈
1995년 4차 확대(EU)	스웨덴, 오스트리아, 핀란드
2004년 5차 확대(EU)	체코, 사이프러스, 에스토니아, 라트비아, 헝가리, 몰타, 슬로베니아, 슬로바키아, 리투아니아, 폴란드
2007년 6차 확대(EU)	불가리아, 루마니아
2013년 7차 확대(EU)	크로아티아

7.2 EU 회원국 가입 기준

마스트리히트조약은 EU의 민주적 가치를 존중하는 어떠한 유럽 국가도 EU 가입이 가능하다고 규정하고 있다. 보다 구체적으로 EU에 회원국으로 가입하기 위해서는 ① EU가 요구하는 가입 기준과 규범을 준수하고, ② EU 기구 및 기존 회원국들로부터 동의를 받아야 하고, ③ 자국 국민들로부터 동의를 받아야 한다. 가장 먼저 취해야 할 단계는 가입 기준을 충족시키는 것이다. 1993년 6월 코펜하겐 유럽이사회에서는 EU 가입을 위한 '코펜하겐 기준'(Copenhagen criteria)을 만들어 향후 어떠한 국가도 이 기준을 충족하지 못하면 EU 가입이 불가함을 분명히 하고 있다. 코펜하겐 기준은 크게 다음의 내용을 포함한다.[1]

① 정치적 기준: 민주주의를 수호하고 법을 준수하고 인권을 수호하며, 소수민족의 권리를 보호하는 안정된 제도적 장치 마련

② 경제적 기준: 시장경제가 원활히 운영되도록 하며, 역내 시장 경쟁원리 준수

③ 제도적 기준: 공동체 법과 규범(acquis communautaire)을 효율적으로 실행할 수 있는 능력과 정치 · 경제 · 통화 통합을 성공적으로 완성하기 위한 회원국으로서의 책임을 다함.

이에 더 나아가 향후 서발칸 지역 국가들이 EU에 가입하게 될 것임을 염두에 두고, '안정화 및 연합 과정'(Stabilisation and Association Process: SAP)을 이들 국가에 제시하여 지역협력과 발전에 힘쓰도록 하였다.

EU 가입을 위해 준수해야 할 공동체 법과 규범은 총 35개 장(정책 분야)으로 구성

1) 윤성원, 「Croatia as a New EU Member State: Is the Membership an Opportunity or a Challenge? Or Maybe Both?」, 『유럽연구』 제31권 제3호, 한국유럽학회, 2013, pp. 337~339.

〈표 7-2〉 공동체 법과 규범(acquis communautaire) 35개 장(章)

1. 상품의 자유로운 이동	19. 사회정책과 고용
2. 노동자의 자유로운 이동	20. 기업 및 산업정책
3. 서비스를 구축하고 제공할 권리	21. 범유럽 고속통신망
4. 자본의 자유로운 이동	22. 지역정책 및 구조 수단의 조정
5. 공공조달	23. 사법 및 기본권
6. 기업법	24. 자유, 안전 및 사법
7. 지적재산법	25. 과학 및 연구
8. 경쟁법	26. 교육 및 문화
9. 금융 서비스	27. 환경
10. 정보화 사회 및 미디어	28. 소비자 및 건강보호
11. 농업 및 농촌 개발	29. 관세동맹
12. 식품 안전, 동식물 검역정책	30. 대외 관계
13. 수산업	31. 외교, 안보 및 국방정책
14. 교통정책	32. 금융통제
15. 에너지	33. 재정 및 예산 규정
16. 세제	34. 각종 기관
17. 경제 및 통화정책	35. 기타
18. 통계	

출처: European Commission, Enlargement(http://ec.europa.eu/enlargement/policy/conditions-membership/chapters-of-the-acquis/index_en.htm).

되어 있다. 기존의 공동체 규범은 총 31장이었으나 35개 장으로 새로 개편되어 2013년 크로아티아 가입부터 적용되고 있다.

EU 확대는 당분간 계속될 전망이다. 2014년 현재 마케도니아, 아이슬란드, 몬테네그로, 세르비아, 터키 5개국이 EU 가입후보국(candidate countries)으로 EU와 가입협상을 진행 중에 있다. 이 밖에 알바니아, 보스니아-헤르체고비나, 코소보 3개국은 후보예정국(potential candidate)으로 EU와의 가입협상을 준비 중이다.

7.3 EU 확대로 인한 경제적 변화

EU의 확대로 인해 EU는 세계 최대의 경제블록으로 성장하였다. 2012년 기준으로 전 세계 인구의 7%를 차지하고 있는 EU는 전 세계 무역의 20%를 차지한다. 2012년 현재 EU의 GDP는 약 13조 유로로 미국을 능가하며 세계 최대의 규모이다. 비록 2009년부터 시작된 유로존(Eurozone) 재정위기로 인해 경제성장에 큰 타격을 입었지만, 2011년을 기준으로 전 세계 수입의 16.4%를 차지하여 15.5%를 기록한 미국과 11.9%를 차지한 중국보다도 더 큰 수입대국임을 입증하였다. 수출에서도 전 세계 수출의 15.4%를 기록하여, 13.4%를 기록한 중국과 10.5%를 기록한 미국보다도 월등한 수출 실적을 기록하였다. 2005~2012년 기간 동안 EU 27의 성장률은 8%에 달한다.

2012년 기준으로 EU의 주요 교역 상대국은 미국, 중국, 러시아이다. 수입에 있어서는 중국이 전체 EU 수입의 16.2%를 차지함으로써 최대 수입 대상국이나, 수출은 미국이 전체 EU 수출의 17.3%를 차지함으로써 최대 수출국이 되었다. 한국은 EU의 10대 교역국이다.

그러나 EU 내부적으로는 회원국 간에 큰 경제적 차이가 존재한다(〈표 7-3〉 참조). 독일은 약 3조 6,000억 유로의 GDP를 기록하여 전체 EU GDP의 21%를 차지하고 있는 반면, 몰타는 93억 유로에 그쳐 전체 EU GDP의 0.1%에 그치고 있다. 또한 EU의 3

〈표 7-3〉 EU 회원국 GDP 성장률

(단위: %)

지역 \ 연도	2005	2006	2007	2008	2009	2010	2011	2012	2005~2012
EU 27	2.1	3.3	3.2	0.3	−4.3	2.1	1.6	−0.3	8.0
유로존	1.7	3.2	3.0	0.4	−4.4	2.0	1.4	−0.6	6.7

주: EU 회원국에서 크로아티아는 제외.
출처: Eurostat.

〈표 7-4〉 EU의 주요 교역국(2012년)

(단위: 백만 유로, %)

순위	국가	수입		수출		총교역량	
		수입액	비중	수출액	비중	총교역액	비중
-	EU 27	1,791,727	100.0	1,686,774	100.0	3,478,501	100.0
1	미국	205,778	11.5	291,880	17.3	497,658	14.3
2	중국	289,915	16.2	143,874	8.5	433,789	12.5
3	러시아	213,212	11.9	123,262	7.3	335,474	9.7
4	스위스	104,544	5.8	133,341	7.9	237,885	6.8
5	노르웨이	100,437	5.6	49,821	3.0	150,258	4.3
6	터키	47,789	2.7	75,172	4.5	122,961	3.5
7	일본	63,813	3.6	55,490	3.3	119,303	3.4
8	브라질	37,090	2.1	39,595	2.3	76,685	2.2
9	인도	37,295	2.1	38,468	2.3	75,764	2.2
10	한국	37,861	2.1	37,763	2.2	75,624	2.2

출처: European Commission, 무역통계(http://trade.ec.europa.eu/doclib/docs/2006/september/tradoc_122530.pdf).

대 주요 회원국(Big Three)인 독일, 프랑스, 영국이 차지하는 GDP가 EU 전체 GDP의 절반 이상을 차지한다. 동유럽 국가들과 서유럽 국가 간에도 경제 수준에 있어 큰 차이를 보여준다. 1인당 GDP를 보더라도 서유럽 회원국과 동유럽 회원국 간에 큰 차이가 있음을 알 수 있다.

동 · 서유럽 회원국 간의 경제적 격차는 동유럽 국가의 EU 가입 당시 내부적으로 많은 논란을 야기하였다. 동유럽 국가들의 구매력은 EU의 약 1/4 내지 1/5에 불과하다. 농업 인구는 전체 근로자의 1/5로 EU 평균 4%에 비해 약 5배 높다. 이들 국가가 EU에 가입함으로 인해 EU의 농업 지역은 2/3 정도 증가하게 되었다. 저소득 지역과 국민의 증가는 결속기금 지출의 증가를 의미하고, 농업 지역의 증가는 농업보조금 지출의 증가를 초래할 것이었다.

EU 예산 중 농업 지출(CAP)과 구조기금 지출이 각각 전체의 약 40% 정도씩을 차지하고 있는 점을 감안하면, 동유럽 국가들의 가입은 대규모 EU 예산 지출을 수반

〈표 7-5〉 EU 회원국별 경제 현황

	2013년 총GDP (10억 달러)*	회원국별 GDP 비중(%)	1인당 GDP(2013년, 10억 달러)**	GDP 대비 공공부채 비율(%, 2013년 Q3)	물가상승률 (2012년, %)	2013년 실업률 (M12, %)***
EU 28	17,227.7	100.0	32,471	86.8	2.6	10.7
독일	3,593.2	20.9	39,468	78.4	2.1	5.1
프랑스	2,738.7	15.9	35,680	92.7	2.2	10.8
영국	2,489.7	14.5	37,299	89.1	2.8	7.2(M10)
이탈리아	2,068.4	12.0	29,598	132.9	3.3	12.7
스페인	1,355.7	7.9	31,128	93.4	2.4	25.8
네덜란드	800.5	4.6	41,447	73.6	2.8	7.0
스웨덴	552.0	3.2	40,870	40.7	1.0	8.0
폴란드	513.9	3.0	21,118	58.0	3.7	10.1
벨기에	507.4	2.9	37,843	103.7	2.6	8.4
오스트리아	417.9	2.4	42,553	77.1	2.6	4.9
덴마크	324.3	1.9	37,794	46.3	2.4	6.9
핀란드	259.6	1.5	35,863	54.8	3.2	8.4
그리스	243.3	1.4	23,632	171.8	1.0	27.8(M10)
아일랜드	220.9	1.3	41,265	124.8	1.9	12.1
포르투갈	219.3	1.3	22,930	128.7	2.8	15.4
체코	198.6	1.2	27,214	46.0	3.5	6.7
루마니아	183.8	1.1	13,179	38.9	3.4	7.1
헝가리	130.6	0.8	19,836	80.2	5.7	9.3(M11)
슬로바키아	97.0	0.6	24,664	57.2	3.7	13.8
룩셈부르크	60.6	0.4	77,935	27.7	2.9	6.2
크로아티아	58.6	0.3	17,753	61.7	N/A	18.6
불가리아	53.7	0.3	14,440	17.3	2.4	13.1
슬로베니아	46.8	0.3	27,418	62.6	2.8	10.1
리투아니아	46.7	0.3	22,566	39.6	3.2	11.4
라트비아	30.4	0.2	19,095	38.0	2.3	12.1(M9)
사이프러스	21.8	0.1	24,522	109.6	3.1	17.5
에스토니아	24.3	0.1	22,352	10.0	4.2	9.3(M11)
몰타	9.3	0.1	27,473	76.6	3.2	6.7

주: 공공부채 비율, 물가상승률, 실업률의 경우 EU 28 평균치에 미치지 못한 국가는 해당 수치를 컬러로 표시함.

* IMF, 2013년 예상수치

** 1인당 PPP(purchasing-power-parity) 기준

*** 최신 데이터인 2013년 12월 기준 수치임. 괄호 안은 해당 데이터 시점

출처: IMF, *World Economic Outlook 2013*; Eurostat에서 재구성.

EU 노벨 평화상 수상

유럽연합(EU)이 올해 노벨 평화상을 받은 데는 국가 간 경제동맹체로서 지난 60년간 유럽을 비롯한 전 세계의 평화 정착과 인류의 화해 및 협력 강화에 기여한 점이 결정적으로 평가되었다. 노벨위원회는 12일(현지 시간) EU를 올해 노벨 평화상 수상자로 발표하면서 "EU와 이 지역의 선구자들이 유럽의 평화와 화합, 민주주의, 인권 증진에 이바지한 바가 크다"고 밝혔다.

EU의 이번 수상에서는 제2차 세계대전 후 냉전과 반목의 분위기가 지배하였던 유럽을 평화와 화해의 대륙으로 탈바꿈시킨 공로가 두드러졌다. 정부 간 협상주의와 협력기구를 통해 전후 시기에 독일과 프랑스의 화해를 성공적으로 끌어내 새로운 유럽 건설에 대한 비전을 구체화했다는 것이다.

EU는 1950년대 독일의 재무장을 억제하려는 프랑스와 전후 상실된 국제적 영향력을 높이려는 독일의 이해가 맞물려 출범할 수 있었다. 여기에 유럽공동시장의 창출을 통한 경제적 효과를 기대한 이탈리아와 베네룩스 3국의 이해가 합쳐지면서 오늘날의 EU가 태동할 수 있었다.

EU가 6개국 공동체에서 출발해 27개국이 참여한 초국가적 기구로 성장하는 과정에서 유럽의 민주화 발전에 기여한 점도 높게 평가되었다. 1980년대 들어 그리스와 스페인, 포르투갈이 회원국에 합류하면서 민주화 기류는 이들 국가를 중심으로 전 유럽으로 확산할 수 있었다는 것이다. EU는 신규 회원국에 대한 가입조건으로 엄격한 민주화 달성 의무를 제시함으로써 이 같은 변화를 이끌 수 있었다.

베를린 장벽 붕괴 이후 회원국 문호를 동유럽 국가로까지 확대하면서 동서 유럽 간 대립이 사라진 새로운 유럽의 시대를 열었다는 평가도 이어졌다. 내년에 크로아티아의 합류가 예정된 가운데 몬테네그로와 세르비아 등의 신규 가입 전망도 밝아져 내전의 흉터가 남아 있는 발칸반도의 화해와 평화 정착에 대한 기대도 높아지고 있다.

후진국에 대한 개발원조에 앞장서 온 점도 국제무대에서 소프트 파워를 긍정적으로 발휘한 노력으로 평가되었다. EU는 후진국 개발 원조 사업에 2009년에 86억 유로를 집행하였다. 코소보, 콩고, 소말리아 가자지구 등 28개 분쟁 지역에 평화유지 인력을 파견한 기여 노력도 수상의 배경이 되었다.

하지만 회원국 간 알력으로 원조 활동은 제한적인 수준에 머물고 있으며, 평화유지 활동도 일부 선진국의 지역 영향력 유지 관점에서 이루어지고 있다는 비판도 따른다. EU가 미국에 맞설 유럽합중국을 표방하고 있지만, 외교 · 군사 · 세금 등 민감한 문제는 여전히 회원국의 거부권이 인정되어 정치 · 경제 통합체로 한계가 있다는 지적도 나온다. 회원국 간 경제력 차이로 유로존 위기가 터져 세계경제의 걸림돌이 되고 있고 아직도 가시적인 해결책을 내놓지 못함으로써 EU가 한계를 드러냈다는 평가다.

출처: 연합뉴스, 2012년 10월 12일.

할 수밖에 없었다. 이들 국가가 가입한 후에도 EU의 정책이 그대로 수행된다면, EU의 확대는 약 60%의 추가예산 지출을 초래할 것으로 추산되었다. 만일 정책의 변화가 있다면, 즉 기존 보조금 및 원조를 삭감한다면, 기존 EU 노동자의 약 1/10이 직업을 잃어버릴 것이었다.

이와 같은 상황에서 EU 예산의 순기여국(독일, 이탈리아, 프랑스 등)은 추가적인 부담을 우려하였고, 순수혜국(그리스, 스페인, 포르투갈, 아일랜드 등)은 그들에 대한 예산 삭감을 우려하였다. 특히, GDP 대비 2% 이상을 구조기금으로부터 지급받은 아일랜드가 예산 삭감을 우려하여 이들 국가의 가입에 거부감을 나타냈다. 그리스, 포르투갈과 스페인의 경우도 비슷하였다. 결국 EU는 신규 가입국에 대한 보조금 지급을 단계적으로 늘려 나가는 현실적인 방법을 절충안으로 채택하였다.

그러나 2009년 유로존 재정위기 이후 EU 회원국들의 경제 상황은 동·서유럽을 막론하고 낙관적이지만은 않은 상태이다. 28개 회원국 간에 체결된 '안정 및 성장에 관한 협약'(Stability and Growth Pact: SGP)은 EU의 모든 회원국이 준수해야 할 재정정책을 담고 있다. 이에 따르면 모든 회원국은 총부채가 GDP 대비 3%를 넘지 않아야 하며, 공공부채 또한 GDP의 60%를 넘지 않아야 한다('안정 및 성장에 관한 협약'은 제9장에서 자세히 다룸).

공공부채 비율의 경우는 2013년 3분기 현재 EU 28의 평균이 86.8%를 기록하고 있어 이미 안정 및 성장에 관한 협약에서 제시하고 있는 가이드라인을 넘긴 상태이고, 물가상승률도 상당수의 회원국이 EU 28 평균인 2.6%를 넘어선 상태이다. 실업률의 경우도 마찬가지로 회원국 전반에 걸쳐 매우 높은 상태인데, 특히 재정위기의 발원지인 PIGS(Portugal, Italy, Greece, Spain)[2] 국가의 실업률이 특히 높다. EU의 경제 상황은 향후 이들 국가에 대한 후속 조처와 재발 방지 노력에 따라 영향을 받게 될 것이다.

2) PIGS는 종종 아일랜드(Ireland)를 포함하여 PIIGS, 또는 영국(Great Britain)까지 포함하여 PIIGGS로 명명되기도 한다.

08 조약 개정과 제도 개혁

NORGE
SVERIGE
SUOMI
FINLAND
EESTI
LATVIJA
LIETUVA
UNITED
KINGDOM
IRELAND
ÉIRE
DANMARK
NEDERLAND
DEUTSCHLAND
POLSKA
BELARUS
RUSSIJA
BELGIË
BELGIQUE
LUXEMBOURG
ČESKÁ
REPUBLIKA
UKRAÏNA
FRANCE
SLOVENSKO
SUISSE
SCHWEIZ
SVIZZERA
ÖSTERREICH
MAGYARORSZÁG
MOLDOVA
SLOVENIJA
HRVATSKA
ROMÂNIA
PORTUGAL
ANDORRA
MONACO
SAN
MARINO
BOSNA I
HERCEGOVINA
BALGARIJA
ESPAÑA
ITALIA
SRBIJA I
CRNA GORA
TÜRKIYE
SHQIPËRIA
ELLADA
SOURIYA
MALTA
KYPROS
KIBRIS
LUBNAN

EU의 설립 근거로 마련된 암스테르담조약은 계속되는 EU의 확대에 따라 야기되는 제 문제들을 해결하고, 향후 예상되는 운영상의 문제를 미연에 방지하기 위해 지속적으로 조약을 수정 · 보완해 나갔다. 그 과정 속에서 제도적인 개편 또한 이루어졌다.

마스트리히트조약의 첫 개정조약인 암스테르담조약(Treaty of Amsterdam)은 1997년 6월 17일 EU 15개국 정상 간의 합의로 도출되었다. 암스테르담조약은 새로운 EU 차원의 고용창출 방안, 2002년부터 새로운 회원국 가입, 2004년까지 영국과 아일랜드를 제외한 전 회원국의 국경통제 완전 철폐, 서유럽동맹(WEU)에 EU를 대표한 군사활동 요청권 제시 등으로 그 주요 내용이 요약된다.

8.1 암스테르담조약

8.1.1 고용 및 사회정책

(1) 고용정책

1990년대에 들어서면서 EU는 세계 인구의 6%, 생산량의 20%를 차지하는 세계 최대 단일경제권이 되었다. 그러나 EU에는 1,800만 명의 실업자가 있었으며, 실업률은 약 11%로 대단히 높았다.[1] 특히, 여성의 실업률은 남성보다 훨씬 높으며, 25세 미만의 젊은이는 4명 중 1명이 놀고 있었다. 이러한 문제점을 해결하기 위하여 새로운 조약에서는 고용에 대한 회원국의 1차적인 책임을 확인하는 동시에 EU 차원의 공동대처 방안을 강구할 것을 규정하였다.

1) 1996년 당시 최악의 국가는 스페인(22%)이었다. 핀란드, 벨기에, 이탈리아, 프랑스 등이 10%를 넘었지만, 룩셈부르크, 오스트리아, 네덜란드 등은 안정적인 고용률을 보였다.

각 회원국의 고용정책을 다각적으로 감독하기 위해 고용위원회(Employment Committee)가 설치되며, 이 위원회는 다음과 같은 일을 보좌하였다.

① 국가원수 또는 정부수반은 고용 상황을 우선 점검한다.
② 각료이사회는 집행위원회로부터 올라온 제안(proposal)을 유럽의회와 경제사회위원회, 지역지원회와 상의한 후 가중다수결로 표결한다.
③ 매년 말 각료이사회는 이러한 가이드라인이 어떻게 이행되었는지, 또 어떻게 회원국에 추천할 것인지를 검토한다. 집행위원회와 각료이사회는 어떤 나라가 새로운 추가 조치를 취해야 되는지에 관한 연차보고서를 국가원수 및 정부수반에 제출한다.
④ 고용에 관한 시범계획에 대한 재정적 인센티브를 취한다.

(2) 사회정책

1991년 12월 마스트리히트조약에 사회의정서(Social Protocol)가 포함됨으로써 유럽차원에서의 사회정책에는 괄목할 만한 진전이 있었다. 즉, 유럽근로자평의회(European Works Councils)의 설치, 남성 및 여성에 대한 육아휴가, 시간제 근로자와 전일제 근로자의 동등권 등이 그 결실이었다.

마스트리히트조약의 사회의정서에 가입하지 않았던 영국이 암스테르담조약의 사회의정서에 대한 가입을 결정함으로써 이 의정서가 조약 본문(사회정책, 교육, 훈련 및 청소년)에 포함되었다. 그러나 영국은 사업장별 근로자평의회와 육아휴가제도 입법을 위해서는 2년이 필요하다는 입장을 발표하였다.

사회정책과 관련한 가장 기본적인 문제는 근로시간, 급여제도, 사회보호(social protection), 고용정책, 훈련 그리고 중소기업 문제 등이다. 이러한 문제는 고용주와 근로자 그리고 정부당국뿐만 아니라 지역, 국가, 유럽의 모든 차원에서 함께 풀어 나가야 할 과제이다. 경쟁력, 고용창출, 유연성(flexibility)과 고용안정(job security)이 오늘날 유럽 사회 모형의 존속 여부에 도전하고 있다. 암스테르담조약에서 동 분야는 비록 만장일치가 요구되는 영역이지만, 이러한 문제의 해결을 약속하였다.

8.1.2 국경 철폐와 사법 및 내무 협력

영국과 아일랜드를 제외한 EU 13개국 지역, 즉 셴겐 지역(Schengen Area) 내에서의 국경 통제는 완전히 사라지게 되었다. 암스테르담조약은 이러한 셴겐조약을 EU의 관할로 포함시켰다.

국경 없는 역내 자유이동이 보장됨으로써 발생하는 법적 질서 문제에 관한 EU 차원의 협력이 필요하게 된다. 예를 들면, 이민 · 망명정책은 집행위원회가 관할하도록 하였고, 조직범죄 · 마약거래 · 불법이민 등에 관한 유럽경찰국 유로폴(Europol)의 공조체제와 수사 권한을 대폭 강화하기로 하였다. 그러나 망명정책에 관한 각국의 거부권은 계속 유지되었다. 1996년 기준으로 망명 신청자수가 EU 전체의 52%(11만 6,000명)를 차지한 독일의 요구가 받아들여진 것이었다. 불법이민과 국제범죄 문제가 심각한 수준에 이르렀다고 판단한 유럽 선진국의 고육지책이었다.

8.1.3 외교 · 안보정책

마스트리히트조약에 의해 EU는 외교 및 안보정책까지 관장하게 되었다. 그러나 국제무대에서의 첫 경험은 실망스러웠다. 유고슬라비아, 중동, 아프리카에 대한 15개 회원국의 공동입장을 도출하는 것은 대단히 어려웠다. 그래서 EU는 고위 대표(High Representative)직을 마련하여 공동외교 · 안보정책(CFSP)을 관장하도록 하되 각료이사회 사무총장이 그 직을 수행하도록 하였다. 집행위원회는 외교 · 안보정책 수행의 과정을 충분히 보좌하기로 하였다.

한편, 안보 분야에서 각국 정상은 분쟁 지역의 평화유지와 인도주의 활동에 한해 서유럽동맹(WEU)에 군사 활동을 요청할 수 있도록 처음으로 제도화하는 데 성공하였다. WEU는 EU 회원국 중 10개국이 결성한 군사기구이다.

프랑스와 독일은 암스테르담조약에서 WEU의 대(對)EU 통합과 일정을 제시하자고 주장하였지만, 영국과 4개 중립국의 반대로 무산되었고, 통합은 추후 전 회원국의 동의 아래 적절한 시기에 가능하도록 만들었다.[2] 이 부분은 유럽 안보의 책임 문제를 놓고 미국이 주도하고 있는 북대서양조약기구(NATO)와 WEU의 보이지 않는 힘겨루기로 인식되었다.

내심 EU 아래 새로운 유럽의 독자적 안보체계를 구축하겠다는 프랑스와 독일의 의도는 NATO의 역할 축소를 우려한 영국의 반대로 꺾였다.

8.1.4 EU의 확대와 제도 개혁

EU는 동유럽의 회원국 가입을 대비하여 향후 확대될 EU의 제도 개혁을 위해 의사결정시 투표권수와 집행위원수 조정 등을 논의하였으나 완전 타결을 보지는 못하였다. 합의된 내용은 다음과 같았다.

첫째, 유럽의회의 권한을 강화하였다. 마스트리히트조약은 의회의 공동결정 절차를 도입하여 그 권한을 강화하였으나, 연구조사 · 건강문화와 같이 제한된 영역에만 적용되었다. 그러나 암스테르담조약은 공동결정절차의 적용 범위를 확대시킴으로써 의회의 권한을 크게 증대시켰다. 공동협력절차는 주로 EMU에, 그리고 동의절차는 벌과금 등에 적용될 것이었다.

둘째, 각료이사회 내에서 가중다수결 투표에 해당하는 영역을 크게 늘렸다. 그

2) 냉전 이후 서유럽동맹의 역할과 기구는 EU의 공동안보방위정책(Common Security and Defence Policy: CSDP)에 이전 · 흡수되어 왔다. 특히, 리스본조약에서 규정한 연대 조항(solidarity clause)은 서유럽동맹의 상호 방위 조항과 매우 유사한데, 리스본조약이 발효됨으로 인해 EU가 서유럽동맹을 거의 모두 흡수하게 되었다. 이로 인해 서유럽동맹 회원국들은 2010년 3월 31일 서유럽동맹을 해체하기로 합의하였으며, 2011년 6월 30일자로 공식적으로 해체되었다.

러나 외교 · 안보 분야와 조세 등 극도로 민감한 분야에는 여전히 만장일치가 적용된다.

셋째, 차기 집행위원회 위원장은 국가원수 및 정부수반들에 의해 임명되었다(그렇지만 유럽의회의 동의를 얻은 후 유효하다). 확정된 후 집행위원장은 각국 정부와 공동협약(common accord)에 의해 집행위원을 선발한다(그 후 유럽의회의 승인을 얻어야 한다).

넷째, EU 업무에서의 회원국 의회의 적극 참여를 장려하였다.

다섯째, 암스테르담조약은 처음으로 유연성 조항을 도입하여 모든 회원국이 모든 영역에서 동시에 같은 속도로 가지 않아도 됨을 허용하였다.

여섯째, 새로운 회원국이 가입하더라도 집행위원수를 20명이 넘지 않도록 고정하였다. 따라서 기존에 주요 5개 회원국(프랑스, 독일, 영국, 스페인, 이탈리아)에게 할당하던 집행위원 추가 1석은 폐지되고, 모든 회원국이 동등하게 1석을 갖도록 합의되었다. 각료이사회 내의 투표권도 조정되어야 되지만, 인구비례로 투표권을 배분하자는 대국의 주장을 소국들이 반대함으로써 무산되었다.[3] 유럽의회 의원수는 700석을 넘지 못하도록 합의되었으므로, 의원수도 차후 재조정될 필요가 생겼다.

8. 2 Agenda 2000과 EU 확대

1995년 1월 EU 집행위원장인 상테르(Jacques Santer)는 'EU 강화와 확대를 위한 준비'를 집행위원회의 우선 과제로 설정하였다. 그리고 1997년 7월 16일, 암스테르담조약을 성공리에 합의한 직후, 상테르 위원장은 EU의 강화와 확대를 대비하기 위한

3) 당시의 회원국별 투표수는 인구대국에 불리하게 되어 있다. 예를 들면, 인구가 40만 명인 룩셈부르크가 2표인 반면, 인구 8,000만 명이 넘는 독일은 10표만 가지고 있었다. 그러나 그 후 지속적으로 회원국별 투표수가 조정되어 2014년 현재 독일은 29표를, 그리고 인구 42만 명의 몰타는 3표를 가지고 있다.

세부 전략으로 Agenda 2000을 마련하여 유럽의회에 제출하였다. 그는 이 보고서에서 유럽은 '역사적인 기회(historic opportunity)에 직면하였다'고 언급하였다.

당시 EU가 처한 역내 · 외의 환경은 빠르게 변하고 있었다. 따라서 EU는 이에 적응하고, 그 자신을 발전 · 개혁시키는 조치를 시작하고자 하였다. EU의 확대는 유럽이 자신의 안전과 경제, 문화 그리고 세계에서 위치를 확보하기 위해 포착할 수 있는 기회, 즉 역사적인 전환점을 의미한다.

Agenda 2000[4]은 ① 성장, 경쟁력 그리고 고용 강화, ② 주요 공동정책의 현대화, ③ EU의 우크라이나, 벨로루시, 몰도바의 국경에 이르는 국경 확장전략을 내세웠다. 상테르 위원장이 유럽의회에서 "우리는 확대와 재정적 제약을 동시에 고려함이 없이 농업 개혁이나 구조정책의 개혁을 추구하는 것을 생각할 수 없다"고 말한 바와 같이, 상기 3대 목표는 매우 밀접하게 연관되어 있었다.

집행위원회는 1,300쪽에 달하는 동유럽 10개국 가입평가보고서를 통해 헝가리, 폴란드, 에스토니아, 체코공화국, 슬로베니아와의 가입 협상을 추천하였다. 이들 국가는 1993년 6월 코펜하겐 유럽이사회 정상회담에서 정해진 기준에 가장 근접하다고 판단된 나라들이다. 이들 국가와의 협상은 1998년 초부터 시작되었다. 1993년 6월 코펜하겐 정상회담 결과에 의거하여 이들 5개국과 함께 사이프러스와의 협상도 시작되었다. 가장 빠르게는 2001년부터 가입이 가능할 수도 있었으나, Agenda 2000은 2003년 정도에 가입이 가능할 것으로 예상하였다.

한편, 불가리아, 루마니아, 라트비아, 리투아니아 및 슬로바키아에 대한 문호도 개방하여 이들 국가가 회원국 요건을 갖추기 위해 EU의 도움을 요청할 수 있게 되었다. 상테르는 이러한 EU 결정이 이들 국가를 EU 가입에서 제외시키기 위한 과정이 아니라 오히려 포함시키기 위한 과정이라고 역설하였다.

Agenda 2000은 비록 장기간에 걸쳐 실행될 것이긴 하지만, EU의 확대는 기존 15개국의 실질적인 추가비용 부담을 전제로 한 것이라는 점을 분명히 밝히고 있었다.

---

4) European Commission, "Agenda 2000: for a stronger and wider Union," Supplement 5/97, 1997.

이를 위하여 집행위원회는 EU판 마셜플랜(Marshall Plan)에 해당하는 총 750억 유로를 동유럽 국가들을 위하여 제공하기로 하였다. 그럼에도 불구하고 집행위원회는 EU 세입(자체 재원)을 증가시킬 필요가 없다고 믿고 있었다.[5)]

8. 3 니스조약과 EU 확대

2000년 12월 7일부터 11일까지 프랑스의 남부 휴양도시 니스(Nice)에서 개최된 유럽이사회는 지난 번 암스테르담조약에서 해결하지 못하였던 대부분의 기구 개편 문제를 해결하였다. 특히, 집행위원회의 크기와 구성원 임명 방식, 이사회 투표가중치의 변경, 가중다수결 방식의 확대 적용, '긴밀한 협력'(closer cooperation) 장치의 '강화된 협력'(enhanced cooperation)[6)] 장치로의 대체, 유럽재판소와 유럽의회의 기구 개편, 기타 보조기관들의 기구 개편 등 EU 기구로의 광범위한 영역에 걸쳐 수정이 가해졌다. 그리고 신규 회원국들에게 부여될 각 기관 내에서의 의석수 내지 지위에 관해서는 EU 차원의 공동지침을 마련하였다. 그러나 EU의 제1기둥을 구성하는 ECSC가 2002년 7월 24일을 기해 소멸한다는 것을 제외하면 EU의 삼주체제(三柱體制, three-pillar system)는 그대로 지속되도록 하였다. 이것은 EU 자체의 법인격 문제가 아직도 명시적으로 또는 정면으로 다루어지지 못하고 있음을 의미하는 것이기도 하였다.

니스조약[7)]은 동유럽 국가의 EU 가입을 대비한 제도적인 변화의 내용을 규정하

5) 집행위원회는 2006년까지 계획된 총지출 증가분이 17%인 반면, 예상 GNP 증가율은 24%이므로 일부 완충 부분을 감안하더라도 후자의 증가분이 전자의 경우보다 크다는 것을 그 근거로 삼고 있었다. 항목상으로는 농업 부문의 지출을 줄이고 구조정책과 가입 전 결속기금을 증가시키고자 하였다.

6) 니스조약 제1조 제10호에 의하여 대체된 TEU Title VII의 제목.
기존의 긴밀한 협력(closer cooperation)은 제1기둥(EC)과 제3기둥인 형사 문제에 있어 경찰 및 사법협력(PJCC)에 대해서만 적용된 데 반해, 강화된 협력(enhanced cooperation)은 제2기둥인 공동외교 · 안보정책(CFSP)에까지 확대 적용되었다.

7) 니스조약의 공식 명칭은 다음과 같다: Treaty of Nice amending the Treaty on European Union, the Treaties

였다. 주요한 부분을 살펴보면 다음과 같았다.[8)]

① 각료이사회에서의 가중투표수: 4개 회원국은 29표이며, 최소국은 4표이다.[9)] 이 중에서 이사회가 가중다수결로 행동하기 위해서는 회원국 과반수 찬성과 투표권의 70%가 되는 169표(당시 62표)가 필요하다. 한편, 신규 가입국에게 할당될 가중투표수는 최대 27표 그리고 최소 4표이다.[10)]

② 집행위원회 구성: EU 회원국의 수가 27개가 될 때까지는 2005년 1월 1일부터 새로운 규정에 따라 각국이 1석의 위원직을 갖도록 한다(현재 5대 회원국은 2석의 위원직을 가지고 있음). 그 이후 위원의 수는 제한되고 각 회원국은 공평하게 순환하면서 위원의 직을 수행한다.

③ 유럽의회 의석수: 신규 가입국을 위하여 유럽의회의 의석수가 626석에서 732석으로 확대된다. 이 과정에서 독일과 룩셈부르크는 현 의석수를 그대로 유지하고(사실상 더 얻은 것임), 스웨덴(22→18) 등 대부분 국가는 의석수를 잃게 된다.[11)] 가입국들에게 할당될 유럽의회 의석수를 보면, 폴란드 50, 루마니아 33, 체코공화국 20, 헝가리 20, 불가리아 17, 슬로바키아 13, 리투아니아 12, 라트비아 8, 슬로베니아 7, 에스토니아 6, 사이프러스 6, 그리고 몰타 5석으로서, 이

establishing the European Communities and certain related acts.

8) http://europa.eu/rapid/press-release_MEMO-03-23_en.htm?locale=en

9) 벨기에 12(현 5), 덴마크 7(현 3), 독일 29(현 10), 그리스 12(현 5), 스페인 27(현 8), 프랑스 29(현 10), 아일랜드 7(현 3), 이탈리아 29(현 10), 룩셈부르크 4(현 2), 네덜란드 13(현 5), 오스트리아 10(현 4), 포르투갈 12(현 5), 핀란드 7(현 3), 스웨덴 10(현 4), 그리고 영국 29(현 10)로서 합계 237표(현 87)이다.

10) 니스조약에 의하여 개정될 EC 제205조 제2항 2절 및 3절.
폴란드 27, 루마니아 14, 체코공화국 12, 헝가리 12, 불가리아 10, 슬로바키아 7, 리투아니아 7, 라트비아 4, 슬로베니아 4, 에스토니아 4, 사이프러스 4, 그리고 몰타 3표로서, 이들의 합계는 108표이다. 그리고 'EU 확대에 관한 의정서'에 의하여 2005년 1월 1일부로 개정되는 기존 15개 회원국의 투표가중치의 합계는 (앞에서 언급한 바와 같이) 237표로서, 양자의 합계(즉, 27개국 이사회의 투표가중치 합계)는 345표가 된다. 이 경우 가중다수결 의사결정을 위해서는 최소 258표가 요구되며, 기타 조건은 사실상 동일하다.

11) 벨기에 22(현 25), 덴마크 13(현 16), 독일 99(현재도 99), 그리스 22(현 25), 스페인 50(현 64), 프랑스 72(현 87), 아일랜드 12(현 15), 이탈리아 72(현 87), 룩셈부르크 6(현재도 6), 네덜란드 25(현 31), 오스트리아 17(현 21), 포르투갈 22(현 25), 핀란드 13(현 16), 스웨덴 18(현 22), 그리고 영국 72(현 87). 요컨대, 독일과 룩셈부르크를 제외하고는 모두 할당된 의석수가 줄어들었다. 그 결과 2004년 선거 때에는 이들 15개 현 회원국의 총의석수는 현재의 626석에서 535석으로 줄었다.

들의 합계는 197석이다. 따라서 'EU 확대에 관한 의정서' 제2조에 의해 개정될 TEC 제190조 제2항 1단의 의석수(즉, 당시 15개 회원국의 2004년 1월 1일 기준 의석수) 535석과 합하면 모두 732석이 된다.

④ 가중다수결 확대 적용: 가중다수결 적용 분야를 확대한다. 다만, 조세와 관련된 사안은 만장일치제에 의해 결정한다.

⑤ 강화된 협력(enhanced cooperation): 암스테르담조약에 의하여 도입되었던 '긴밀한 협력'(closer cooperation) 장치는 이번 니스조약에 의하여 '강화된 협력'(enhanced cooperation)[12]으로 대체한다. 기존의 긴밀한 협력은 제1기둥인 'EC'와 제3기둥인 'PJCC'(TEU Title Ⅵ Provisions on Police and Judicial Cooperation in Criminal Matters)에 대해서만 적용된 데 반해, 강화된 협력은 EU의 제2기둥인 'CFSP'(TEU Title Ⅴ Provisions on A Common Foreign and Security Policy)에까지 확대 적용되는 것도 이 장치의 중대한 변화가 아닐 수 없다(단, 국방은 예외).[13] 종래의 회원국 거부권을 폐지하고, 8개국 이상이 찬성하면 '강화된 협력'을 추진할 수 있도록 한다.

특히, 니스조약은 유럽의회 의석수를 증가시켜 EU 내에서 유럽의회의 권한이 강화될 뿐만 아니라 회원국 내부의 정책 결정 과정에서도 유럽의회가 회원국 의회에 더 많이 관여할 수 있는 가능성을 높였다. 이는 EU의 정책 방향과 개별 회원국의 이해 관계가 상충하면 서로 대립할 수 있는 가능성도 그만큼 높아질 수 있음을 의미하였다.[14] 또한 '강화된 협력'을 도입함으로써 지역정책을 실행하는 데 있어서 작은 회원국들도 큰 회원국들의 간섭을 받지 않고 서로 연계하여 목소리를 낼 수 있게 됨을 의미하였다. 반대로 큰 회원국들은 작은 회원국들의 이익이 희생될 수도 있는 정

12) 니스조약 제1조 10)호에 의하여 대체된 TEU Title Ⅶ의 제목.
13) European Commission, Who's who in the European Union?—What difference will the Treaty of Nice make?, http://europa.eu.int/comm/igc2000
14) David McKay, "Policy Legitimacy and Institutional Design: Comparative Lessons for the European Union," *Journal of Common Market Studies*, Vol.38, No.1, 2000, pp. 25~44.

책을 강제할 수는 없게 되었다.[15)]

한편, 니스 유럽이사회는 각료이사회, 유럽의회 그리고 집행위원회와 함께 기본 인권헌장(Charter of Fundamental Rights)을 공동으로 천명하였다. 전문(前文)과 총 54개 조문으로 구성되는 이 헌장은 EU 차원에서 승인된 시민적 · 정치적 · 사회적 기본권을 한 개의 단일문서로 담았다.

니스조약은 각 체결국의 국내 비준 절차를 거친 뒤 그 비준서는 이탈리아 정부에 기탁하였는데, 마지막 비준서가 기탁된 후 두 번째 달의 첫째 날(2003년 2월 1일)에 발효되었다.

8.4 유럽헌법조약

8.4.1 유럽회의

2002년 2월 28일 '유럽의 미래에 관한 유럽회의'(Convention on the Future of Europe, 일명 유럽미래회의(European Convention))가 15개월을 일정으로 브뤼셀에서 개막되었다. 이 회의의 목적은 세계 상황의 변화, 유럽 시민의 요구 및 EU의 미래에 부합하는 EU의 새로운 틀과 구조를 제안하는 것이었다. 이를 위하여 동 회의는 EU 역사상 처음으로 각 회원국 정부의 국내 의회, 유럽의회 및 가입후보국 대표 등이 한 자리에 모여 유럽의 미래에 대해 논의하였다. 그러므로 사실상 이는 '유럽헌법'을 제정하려는 목적을 가지고 있으므로 제헌회의의 성격을 가지고 있다고 볼 수 있었다.

유럽통합 50년의 확대와 심화의 과정에서 EU는 수많은 당면과제들을 안고 있으

15) *Ibid.*

〈그림 8-1〉 유럽회의의 주요 이슈

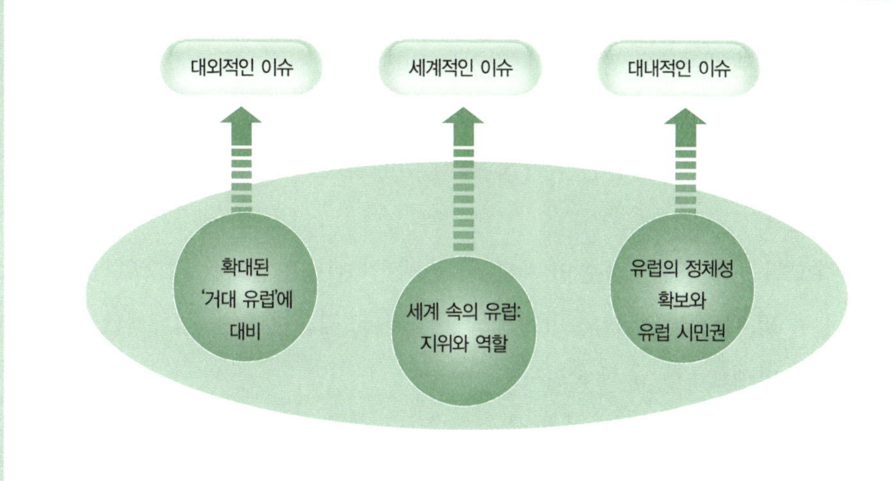

며, 이것들을 유럽회의에서 논의할 예정이었다. 예를 들면, 가중다수결 표결 방식의 확대, 유럽위원회 위원장의 직접선거, 유럽헌법의 제정 및 EU의 형태(예를 들면, 연방주의) 등이라고 할 수 있다. 그러나 이러한 문제들은 결국 '유럽헌법'의 제정을 통해 해결되어야 할 것이므로 유럽회의 본질적 성격은 유럽헌법의 제정에 있었다고 볼 수 있다.

8.4.2 유럽헌법조약안의 주요 내용[16)]

① EU[17)] 대통령직 신설: EU 대통령은 대내적으로는 유럽이사회의 상임의장, 대외적으로는 EU를 대표하는 역할을 하며, 임기는 2년 6개월로 중임이 가능

16) 채형복, 「유럽헌법 제정을 둘러싼 법적 쟁점의 검토-유럽헌법 초안을 중심으로」, 『영남법학』 제10권 제1호, 영남대학교 법학연구소, 2004.

17) EU의 명칭에 대해서는 EC, EU, USE(United States of Europe), UE(United Europe) 등이 거론되었으나 유럽헌법 초안에도 종전과 같은 이름의 EU가 채택되었다.

하다.

② EU 외무장관직 신설: EU 외무장관은 공동외교 · 안보정책을 담당하고 유럽위원회 부위원장을 겸임하며, 임기는 5년이다.

③ 공동외교 · 안보정책 수행: EU는 공동으로 외교 · 안보 및 국방정책을 수립하고 집행할 수 있는 권한을 가지며, 각 회원국은 이를 유보 없이 따르도록 규정한다.

④ 집행위원회 구성: EU 헌법 채택 이후 제1기 집행위원회는 집행위원장, 외무장관 및 각국별 1명씩의 위원으로 구성되나, 제2기부터는 전체 회원국의 2/3만 순번제로 위원을 배출한다.

⑤ 유럽의회의 권한 강화 및 의석 조정: 입법 과정에서 유럽의회의 공동결정 권한 확대, EU 예산 의결, 집행위원장 및 집행위원에 대한 임명 동의 등 권한이 강화된다. 소규모 국가의 유럽의회 의석을 최소 4석에서 6석으로 상향 조정하고 한 국가의 최대 의석은 96석으로 제한한다.

⑥ 의사결정 방식 변경: EU의 중요한 의사결정이 신속하고 효율적으로 이루어질 수 있도록 가중다수결(qualified majority voting: QMV)제도를 채택하고, 가중다수결은 EU 전체 인구의 65% 및 회원국수의 55%(최소 15개국)로 정의한다.

⑦ 기본인권헌장 도입: EU 내 유럽인의 인권보장을 법제화하기 위하여 2000년 12월 니스 정상회의에서 선언서 형식으로 채택된 '기본인권헌장'(Charter of Fundamental Rights)을 유럽헌법의 제2부에 포함하여 법적 구속력을 부여한다.

⑧ 기타

- 조세, 안보 및 외교정책 등에 대한 회원국의 거부권을 유지하나 이미 정책에 대한 거부권은 인정하지 않는다.
- 기존 회원국의 유로화 채택 여부는 현재 유로를 사용하고 있는 가입 국가들의 가중다수결로 결정한다.
- EMU 국가 중 재정적자가 GDP의 3%가 넘는 경우, 벌금 등으로 제재할 수 있는 '안정 및 성장협약'을 유지하기로 한다.

• 종전과 달리 EU 탈퇴 규정을 둔다.

8.4.3 유럽헌법조약의 부결

2005년 1월 12일 유럽의회에서는 찬성 500표, 반대 137표, 기권 및 무효 40표로 유럽헌법의 법적 구속력이 없는 결의안을 통과시켰다. 이 시기에 리투아니아, 헝가리, 슬로베니아, 이탈리아, 그리스, 슬로바키아, 오스트리아, 독일, 라트비아, 사이프러스, 몰타, 벨기에, 에스토니아, 핀란드, 불가리아, 루마니아가 이미 의회 비준을 마친 상태였다. 27개 회원국 중 투표로 유럽헌법 승인 통과 여부를 결정짓겠다고 발표한 국가는 10개 회원국으로 투표수의 과반수가 승인을 찬성할 경우 유럽헌법은 그 국가에서 법적 구속력을 가지게 되었다. 스페인, 룩셈부르크, 루마니아는 유럽헌법 투표에서 과반수 이상이 찬성하였으나, 프랑스와 네덜란드에서 부결되었다. 프랑스에서 유럽헌법에 관한 투표가 실패하자, 영국을 포함한 몇몇 회원국에서도 승인을 연기하거나 아예 포기해 버리는 사태가 이어지게 되었다.

결국 유럽의회에서는 다음과 같은 의견을 제시하게 되었다.

① 2006년 말까지 논쟁의 여지가 없는 내용만 포함하는 조약으로 바꿀 것(예를 들어, 기본권헌장, 유럽 투표 등과 같은 내용).
② 2009년 말까지 헌법회의에서 사회체계와 공동외교·안보정책을 개정한 새로운 유럽헌법을 만들 것.
③ 2009년 유럽의회 선거에 맞추어 유럽헌법 투표를 함께 실시할 것.

그러나 이러한 의견은 받아들여지지 않았고 대신 유럽의회에서는 프랑스와 네덜란드에서 유럽헌법 투표에 실패하였던 이유를 찾아 그 내용을 개정하기로 하는 '반성의 시기'를 갖기로 하였다. 이 결과 2007년 회원국은 모두 유럽헌법을 포기하고 기존 조약을 다시 수정하기로 결정하고 2007년 6월 유럽이사회에서 기존 조약을 어떠한 방식으로 수정할 것인가에 관한 정부 간 회의를 실시하였다. 이 회의를 통해 EU는 2007년 말에 리스본에서 기존 조약에서 수정된 새로운 조약에 승인하고 이를 '리스본조약' 또는 '개정조약'(Reform Treaty)이라고 명명하였다.

8. 5 리스본조약

리스본조약은 EU의 설립조약이라 할 수 있는 마스트리히트조약(TEU)과 로마조약(TFEU)을 수정하여 통합한 조약으로 일종의 '유럽헌법'과 같은 의미를 갖는다. 리스본조약의 주요 목적은 암스테르담조약과 니스조약에 명시된 EU의 효율성과 민주적 정당성을 강화하기 위함이다. 리스본조약에서 두드러지게 변화된 내용은 EU 이사회의 가중다수결제(QMV) 개편, 집행위원회 위원수 감축, 삼주체제(three-pillar system) 철폐, 유럽이사회 상임의장과 공동외교·안보정책 고위 대표직 창설 등이다.

리스본조약에서 언급된 수정안을 정리해 보면 다음과 같다.

① 유럽중앙은행: 아직까지 유로 지역에 포함되지 않는 회원국과 선택적 불참(opt-out)을 채택하고 있는 회원국이 존재하지만, 리스본조약에서는 유로를 EU의 공식 화폐로 인정한다.

② 유럽사법재판소: 리스본조약에서는 '유럽사법재판소'(European Court of Justice)를 '사법재판소'(Court of Justice)로, 하급 법원인 '제1심 재판소'(Court of First Instance)를 '일반법원'(General Court)으로 명명한다. 일반법원과 사법재판소는 행정법원(Civil Service Tribunal)[18]과 함께 '유럽연합사법재판소'(Court of Justice of the European Union)를 구성한다. 사법재판소에서는 외교정책에 관한 사건은 다루지 않으

나, 리스본조약에서는 외교정책에 대한 구속력 평가를 재검토할 수 있는 권한을 부여한다.

③ 각료이사회: 가중다수결제(QMV)가 표준투표 방식이 될 수 있도록 그 사용을 확대한다(외교정책, 방위정책, 세금정책은 만장일치임). 다만 가중다수결의 내용이 바뀌어, 전체 회원국의 55% 이상이 찬성하고 EU 인구의 65% 이상이 찬성해야만 표결이 통과된다.[19)]

④ 유럽이사회 상임의장 선출: 유럽이사회의 상임의장의 임기는 2년 6개월이며 1회 연임이 가능하다. 선출은 QMV 방식에 따른다. 집행위원장과 달리 유럽이사회 상임의장은 유럽의회의 승인을 받을 필요가 없다.

⑤ 유럽의회: 리스본조약에서는 유럽의회의 권한이 강화된다. 우선 유럽의회 의원의 수를 750명으로 한다. 회원국별 의석수는 회원국당 최대 99명이었던 의석수를 96명으로 줄이고(독일의 경우), 최소인원을 5명에서 6명으로 늘린다(에스토니아, 사이프러스, 룩셈부르크, 몰타). 유럽의회는 EU 예산을 정하는 데 막강한 힘을 가질 수 있다.

⑥ 집행위원회: 집행위원회수를 현 규모에서 2/3 수준으로 줄인다. 즉, 28개 회원국에서 1명씩 선출되던 방식이 없어지고 각국 크기에 비례하여 선출된다. 공동외교정책 고위 대표는 자동적으로 집행위원회의 부위원장(Vice-President)으로 임명된다.

⑦ 삼주(三柱)체제 폐지: 기존 조약에서는 유럽공동체(EC)만이 법인격(legal personality)을 지녔었으나, 리스본조약에서는 EU가 법인격을 지닌다. 이에 따라, 유럽공동체라는 단어는 삭제되어 '유럽공동체의 집행위원회'(Commission of the European Communities)라는 공식 명칭은 '집행위원회'(European Commission)로 대체된다. WEU 또한 유럽방어기구(European Defence Agency)를 통해 EU에 흡수된

18) 2005년에 설립된 특별법원으로 EU와 EU 직원 간의 법적 분쟁을 해결하기 위한 목적으로 설립되었다. 룩셈부르크에 위치한다.

19) 이 규정은 이중다수결(double majority voting)의 내용에 해당된다. 즉, 2014년부터 적용되는 가중다수결 방식도 사실상 그 이름은 유지되나 이중다수결제로 대체되는 것이라 보아도 무방하다.

다.[20]

⑧ 확대와 탈퇴 조항 신설: 리스본조약에서는 회원국이 유럽이사회에 통보를 하고 EU를 탈퇴할 수 있는 권한을 부여한다.

⑨ 기후 변화: 리스본조약에서는 기후조약과 지구 온난화에 관한 조항을 포함시킨다.

⑩ EU 상징성: EU를 상징하는 EU 국기, EU 연합찬가, 표어 등은 리스본조약에서는 법적 구속력을 가지지 않는다. 또한 조약 내에서 EU를 국가처럼 표현된 어구들도 모두 삭제된다(EU 규제, EU 지침은 EU 법으로 모두 변경한다).

EU 확대와 관련해서는 구(舊) TEU를 개정한 신(新) TEU 제6장 제49조에 회원국 가입 절차에 대해 명시하고 있다. EU의 가치(인간의 존엄성, 자유, 민주주의, 평등, 법질서, 인권 등)를 존중하며, 이러한 가치를 고양할 수 있는 유럽 국가는 가입 신청이 가능하다. 가입 신청은 유럽의회뿐만 아니라 각 회원국 의회에도 통보된다. 이사회는 집행위원회와의 협의와 유럽의회의 승인(다수결로 결정)을 거쳐 만장일치로 가입 여부를 결정한다. 특기할 만한 사항은 조약에서 구체적인 가입 기준에 대한 언급은 없으나, "신규 회원국 가입시 유럽이사회가 승인한 회원자격 기준(eligibility criteria)이 판단의 기준이 된다"[21]고 명시함으로써 가입 기준 충족 여부가 중요한 고려 대상임을 간접적으로 밝히고 있다.

또한 리스본조약 제50조는 최초로 회원국 탈퇴에 대한 조항을 명시하고 있다.

① 어떤 회원국도 자국의 헌법상의 필요조건에 의거하여 EU로부터 탈퇴할 것을 결정할 수 있다.

② 탈퇴를 결정한 회원국은 탈퇴 의사를 유럽이사회에 알려야 한다. 유럽이사회

20) 기존의 삼주체제를 구성하던 EC, CFSP, PJCC는 모두 EU에 편입되었고 WEU 또한 EU에 편입되었으나, EURATOM은 여전히 별개로 존재한다.

21) TEU Article 49: "The conditions of eligibility approved by the European Council are taken into account."

에서 제시한 가이드라인에 의거하여, EU는 탈퇴를 희망하는 회원국과 협의하여 향후 EU와의 관계 설정 등을 포함한 모든 정산에 관한 논의를 한다.

③ 탈퇴 여부는 유럽의회의 승인을 거친 후에 이사회가 가중다수결로 결정한다.

위와 같은 내용을 포함하고 있는 리스본조약은 2008년 말까지 승인이 이루어질 예정이었으나 같은 해 6월 12일 아일랜드 유권자가 국민투표에서 찬성 46.6%, 반대 53.4%로 조약 승인에 반대함으로써 좌초될 위기에 처했었다. 그러나 EU와 아일랜드 정부 간의 합의 및 아일랜드 정부의 자국민 설득, 그리고 무엇보다도 2008년 하반기에 불어닥친 경제위기를 계기로 여론이 반전되었고, 그 결과 2009년 10월 2일 제2차 국민투표에서 찬성 67.1%, 반대 32.9%로 조약이 승인되었고 당해 12월 1일자로 리스본조약은 공식 발효되었다.

09 유럽 통화협력의 전개

9.1 시대적 배경

9.2 헤이그회담에서 마스트리히트조약까지

9.3 유로화 도입 첫 10년의 평가

9.4 유럽 재정위기

ÍSLAND
NORGE
SVERIGE
SUOMI
FINLAND
EESTI
LATVIJA
LIETUVA
DANMARK
UNITED KINGDOM
IRELAND
EIRE
NEDERLAND
BELGIE
BELGIQUE
LUXEMBOURG
DEUTSCHLAND
POLSKA
BELARUS
RUSSIJA
UKRAÏNA
ČESKÁ REPUBLIKA
SLOVENSKO
FRANCE
SUISSE
SCHWEIZ
SVIZZERA
ÖSTERREICH
LIECH.
MAGYARORSZÁG
MOLDOVA
SLOVENIJA
HRVATSKA
ROMÂNIA
PORTUGAL
ANDORRA
MONACO
SAN MARINO
BOSNA I HERCEGOVINA
SRBIJA I CRNA GORA
BĂLGARIJA
ESPAÑA
ITALIA
SHQIPËRIA
TÜRKIYE
ΕΛΛΑΔΑ
ELLADA
MALTA
ΚΥΠΡΟΣ
KYPROS
KIBRIS
SOURIYA

9.1 시대적 배경

유럽 통화통합의 역사는 1979년 유럽통화제도(European Monetary System: EMS) 발족 이전인 제2차 세계대전 직후까지 거슬러 올라간다. 즉, 달러 갭(dollar gap)으로 인한 무역위축 현상을 해소하기 위하여 1950년에 유럽경제협력기구(Organization for European Economic Cooperation: OEEC) 산하에 결성된 유럽지불동맹(European Payments Union: EPU)을 그 시작으로 볼 수 있다. EPU는 8년간 성공적으로 운영되었고, 각국의 통화가 태환성을 회복한 후 유럽통화협정(European Monetary Agreement: EMA)으로 1958년 말 대체되었다.

유럽 통화의 태환성 회복 이후 브레튼우즈(Bretton Woods)협정은 정상적으로 작동되었다. 브레튼우즈체제에서는 금과 연계된 미국 달러화를 기축통화로 하는 고정환율제를 채택하고 있었으므로, 모든 통화는 달러화에 대해 상하 1%씩 변동 가능하였다. 따라서 두 개의 유럽 통화가 달러를 중심으로 상호 연결되면 4%까지 변동될 수 있었다. 이것을 과다하다고 여긴 유럽 국가는 달러에 대한 변동폭을 0.75%로 제한하였다. 그 결과 유럽 통화 간 변동폭은 3%로 종전보다 축소되었다.

1958년 발효된 로마조약에 경제정책 조정과 국제수지 문제가 언급되었지만, 당시 환율정책과 국제수지에 대한 문제는 국제통화기금(IMF)의 영역으로 간주되고 있었기 때문에, 결국 로마조약은 이 분야와는 무관하였었다고 볼 수 있다. 조약에 따라 실천된 유일한 부분은 각국 재무장관과 중앙은행 총재 그리고 EU 집행위원회 대표 2인으로 구성된 경제재무장관이사회(Economic and Finance Council of Ministers: ECOFIN)라는 통화위원회의 발족이었다.

1960년대 공동체 내 통화에 관한 관심은 주로 환율 변동이 유럽 통합의 양대 지주인 관세동맹과 공동농업정책(CAP)의 기능을 저해할 것인가에 맞추어져 있었다. 그러므로 국제통화기금을 중심으로 한 고정환율제도가 강화되었고, 만일 회원국이 국제수지의 어려움에 봉착하면 먼저 IMF나 미국에 도움을 요청하였다. 1960년대 유럽 통화의 주된 문제점은 독일과 네덜란드의 평가절상과 상대적으로 약세 통화국인 프랑스와 이탈리아의 평가절하였다. 이러한 환율 변동은 관세동맹에는 별로 영향을 미치지 않았으나, 당시 유럽계산단위(European Unit of Account: EUA)로 표시되었던 각국 농산물 가격은 이에 따른 국내 가격 조정이 불가피하였다. 그러나 농산물 가격의 인상 또는 인하는 정치적인 이유로 수용될 수 없었기 때문에 이를 해결하기 위하여 통화보정금(Monetary Compensatory Amount: MCA)제도가 도입되었다.

9.2 헤이그회담에서 마스트리히트조약까지

9.2.1 EMU 도입 배경 및 과정

1960년대 말 브레튼우즈체제가 동요되고 있었을 때 관세동맹을 조기 완성하고 CAP를 실시하고 있던 EU는 1969년 헤이그 정상회담에서 경제통화동맹 결성에 관한 의지를 확인하였다. 공동체로부터 위임을 받은 연구 그룹은 Economist(독일, 네덜란드)적 견해와 Monetarist(프랑스, 이탈리아, 벨기에)적 견해를 절충한 베르너보고서(Werner Report)를 1970년 10월에 발표하였다. 그 내용을 보면, 제1단계로 외환시세 변동폭 축소와 유럽통화협력기금(European Monetary Cooperation Fund: EMCF) 설립, 제2단계로 각국의 단기 및 중기에 걸친 경제정책의 조정과 중기 금융원조기구의 설립, 제3단계로 회원국 중앙은행 간 협력체제 강화와 공동중앙은행제도 설립 등인데, 이 목표는 1980년까지 달성되도록 계획되었다.

브레튼우즈체제 붕괴 이후에도 베르너보고서의 몇 가지 요소는 그대로 실행되었다. 1972년 4월 '터널 속의 뱀'(snake in the (dollar) tunnel)이라는 공동변동환율제가 실

유럽환율조정장치

유럽환율조정장치(Exchange Rate Mechanism: ERM)는 유럽의 환율 변동을 조정해서 통화의 안정성을 확보하는 것을 목적으로 만들어진 제도이다. 1979년 3월 당시 유럽공동체는 유럽통화제도(European Monetary System: EMS)의 일환으로서 ERM을 도입하여 공동체의 경제통화동맹과 1999년 유로화 도입에 대비하였다.

ERM으로 인해 두 개 통화 간의 환율은 정해진 변동폭 안에서 환율이 유지되어야 한다. 환율은 유로 도입 이전까지는 유럽통화단위(ECU)에 의해 정해졌는데, ECU에서 나타낸 기준 비율(central rate)에 근거해 산정되며(동등 비율 적용), 두 통화 간의 변동은 ±2.25%의 범위 내에 한정되어 있었다(다만, 이탈리아 리라(lira), 스페인 페세타(peseta), 포르투갈 에스쿠도(escudo), 영국 파운드(pound sterling)의 경우는 ±6%의 범위까지 인정됨).

영국은 아일랜드에 이어 1990년에 ERM에 가입하였는데, 1992년 9월 조지 소로스(George Soros)의 파운드화 환투기 사건을 계기로 통화주권 고수를 명분으로 ERM을 탈퇴하였다. 동시에 이탈리아도 정부의 과도한 차입 요구 등 정치적 영향력을 배제하지 못하고 엄청난 물가 상승을 야기하면서 ERM을 탈퇴하였다.

1999년 ERM은 ERM II로 대체되었다. ERM II는 유로화에 대한 환율 변동폭을 ±15%로 조정하였다(단, 덴마크의 크로네(krone)는 ±2.25%까지 인정됨). 유로화를 도입하고자 하는 회원국은 최소한 2년 이상 ERM II에 참가해야 한다. 현재 덴마크와 리투아니아가 ERM II에 참가하고 있다.

시되었으나, 1973년 3월 달러가 변동되기 시작하자 터널(±2.25%) 없는 공동변동환율제가 실시되었다('유럽환율조정장치'(ERM) 참조). 1973년 4월 유럽금융협력기금(European Monetary Cooperation Fund: EMCF)이 설립되었고, 1974년 각료이사회는 '공동체의 고도의 통합달성을 위한 결정'(decision)[1]과 '안정 · 성장 · 완전고용을 위한 지침'(directive)[2]을 채택하였다. 그렇지만 1970년대 중반에는 외부 충격에 대한 각국의 상이한 정책 대립으로 통합 노력은 사실상 중단되었다.

1979년 유럽통화제도와 유럽통화단위(European Currency Unit: ECU)의 창설로 통화통합의 과정은 재개되었다. EMS의 성공적인 운영은 1985년 역내 시장 계획과 SEA 작

1) Council Decision of 18 February 1974 on the attainment of a high degree of convergence of the economic policies of the Member States of the European Economic Community.

2) Council Directive 74/121/EEC of 18 February 1974 on stability, growth and full employment in the Community.

〈표 9-1〉 EMU 도입의 3단계

시기별 단계	단계별 진행 상황
제1단계 (1990년 7월 1일~ 1993년 12월 31일)	• 외환 관리가 폐지되어 역내 자유로운 자본이동 가능 • 마스트리히트조약을 통해 EMU가 공식적인 공동체의 목표로 규정됨. • 인플레이션, 공공재정, 이자율, 환율에 관한 경제수렴 기준(economic convergence criteria) 마련
제2단계 (1994년 1월 1일~ 1998년 12월 31일)	• ECB의 전신인 EMI 설립: 회원국 중앙은행 간의 통화협력 증진 및 ECU 지폐 발행 감독 • 유로화 명칭 및 과도기 기간(3년) 확정 • '안정 및 성장 협약(SGP)' 채택: 1997년 암스테르담 유럽이사회에서 채택, 유로화 도입 후 예산 원칙 설정 목적 • ERM II 도입: 유로화 및 비(非)유로 국가 통화 안정화 목적 • 유로화 도입 회원국 결정: 1998년 브뤼셀 유럽이사회에서 11개국 가입 결정(1999년 1월 1일부터) • ECB 설립(1998년 1월 1일) • 유로화 도입 국가 통화와 유로화 간의 전환 비율 결정(1998년 12월 31일)
제3단계 (1999년 1월 1일~현재)	• 유로가 법정통화로 등장: 공식적으로 지폐 및 화폐를 사용하기 전에 3년의 과도기 기간 거침, ECB의 단일통화정책 실행 • 그리스의 유로화 도입 결정으로 총 12개국이 채택함(2001년). • 유로 상용화(2002년 1월 1일) • EU 회원국의 유로화 추가 도입: 슬로베니아(2007년), 사이프러스와 몰타(2008년), 슬로바키아(2009년), 에스토니아(2011년), 라트비아(2014년)

성시 진전된 통화통합 조항의 삽입을 가능하게 해주었다. 1988년 6월 정상회담에서 경제통화동맹의 중요성이 재확인됨에 따라 1989년 4월 들로르(Jacques Delors) 집행위원장이 주도하는 통화문제위원회는 경제통화동맹을 위한 들로르보고서(Delors Report)를 제출하였다.

1991년 12월 EU 정상은 EMU의 단계별 실시에 합의하였다. 제1단계에서는 경제 및 통화정책의 협력을 강화하고, 모든 회원국의 유럽환율조정장치(Exchange Rate Mechanism: ERM) 가입을 실현시키기로 하였다. 제2단계는 1994년 1월부터 시작하고, 이 기간의 초기에 유럽통화기구(European Monetary Institute: EMI)를 창설하기로 하였다.

1999년 1월부터 시작된 제3단계에서는 유럽중앙은행제도(European System of Central Banks: ESCB)와 유럽중앙은행(European Central Banks: ECB)을 창설하고 단일통화를 창출하기로 합의하였다.

통화통합에 관한 논의는 계속되었지만 바람직한 EMU 이행 속도에 대해서는 충분한 합의가 이루어지지 않은 채, 마스트리히트조약은 1993년 11월에 발효되었다. 2단계 시작에 맞추어 설립된 EMI는 1973년 ERM 도입 당시 설립된 유럽금융협력기금(European Monetary Cooperation Fund)을 대체한 기구로 1994년 1월부터 프랑크푸르트에 자리를 잡고 업무를 개시하였다. EMI는 통화통합의 2단계 목표가 잘 이행되도록 감독하는 역할을 맡았다. 제2단계 기간 중 EU 집행위원회와 EMI는 경제통화동맹의 성취에 관한 회원국의 의무 이행 상황을 각료이사회에 보고하였다. EMI의 주된 업무는 가격 안정을 기본틀로 하는 회원국 간 경제 실적의 수렴을 용이하게 하는 것이었다. 이러한 목적을 위하여 EMI는 통화정책과 환율정책에 관한 권고(recommendation)를 할 수 있었다.

최종 단계(단일통화 사용)에서는 회원국이 경쟁력 유지를 위한 평가절하 수단을 더 이상 사용할 수 없었기 때문에, 이 기간 중의 고정환율을 위한 수렴 작업은 필수불가결한 요소였다. EMI는 EMU를 향한 첫 제도적인 장치로서 중요성을 가지고 있었지만, 제2단계 기간 중 통화 및 환율정책에 관한 최종적인 책임은 개별 국가에게 있었으므로 그 영향력은 제한적일 수밖에 없었다.

제3단계로의 이행 여부는 집행위원회와 EMI가 수렴 과정과 실적을 충분히 검토한 후 내려야 할 사항이었다. 제3단계로의 이행은 물가, 금리, 재정적자, 공공채무, 통화안정성 등 다섯 가지 기준을 충족시키는 회원국이 7개국 이상이 되면, 1996년 말까지 이사회의 다수결 투표 방식에 의해 결정하기로 합의하였다.

1995년 초 발생한 초(超)엔고와 달러 약세 그리고 마르크(Deutsche Mark: DM) 강세 등 국제금융시장의 동요는 약세 통화인 스페인 페세타(peseta)와 포르투갈 에스쿠도(escudo)의 폭락을 가져왔다. EU 통화위원회는 긴급대책회의를 개최하여 이들 두 통화를 평가절하하기로 하였다. 이러한 국제금융시장의 동요는 유럽의 통화통합 일

〈표 9-2〉 EMU의 전개 과정

1970년 10월	베르너(Werner)보고서 각료이사회에 제출됨.
1971년 8월 15일	닉슨선언과 함께 브레튼우즈체제 붕괴(달러에 대한 금태환 정지)
1971년 12월	IMF, 스미소니언협정 체결. wider-band(±2.25%) 실시됨.
1972년 4월	바젤협정 체결, 'snake in the tunnel'이라는 공동환율제도 실시(달러화에 대해서 ±2.25%의 변동폭을 유지하면서 참가국 사이에는 ±1.125% 유지)
1973년 4월	터널(달러화에 대한 ±2.25%)이 없는 공동변동환율제 실시
1973년 4월	EMCF 설립(국제수지 적자국이 평가유지를 위한 신용공여를 위하여 파리 정상회담에서 합의)
1976년 4월	킹스턴협정 체결(변동환율제 인정, 금폐화, SDR 역할 강화)
1979년 3월	EMS 실시(영국을 제외한 8개국 참여)
1987년 7월	SEA 발효(EMS 강화를 통한 EC의 EMU 달성에 법적 지원을 받게 됨)
1989년 6월	마드리드 정상회담에서 들로르보고서 제출
1990년 1월	이탈리아 ERM 환율 변동폭 ±2.25%로 축소
1990년 7월	영국 ERM 참가로 사실상 통화통합 1단계로 이행됨.
1991년 12월	마스트리히트 EC 정상회담에서 경제통화동맹 3단계 추진계획 확정
1992년 9월	영국과 이탈리아 ERM에서 잠정 탈퇴, 이탈리아 7%, 스페인 5% 평가절하
1992년 11월	스페인과 포르투갈, 각각 6% 평가절하
1993년 2월	아일랜드, 파운드 10% 평가절하
1993년 5월	스페인 페세타, 포르투갈 에스쿠도 각각 8%, 6.5% 평가절하
1993년 5월	덴마크는 국민투표에서, 영국은 하원에서 마스트리히트조약 비준 동의안을 가결함으로써 이 조약 사실상 비준 완료
1993년 8월	ERM 환율 변동폭 ±15%로 확대(단, 독일과 네덜란드 간은 ±2.2% 유지)
1993년 11월	마스트리히트조약 발효
1994년 1월	EMU 제2단계로 이행됨. EMI 설립
1994년 11월	독일은 1992년 9월 15일 이래 열 번째로 고금리 인하를 단행 (재할인율 4.5%, 롬바르디(Lombardi) 금리 6%)
1995년 1월	오스트리아, 스웨덴, 핀란드 등 3개국 EU에 가입함.
1995년 3월	스페인 페세타 7.0%, 포르투갈 에스쿠도 3.5% 평가절하함.
1995년 12월	마드리드 정상회담에서 단일통화의 명칭을 '유로'로 확정하고 향후 일정을 조정함.
1996년 10월	핀란드, ERM 가입(1마르크당 3.04마르카)
1996년 11월	이탈리아, ERM에 재가입(1마르크당 802.5리라로 탈퇴 후 약 30% 평가절하).
1996년 12월	ERM에 참여하지 않고 있는 EU 회원국은 영국, 스웨덴, 그리스 3개국뿐임.
1998년 6월 1일	유럽중앙은행(ECB) 출범
1999년 1월 1일	유로화(EMU 3단계) 출범
2001년 1월 1일	그리스, EMU 3단계 가입

2002년 1월 1일	12개국에서 유로화 동전 및 지폐 사용 시작
2002년 2월 28일	12개국에서 신구 화폐 병행 사용기간 만료
2003년 9월 14일	스웨덴, 유로화 채택 여부 국민투표 부결
2003년 11월 1일	J. Trichet(프랑스)가 W. Duisenberg(네덜란드)의 ECB 총재직을 승계함.
2004년 5월 1일	사이프러스 · 몰타 · 체코 · 에스토니아 · 라트비아 · 리투아니아 · 폴란드 · 슬로바키아 · 슬로베니아 · 헝가리, EU에 가입
2007년 1월 1일	루마니아 · 불가리아, EU에 가입
2007년 1월 1일	슬로베니아, EMU 3단계 가입
2008년 1월 1일	사이프러스 · 몰타, EMU 3단계 가입
2009년 1월 1일	슬로바키아, EMU 3단계 가입
2011년 1월 1일	에스토니아, EMU 3단계 가입
2014년 1월 1일	라트비아, EMU 3단계 가입

정에 악영향을 미쳤다.

1995년 12월 마드리드 정상회담에서 단일통화의 명칭을 '유로'(euro)로 확정하고 향후 일정을 조정하였다. 이후 1996년 10월에 핀란드가 ERM에 가입하였고, 이탈리아도 11월에 ERM에 재가입하였다. 그러나 1992년에 ERM을 탈퇴하였던 영국은 그대로 탈퇴 상태로 남아 있었다.

EMU 2단계로의 이행과 함께 출범한 EMI를 계승하여 1998년 1월에 ECB가 출범하였고, 이로써 본격적인 단일통화체제가 시작되었다. 1999년 1월 EMU 3단계가 시작되었고, 2002년 1월부터 EU 회원국 중 12개국에서 단일통화인 유로가 사용되었다. 동년 2월 말까지의[3] 신구 화폐의 병용기간 후부터 12개국에서는 유로화만을 법정화폐로 사용하였다. 유로화 도입 회원국은 계속적으로 증가하여 2014년 현재 18개 EU 회원국이 유로화를 사용하고 있다.

3) 각국 화폐가 법적 효력을 잃게 되었던 시기는 공식적으로 2002년 2월 28일이었으나, 그 시기가 국가마다 다르게 조정되었다. 가장 빨리 법적 효력을 잃은 화폐는 독일 화폐였다(2001년 12월 31일, 그 후 2달 동안 유로로 환전이 가능하였음). 그러나 독일을 비롯하여, 오스트리아, 아일랜드, 스페인에서는 적게는 수년에서 길게는 평생 환전을 할 수 있도록 중앙은행에서 승인을 하였다.

9.2.2 화폐통합 수렴 기준

마스트리히트조약은 EMU 3단계에 가입하기 위한 '경제수렴 기준'(economic convergence criteria, Maastricht criteria라고도 함)을 마련하였다. 경제수렴 기준은 크게 '부채'에 관한 기준과 '적자'에 관한 기준으로 구분된다. 리스본조약이 채택되면서 단일통화 참가 기준에 관한 장은 TFEU 제140조(구 TEU 제109j조)로 재편되었다.

EMU 3단계에 가입하기 위해서는 물가, 금리, 재정, 환율 측면에서 지속 가능한 고도의 경제수렴 조건을 충족시켜야 한다.

① 물가: 최근 1년간 소비자물가 상승률이 가장 낮은 3개 회원국 평균 물가 상승률이 +1.5% 이내일 것.

② 금리: 최근 1년간 소비자물가 상승률이 가장 낮은 3개 회원국 평균 명목장기금리가 +2.0% 이내일 것.

③ 재정적자: 국가예산 적자가 차지하는 비율이 GDP 대비 3% 이하일 것.

④ 공공부채: 정부부채가 차지하는 비율이 GDP 대비 60% 이하일 것.

⑤ 환율: 최소 2년간 자국화 환율을 ERM Ⅱ의 환율 변동 허용폭(고정중심환율 ±15.0%) 이내로 유지할 것.

이들 수렴 기준 가운데 재정 기준(재정적자, 공공부채)이 바로 1998년에 채택된 '안정 및 성장에 관한 협약'(Stability and Grawth Pact: SGP)이기도 하다.

유럽중앙은행은 유로 도입을 희망하는 회원국들이 수렴 기준을 얼마나 잘 충족시키고 있는지 점검하기 위해 1996년부터 최소한 2년마다 경제수렴 보고서(convergence report)를 작성하고 있다. 1998년 2차 보고서에서는 그리스를 제외한 다른 11개 회원국 모두 경제수렴 조건을 충족하고 있다는 평가를 받았다. 이에 집행위원회는 단일통화 참가 기준에 부합한 11개국[4](벨기에, 독일, 스페인, 프랑스, 아일랜드, 이탈리아, 룩셈부르크, 네덜란드, 포르투갈, 오스트리아, 핀란드)을 이사회에 추천하였으며, 이

〈표 9-3〉 단일통화 도입 일정

1999년 1월 1일	유로 11개국 통화가 됨. 유로와 참가국 통화 불가역으로 고정됨. 유로, 장부상의 통화로 남음(은행권과 동전 아직 미발행). 유로존(Eurozone) 내 단일금융정책 유로의 법적 지위에 대한 각종 입법 신규 정부 부채는 유로로 발행, 다수의 금융시장(주식, 채권, 외환) 유로로 전환
1999년 1월 1일~ 2001년 12월 31일	전환기간: 전체 경제를 유로로 전환
2001년 1월 1일	그리스, 단일통화 채택
2001년 중	유로 은행권의 안전상 정보 캠페인
2001년 말까지	은행과 대규모 소매상 유로 은행권 및 동전 구매
	유로 은행권 및 동전 유통
	행정 서비스 유로로 전환 완료
2002년 1월 1일	국내 은행권과 동전 회수 시작(이중사용기간 동안)
	모든 장부상의 거래 유로로 표기
2002년 12월 31일까지	국내 은행권 및 동전 사용 중지(이중사용기간 종료)

출처: European Commission.

〈표 9-4〉 1유로당 각국 통화의 전환 비율

국가	전환 비율	국가	전환 비율
벨기에	40.3399BEF	이탈리아	1936.27ITL
독일	1.95583DEM	룩셈부르크	40.3399LUF
그리스	340.750GRD	네덜란드	2.2037INLG
스페인	166.386ESP	오스트리아	13.7603ATS
프랑스	6.55957FRF	포르투갈	200.482PTE
아일랜드	0.787564IEP	핀란드	5.94573FIM

사회는 이를 승인하였다.

4) 그리스는 2001년 1월 1일부터 참가하였다.

9.3 유로화 도입 첫 10년의 평가

9.3.1 경제적 성과

(1) 물가 안정

유럽중앙은행은 장기적 물가 목표를 연 2%로 설정하고 금리와 환율정책을 조정하였다. 소비자물가는 1990년대에는 3.3%를 기록하였으나, 유로화 도입 처음 10년간(1999~2008년)의 물가 상승률은 유럽중앙은행의 목표 수치에 거의 근접하는 2.2%를 기록하였다. 이는 1970~1980년대의 8~10%에 비하면 괄목할 만한 성과였다. 명목금리 또한 매우 낮아졌다. 1980년대에 12%, 1990년대에 9%대를 유지하던 금리가 유로화 도입 후에는 4.4%로 떨어졌다. 2000~2001년에는 석유 가격 상승과 유로화의 평가절하로 인해 유로 지역 소비자물가가 목표치인 2%를 초과하기도 하였으나 안정적 거시경제정책 운용으로 곧 안정을 회복하였다.

〈표 9-5〉 유로 지역의 물가 상승 추이

(단위: %)

	평균 물가 상승률	인플레이션 변동성	물가 상승률 최대치	최대치 기록 연도
1960년대	3.7	0.9	5.1	1963
1970년대	9.3	2.8	13.6	1974
1980년대	7.5	3.8	12.8	1981
1990년대	2.8	1.2	5.0	1990
2000년대 (~2008년)	2.0	0.3	2.4	2001

출처: European Commission, "EMU@10," Communication from the Commission, 2008, p. 28.

〈그림 9-1〉 유로 지역 물가 상승률

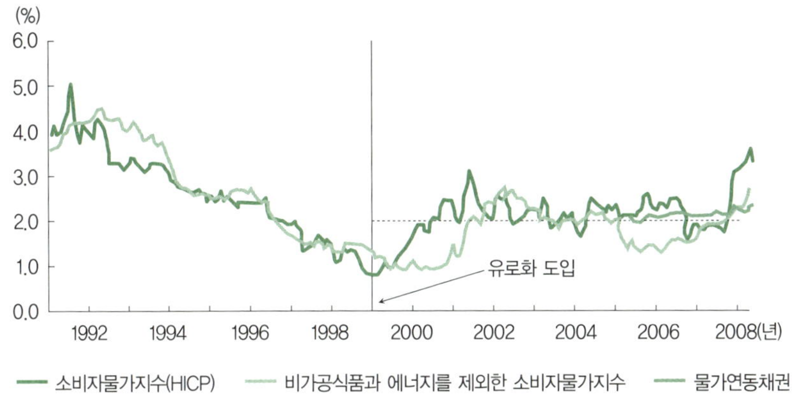

출처: European Commission, "EMU@10," Communication from the Commission, 2008, p. 66.

(2) 재정 안정

유로화 도입 국가들의 초기 재정 운영 목표는 '균형 또는 약간의 흑자'(close to balance or in surplus)였다. 보다 구체적으로, 재정적자 규모가 GDP에 대하여 3% 이내이면서 정부채무의 규모가 GDP의 60% 이내이어야 하였다. 이러한 목표를 달성하기 위하여 회원국은 '안정 및 성장에 관한 협약'(SGP)을 체결하였는데, 이 협약에는 재정 운영에 관한 행동지침(code of conduct)이 제시되어 있었다.

유로 국가들의 재정적자 비율은 1991~1998년 기간 동안에는 −4.4%이었으나, 1999~2003년에는 −1.8%로 개선되었다. 2005년 7월에 SGP의 일부가 개정 · 발효되었다. 목표 수치는 그대로 유지하되 적용에 있어 약간의 융통성을 부여하였다. 또한 기준에 도달하지 못한 회원국이 사후 교정하는 과정에서도 각료이사회를 대표로 하는 회원국들에게 더 많은 재량권을 주어 지나치게 느슨해진 부분도 있었다. 그러나 2005년 SPG 개정은 괄목할 만한 효과를 가져와 2007년의 경우 GDP 대비 3%를 초과한 유로 가입국은 한 나라도 없었으며, 당해 유로 지역 재정적자 평균은 GDP 대비 0.6%를 기록하였다.

(3) 경제 및 시장 통합 촉진

단일통화 도입으로 인해 환율 리스크가 사라지고 국경 간 거래비용도 감소하자 이는 단일시장의 발전으로 이어졌다. 역내 교역 비율이 증가하여, 유로 도입 초기에는 유로 지역 GDP의 1/4을 차지하던 것이 10년 만에 1/3로 증가하기에 이르렀다. 역내 FDI 비율도 유로 도입 당시 GDP 대비 1/5을 차지하던 것이 같은 기간 동안 1/3까지 증가하였다. 이런 긍정적인 변화는 규모의 경제를 가져오고, 경쟁을 촉진시킬 뿐만 아니라 생산성 향상에도 도움이 되었다. 또한 노동생산성도 향상시켜 유로화 도입 이후 시간당 노동생산성이 5% 증가하였다.

(4) 건전한 경제 거버넌스 구조 확립

주요 경제정책은 회원국 차원에서 실행되었다. 그러나 단일통화 도입을 계기로 EMU 가입국들은 EMU가 효과적으로 운영되기 위해서는 건전한 공공재정과 유연성을 가진 상품, 노동 · 금융시장의 통합이 필요하다는 인식을 함께 하게 되었다. 1997년 유럽이사회에서 유로 국가 간의 통화정책 조정 · 협의체로 설립한 유로 그룹(Eurogroup)은 유로 국가들의 재무장관들이 비공식적으로 통화정책에 관해 자유로이 논의할 수 있는 장(場)이 되었다.[5] 이는 유로 지역의 거시경제에 대한 유로 국가들 간의 공동의 입장을 확고히 하는 데 큰 역할을 하였다.

(5) 일자리 창출

EMU 도입 후 유로 지역에 10년 동안 1,600만 개의 일자리가 창출되었다. 1999년 9%를 기록하던 실업률은 2008년 7%로 감소하였다. 인구고령화가 진행되고 있는 상황에서 나온 결과인 만큼, 그 의미가 더욱 컸다. 물론 일자리 창출이 전적으로 유로화 도입에 기인한다고 볼 수는 없었다. 2000년에 마련된 '성장과 일자리를 위한 리

5) 유로 그룹은 리스본조약을 계기로 존립의 법적 근거를 마련하여 공식적인 기구가 되었다. 유로 그룹 의장(President)은 2004년까지는 이사회의 순회의장국제도에 준해 순환의장제를 실시하였으나, 2005년부터 2년 임기의 상임의장을 선임하였다. 유로 그룹 회의에는 ECB 총재, 경제 · 통화총국 집행위원, 유로 그룹 실무자(Eurogroup Working Group) 대표도 함께 참여한다.

〈표 9-6〉 유로 지역, 비유로 지역, 미국의 거시경제 지표 비교

	기간별 평균					
	유로 지역		덴마크, 스웨덴, 영국		미국	
	1989~1998	1999~2008	1989~1998	1999~2008	1989~1998	1999~2008
실질GDP(증감률, %)	2.2	2.1	2.0	2.7	3.0	2.6
1인당 실질GDP(증감률, %)	1.9	1.6	1.7	2.2	1.8	1.6
1인당 실질GDP(US=100)	73	72	74	76	100	100
고용률(%)	0.6	1.3	0.1	0.9	1.5	1.0
노동생산성(%)	1.6	0.8	1.9	1.8	1.5	1.6
실업률(%)	9.3	8.3	7.9	5.2	5.8	5.0
물가 상승률(%)	3.3	2.2	3.4	1.7	3.3	2.8
재정수지(GDP 대비, %)	-4.3	-1.7	-3.6	-0.9	-3.3	-2.5
총부채(GDP 대비, %)	68.6	68.6	48.7	43.0	67.8	60.7
장기금리(%)	8.1	4.4	8.6	4.9	7.1	4.8
실질장기금리(%)	4.7	2.4	4.2	3.3	4.3	2.4

출처: European Commission, "EMU@10," Communication from the Commission, 2008, p. 19.

스본전략'(Lisbon Strategy for Growth and Jobs)을 계기로 노동시장과 사회보장제도가 개편된 것도 일자리 창출에 많은 도움이 되었다.

그러나 한편으로 노동생산성이 감소한 것은 주목할 만하다. 1989~1998년의 평균 노동생산성은 1.6%에 달하는 반면, 1999~2008년의 수치는 0.8%로 감소하였다. 같은 기간 동안 미국의 노동생산성 수치를 비교해 보면, 1989~1998년의 수치는 1.5%인 반면, 1999~2008년의 노동생산성은 1.6%으로 약간 상승하였다. 노동생산성의 감소로 인해 같은 기간 동안 유로 지역의 경제성장률 또한 2%를 겨우 넘는 정도에 머물렀다. 그러나 단일통화 도입은 기업들에게 더 많은 무역의 기회와 전문화의 기회를 제공하였기 때문에 생산성 향상에 기여하였다고 보아야 할 것이다. 만일 유로화 도입이 없었다면, 노동생산성은 현재 상황보다 더욱 악화되어 있었을지 모른다.

(6) 국제통화 위상 확립

유로화 출범 당시 유로화가 미국 달러화만큼은 아니더라도 국제적으로 통용되는 통화가 될 것을 기대하였는데, 실제로 유로화는 미국 달러화에 버금가는 국제통화로 자리매김하였다. 결제통화와 준비통화(reserve currency)로서의 유로의 위상은 점차 높아졌다. 준비통화로서 유로화가 차지하는 비중은 1999년의 18%에서 2008년에는 27%로 크게 높아졌다. 반면 같은 기간 동안 미국 달러화의 비중은 71%에서 64%로 감소하였으며, 일본 엔화 또한 6.5%에서 3.3%로 감소하였다. 2008년 말 기준으로 세계 준비통화로서의 유로화는 총 1조 1,000억 달러에 달하며, 이는 전체 준비통화량의 15%에 해당된다. 선진국의 경우 유로화가 준비통화량에서 차지하는 비중은 20.5%이며, 신흥국 및 개발도상국의 경우는 12.2%에 달한다. 미국 달러화의 경우, 선진국 준비통화량의 59.2%, 신흥국 및 개발도상국의 24.9%에 달한다. 아직까지 미국 달러화에는 못 미치지만 유로화의 보유 비중은 신흥국 및 개발도상국에서 오히려 더 높은 비중을 차지하고 있다.[6] 실제로 유로화는 EU 회원국이 아님에도 주변국과

〈그림 9-2〉 미 달러화 대비 유로화 환율 변동 추이(월별 통계, 1999년 1월=100)

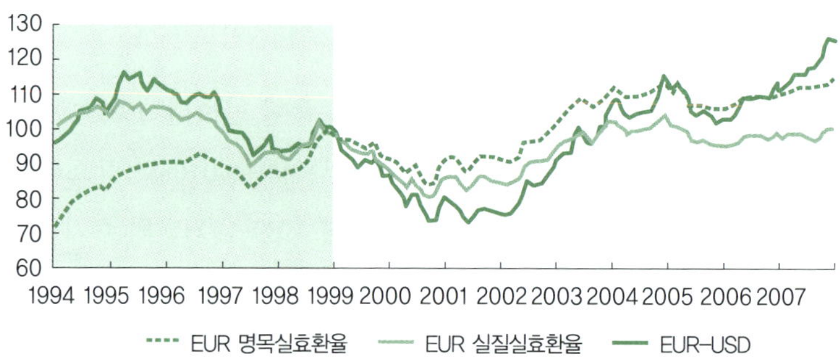

출처: European Commission, "EMU@10," Communication from the Commission, 2008, p. 41.

6) IMF, "Currency Composition of Official Foreign Exchange Reserves," 2009.

유럽 내에서의 용이성을 위해 유럽 내 소국인 안도라, 모나코, 산마리노, 바티칸시티에서도 통용되고 있으며, 몬테네그로, 코소보도 통화 단위로 유로를 사용하고 있다.

9.3.2 새로운 도전 과제

유로화 도입 초기 10년 간의 성과는 전반적으로 긍정적으로 평가되고 있다. 그러나 일련의 세계 경제위기와 그로 인한 경기침체로 인하여 유로경제는 새로운 국면을 맞이하고 있으며, 이에 따라 앞으로 해결해야 할 몇 가지 과제가 남아 있다.

① 느린 성장 속도: 고용률이 높아졌고 단일통화 도입의 영향이 긍정적이라고는 하나, 노동생산성이 1.6%에서 0.8%로 감소한 것은 고려할 필요가 있다. 그 결과 유로 지역의 1인당 소득은 미국의 70% 수준에 머물고 있다. 특히, 소규모 회원국들보다 주요 회원국들의 생산성이 더욱 향상될 필요가 있다.

② 회원국 간 격차 심화: 물가 상승률이나 단위당 노동비용 등의 측면에서 회원국 간에 큰 격차가 발생하게 되었다. 이는 회원국마다 가격이나 임금에 대한 대응성(responsiveness)이 부족하기 때문에 야기된 부분이 있다. 회원국 간 격차가 커지면 경쟁력이 감소하고 대외불균형이 발생한다. 또한 대내적으로는 상품시장이 완전히 통합되기가 어려우며 국가 간 서비스 제공이 발전하지 못하게 된다.

③ 새로운 글로벌 과제에 직면: 기후 변화가 경제적 영향을 미치는 중요한 요인으로 인식되고 있다. 식량과 에너지 가격은 계속적으로 증가하고 있으며, 낙후된 국가일수록 기후 변화의 폐해를 받게 될 가능성이 높다. 기후 변화는 EU 전체의 경제성장을 저해하는 요인이 될 수 있으며, 회원국별로 영향이 달리 나타날 것이므로 역내 부(富)의 재분배를 저해할 수 있는 요인이 될 것이다.

이와 아울러 EU는 심각한 고령화 문제에 직면하고 있다. 연금에 의존하는 시민의 수는 증가 추세이며, 경제성장은 둔화되고 있다. 노인 대(對) 청년 비율은 향후 40년 후에는 지금의 절반 수준으로 감소될 것으로 추산되고 있다. 경제성장률도 현재의 2%에서 1%로 감소할 전망이다. 게다가 노년층 인구가 증가함에 따라 GDP 대비 공공부채의 비율도 4%p 증가될 것으로 예상된다.

유로화는 일차적으로는 성공적인 평가를 받고 있으나 향후 전망을 보면 그다지 낙관적이지만은 않다. 특히, 새로운 글로벌 과제들이 세계적으로 중요한 이슈로 부각되면서 유로 지역을 비롯한 EU는 나름대로 대처할 전략이 필요하게 되었다. 더욱이 2009년부터 시작된 유로화 재정위기로 인해 유로화는 다시 한 번 고비를 맞게 되었다.

9. 4 유럽 재정위기

9.4.1 재정위기 발생 및 경과

2008년 미국발 금융위기로 인해 세계경제가 침체상태로 빠져들자, 그리스, 포르투갈, 스페인, 이탈리아라는 이른바 'PIGS' 국가들[7]의 누적된 재정적자로 인해 국가부채가 급증하여 발생한 것이 유로존(Eurozone) 재정위기이다. 유로존 위기는 2009년 말 그리스에서부터 가시화되기 시작하였다. 그리스의 파판드레우(George Papandreou) 신임 총리는 그리스 재정적자 규모가 공식적으로 밝혀진 GDP 대비 3.7%가 아닌 12.7%에 이른다고 밝혔다. 또한 이런 거짓 통계가 이번이 처음이 아니라 그리스가

7) 아일랜드를 포함하여 'PIIGS'라고 칭하기도 한다.

유로존에 가입할 때부터 누적적자 규모를 허위로 계상한 것부터 시작되었다는 것도 드러났다. 예상을 훨씬 뛰어 넘는 수준의 규모는 국가 신인도를 급속도로 하락시켰고, 그리스 국채 금리가 급상승하기에 이르렀다. 그리스 정부는 유로존 회원국으로는 처음으로 EU와 IMF에 구제금융을 요청하였다. 그러나 IMF가 그리스에 구제금융을 지원하는 것에 대해서는 회원국 간에 이견이 있었다. IMF 구제금융을 찬성하는 입장은 구제금융을 통해 IMF가 요구하는 강도 높은 구조조정이 실행할 수 있는 좋은 기회라고 여겼고, 반대하는 입장은 IMF가 EMU 운영에 대한 EU의 독립적 권한을 침해할 소지가 있다고 보았다. 논쟁이 지속되는 와중에 그리스의 경제 상황은 더욱 악화되어 파산 직전으로 몰리게 되었고, EU는 결국 2010년 5월에 3년에 걸쳐 1,100억 유로를 지원하기로 결정하였다(EU: 800억, IMF: 300억). EU와 IMF로부터의 구제금융으로 그리스 국채 금리는 회복되었고, 위기도 일단 진정되는 듯해 보였다. 이 시점까지가 2010년 1월부터 5월에 이르는 제1차 재정위기의 주요 내용이다.

2010년 말부터 제2차 재정위기가 도래하였다. 이번에는 그리스뿐 아니라 아일랜드와 포르투갈의 채권 금리가 동반 상승하였다. 아일랜드는 2007년 하반기 리먼 브라더스(Lehman Brothers) 사태 이후 부동산 거품이 붕괴하면서 은행권의 부실 여신이 급속하게 증가하였다. 이와 아울러 해외 투자자본의 철수가 잇따르면서 생산이 감소하고 실업률이 급등하였다. 이를 해결하는 과정에서 아일랜드 정부가 부실 은행 구제를 위해 막대한 공적자금을 투입함에 따라 재정적자와 국가채무가 급속하게 증가하였는데, 이로 인해 아일랜드 국가재정의 지속 가능성에 의문이 제기되기 시작하면서 국채 금리가 급증하였다. 포르투갈 또한 글로벌 금융위기 이전부터 저조한 경제성장률과 빠르게 증가하는 재정적자와 국가채무로 인해 재정건전성이 악화되기에 이르렀다. 결국 아일랜드와 포르투갈은 그리스 다음으로 EU와 IMF에 구제금융을 신청하는 두 번째와 세 번째 국가가 되었고, 각각 아일랜드는 850억 유로를, 포르투갈은 780억을 지원받았다. 이 일련의 사건은 2010년 11월에서 2011년 4월에 이르는 제2차 재정위기 시기라 할 수 있다. 이번 2차 위기에서는 1차 위기 직후 EU 27개 회원국에 의해 설립된 유럽재정안정기금(European Financial Stability Facility: EFSF)으

〈그림 9-3〉 남유럽발 금융위기 당시 PIGS 국가들의 국채 10년물 금리 추이

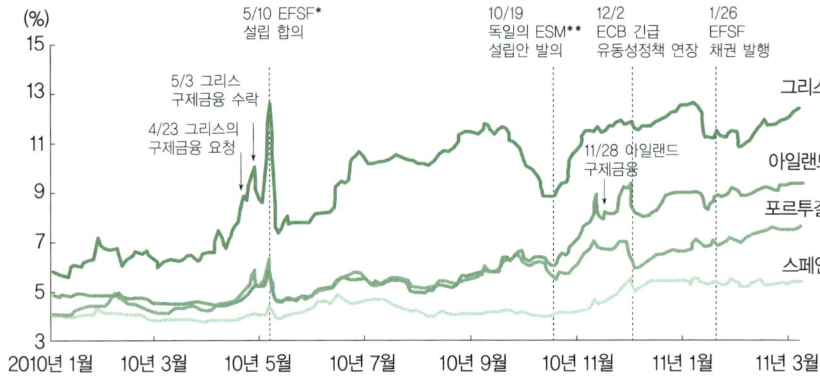

주: * EFSF: European Financial Stability Facility(유럽금융안정기금).
** ESM: European Stability Mechansm(한시적 조치인 유럽금융안정기금을 대체할 후속조치).
출처: Bloomberg(삼성증권, 「향후 유럽 금융위기 해결방안」, 2011. 3. 9에서 재인용).

로 인해 구제금융이 보다 체계적으로 지원될 수 있었다.

한편, 이미 구제금융을 지원받은 그리스는 여전히 상황이 좋지 않았다. 의료, 연금, 기타 보조금의 방만한 지출과 만연한 부패, 불투명한 조세행정, 지하경제 등이 그리스 위기의 근본적인 원인인 만큼 이에 대한 특단의 개혁조치가 없이는 단기간 내에 해결될 수 있는 상황이 아니었다. 그리스 신용등급은 2009년 말부터 여섯 번의 강등으로 'CCC'에 이르렀으며(2011년 6월, S&P 기준), 금융시장에서는 채무불이행으로 디폴트 선언을 하게 될 것이라고 보는 전문가들이 많아졌다. EU는 그리스 채무 문제를 채무위기로 인식하기 시작하였다.

이 과정에서 제3차 재정위기가 2011년 중반에 도래하였다. 이번에는 이탈리아와 스페인이 위기를 맞이하였다. 이탈리아의 경우, 이탈리아 경제의 구조적 취약성이 근본적인 원인이 되었다. 총GDP 규모 2조 550억 달러, 1인당 GDP 3만 5,000달러로 세계 8위의 경제대국이자 유로존 3위 경제대국인 이탈리아는 남북 간의 경제격차로 인해 심각한 지역갈등을 겪고 있는 나라이다. 더욱이 대규모 기업이 수적으로 적

어 규모의 경제가 중요한 산업 분야에서도 규모의 경제를 실현하기 쉽지 않아 성장률이 둔화되었고, 무리한 사회보장정책으로 인한 재정적자와, 이탈리아 국민의 정치에 대한 불신, 대규모의 지하경제 등으로 인해 생산성을 향상할 수 있는 여지가 전혀 없는 상황이었다. 유로존의 위기가 발발하면서 구조적으로 매우 취약한 경제 상황에 놓여 있는 이탈리아의 경제가 더욱 악화되었고, 국채 금리가 급상승하기 시작하였다.

스페인의 재정위기는 2008년부터 시작되었다. 미국발 금융위기 이후 부동산시장의 버블 붕괴로 주택담보대출을 해준 은행들이 위기에 처하게 되자, 스페인 정부는 시중은행 파산을 막고자 은행에 막대한 공적자금을 투입하였고 정부의 재정 문제는 악화되기 시작하였다. 또한 그리스 재정위기 이후 경기가 둔화되어 실물경제가 침체에 빠지자, 지방재정도 부실화되었다. 지방재정의 부실화와 경기둔화는 재정적자 확대를 가속화시켰고, 이에 스페인 정부는 국가채무 위기에 빠지게 되었다. 부동산 거품 붕괴, 중앙정부 재정위기, 경기침체 및 고실업, 지방정부의 방만함이 한데 합쳐 스페인 경제위기를 촉발시킨 것이다.

게다가 이탈리아와 스페인의 경제 규모는 문제의 심각성을 더해 주었다. 앞서 문제시되었던 그리스, 아일랜드, 포르투갈은 세 나라의 경제 규모를 합치더라도 유로존 전체 GDP의 6.1%에 불과하기 때문에 구제금융을 통해 구제하거나 최악의 경우 유로존에서 탈퇴시키는 선택을 할 수도 있다. 그러나 이탈리아는 단독으로 유로존 GDP의 16.8%를 차지하고 있을 뿐만 아니라, 스페인 또한 11.5%나 차지하고 있다. 이들 나라를 구제하기에는 규모가 너무 클 뿐만 아니라, 유로존에서 탈퇴시키는 것도 쉽지 않은 상황인 것이었다. 게다가 유로존 3위 경제 규모를 자랑하는 이탈리아의 재정위기 가능성이 불거짐에 따라 PIGS 국가의 채권을 독일보다 많이 보유하고 있는 프랑스에까지 경제위기 여파가 미칠지도 모른다는 가능성이 제기되어 이 재정위기는 특정 유로 국가의 문제가 아닌, 범유로존의 문제로 인식되기 시작하였다. 유럽중앙은행은 국채 매입에 적극적으로 개입하여(Securities Market Programme: SMP) 이탈리아와 스페인 국채를 집중적으로 매입하였고, 저금리 장기 대출(Long-Term

Refinancing Operation: LTRO)을 통해 1조 유로를 유럽 시중은행에 공급하였다.

결국 이들 국가들은 EU와 IMF에 구제금융을 신청하게 되었다. 그리스(2010년 4월), 아일랜드(2010년 11월), 포르투갈(2011년 4월)에 이어 2012년 6월에는 스페인이 긴급 구제금융을 요청하였고, 그리스에 대한 경제의존도가 높아 그리스 위기로 인해 주요 수입원인 관광산업이 타격을 입게 된 사이프러스도 같은 시기에 구제금융을 요청하면서 유로존 17개국 중 5개국이 구제금융을 요청하기에 이르렀다. 이들 5개국의 GDP가 유로존 전체의 17.4%에 이르는 만큼, 유로존 내 위기감이 더욱 증폭되었다.

9.4.2 재정위기 후 경제 상황

2009~2011년 기간 동안 3차례 위기를 겪으면서 EU는 유럽 재정위기가 더 이상 특정 유로 회원국에 국한되는 문제가 아니라 유럽 전체의 경제위기라는 인식을 갖기에 이르렀다. 실제로 유럽 재정위기의 여파로 PIGS 국가를 비롯한 서유럽 국가들의 금융기관이 부실해지면서 자산이 감소하고, 이는 소비 침체와 자금조달 비용 상승으로 인한 투자침체의 결과를 가져와 실물경제를 압박하기에 이르렀다. 유로존은 재정위기를 거치면서 이미 2011년 4분기부터 경기침체 국면을 맞이하였으며, 독일, 프랑스, 이탈리아를 비롯한 대부분의 유로 사용 국가들이 긴축재정에 돌입하였다.

경기침체는 국가 신용등급에도 영향을 미쳤다. 이탈리아 위기설 이후에는 전체 유로 회원국의 신용등급에 대한 부정적인 견해가 속출하였다. S&P는 PIGS 국가뿐만 아니라 사이프러스, 슬로바키아, 슬로베니아, 에스토니아, 몰타, 벨기에, 오스트리아 등의 신용등급을 하향 조정하였으며, 심지어 프랑스도 AAA에서 AA+로 하향 조정되었다. 2009년 재정위기 발생 이전에는 최고 등급인 AAA등급을 받은 국가가 9개국이었지만, 2012년 현재 AAA등급은 4개국으로 감소되었다.

2012년에도 재정위기를 맞이한 국가들의 경제 상황은 여전히 나아지지 않고 있었다. 그리스는 2010년 5월 1차 구제금융을 지원받을 당시 재정건전화 계획[8)]을 발

〈표 9-7〉 실질GDP 성장률

	국가	2010년	2011년	2012년
Eurozone	독일	4.0	3.3	0.7
	프랑스	1.7	2.0	0.0
	이탈리아	1.7	0.5	−2.5
	스페인	−0.2	0.1	−1.6
	네덜란드	1.5	0.9	−1.2
	벨기에	2.3	1.8	−0.1
	오스트리아	1.8	2.8	0.9
	그리스	−4.9	−7.1	−6.4
	아일랜드	−1.1	2.2	0.2
	핀란드	3.4	2.8	−1.0
	포르투갈	1.9	−1.3 *	−3.2 *
	슬로바키아	4.4	3.0	1.8
	룩셈부르크	3.1	1.9	−0.2
	슬로베니아	1.3	0.7	−2.5
	사이프러스	1.3	0.4	−2.4
	에스토니아	2.6	9.6	3.9
	몰타	3.3	1.7	0.9
	Euro 17**	2.0	1.6	−0.7
Non-Eurozone (EU 15)	영국	1.7	1.1	0.3
	스웨덴	6.6	2.9	0.9
	덴마크	1.4	1.1	−0.4
Non-Eurozone (CEECs)	폴란드	3.9	4.5	1.9
	체코	2.5	1.8	−1.0
	헝가리	1.1	1.6	−1.7
	루마니아	−1.1	2.2	0.7
	불가리아	0.4	1.8	0.8
	리투아니아	1.6	6.0	3.7
	라트비아	−1.3	5.3	5.2
	EU 27***	2.0	1.7	−0.4

주: * 예상치임.
** 라트비아는 2014년 1월 유로존에 가입함.
*** 크로아티아는 2013년 7월 가입하였으므로 여기서는 제외함.

출처: Eurostat(http://epp.eurostat.ec.europa.eu/tgm/table.dotab=table&plugin=1&language=en&pcode=tec00115).

〈그림 9-4〉 유로존 국가 실업률

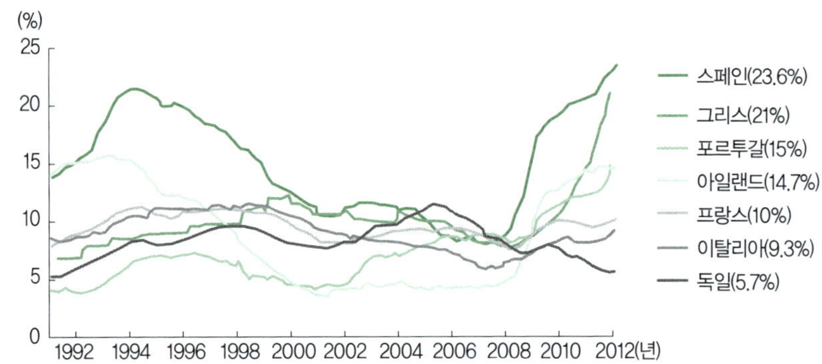

출처: Eurostat.

표하였으나, 정치적 불안과 사회적 동요, 극심한 경기침체로 인해 목표를 달성하지 못하였다. 상황이 계속 악화되자 그리스는 2012년 2월에 1,300억 유로에 달하는 2차 구제금융을 받기에 이르렀고, 2012~2014년 동안 재정적자 7% 포인트 감축을 목표로 하는 2차 건전화 계획을 발표하였다. 2012년 6월 총선에서 그리스의 유로존 잔류를 강조하며 구제금융 조건 수용을 공약으로 내세운 신민주당(New Democracy)이 승리함으로써 급진좌파 돌풍을 일으켰던 시리자당(Syriza Unionist Social Front)이 지지하였던 구제금융 전면 재협상, 유로존 탈퇴 검토 등의 최악의 시나리오는 가까스로 피하게 되었다. 그러나 이제부터 시작이며, 앞으로 해결해야 할 과제가 산적해 있다.

유로존 국가들의 경기침체와 강력한 긴축정책으로 인해 유로존의 실업률 또한 최악으로 치닫고 있다. 유럽통계청에 의하면, 2012년 현재 유로존 국가의 실업률은 12%에 이르며 스페인은 23.6%, 그리스는 21%를 기록하여 특히 심각한 수준에 달하고 있다. 재정위기 발생 후 계속적으로 상승하면서 2012년 현재 유로존 출범 이후

8) 그리스 정부는 재정건전화 계획을 통해 2009년 기준 13.6%에 달하는 재정적자를 2014년까지 3% 이하로 줄일 것을 목표로 하였다.

〈그림 9-5〉 유로존 국가 청년실업률(15~24세)

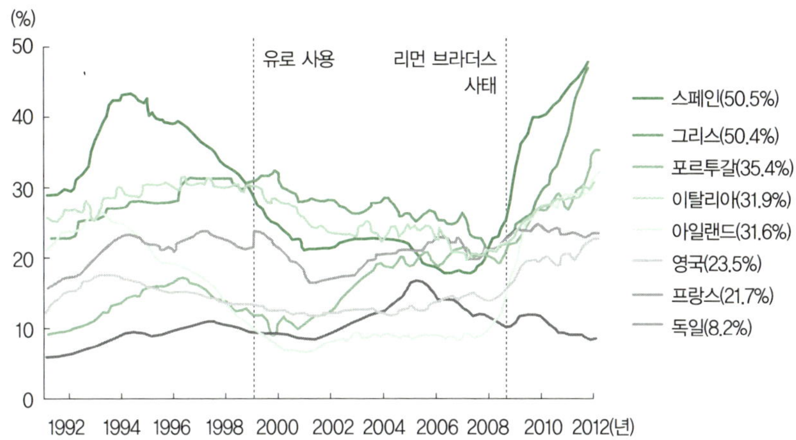

출처: Eurostat.

가장 높은 수치를 기록하였다. 같은 시점 미국은 7.3%, 일본은 4.1%를 기록하고 있다.

청년실업률은 더욱 상황이 심각하다. 2012년 기준으로 독일만 8.2%를 기록하여 회원국 중 가장 상황이 나은 상태이지만 재정위기를 겪은 국가들은 30% 이상의 높은 청년실업률을 기록하고 있다. 심지어 스페인과 그리스는 각각 50.5%, 50.4%로 유로존 출범 이후 역대 최고의 수치를 보여주고 있다. 이들 국가의 상황은 재정위기 후에 급격하게 악화되었다. 유로존에 가입하지 않은 영국의 경우도 청년실업률이 23.5%에 달하고 있어 청년실업 문제가 EU 전역에 매우 심각한 상황임을 알 수 있다.

9.4.3 EU의 대응 방안

유럽 재정위기를 겪는 동안 EU 및 유로존 국가들은 다양한 조치를 취함으로써 위기를 극복하고자 노력하였다. 첫째, 유럽재정안정기금(European Financial Stability Facility: EFSF)과 유럽재정안정 메커니즘(European Financial Stabilisation Mechanism: EFSM)과 같은 금융안전망을 설립하였다. 유럽재정안정기금(EFSF)은 2010년 5월 그리스 등 PIGS 국가들의 재정위기가 다른 유럽 국가로 번지는 것을 막기 위해 브뤼셀에서 결성된 기금이다. 자금 규모는 4,400억 유로로 국제채권시장에서 채권을 발행하여 자금을 조달하는 형식으로 지원하였다. 유럽재정안정 메커니즘(EFSM)은 EU 예산을 담보로 집행위원회가 보증하는 긴급지원 프로그램으로 경제적 어려움에 처한 EU 회원국들을 돕고자 설립되었다. 600억 유로로 지원 규모를 늘려 유로존 회원국 대상으로 지원하였다. 유럽재정안정기금(EFSF)은 2012년 9월에 유럽안정 메커니즘(European Stability Mechanism: ESM)으로 대체되었다.

둘째, EU의 경제 거버넌스를 개혁하였다. 두 가지 측면에서 개혁이 진행되었는데, 하나는 '안정 및 성장에 관한 협약'(SGP) 강화이고, 다른 하나는 '식스팩'(six-pack)으로 알려진 재정 안전 관련 규제 법안을 채택한 것이다. 안정 및 성장에 관한 협약(SGP)은 2005년 개혁을 거친 이후 이번 재정위기를 계기로 2011년 그 내용이 강화되었다. 강화된 내용은 다음과 같다.

① 기존의 재정적자 기준에 국가채무 상한 기준을 추가하여, '재정적자 GDP 대비 3% 이내 → 재정적자 GDP 대비 3% + 국가채무 GDP 대비 60% 이내'로 강화한다.
② 회원국 예산 전반에 대한 구조적 개혁을 포함한 시정조치가 EU 법률에 근거하여 마련되며 시행 절차는 기존의 SGP 감독 절차를 따른다.
③ 중기 재정 목표 및 달성 방안과 이행 경로 간에 심각한 이탈이 발생하는 경우 이를 기한 내에 교정하는 조치를 자동 시행한다.
④ 초과적자 또는 국가채무가 존재한다고 판단되는 경우에는 '시정조치 권고 → 시정조치 법적 강제 → 보증금 및 벌금 강제 부과' 등의 순서로 제재한다. 그리고 제재조치 적용시에는 역가중다수결원칙(reverse qualified majority voting:

〈표 9-8〉 식스팩(six-pack) 재정 안전 규제 법안

재정정책	1. 예산 감독 및 경제정책 조정 강화에 관한 유럽의회와 이사회의 규정(Regulation of the European Parliament and the Council amending Regulation (EC) No 1466/97 on the strengthening of budgetary surveillance and coordination of economic policies) 2. 초과 부채 감축 이행에 관한 이사회의 규정(Council Regulation amending Regulation (EC) No 1467/97 regarding speeding up and clarifying the implementation of the excessive deficit) 3. 유로 지역 내 예산 감독의 효율적 실행에 관한 유럽의회의 이사회의 지침(Regulation of the European Parliament and Council Directive on the effective enforcement of budgetary surveillance in the euro area) 4. 회원국 재정 기본 틀의 필요 사항에 관한 이사회의 지침(Directive of the Council on the requirements for the fiscal framework of the Member States)
거시경제적 불균형	5. 거시경제적 불균형의 예방 및 교정에 관한 유럽의회의 이사회의 규정(Regulation of the European Parliament and of the Council on the prevention and correction of macroeconomic imbalances) 6. 유로 지역 내 과도한 거시경제적 불균형을 교정하기 위한 시행안에 관한 유럽의회와 이사회의 규정(Regulation of the European Parliament and of the Council on enforcement action to correct excessive macroeconomic imbalances in the euro area)

RQMV)을 적용하여 다수가 반대할 경우에만 제재를 적용하지 않고 그렇지 않으면 자동적으로 제재조치를 발동한다.

한편, '식스팩'으로 알려진 재정 안전 관련 규제 법안은 유로존과 유럽연합의 재정 안정을 유지하기 위해 마련된 재정적자, 지출 규모, 세금 규모 등에 대한 6개 규정을 지칭한다.

셋째, 재정정책 조정을 위한 메커니즘으로 '유럽학기제'(European Semester)를 도입하였다(2011년 1월). 유럽학기제는 EU의 새로운 재정위기 대응 프로그램의 1단계로 개별 회원국이 자국 예산안의 의회 심사에 앞서 EU로부터 먼저 점검받는 것이 주된 내용이다. 집행위원회는 매년 연말에 '연간 성장조사'(Annual Growth Survey) 보고서를

<그림 9-6> 유럽학기제(European Semester)의 예

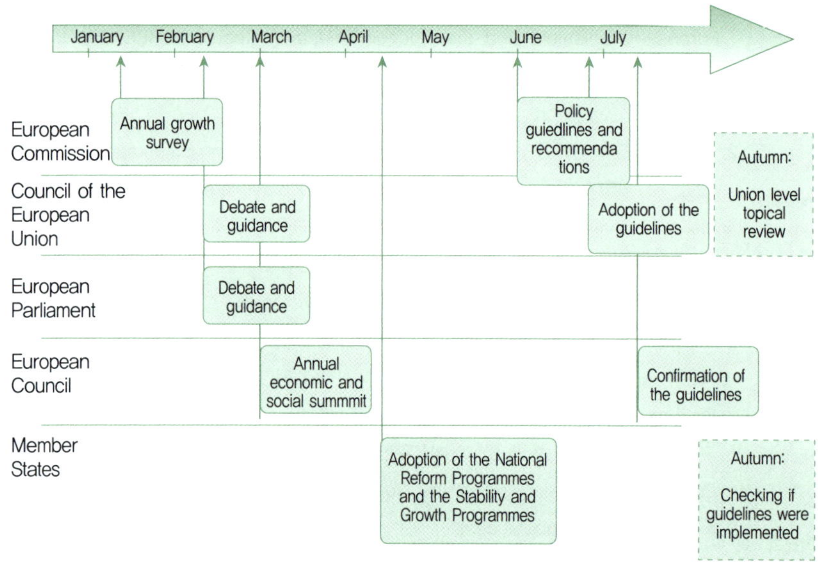

출처: Hungarian Presidency of the Council of the European Union(http://www.eu2011.hu/europe-2020-strategy).

작성하여 회원국별로 차년도 우선순위 항목을 제시한다. 집행위원회의 권고사항을 고려하여 차년도 3~4월에 걸쳐 구체적인 실천 목표를 결정한다. 회원국과 집행위원회 간의 논의를 바탕으로 구체적인 목표 설정이 이루어지면 2단계인 '회원국 학기'(National Semester)에서 이미 결정된 정책을 실행한다.

넷째, 신(新) 재정협약인 'EMU의 안정 · 공조 · 거버넌스에 관한 조약'(Treaty on Stability, Coordination and Governance in the Economic and Monetary Union: TSCG)을 채택하여 재정 준칙을 강화하였다. 신 재정협약은 일부 회원국들의 방만한 재정 운용으로 야기된 재정위기를 극복하기 위해 마련된 EU 차원의 대책으로 1997년 채택된 '안정 및 성장에 관한 협약'(SGP)을 수정한 것이다. 신 재정협약에 따라 이제부터 EU는 연간 재정적자가 GDP의 3%를 넘고, 국가부채가 GDP의 60%를 초과하는 회원국들에 대해

〈표 9-9〉 신 재정협약의 주요 내용

항목	주요 내용
협약 대상국	• EU 25개 회원국 간의 합의(영국, 체코 제외; 단, 체코는 향후 채택 가능성 있음; 크로아티아는 당시 비회원국이었고, 회원국이 되면서 채택함) • 영국의 반대로 본 협약은 EU 공동체법이 아닌 정부 간 협정(intergovernmental agreement) 형태로 도출됨.
재정적자 한도 설정	• 재정적자 GDP 대비 3%, 정부부채 GDP 대비 60% 위반시 벌금 부과 • '구조적 재정적자'(structural deficit)의 경우 GDP의 0.5%까지 추가 인정(부채 상환, 재정 수입 감소 등) • 정부부채가 GDP 60% 미만일 경우 구조적 재정적자를 1% 인정 • 재정적자 상한선을 헌법 또는 유사한 지위의 국내법으로 법제화할 것 • 재정적자 상한선을 초과하면 자동적인 교정 메커니즘을 설정해 놓을 것
유럽사법재판소 제재조치	• 협약 회원국은 다른 회원국의 법제화 여부를 감시하고 위반시 유럽사법재판소에 제소 가능 • 회원국이 법제화를 이행하지 않았을 경우 위반국 GDP의 0.1%에 해당하는 벌금 부과 • 벌금은 유럽안정 메커니즘(ESM) 혹은 EU 예산으로 편입됨.
조정 메커니즘	• 협약국은 국채 발행 계획을 집행위원회와 이사회에 사전 통보할 것
유로존 회원국 정상회의 개최	• 유로존 정상회의를 연 2회 이상 개최할 것

출처: European Commission.

서는 벌금 등의 제재를 가할 수 있다. 회원국들은 이런 목표를 헌법 등 각국 국내법상에 명시해야 하며, 입법조치를 늦출 경우에는 벌금이 부과된다. 2012년 3월에 EU 정상들에 의해 채택된 이번 협약은 EU 내 27개 회원국 중 영국과 체코를 제외한 25개 회원국이 서명하여 2013년 1월부터 시행되었지만, 법적 구속력은 당분간 유로존에 한정한다. 영국은 당초부터 협약 가입을 거부하였었고, 체코의 경우 의회 승인 절차 등의 문제로 가입하지 않기로 하였다.

2011년 12월 발효된 식스팩과 2013년 1월 발효된 신 재정협약(TSCG)은 기존의 안정 및 성장에 관한 협약(SGP)을 수정 · 보완한 것이나, 〈표 9-10〉과 같이 약간의 차이점이 있다.

이와 같은 다양한 조치들로 인해 유럽 재정위기는 점차 회복 국면에 접어들고

〈표 9-10〉 식스팩과 신 재정협약의 차이점

	식스팩	신 재정협약
발효 시점	2011년 12월 13일	12개국 이상 비준시 발효(2013년 1월 발효됨)
법적 성격	5개의 규정과 1개의 지침으로 구성; EU 공동체법	정부 간 협약(EU 공동체법 아님), 25개 회원국 비준
적용 대상국	28개 회원국에 적용(금융제재 조치는 유로 회원국에게 적용)	유로존 회원국에만 적용
특징	• 재정정책 및 거시경제적 불균형에 대한 감독 규정 • 회원국별 중기 재정 목표 설정 • SGP의 예방 및 교정조치 강화 • 역가중다수결원칙(RQMV) 적용	• 재정적자 한도 준수 의무 • 회원국별 재정적자 한도 준수 의무를 법제화할 의무 • 불이행시 ECJ의 제재, 벌금 부과 규정

출처: European Commission, Economic and Financial Affairs(http://ec.europa.eu/economy_finance/articles/ governance/2012-03-14_six_pack_en.htm).

있다. 2013년 12월 말을 기준으로 구제금융을 받은 다섯 국가(스페인, 아일랜드, 포르투갈, 사이프러스, 그리스) 중 아일랜드가 처음으로 구제금융 관리체제를 벗어났으며, 410억 유로를 지원받았던 스페인도 2012년 7월 국제채권단의 구제금융안을 받아들인 이후 1년 반 만에 구제금융 관리체제를 졸업하였다.

그러나 중요한 점은 유럽 재정위기가 발생할 수밖에 없었던 구조적인 측면이다. 통화통합은 회원국 간의 경제 여건이 수렴하여 '최적 통화 지역'(Optimum Currency Area: OCA)을 설립할 것이라는 전제 하에 추진되었다. 유로존 출범 당시에 이미 회원국 간에는 각국 산업구조의 특성으로 인해 서로 다른 성장 모델이 존재하였고, 회원국 간 경제 격차 또한 매우 컸다. 따라서 제조업을 기반으로 하는 수출주도형 국가인 독일이 경상수지 흑자를 달성하면, 관광 · 서비스 산업에 기반한 소비주도형 국가인 그리스와 스페인은 경상수지 적자분을 독일로부터 차입하여 충당하는 방식이 고착화될 수밖에 없게 된 것이다. 이러한 구조적인 문제를 해결하지 않는다면, 경제통합은 한계점에 봉착할 수밖에 없을 것이다. 중장기적으로는 어떠한 방식으로든 일정 수준의 재정통합이 필요한 이유가 바로 여기에 있다.

10 유럽 내 기타 경제권역: EFTA와 EEA

SLAND
SUOMI
FINLAND
NORGE
SVERIGE
EESTI
LATVIJA
LIETUVA
UNITED
KINGDOM
IRELAND
ÉIRE
DANMARK
NEDERLAND
DEUTSCHLAND
BELGIË
BELGIQUE
LUXEMBOURG
POLSKA
BELARUS
RUSSIJA
UKRAJNA
ČESKÁ
REPUBLIKA
SLOVENSKO
FRANCE
SUISSE
SCHWEIZ
SVIZZERA
ÖSTERREICH
LIECH.
MAGYARORSZÁG
MOLDOVA
SLOVENIJA
HRVATSKA
ROMÂNIA
PORTUGAL
ANDORRA
MONACO
SAN
MARINO
BOSNA I
HERCEGOVINA
BALGARIJA
ESPAÑA
ITALIA
SHQIPËRIA
TÜRKIYE
ELLADA
SOURIYA
KYPROS
KIBRIS
MALTA

1992년 5월 2일 포르투갈의 오포르토(Oporto)에서 당시의 EU 12개국[1]과 EFTA 7개국[2]은 유럽경제지역(European Economic Area: EEA) 창설을 위한 오포르토조약(Oporto Agreement)에 서명하였다. EEA는 이 조약에 의해 1994년 1월 1일부터 발효되었다. 2008년 11월 현재 EEA는 스위스를 제외한 EFTA 가입국인 아이슬란드, 리히텐슈타인, 노르웨이와 EU에 가입중인 27개국을 합쳐 총 30개국이 참가하고 있다.

10.1 EFTA

10.1.1 설립 배경 및 과정

EFTA, 즉 유럽자유무역연합(European Free Trade Association)은 1959년 스톡홀름협약(Stockholm Convention)에 의해 설립된 국제지역기구로 2013년 현재 아이슬란드, 리히텐슈타인, 노르웨이, 스위스 4개국으로 구성된다. 4개국 중 3개국(스위스 제외)은 EFTA가 EU와 함께 설립한 EEA에 참가하고 있다.

EFTA는 1960년 수입관세 및 쿼터 그리고 기타 무역장벽 제거를 목적으로 서유럽 7개국(오스트리아, 덴마크, 노르웨이, 포르투갈, 스웨덴, 스위스, 영국)에 의해 창설되었다. 핀란드는 1961년에 준회원국으로 가입하였다가 1986년에 정회원국이 되었다. 1970년대와 1980년대에는 3개국이 EFTA를 탈퇴한 후 EC에 가입하였다(영국과 덴마크는 1972년에 탈퇴, 포르투갈은 1985년에 탈퇴). 한편, 아이슬란드(1970년)와 리히텐슈타인(1991년)이 EFTA에 신규로 가입하였다. 그 후 1994년 다시 3개국(오스트리아, 핀란드, 스웨덴)이 EFTA를 탈퇴한 후 1995년 EU에 가입하였다.

1) 벨기에, 덴마크, 프랑스, 독일, 그리스, 아일랜드, 이탈리아, 룩셈부르크, 네덜란드, 포르투갈, 스페인, 영국.
2) 오스트리아, 핀란드, 아이슬란드, 리히텐슈타인, 노르웨이, 스웨덴, 스위스.

〈표 10-1〉 EFTA 회원국 주요 지표

	아이슬란드	리히텐슈타인	노르웨이	스위스
인구(명, 2013년 1월 기준)	321,857	36,842	5,051,275	8,036,917
면적(1,000km²)	103	0.16	323.9	41.3
수도	레이캬비크	파두츠	오슬로	베른
GDP(100만 유로, 2012년 기준)	10,628	4,383(2011년)	388,866	490,424

출처: EFTA 홈페이지(http://www.efta.int/).

EFTA 설립의 제1목적은 역내 공산품 무역의 자유화이었다. 이 목표는 1966년 말에 3년 앞당겨 실현되었다. 즉, 농산물을 제외한 모든 수입관세가 철폐되었다. 수산물과 기타 해양 제품에 대한 자유무역도 1990년 7월에 발효되었다. EFTA 국가는 역내 무역장벽 제거뿐만 아니라 역내·외 국가에 대한 새로운 무역장벽 설치를 억제하였다. 그 이유는 EFTA는 관세동맹이 아니므로 역외국에 대한 무역정책 채택이 자유로웠기 때문이다.

EFTA 설립 이래 가장 중요한 무역 파트너는 EU이었기 때문에 EU와의 자유무역 확장을 위한 협상 노력을 지속해 왔다. EU뿐만 아니라 기타 국가, 특히 동유럽 국가와도 이러한 노력을 경주하였다.

EFTA가 EU와 밀접한 무역상의 유대 관계를 유지하기 위한 노력은 1950년대 EEC 6개 회원국과 기타 서유럽 국가 간의 자유무역지역 창설 시도로부터 비롯된다. 비록 그 시도는 실패하였지만 EFTA 7개 회원국은 연합을 만들어 자유무역을 시행하였으며, 나아가 기타 유럽 국가에 대해서도 그 노력을 확대하였다.

1977년 7월까지 양 블록 간 공산품 수입관세를 철폐하자는 중요한 조치가 1972년에 취해졌다. 이 협정은 후에 EC에 가입한 그리스, 포르투갈, 스페인에도 적용되었다.

공산체제의 몰락 후 EFTA는 동유럽 국가와도 활발한 협력 선언과 자유무역협정을 체결하였다. 1990년대 들어와서는 체코슬로바키아, 폴란드, 헝가리 3개국과 협력 선언을 시작으로 하여 불가리아, 에스토니아, 라트비아, 리투아니아, 루마니아, 슬로베니아 등 9개 동유럽 국가들과 자유무역협정을 체결하였다. 그러나 이들 국가들이 2005년과 2007년 EU에 가입하면서 기존에 체결한 자유무역협정은 관련 협정으로 대체되었다.

2014년 현재 EFTA는 25개 자유무역협정을 체결하여 35개국과 자유무역을 실행(또는 예정) 중에 있다. 한국과는 2004년 12월부터 협상을 실시하여 2005년 12월 서명하였고 2006년 9월 1일자로 공식 발효되었다.

회원국은 1992년 5월 2일에 서명된 오포르토조약(Oporto Agreement)에 의거하여 EU와 유사하나 독자적인 세 개의 새로운 기구를 설립하였다.

① EFTA 대표위원회(Standing Committee): 각료이사회에 해당하는 EFTA 이사회
② EFTA 감시기구(EFTA Surveillance Authority: ESA): EFTA 회원국이 EEA의 의무를 잘 준수하는지, 그리고 경쟁규칙을 잘 적용하는지 감시하는 기구
③ EFTA 법원: 유럽사법재판소(European Court of Justice)에 해당하는 기구로서 EEA 규정 위반과 무효화에 관련된 소송을 처리

역내 통치기구인 EFTA 이사회는 회원국과 함께 상의 · 협상하고 행동하는 포럼이다. 이 이사회에는 월 2회 대사급(EFTA 대표부의 장), 그리고 연 2회 각료급 회합을 갖는다. 회원국은 모두 한 표씩을 갖지만, 의사결정은 주로 콘센서스(consensus) 방식(총의제)에 의한다. 이사회는 스톡홀름협약에 따라 각국 간의 관계를 조정한다.

10.1.2 EU와의 관계

1950년대 말 EEC 참가를 원하지 않았던 일부 유럽 국가들이 초(超)국가적인 유럽 통합에 반대하여 1960년 스톡홀름협약에 의해 EFTA를 설립하였다. 영국을 위시한

EFTA 설립 7개국[3]은 주로 공산품의 자유무역을 위한 제한적인 목적의 자유무역지역을 설립하였다. 한편, 제도적인 측면에서 EFTA는 EEC의 초국가적인 성격과는 다른, 정부 간 협력기구로 운영되었다.

1973년에 가입한 국가들 중 영국과 덴마크가 EFTA를 탈퇴한 후 EC에 가입하자, 나머지 EFTA 국가는 EC와 쌍무자유무역협정을 체결하였다. 이 협정은 스톡홀름협약과 유사한 목적을 가지고 있었으며, EFTA에 속해 있다가 EC에 가입한 2개국과 계속해서 자유무역 관계를 보장받기 위한 것이었다.

그 후, EC와 EFTA 간의 관계는 1984년 4월에 최초의 각료급 합동회의가 개최됨으로써 진전되었다. 이 회의에 참석한 EC와 EFTA 각료들은 1984년을 기준으로 공산품 쌍무무역에 남아 있던 관세 및 수량제한이 모두 없어졌다고 인정하였다. 이제 그들은 자유무역협정의 틀을 넘는 새로운 영역에서 협력을 추구하였다. 예를 들면, 무역에 대한 기술장벽 축소를 위한 유럽표준(CEN과 CENELEC[4]), 연구개발, 고급 인력의 이동, 지적재산권, 사회 및 소비자 문제, 경제 및 통화정책 등이다. EC와 EFTA 두 블록을 연결시키기 위한 이러한 노력은 단계적으로 순조롭게 진행되었다.

1980년대 후반 EC가 1992년 말까지 단일시장 완성계획을 시작하자, EFTA 국가는 그들의 최대 교역대상국[5]과 보다 더 밀접한 관계를 맺어야 할 필요성을 느끼게 되었다. 때문에 EFTA는 당시 EC 집행위원장 들로르가 제안한 새로운 연합 형태의 EC-EFTA 관계 강화계획을 환영하였다. 이 계획은 EC와 EFTA를 두 기둥으로 공동결정과 공동운영을 제도적으로 보장하는 협력 형태를 취하고 있었다.

들로르 위원장의 제안은 EEA협정[6]을 유도하는 협상의 계기가 되었다. EEA 협상은 1990년 6월 20일부터 정식으로 시작되었다. 2년 여의 집중적인 협의 끝에 EC(12개

3) 영국, 오스트리아, 덴마크, 노르웨이, 스웨덴, 스위스, 포르투갈.

4) 각각 Comité Européan de Normalisation(European Committee for Standardisation)과 Comité Européan de Normalisation Électrotechnique(European Committee for Electrotechnical Standardisation의 약자임.

5) 1992년 EFTA 수입 중 61.8%, 수출 중 60.1%가 EC와의 거래였다. 한편, EC는 역외수출의 24.2%를 EFTA 시장에 의존하고 있는데, 이 수치는 미국과 일본을 합한 것보다 더 크다. EC 수입의 22.8%를 EFTA 국가가 차지하고 있었다.

6) EEA협정은 EU의 제1기둥인 EC와 EFTA가 EU 출범 이전에 체결한 것임에 유의하여야 한다.

국)와 EFTA(7개국) 19개국 장관이 EEA에 대한 최초의 공식 합의를 도출해 낸 것은 1991년 10월 22일이었다. EEA협정은 EC 단일시장의 '네 가지 생산요소(상품, 사람, 자본, 서비스) 이동의 자유'를 1993년 1월 1일부터 EFTA 지역으로 확대하는 것을 목적으로 하였다.

EEA를 경제적 동질 지역으로 만들기 위하여 기존의 EC 법규를 주요 근간으로 하였으며, 각국의 이해가 매우 민감한 농업 부문은 일괄적인 타결이 불가능함에 따라 원칙적으로 EEA 협상에서 제외되었다. 농산물 제품은 일부 품목을 제외하고는 별도로 EC 회원국과 EFTA 국가 간에 양자 협정을 체결, 이에 따르는 방식으로 운영되고 있다.

그러나 총인구가 3억 7,000만 명 이상 되는 세계에서 가장 크고 심화된 통합시장인 EEA의 창설 합의는 같은 해 12월 14일에 유럽사법재판소가 EEA 재판소의 법적 해석 및 관할권 문제를 들어 이것이 EC의 모법(母法)인 로마조약에 위배된다는 견해를 밝힘으로써 첫 번째 장애에 직면하게 되었다. 이 문제는 결국 1992년 4월 초 유럽사법재판소가 긍정적인 판결을 내림으로써 일단락되었다. EC 측이 EEA 재판소가 유럽사법재판소를 대체하는 것을 인정하지 않아 EFTA에서 발생한 EEA 관련 문제는 별도의 EFTA 재판소에서 처리하고, EC에서 발생한 EFTA 관련 문제는 유럽사법재판소에서 처리하기로 하였다. EEA 법규의 적용 및 해석에 관한 문제는 양측 대표로 구성된 공동위원회(Joint Committee)에서 일단 협의하되, 이 위원회에서 합의점을 찾지 못할 경우, EC 및 EFTA 중 어느 측도 세이프가드 또는 보복조치를 취할 수 있고, 상대방은 구속력 있는 통제조치를 요구할 수 있도록 하는 제도적인 장치를 마련하기로 하는 것으로 정리가 되었다.

이에 따라 1992년 5월 2일 포르투갈의 오포르토에서 EEA협정에 관한 정식적인 조인이 이루어졌다. 그런데 협정 조인 후 유럽의회와 회원 각국이 비준 절차를 밟는 중인 1992년 12월 6일 스위스가 국민투표에서 찬성 49.75%, 반대 50.25%의 근소한 표차로 EEA 비준에 실패하였다. 이로 인해 EEA는 스위스를 제외한 18개국만으로 구성하는 것으로 수정되어 다시 회원국의 비준을 받게 됨으로써 EEA의 공식 출범은

〈표 10-2〉 EFTA 4개국 개황(2012년 기준)

	노르웨이	스위스	아이슬란드	리히텐슈타인
국가명(영문)	Kingdom of Norway	Swiss Confederation	Republic of Iceland	Principality of Liechtenstein
국가 형태	의회민주주의 입헌군주국	연방국	의회공화국	의회민주 형태의 입헌군주국
인구밀도(2011년 기준)	16명	196명	3명	226명
주요 언어	노르웨이어	독일어, 프랑스어, 이탈리아어	아이슬란드어	독일어
종교	노르웨이 국교회(85.7%), 오순절교(1%)	가톨릭(41.8%), 기독교(35.3%), 이슬람교(4.3%)	아이슬란드 루터교(80.7%), 가톨릭(2.5%)	가톨릭(76.2%), 개신교(7%)
통화	노르웨이 크로네(NOK)	스위스 프랑(CHF)	아이슬란드 크로나(ISK)	스위스 프랑(CHF)
주요 수출 품목 (100만 달러)	165,999 석유가스, 기계장비, 금속화학	332,400 기계화학, 시계, 금속	5,060 수산품, 알루미늄, 동물성 식품	N/A 정밀기계, 자동차부품
주요 수입 품목 (100만 달러)	89,046 기계장비, 금속화학, 식료품	295,400 기계화학, 자동차, 금속	4,441 기계장비, 석유 제품, 식료품	N/A 농산품, 원자재, 기계
경제성장률(%)	3.0	1.0	1.6	N/A
재정수지(GDP 대비 %)	13.8	0.3	-3.8	N/A
정부채무(GDP 대비 %)	29.3	49.1	N/A	N/A

1993년 7월 1일로 늦추어지게 되었다. 기존의 EEA협정에서 수정된 주요 내용은 ① 1993년 7월 1일을 발효일로 하며, ② 스위스에 관한 부분을 모두 삭제하고, ③ 나중에 스위스가 EEA에 참가할 수 있는 가능성을 열어 두며, ④ 스위스와 관세동맹을 체결하고 있는 리히텐슈타인의 경우 EEA협정에 맞추어 스위스와의 관세동맹을 조정한 후 EEA에 참가할 수 있도록 하는 것이다.

따라서 사실상 리히텐슈타인은 스위스와의 관세동맹조약 재협상 이후 그 결과를 EEA 회원국의 승인을 거쳐 추후에 EEA에 가입하게 되었다. 프랑스의 비준을 끝으로 1993년 12월 13일 브뤼셀에서 개최된 EC 재무장관회의의 의결에 따라 EEA는 1994년 1월 1일로 EC의 독일, 프랑스, 벨기에, 네덜란드, 룩셈부르크, 이탈리아, 영국, 아일랜드, 덴마크, 스페인, 포르투갈, 그리스 12개국과 EFTA의 오스트리아, 스웨덴, 노르웨이, 핀란드, 아이슬란드 5개국을 합한 17개국에서 발효하게 된 것이다.

한편, EFTA 7개국 중 3개국(오스트리아, 핀란드, 스웨덴)이 1995년 1월부터 EU에 정식으로 가입함으로써 EEA 체제에 남아 있는 EFTA 국가는 스위스를 제외하면 노르웨이, 아이슬란드, 리히텐슈타인[7] 3개국뿐이다. 이로써 다자간 틀로 의도되었던 EEA는 그 설립 의의를 크게 상실하였다. 그러나 EEA체제로의 가입 여부를 떠나 스위스, 노르웨이, 아이슬란드 그리고 리히텐슈타인으로 구성된 EFTA는 계속 존재하고 있다.[8] 그러나 EFTA의 장래는 매우 비관적인 상황에 처해 있다. 만일 스위스나 노르웨이 중 한 나라가 EU에 가입할 경우 EFTA의 존재 의미가 사실상 무의미하기 때문이다. 이 두 국가의 EU 가입은 국민투표에서 51% 정도의 비율로 거부되었지만, 49%의 국민은 여전히 가입을 원하고 있다. 그뿐만 아니라 주변 국가의 EU 가입이 점차적으로 진행되고 있는 상황에서 고립을 원하지 않기 때문에, 장기적인 시각에서 이들의 EU 가입 가능성을 완전히 배제할 수는 없다.

7) 리히텐슈타인은 1995년 4월 두 번째 국민투표에서 EEA 가입을 결정하였다.
8) 연안 국가와 자유무역 및 협력협정을 체결하고 있다.

10.2 EEA

10.2.1 협정의 주요 내용

(1) 개괄

유럽경제지역(European Economic Area: EEA)은 1994년 1월 유럽자유무역지대(EFTA) 4개 회원국 중 3개국(아이슬란드, 리히텐슈타인, 노르웨이)과 EU의 28개 회원국 간에 창설된 경제자유지대이다. EEA협정은 두 경제 블록 간의 '상품, 사람, 서비스 그리고 자본의 자유이동'과 '이의 보장을 위한 수평적 정책 추진'을 규정하고 있으므로, 이 협정은 EU의 단일시장을 EFTA 국가에게 연장 · 적용하고자 한 것으로 평가된다. 그뿐만 아니라 EEA 창설을 전후하여 수용된 정책과 제도의 기본 축이 EC 설립조약과 EC 법규를 근간으로 하고 있어 내용상으로는 EFTA의 EU 제도 내로의 흡수를 의미한다. 그렇지만 농업, 조세조화(VAT 및 물품세에 관한 지침), EU의 공동정책(특히, 제3국에 대한)은 이 협정에 포함되지 않는다.

(2) 상품의 교역 범위와 원산지 규정

EEC의 설립조약인 로마조약에 비하면 EEA협정은 보다 제한된 교역 범위를 가지고 있다. EEA협정에서는 로마조약과 달리 공산품과 HS 분류 방식에 의해 분류되는 특정 농업 제품만이 포함된다. 기타 농산물의 경우에는 EEA 각 국가 간 쌍무협정에 따르게 된다.

EEA협정은 단순한 자유무역지역만을 추구하기 때문에, 관세동맹과는 달리 원산지규정(Rules of Origin: RoO)을 내포하고 있다. EEA협정의 목적은 EEA 국가에게 관세상의 특혜(즉, 무관세)를 주어 자유무역지역을 만들자는 것인데, 만일 역외의 수출업자가 EEA 내 저관세 국가를 통하여 고관세 국가로 수출하고자 할 때, 국경 통제가 불가피하다. 따라서 비록 간단하더라도 원산지 확인을 위한 국경 통제는 폐지될 수 없다.

(3) 무역에 대한 기술 장벽

기술규제, 표준규격, 시험 그리고 인증 분야에서 EEA협정은 국내법의 조화를 규정하고 있다. 사실상 이 협정의 부속서 Ⅱ에는 공동체법(주로 지침) 600여 개가 포함되어 있다. 예를 들면, 자동차, 측정기구, 전기기기, 음식물, 의약품, 화학 제품, 원거리 통신, 건설 제품, 장난감, 기계류 등이다.

EC 지침(directive)의 조화가 선택적인 경우와 강제되는 경우가 있다. 전자의 경우 EFTA 국가에서 생산되더라도 EC 지역에서 판매될 수 있음을 의미하며, 유럽사법재판소의 1979년 2월 20일 판결인 디종(Dijon)의 법칙[9]이 EEA에 확대 · 적용되는데, 그 역도 성립한다. 후자의 경우 EC의 지침을 준수하지 않았을 때, EFTA의 한 생산국 내에서만 유통될 뿐 다른 EEA 지역에 판매될 수 없게 된다.

(4) 공공조달

EEA협정 중 가장 중요한 요소 가운데 하나는 공공조달시장의 개방이다. 2008년 현재 EU의 연간 공공조달 규모는 2조 1,500유로이며,이는 EU 전체 GDP의 16%를 차지하는 규모이다. 이 영역에서의 EEA 규칙은 EU법(특히, 지침)에 기초하고 있다.

입찰 참가자는 EU 관보(Tenders Electronic Daily: TED)를 통하여 광고를 해야 하고, 계약이 체결되기 전과 후에 입찰에 대한 세부 정보를 발표해야 한다. 광고시에는 입찰조건에 모든 기술적 명세를 포함시켜야 하며, 유럽 기준이 있는 경우에는 이에 따르고, 그렇지 않은 경우에는 유럽 기준을 담고 있는 국가별 기준에 따라야 한다. 낙찰은 최소가격 입찰이나 '가장 경제적으로 유리한 입찰'을 기초로 해서 이루어져야 한다. EEA협정은 이러한 규칙을 더욱 강화하고 있어 모든 회원국은 이를 자국법에

9) 디종의 법칙은 EC 내 한 회원국에서 합법적으로 제조 · 판매된 제품을 공공건강상의 이유 등 어떤 특별한 사유에 저촉되지 않는 한 다른 회원국에서도 자유롭게 판매할 수 있도록 허용되어야 한다는 판결이다.

수용해야 한다.

기타 경쟁규칙, 국가보조, 금융 서비스 등의 중요한 분야에서도 EU 법규가 EEA 전 회원국에 적용된다. 예를 들어, 은행업의 단일면허주의에 따라 EEA의 한 나라에서 허가를 받은 은행은 동일한 영업 목적으로 새로 허가를 신청할 필요 없이 어느 회원국에서라도 지점을 설치할 수 있고, 또 다른 회원국에 서비스를 제공할 수도 있다.

10.2.2 주요 기구

EEA협정의 제도적인 특징은 EU와 EFTA의 기구가 각각 독립성을 가진 양대 기둥제도(two-pillar system)라는 것이다. 즉, EU와 EFTA는 각각 독자적으로 해당 지역의 문제를 다룬다. 그럼에도 불구하고 공동 문제에 대한 분쟁 해결을 위해 몇 가지 공동기구(common institution)를 설립하였다. 공동기구로는 EEA 이사회(Council), EEA 공동위원회(Joint Committee), EEA 공동의회위원회(Joint Parliamentary Committee), EEA 자문위원회(Consultative Committee)의 네 가지가 있다.

(1) EEA 이사회

EEA 이사회는 회원국 각료로 구성되는데, EEA협정 이행에 정치적 자극을 주며, EEA 공동위원회의 업무에 일반적인 지침을 하달한다. EEA 이사회는 원칙적으로 1년에 두 번 개최되나, 필요에 따라 수시로 소집될 수도 있다.

(2) EEA 공동위원회

이 위원회는 협정의 효율적인 이행과 운영을 보장하는 임무를 가지고 있다. 이 위원회는 양 기구 간 분쟁 해결과 정보 교환 및 공동의사 전달기구로서 역할을 한다. 월 1회 모임을 가지며, EEA 이사회와 같은 원리의 의사결정 절차를 거치고 있다.

〈그림 10-1〉 EEA의 양대 기둥 구조

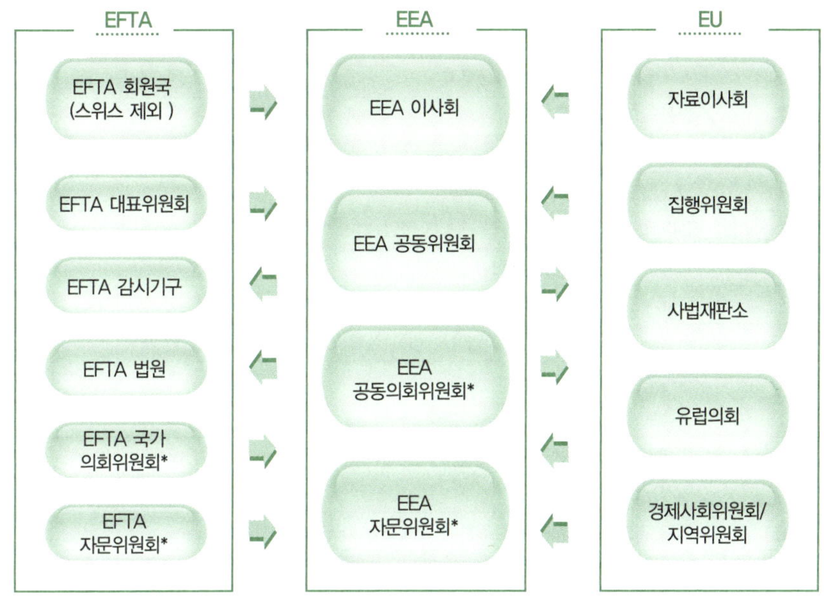

주: * 스위스는 옵서버임.

(3) EEA 공동의회위원회

EEA협정상 의회 차원의 협력은 유럽의회 측 33인의 대표와 EFTA 측 의원 33인에 의해 수행된다. 의회위원회는 EEA 의사결정에 관하여 아무런 힘이 없지만, 대화와 논쟁을 통하여 EEA협정에 대한 양측 의원의 보다 나은 이해를 도모한다.

(4) EEA 자문위원회

이 위원회는 EU 측의 경제사회위원회 대표와 EFTA 측 자문위원회 대표로 구성되며, EEA 내 이사회 및 경제 파트너 간의 협력을 도모한다. EEA 의회위원회와 마찬가지로 이 위원회도 보고서와 결의안의 형태로 의견을 개진한다.

〈표 10-3〉 EFTA의 역사

연도	주요 내용
1960	EFTA협약, 7개국(오스트리아, 덴마크, 노르웨이, 포르투갈, 스웨덴, 스위스, 영국)에 의해 스톡홀름에서 서명(스톡홀름협약)
1961	핀란드, 준회원국
1970	아이슬란드, EFTA 가입
1972	EFTA, EU와 자유무역협정 서명
1973	덴마크와 영국, EFTA 탈퇴 후 EU 가입
1976	포르투갈을 위한 공업발전기금 설립
1977	EFTA-EU, 무역장벽 완전 제거
1984	EFTA-EU, 첫 확대 각료회의에서 협력 심화를 위한 룩셈부르크선언 채택
1986	핀란드, EFTA 가입 포르투갈, EFTA 탈퇴 후 EU 가입
1987	EFTA-EU, 단일행정서류(Single Administrative Document: SAD) 이행을 위한 협약 서명
1988	검사 결과의 상호 인증을 위한 탐페레협약(Tampere Conclusion) 서명
1990	체코슬로바키아, 폴란드, 헝가리와 협력 선언
1991	리히텐슈타인, EFTA 가입 불가리아, 루마니아, 발틱 3국과 협력 선언 터키와 자유무역협정 체결
1992	체코슬로바키아, 이스라엘, 폴란드, 루마니아와 자유무역협정 서명 슬로베니아, 알바니아와 협력 선언 EEA 협상 공식 타결, EEA협정 5월 2일 오포르토(Oporto)에서 서명
1993	헝가리, 불가리아와 자유무역협정 체결
1994	EEA 발효
1995	오스트리아, 핀란드, 스웨덴, EFTA 탈퇴 후 EU 가입 슬로베니아와 자유무역협정 체결
1997	EFTA 회원국은 4개국(스위스, 노르웨이, 아이슬란드, 리히텐슈타인)이며, 그 중 스위스를 제외한 3개국은 EEA(18개국)에 참가
1998	팔레스타인 자치구와 자유무역협정 체결
1999	모로코와 자유무역협정 체결
2000	마케도니아, 멕시코와 자유무역협정 체결
2001	스톡홀름협약을 대체할 바두즈협약(Vaduz Convention) 서명 요르단과 자유무역협정 체결

〈표 10-3〉 계속

연도	주요 내용
2002	바두즈협약 발효 싱가포르와 자유무역협정 체결
2003	칠레와 자유무역협정 체결
2004	레바논, 튀니지와 자유무역협정 체결
2005	한국과 자유무역협정 체결
2006	남아프리카관세동맹(SACU)과 자유무역협정 체결
2007	이집트와 자유무역협정 체결
2008	캐나다, 콜롬비아와 자유무역협정 체결
2009	걸프협력회의(Gulf Cooperation Council), 알바니아, 세르비아와 자유무역협정 체결
2010	EFTA 창립 50주년 페루, 우크라이나와 자유무역협정 체결
2011	홍콩, 몬테네그로와 자유무역협정 체결
2013	보스니아-헤르체고비나와 자유무역협정 체결 중미국가(Central American States)와 자유무역협정 체결(코스타리카, 파나마와 먼저 체결, 과테말라와 온두라스와는 협상 보류)

주: * 스위스는 옵서버임.

11 한-EU 관계

11.1 정치적 관계

11.2 경제적 관계

SUOMI
FINLAND
NORGE
SVERIGE
LATVIJA
LIETUVA
DANMARK
UNITED
KINGDOM
IRELAND
ÉIRE
NEDERLAND
BELARUS
RUSSIJA
DEUTSCHLAND
POLSKA
BELGIË
BELGIQUE
LUXEMBOURG
ČESKÁ
REPUBLIKA
UKRAÏNA
FRANCE
SLOVENSKO
SUISSE
SCHWEIZ
SVIZZERA
ÖSTERREICH
MOLDOVA
MAGYARORSZÁG
SLOVENIJA
ROMÂNIA
HRVATSKA
PORTUGAL
ANDORRA
MONACO
SAN
MARINO
BOSNA I
HERCEGOVINA
SRBIJA I
CRNA GORA
BALGARIJA
ESPAÑA
ITALIA
SHQIPËRIA
TÜRKIYE
ΕΛΛΑΔΑ
ELLADA
SOURIYA
ΚΥΠΡΟΣ
KYPROS
KIBRIS
MALTA

11.1 정치적 관계

11.1.1 개관

한-EU 관계가 수립된 지 반 세기 기간 동안 양자 관계는 지속적으로 발전해 왔다. 1965년 주EC 상주대표부가 설치되었는데, 주벨기에 대사가 주EC 대사를 겸임하였다. 1963년에 주벨기에 대사관과 주EC 대표부가 분리되었었지만, 1998년 다시 통합되어 현재까지 지속되고 있다. 주한 EC 대표부는 1990년에 한국에 설립되었는데, 이때부터 한-EU 관계가 본격적으로 발전하기 시작하였다. 1993년 집행위원회는 한국에 대한 전략보고서(Strategy Paper)를 채택하였다.[1] 1996년에는 경제 · 통상 · 문화 · 과학기술 등 각 분야의 포괄적인 협력을 규정하는 '한-EU 기본협력협정'(Korea-EU Framework Agreement on Trade and Cooperation)[2]과 정치 분야의 협력 및 대화 채널 제도화를 골자로 하는 '한-EU 공동정치선언'(Joint Declaration on the Political Dialogue)을 채택하

〈표 11-1〉 한-EU 관계 발전 과정

1963년 7월	한 · EC 외교 관계 수립(주스위스 대사 겸임)
1965년 11월	주EC 상주대표부 설치(주벨기에 대사 겸임)
1989년 2월	주벨기에 대사관과 주EC 대표부 분리
1990년 1월	주한 EC 대표부 설치
1998년 9월	주EU 대표부 및 주벨기에 대사관 통합
2010년 7월	주한 EU 대표부로 승격
2010년 10월	한-EU 전략적 동반자 관계 출범

출처: 주EU 한국 대사관(http://missiontoeu.mofa.go.kr/korean/eu/missiontoeu/relation/overview/index.jsp).

1) European Commission, "Relations between the European community and the Republic of Korea," Communication from the commission to the council, Unpublished document, Brussels, 1993.
2) '한-EU 기본협력협정'은 2001년 4월 발효되었다.

여, 종래의 경제-통상 위주의 한-EU 관계에서 더 나아가 정치, 경제, 과학기술, 문화 등 다방면으로 확대 · 발전시켜 나갈 수 있는 기본 틀을 마련하였다. 2000년에는 1996년부터 2년마다 한 번씩 개최되는 아시아-유럽 정상회담(Asia-Europe Meeting: ASEM)의 제3차 정상회의를 서울에서 개최함으로써 아시아-유럽 관계에서 한국의 위상이 강화되었으며, 이후 한-EU 관계가 정치, 경제 등 각 분야에서 급속히 확대 · 발전되어 기존의 기본협력협정도 정무 분야의 협력을 대폭 강화하는 방향으로 수정되기에 이르렀다. 2010년 개정된 기본협정은 다음과 같은 다양한 영역과 분야에서의 협력을 강화할 것을 골자로 한다.[3]

- 민주주의, 인권 등 국제안보 문제에 관한 정책 협의
- 정상회담, 각료급 연례협의회 등 고위 각료들 간의 교류
- 지역 및 국제기구(UN, ILO, OECD, WTO, ASEM, ARF 등)에서의 협력
- 무역 및 투자, 비즈니스 간 협력
- 경쟁정책, 과학기술, 에너지, 운송, 소비자정책 협력
- 보건, 고용 및 사회 문제
- 지속 가능 발전 분야(환경 및 자연자원, 기후 변화, 농업, 해양 및 수산업 등)에서의 협력
- 문화, 정보통신, 시청각 및 미디어 협력
- 교육 분야의 협력
- 개인정보 보호, 이민, 위법약물 대처, 조직범죄, 자금 세탁 및 테러리즘, 사이버 범죄 등 내무 · 사법 분야의 협력
- 관광, 시민사회 및 공공행정, 통계 분야의 협력

한편으로, 2007년부터 진행되어 온 한-EU 자유무역협정(Free Trade Agreement: FTA)

3) 주유럽연합 대한민국 대사관(http://missiontoeu.mofa.go.kr/korean/eu/missiontoeu/relation/overview/index.jsp).

은 2009년에 성공적으로 타결되었으며, 2010년 최종 서명을 거쳐 2011년 7월 1일자로 발효되었다. 이로써 한국은 EU가 아시아 지역에서 FTA를 체결하는 첫 대상국이자, 기본협정과 FTA를 동시에 체결한 유일한 국가가 되었다.

이를 계기로 2010년 한-EU 관계는 개정된 기본협정과 FTA 양대 축을 토대로 '전략적 동반자 관계'(strategic partnership)로 격상하기에 이르렀다. 이는 단순히 양자 협력 차원이 아니라, 한-EU 양측은 서로에게 전방위 이슈와 분야에 관해 협력을 확대해 나갈 진정한 파트너로서 인식하고 있음을 의미한다. 현재 한-EU는 매년 정상회의, 외교장관회의, 무역위원회(장관급), 고위 정치대화(차관급) 등 고위급 회담을 정례적으로 개최하고 있으며, 협력 범위 또한 인권, 사이버 안보, 공공외교 등 차세대 교류 분야로까지 확대해 가고 있다. 이와 아울러 매년 한-EU 공동위원회를 개최하여 한-EU 간 경제 동향 및 정책, 경제, 과학기술, 환경 분야에서의 협력 증진 방안과 양자 간 통상 현안을 논의하고 있다.

특히, 2013년에는 한-EU 수교 50주년을 맞이하여, 바호주(José Manuel Barroso) 집행위원장이 브뤼셀에서 개최된 수교 50주년 개막 행사에 참석하였으며, 박근혜 대통령은 EU를 비롯한 주요 유럽 국가를 순방하여 한-EU 협력 강화를 재확인하였다.

11.1.2 아시아-유럽 정상회의(ASEM)

(1) 설립 배경

아시아-유럽 정상회의는 아시아와 유럽 간에 정치, 경제, 사회 및 문화 분야에서의 협력 강화 방안을 모색하기 위한 목적으로 설립되었다. 동남아시아국가연합(ASEAN) 회원국 7개국과 한국, 일본, 중국 3개국, 그리고 EU 회원국 15개국이 모여 1996년 3월 1일 처음 회의를 개최하였다. 2014년 현재 유럽 29개국과 아시아 20개국, EU와 ASEAN 사무국(Secretariat) 총 51개 회원국으로 구성되어 있다.

세계화가 전개되면서 아시아, 북미, 유럽 3개 지역이 국제무역과 투자를 주도하고 있는 가운데 상대적으로 협력 관계가 미약하였던 유럽과 아시아 간 협력 강화의 필요성이 대두되었다. 특히, 아시아는 거대단일시장인 유럽에 진출하고자 하였고 유럽은 성장잠재력이 큰 아시아에 대한 투자를 확대하고자 하였으므로, 상호간의

〈표 11-2〉 역대 아시아-유럽 정상회의(ASEM) 개최 현황

회의	회의 내용
제1차 정상회의 (1996년 3월, 방콕)	• '더 큰 성장을 위한 새로운 아시아 · 유럽 간 포괄적 협력 관계'라는 주제 하에 개최 • '아시아-유럽의 새로운 포괄적 동반자 관계' 구축에 합의
제2차 정상회의 (1998년 4월, 런던)	• '아시아 · 유럽 간 동반자 관계 강화'라는 주제 하에 개최 • 아시아 경제위기에 대한 구체적인 해결책으로서 ASEM 신탁기금 설치, 고위 투자 촉진단 파견에 합의 • ASEM이 단순한 포럼이 아닌 가시적, 실질적 성과를 도출하는 협의체로 발전
제3차 정상회의 (2000년 10월, 서울)	• '새천년 번영과 안전의 동반자 관계'라는 주제 하에 개최 • 정치, 경제, 사회 · 문화 등 ASEM 3대 협력 분야에서의 협력 방안을 협의 • 런던에서 채택된 '아시아 · 유럽 협력 기본 지침서'(AECF)를 대체하여 새로운 천 년을 맞아 향후 10년간 ASEM의 비전 · 원칙 · 목적을 담은 '아시아 · 유럽 협력 기본 지침서'(AECF 2000)를 채택
제4차 정상회의 (2002년 9월, 코펜하겐)	• 한국 정상, 아시아 유럽 간 '철의 실크로드'라 할 수 있는 유라시아 횡단 철도 구축 계획 발표, 트랜스 유라시아 초고속 정보망 사업 경과 보고 • DDA 협상의 성공적 타결을 위한 ASEM 국가들의 강한 의지 표명에도 동참
제5차 정상회의 (2004년 10월, 하노이)	• 13개 신규 회원국들의 가입이 승인되어 확대됨. • '아시아 · 유럽 동반자 관계의 활성화와 실질화'라는 주제 하에 다양한 공동관심사에 대해 심도 있는 토론 • 의장 성명, ASEM 선언 등 3개의 문서 채택, 한국은 향후 2년간 동북아조정국을 수임
제6차 정상회의 (2006년 9월, 헬싱키)	• 'ASEM의 10년: 범세계적 도전과 공동 대응'이라는 주제 하에 다자주의 강화, 안보 위협 대처, 세계화, 문화 · 문명 간 대화에 대한 정상 간 의견을 교환 • 'ASEM의 장래에 관한 헬싱키선언'을 채택하고 ASEM의 발전을 위한 정상들의 공동노력 의지를 표명 • 루마니아, 불가리아, 몽골, 인도, 파키스탄의 신규 가입 승인
제7차 정상회의 (2008년 10월, 북경)	• 세계금융위기 극복 및 기후 변화 대응을 위한 회원국들의 공동 의지를 담은 '의장 성명', '국제금융 상황에 관한 ASEM 정상성명' 및 '지속 가능 개발에 관한 북경선언' 등 3개 문서 채택 • 제6차 정상회의시 승인된 신규 6개 회원국(몽골, 인도, 파키스탄, ASEAN 사무국, 불가리아 및 루마니아) 정상이 처음으로 참석
제8차 정상회의 (2010년 10월, 브뤼셀)	• '삶의 질-모든 시민의 보다 나은 복지와 존엄성 달성'을 주제로 개최 • '의장 성명' 및 '보다 효과적인 세계경제 거버넌스에 관한 브뤼셀선언' 채택 • 호주, 뉴질랜드 및 러시아 등 신규 3개 회원국이 '제3그룹'으로 가입 • 한국은 2009년 11월~2010년 10월간 동북아 및 남아시아 지역 조정국으로 활동

출처: 외교부 홈페이지에서 발췌 및 수정(http://www.mofa.go.kr/trade/areaissue/europe/asem/index.jsp?menu=m_30_30_50&tabmenu=t_1).

협력 채널 구축은 무엇보다도 상호 호혜적인 결과를 가져올 수 있다는 인식이 저변에 깔려 있었다. 1994년 10월 싱가포르의 고촉동(Goh Chok Tong) 총리가 프랑스를 방문하였을 때 제안하였고, 이 제안이 아시아 국가 및 EU의 지지를 얻음으로써 ASEM이 성사되었다.

그 후 1995년 7월 31일 브루나이에서 아시아 · EU 간 제1차 ASEM SOM(Senior Official Meeting, 고위관리회의) 개최 이후 네 차례에 걸친 ASEM 관련 아시아 측 SOM 개최, 세 차례에 걸친 아시아 · EU 간 ASEM SOM 개최를 거쳐 1996년 3월 1~2일 양일 간 '제1차 방콕 ASEM 정상회의'를 개최하였으며, 2년에 한 번씩 아시아와 유럽을 오가며 회의를 개최하고 있다. 그 후 ASEM 회원국이 지속적으로 늘어나면서 오늘날에는 전세계 인구의 60.3%, 총생산(GDP)의 55.5%, 무역의 63.2%를 차지하기에 이르렀다.

(2) 조직 구성

ASEM의 조직 구성은 〈그림 11-1〉과 같다.

(3) ASEM 프로세스

ASEM 프로세스(ASEM Process)는 대화와 협력에 기반한 비공식적 절차를 의미한다. 상호간의 이해를 바탕으로 동등한 파트너십에 기반하는 만큼 최선의 의사결정을 내릴 수 있다. 그러나 ASEM 프로세스를 통해 도출한 합의사항은 다른 유럽-아시아 간 양자 또는 다자 관계를 통해 협상된 결과물과는 중복되지 않아야 한다.

ASEM 프로세스는 다음과 같은 몇 가지 특징을 지닌다.[4)]

① 비공식성(informality): 공개 포럼의 형식으로 정책결정자와 관료들이 모여 정치, 경제, 사회 및 문화 이슈에 관한 공통의 관심사에 대해 논의한다. 이 과정을 통해 여타 협의체에서 협의된 사안들과의 중복을 피하면서 보완해 주는 정책

4) ASEM 홈페이지(http://www.aseminfoboard.org/political-pillar.html).

〈그림 11-1〉 ASEM의 조직 구성

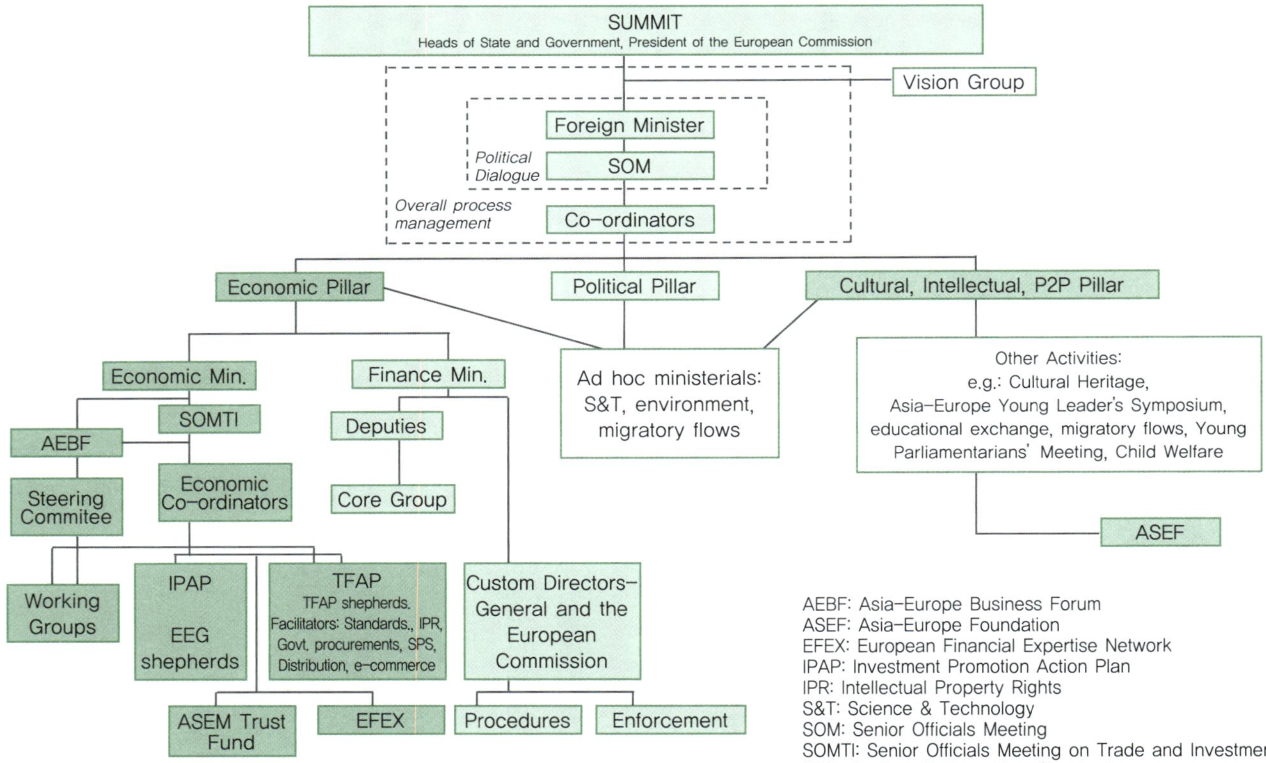

AEBF: Asia-Europe Business Forum
ASEF: Asia-Europe Foundation
EFEX: European Financial Expertise Network
IPAP: Investment Promotion Action Plan
IPR: Intellectual Property Rights
S&T: Science & Technology
SOM: Senior Officials Meeting
SOMTI: Senior Officials Meeting on Trade and Investment
SPS: Sanitary Phytosanitary Standards
TFAP: Trade Promotion Action Plan

출처: ASEM 홈페이지(http://www.aseminfoboard.org/structure.html).

토론의 장으로서의 역할을 한다.

② 다차원성(Multi-dimensionality): 특정 분야에 국한하지 않고 정치, 경제, 사회 및 문화의 다양한 분야를 아우른다.

③ 동등한 파트너십 강조(emphasis on equal partnership): 어느 한 쪽에 무게중심이 쏠리는 관계가 아닌 상호 존중과 상호 호혜 원칙에 기반한 파트너십에 기초한다.

④ 고위급 교류 및 민간 교류의 이원화(dual focus on high-level and people-to-people): 두 지역 간의 정부수반, 장관 및 고위 공무원 간의 교류뿐만 아니라 민간 교류도 장려하여 활성화한다.

ASEM 프로세스는 〈표 11-3〉과 같이 삼주(三柱)체제로 구성되어 있다.

〈표 11-3〉 ASEM 프로세스의 삼주체제

분야	관할 영역
정치 기둥 (Political Pillar)	• 국제 및 지역 개발 • 효과적인 다자주의를 통한 다자체제 강화 • 안보 및 반테러리즘 협력 강화 • 환경에 대한 대화 • 이주에 대한 대화
경제 기둥 (Economical Pillar)	• 경제 다자주의 제고 • 무역 및 투자 기본 틀 강화 • 금융 이슈에 대한 대화 장려 • 위기 관리 • 민간 분야와의 대화 증진 • 긴밀한 경제 파트너십 위한 ASEM 전담팀 운영
사회, 문화 및 교육 기둥 (Social, Cultural and Educational Pillar)	• 문화와 문명에 대한 대화 장려 • 아시아-유럽재단(ASEF) • 유럽-아시아 교육협력 강화 • ASEM 교육 프로세스 • IT 협력 개발: 트랜스 유라시아 네트워크(Trans-Eurasian Information Network) • 시민사회와 대중과의 소통

출처: ASEM 홈페이지(http://www.aseminfoboard.org/political-pillar.html).

(4) 아시아-유럽재단(ASEF)

아시아-유럽재단(Asia-Europe Foundation: ASEF)은 아시아와 유럽 간의 협력 증진을 통해 관계를 개선하고 발전시키는 데에 그 목적이 있다. 거버넌스, 경제, 지속 가능한 발전, 공공보건, 문화, 교육 등의 이슈에 대한 대화와 협력을 장려한다. ASEM의 유일한 상설기구인 ASEF는 ASEM이 창설된 이듬해인 1997년에 설립되었으며, 설립 근거는 ASEM 정상들이 합의한 더블린원칙(Dublin Principles)이다. 회원국들의 공여금과 기타 프로젝트 재원으로 운영된다.

11. 2 경제적 관계

11.2.1 한-EU FTA의 배경 및 추진 과정

한국은 세계적인 FTA 추세에 부응하기 위하여 다자주의와 함께 지역주의와 병행하는 통상정책을 1990년대 말부터 실행하였다. 2004년 한-칠레 FTA를 시작으로, 싱가포르, EFTA, ASEAN, EU, 미국, 페루, 인도, 터키, 콜롬비아, 호주, 캐나다와의 FTA를 발효시켰거나 협상을 타결한 상태이다.[5)]

한-EU의 관계가 지난 수십 년 간 급속히 발전하면서 한국과 EU와의 교역량도 급증하였다. EU는 한국의 제3의 수출대상국이자 수입대상국이 되었으며(2012년 기준으로 수출 494억 달러, 수입 504억 달러), 한국 또한 EU의 10대 교역대상국으로 부상하였다. 한국 정부는 2003년 8월 'FTA 추진 로드맵'에 의거하여 EU를 미국, 중국과 함께 중장

5) 이와 별도로 많은 나라들과 FTA 협상을 추진 중에 있다. 2014년 4월 현재 인도네시아, 중국, 베트남, 한 · 중 · 일, 뉴질랜드와의 FTA를 추진 중이며, 역내 포괄적 경제동반자협정(Regional Comprehensive Economic Partnership: RCEP)도 추진 중에 있다.

기적으로 FTA를 추진할 대상으로 선정하였으며, 한-EU FTA를 성공적으로 추진하여 한국을 미국과 유럽에 연결하는 '동아시아 FTA의 허브'(FTA Hub for East Asia)로 구축하는 계획을 마련하였다.[6)]

2006년 2차례 예비협의를 거쳐 이듬해 2007년 5월에 본격적으로 한-EU FTA 협상을 개시하였다. 그 후 8차례 협상을 거쳐 2009년 7월 협상을 종료하였고, 2010년 최종 서명을 거쳐 2011년 7월 1일부터 발효되었다.

한-EU FTA는 동아시아 FTA 허브 구축을 위한 첫 FTA 사례라는 점에서 중요하지만, 한편으로는 현재까지 체결한 FTA 중 문화협력을 공식적으로 명문화시킨 유일한 FTA라는 점에서도 그 의의를 찾을 수 있다. 한-EU FTA 발효와 함께 FTA 협정문의 일부로 포함된 '문화협력 의정서'(Protocol on Cultural Cooperation)도 함께 발효되었다. 의정서는 한국과 EU 양측이 공동투자하여 제작한 시청각물에 대해서는 양측이 지원 혜택을 부여하도록 규정하고 있다.[7)]

11.2.2 협상 결과

2007년부터 3년간 8차례에 걸친 협상 끝에 한국과 EU는 합의에 도달하였다. 먼저 공산품 양허에 있어서 EU는 최대 5년 내, 한국은 최대 7년 내 모든 공산품 관세가 철폐되는 높은 수준의 시장 개방에 합의하였다. 더욱이 3년 내 관세를 철폐하는 조기철폐의 비중이 한국은 대(對)EU 수입액의 91.8%, EU는 대(對)한국 수입액의 93.3%에 해당되어 매우 높은 수준임을 알 수 있다. 업종별로는 한국은 기계 · 화학 부문에서, EU는 자동차 부문에서 자국 산업의 민감성을 반영하고자 하였고, 이를 반영하여 양허안에 합의하였다.

6) Ministry of Foreign Affairs and Trade(MOFAT), "The Launch of Official negotiation on Korea-EU FTA," Press Release, May 6, 2007.

7) 윤성원 · 박성훈, 「시청각분야를 중심으로 본 한-EU 문화협력 현황과 『한-EU 문화협력의정서』의 역할」, 『EU학연구』 제18권 제1호, 한국EU학회, 2013, pp. 81~110.

〈표 11-4〉 한-EU FTA 협상 전개 과정

2003년 8월	'FTA 추진 로드맵'을 통해 미국, 중국과 함께 EU를 중장기적 FTA 추진 대상국으로 선정
2006년 5월 15일	한-EU 통상장관회담 개최(필리핀), 한-EU FTA 예비협의 개최 합의
2006년 7월 19일	제1차 한-EU FTA 예비협의 개최(브뤼셀)
2006년 9월 26~27일	제2차 한-EU FTA 예비협의 개최(브뤼셀)
2007년 4월 9일	FTA 추진위원회 개최, 한-EU FTA 추진 방안 협의
2007년 5월 1일	대외 경제장관회의 개최, 한-EU FTA 협상 출범 승인
2007년 5월 6일	한-EU FTA 협상 공식 출범 선언
2007년 5월 7~11일	한-EU FTA 제1차 협상 개최(서울)
2007년 7월 16~20일	한-EU FTA 제2차 협상 개최(브뤼셀)
2007년 9월 17~21일	한-EU FTA 제3차 협상 개최(브뤼셀)
2007년 10월 15~19일	한-EU FTA 제4차 협상 개최(서울)
2007년 11월 19~23일	한-EU FTA 제5차 협상 개최(브뤼셀)
2008년 1월 28일~2월 1일	한-EU FTA 제6차 협상 개최(서울)
2008년 5월 12~15일	한-EU FTA 제7차 협상 개최(브뤼셀)
2009년 1월 14일	한-EU FTA 비관세 자동차분과 회기간 회의(서울)
2009년 1월 15~16일	한-EU FTA 서비스분과 회기간 회의(서울)
2009년 1월 15일	한-EU FTA 비관세 자동차/전기전자분과 회기간 회의(서울) 한-EU FTA 지리적 표시(GI) 회기간 회의(서울)
2009년 1월 15~16일	한-EU FTA 상품양허(공산품)분과 회기간 회의(서울)
2009년 1월 15~17일	한-EU FTA 상품양허(농산물)분과 회기간 회의(서울)
2009년 1월 16일	한-EU FTA 원산지 회기간 회의(서울)
2009년 2월 26~28일	한-EU FTA 서비스/투자분과 회기간 협상(서울)
2009년 3월 6일	한-EU FTA 농산물 상품양허 협상(브뤼셀)
2009년 3월 23~24일	한-EU FTA 제8차 협상 개최(서울)
2009년 10월 15일	한-EU FTA 가서명
2010년 10월 6일	한-EU FTA 최종 서명
2011년 7월 1일	한-EU FTA 잠정 발효

출처: 외교부, '자유무역협정'에서 수정 및 보완(http://www.fta.go.kr/user/fta_korea/info.asp?country_idx=21).

원산지 분야에서도 한국 측은 국내 우려가 컸던 기계 · 전기전자 부문에서 만족할 만한 수준으로 합의를 이끌어 내었다. 원산지 증명은 한-미 FTA에서와 마찬가지로 자율증명 방식을 적용하기로 합의하여, 한국 기업이 활용하기에 유리하게 만들었다.

투자 및 서비스 분야에서는 투자 자유화 확대 및 보호 개선을 위한 양측의 의무를 협정문상에 명시하여, 한-EU 간 투자 활성화를 위한 기반을 마련하였다. 그리고 시장접근(Market Access) 보장 의무의 적용 범위를 비서비스업 분야(제조업, 광업)로 확대하여 서비스 분야에만 시장접근 보장 의무를 적용하던 여타 FTA에 비해 자유화 수준을 높였다. 이는 한-미 FTA보다도 높은 수준이다. 한편으로 개방된 EU의 거대한 서비스시장을 확보하여, 국내 서비스 업체의 현지 진출 기회를 안정적으로 보장하였다.

자동차의 비관세 분야와 관련해서는 상대국의 수입차량이 국제 기준인 UN/ECE 기준[8]을 충족하는 경우에 한해 자국 기준과 동등성을 인정하기로 합의하였다. 이에 따라 한국 측은 총 42개 국내 기준 중 범퍼 충돌, 연료 누출 등 총 32개 항목에 대해 동등성을 인정받게 되었다.

무역구제 분야에서는 보조금 또는 덤핑 조사 관련하여 WTO보다 완화된 조치를 적용하기로 합의하여, 결과적으로 한국 기업에 대한 수입 규제 완화를 위한 제도적 장치를 확보하였다.

이렇듯 한-EU FTA는 양측이 비교적 서로의 입장을 최대한 반영하여 원만하게 합의에 도출하였고, 한국 정부는 세계 제1위의 경제권인 EU와의 FTA는 타결 당시만 해도 한국 경제에 긍정적인 효과를 가져다 줄 것이라는 전망을 가져다주었다. 첫째, 한국의 주요 수출 품목에 해당되는 자동차, 섬유, TV 등의 EU 관세율이 미국보다 높기 때문에 FTA가 발효되면 수출이 확대될 것으로 기대되었다. 또한 동유럽 지역은 성장잠재력이 높기 때문에 한국 기업의 현지 생산을 활성화할 수 있는 등 파급효과도 예상되었다. 둘째, 전통적으로 EU가 강세를 보이고 있는 기계, 정밀화학 등 부품,

8) UN/ECE(UN Economic Commission for Europe) 기준은 자동차 기술표준의 국제조화를 목적으로 하는 58협정(1958 Agreement, 48개 체약국 가입)에 근거한 자동차 안전 및 환경 기준으로 한국은 2004년 11월에 가입하였다.

〈표 11-5〉 한-EU FTA의 주요 협상 결과

분야	협상 내용
공산품 양허	• EU는 최대 5년 내, 한국 측은 최대 7년 내 모든 공산품 관세가 철폐되는 높은 수준의 시장개방에 합의 • 조기 철폐(3년 내 관세 철폐) 비율: 한국 91.8%, EU 93.3%(수입액 기준) • 한국 측은 기계 · 화학 부문에서, EU 측은 자동차 부문에서 상대적으로 자국 산업의 민감성을 반영 • 양국 간 제조업 경쟁력 차이, 관세율 차이를 반영한 이익 균형 달성
원산지	• 기계, 전기전자, 섬유, 자동차 등 대부분 품목에서 한국 기업이 수출하는 데에 어려움이 없도록 원산지 기준 합리화 • 원산지 증명 방식은 한-미 FTA와 같이 자율증명 방식을 채택 • EU는 자국의 표준 원산지 규정을 한-EU FTA 협상에서 처음으로 대폭 수정 • 개성공단은 한미 방식을 채택하여 발효 1년 후 추가 논의 예정 • 수출시 원자재의 수입 관세를 환급해 주는 관세환급제도를 유지하되 세이프가드 조치를 병행하여 운영
투자/서비스	• 상호간 외국인 투자보호 및 자유화 확대 • 한국 측은 한-미 FTA와 유사한 수준의 개방에 합의 • EU 측의 전문직 서비스, 유통 서비스, 건축 서비스 등 추가 개방(EU 측 개방 범위: 총 139개 분야, 한국 측: 115개 분야)
비관세	• 상대국의 수입차량이 국제 기준인 UN/ECE 기준을 충족하는 경우에 각각 자국 기준과 동등성을 인정하기로 합의
무역구제	• FTA에 따른 수입 급증 피해에 대비, 양자 세이프가드 설정에 합의

출처: 지식경제부, 「한-EU FTA 협상결과 및 기대효과」, 2009년 10월.

소재의 수입을 늘려 대일 의존도를 완화할 수 있는 기회로 보았다. 셋째, 한-EU FTA 타결 당시까지도 비준에 난항을 겪고 있던 한-미 FTA의 미의회 비준에 자극이 될 것으로 보았다. 마지막으로, 한-미 FTA, 한-EU FTA를 타결함으로써 국제적으로 한국의 신인도가 제고되고 투자 유입이 촉진될 것이라고 보았다.[9]

또한 한-EU FTA 발효시 관세 인하효과로 자동차, 가전제품, 섬유, 석유화학 등을

9) 지식경제부, 「한-EU FTA 협상결과 및 기대효과」, 2009년 10월.

중심으로 무역수지가 개선될 것으로 전망되었으며, 금액으로는 제조업 분야에서 연간 47억 달러가 증대될 것으로 보았다.

11.2.3 중간 평가 및 향후 전망

2013년 11월 유럽을 순방한 박근혜 대통령은 EU 헤르만 반 롬푸이(Herman van Rompuy) 상임의장, 호세 마누엘 바호주(José Manuel Barroso) 집행위원장과 함께 한-EU 수교 50주년 공동선언을 채택하였다. 이 선언에서 2년 전 발표된 한-EU FTA가 양국 간 협력을 견인하는 원동력으로 평가하였다. 1963년 수교 이래 지난 50년 간 교역 규모를 1,000억 달러로 확대하고 아시아 국가 중 최초의 전략동반자 관계를 수립하는 등 한국은 EU와 공존공영의 성숙한 동반자가 되었다.

큰 틀로 또 역사적으로 보면 한국과 EU의 관계 발전은 괄목할 만한 것이었고, 그 결과 한국은 아시아 최초로 EU와 FTA를 체결하고 2011년 7월 1일자로 발효시켰다. 이는 한-미 FTA보다 앞선 것이었다. 그리고 그 협정은 포괄적 자유무역협정의 모델로 평가되어, EU는 이를 '신세대 FTA'(New Generation FTA)로 부르며 향후 인도와 일본과의 협정에도 적용하려고 하고 있다. 한국의 입장에서 보더라도 생산 및 소비효과 등 정태적인 효과 이외에도 경쟁 및 규모의 경제효과와 투자효과 등이 기대되었으며, 특히 서비스 부문의 개방은 우리나라 서비스 산업의 발전을 자극할 것이라고 기대되었다.

발효 후 2년 반이 지난 시점에서 한-EU FTA를 평가하기에는 아직 시기상조이지만, 현 시점을 기준으로 중간 평가를 해보면 그 효과는 한마디로 기대 이하이다. 왜냐하면 우리의 수출이 늘어야 되는데 오히려 줄고, 수입은 늘어난 결과 우리의 무역수지가 흑자에서 적자로 반전되었다. 물론 그 주된 원인은 유럽의 재정위기로 인한 EU의 수요 위축이다. 공교롭게도 FTA 발효 시점과 유로존의 위기, 세계경제의 침체가 맞물려, 2011년 상반기까지만 해도 76억 달러의 흑자를 기록하였던 한국의 대EU

무역수지가 2013년 상반기에는 26억 달러 적자로 전환되었다. 이러한 상황에서 전체 수출입 자료를 이용하여 한-EU FTA의 전반적인 성과를 판단하기는 어렵다. 즉, FTA가 무역수지의 더 큰 악화를 방지하였거나 혹은 무역수지의 악화를 조장하였을 수 있으나, 현재로서는 이러한 효과를 분리해 낼 수 없다.[10)]

최근 산업통상자원부의 발표[11)]에 의하면 경기침체로 인한 EU의 수입수요 감소로 FTA 발효 2년차(2012. 7. 1~2013. 5. 31) 한국의 대EU 수출은 감소하였으나, FTA 혜택 품목이 버팀목이 되어 다른 경쟁국(일본, 대만)과 비교해 안정된 모습이라고 한다. 즉, 전체 수출 감소가 6.5%인데 FTA 혜택 품목은 1.5% 소폭 감소하였고, 비(非)FTA 품목은 12.2% 대폭 감소하였다. 다른 말로 바꾸어 말하자면, FTA 품목이 버팀목 역할을 하여 전체 수출 감소를 약 6% 축소시켰다는 것이다. 한편, 수입에서는 상대적으로 양호한 국내 경기 여건에서 수입수요가 꾸준히 증가하여 발효 2년차 대EU 수입은 전년 동기 대비 486억 달러(7.7%) 증가하였다. FTA 혜택 품목인 자동차와 원유(관세 3%)가 수입 급증을 주도하였으나, 비FTA 품목인 반도체 제조용 장비 등은 수입이 오히려 7.1% 감소하였다.

국내 기업의 FTA 활용률은 80.1%로 수입 활용률 68.0%를 크게 상회하고 있으며, 다수의 중소기업들이 트렁크, 핸드백, 플라스틱 시트, 필름 등에서 수출 호조를 보이고 있다. 그러나 중소기업의 활용률이 여전히 대기업보다 낮은 것은 문제로 지적되고 있다. 투자는 발효 후 1년차에는 전동기 대비 14.5% 증가하였으나, 2년차에는 13.3% 감소하였다. 세계경기 침체 이후 글로벌 투자심리가 본격적으로 회복되지 않고, EU의 경기회복 지연 여파로 대한 투자 역시 감소하고 있는 것으로 보인다. 그런 한편 커피머신, 와인, 전기다리미, 프라이팬, 승용차 등 가격 조사 품목은 소비자 가격이 하락하여 소비자 만족도를 높이고 물가 안정에 기여한 것으로 평가받고 있다.

이상에서 살펴본 바를 종합해 보면, 유럽의 경기침체에 따른 수요 위축으로 인

10) Yonsei-SERI EU Centre, "EU Brief," Vol. 5, No. 4, 2013. 8, p. 16.
11) 산업통상자원부, 「한-EU FTA 2주년 주요 성과」, 2013년 6월 20일 보도자료(http://www.newswire.co.kr/?md=A10&act=article&no=19312).

EU 상공에 비행기 띄우려면 탄소세 내야 한다

기후 변화에 대한 관심이 커지면서 탄소 배출량 감소 및 에너지 절감 등을 위한 환경 관련 규제도 갈수록 증가하고 있다. 에너지 효율이 높은 제품을 사용하도록 규제하거나 에너지 효율 표시를 의무화하는 추세다.

15일 국제무역연구원에 따르면 유럽연합(EU)은 올해 '항공기 탄소배출권거래제' 참여를 의무화하는 제도를 시행하기로 하였다. 유럽경제구역 내에서 이 · 착륙하는 항공기를 가진 업체에 대해 탄소 배출 감축 할당량을 부여하고 배출권거래제에 포함시키는 것이다. EU 회원 28개국과 노르웨이, 아이슬란드, 리히텐슈타인 등에서 출발 · 도착하는 항공기가 대상이다.

EU 외 제3국에서 이 · 착륙하는 비행기는 유럽경제구역 상공 내 운항거리만큼 적용된다. 제3국에 속한 한국은 유럽경제구역 상공에서 운항한 거리를 기준으로 탄소 배출량을 EU에 보고해야 한다. 이 제도로 인해 우리나라 항공업계가 추가 부담해야 할 비용은 120억 원에 이를 것으로 한국교통연구원은 추산하고 있다.

또 파라벤(5종)과 트리클로산이 함유된 화장품은 다음달부터 EU 내 수입이 금지된다. 이에 따라 관련 업계는 이를 대체할 수 있는 친환경 물질 개발에 비상이 걸렸다. 파라벤은 화장품의 변질을 방지하기 위해 쓰이며 트리클로산은 균 발생을 억제하는 항생물질이다.

특히, EU는 올 9월부터 자동차 배기가스 규제(유로VI)를 시행한다. 기준 질량이 2,610kg을 넘지 않는 승용차와 화물차가 대상이다. 2009년 9월 도입된 규제(유로 V)보다 질소산화물 배출 기준이 20% 강화되었다. 이를 충족하지 못하는 자동차는 역내에서 판매할 수 없는 것이다.

미국은 올해부터 냉장고(냉동장치), 세탁기 등에 대해 노란색의 에너지 가이드 라벨을 부착하도록 할 예정이다. 이 라벨에는 연간 에너지 소비량과 비용, 에너지 효율 등급, 유사 제품과의 비교 정보 등이 표기된다. 이를 지키지 않은 제품에 대해서는 수입 금지조치를 내린다.

또 미국은 에너지 절감을 위해 올해부터 백열전구 판매를 금지할 방침이다. 이에 따라 조명시장에서 LED(발광다이오드) 제품 수요가 증가할 것으로 보인다. 중국은 오는 5월부터 보석 · 장식품에 특정 화학물질(비소, 납, 카드뮴, 수은, 크롬 등 8개) 함유량이 허용 농도를 초과할 경우 수입 · 유통을 금지하기로 하였다.

출처: 국제신문, 2014년 1월 15일.

하여 한국의 대EU 수출이 감소하는 상황에서도 한국의 FTA 수혜 품목은 수출 증가를 기록하고 있으며, 한국의 관세양허 품목의 수입 증가세도 뚜렷하게 나타나고 있다. 이러한 결과는 양국이 기대하였던 자유무역협정의 성과임에 틀림없다고 평가된다. 관세 인하로 인한 수입 품목의 가격 하락은 국내 물가 안정에도 도움을 줄 것이며 기계요소와 같은 중간재는 생산비를 낮추어 줄 것이다. 또한 북해산 석유 수입 급증에서 볼 수 있듯이 중동 석유의 수입선을 EU로 대체하여 지나친 대중동에 석유

의존도를 낮추어 안정적인 공급에 기여할 수 있다.

유럽의 경제위기 하에서 나타난 위에 언급한 FTA 효과는 유럽의 경제 회복과 함께 그 진면목을 보일 것으로 기대한다. 경제 예측 기관들의 전망에 의하면 EU 경제는 2014년에 바닥을 찍고 2015년부터 그 성장폭을 점차 확대해 나갈 것이라고 한다. 그렇게 되면 한-EU FTA의 효과도 이와 비례하여 커질 것으로 전망된다. 따라서 우리의 수출이 증가할 것이며, 무역수지도 적자에서 흑자로 반전될 것이다. 그러나 이러한 결과는 저절로 주어지는 것이 아니라 우리의 노력 여하에 따라서 커질 수도 또 작아질 수도 있다. 따라서 우리는 FTA를 통해 거대시장 EU를 잘 활용해야 할 것이다. 특히, 이때 대기업에 비해 FTA 활용에 애로를 겪는 중소 수출업자들을 지원하여 그 활용도를 더욱 높이며, FTA로 인하여 유인되는 외국 투자를 적극적으로 유치하여 성장 촉진에 기여하도록 해야 할 것이다. 이와 더불어 선진국인 EU와의 FTA를 우리 경제의 최대 과제인 양질의 고용창출과 미래 산업(바이오, 친환경, 신재생에너지 등) 육성 그리고 서비스 산업의 생산성 제고에 더욱 힘써야 할 것이다. EU가 일본, 인도 등과 새로운 FTA를 준비하고 있는 점을 감안하면 우리에게 주어진 시간이 그렇게 많지는 않은 것 같다.

12 유럽 각국의 사정과 유럽통합

SLAND
SUOMI
FINLAND
NORGE
SVERIGE
EESTI
LATVIJA
LIETUVA
UNITED
KINGDOM
IRELAND
ÉIRE
DANMARK
NEDERLAND
BELGIË
BELGIQUE
LUXEMBOURG
DEUTSCHLAND
POLSKA
BELARUS
RUSSIJA
UKRAÏNA
ČESKÁ
REPUBLIKA
SLOVENSKO
FRANCE
SUISSE
SCHWEIZ
SVIZZERA
ÖSTERREICH
MAGYARORSZÁG
MOLDOVA
SLOVENIJA
HRVATSKA
ROMÂNIA
BOSNA I
HERCEGOVINA
PORTUGAL
ANDORRA
MONACO
SAN
MARINO
SRBIJA I
CRNA GORA
BALGARIJA
ESPAÑA
ITALIA
SHQIPËRIA
TÜRKIYE
ELLADA
SOURIYA
MALTA
KYPROS
KIBRIS
LIBNAN

12.1 EU 회원국[1]

12.1.1 오스트리아(Republic of Austria)

총인구: 820만 명(2013년)

수도: 빈(Vienna)

EU 가입연도: 1995년 1월

(1) 국토

중부 유럽에 위치한 오스트리아공화국(Republic of Austria)은 8개국과 국경을 접하고 있다. 서쪽으로는 스위스와 리히텐슈타인, 북쪽으로는 독일과 체코공화국, 동쪽으로는 헝가리와 슬로바키아공화국, 그리고 남쪽으로는 이탈리아 및 슬로베니아와 접하고 있다.

총면적은 8만 3,857km²이다. 8개의 연방국가(Federal States, Bundeslander)로 구성된 오스트리아는 국토의 2/3가 알프스 산맥에 포함되어 있다. 가장 높은 산은 3,797m인 그로스 로크너(Gross Lockner)이다.

(2) 국민

2013년 총인구는 약 820만 명이고 알프스 산맥에는 사람이 드물게 살며, 인구의 절반 이상은 도시에 집중되어 있다. 수도인 빈의 인구만 해도 170만 명이 넘는다. 오스트리아계가 91.1% 이고 전(前) 유고계 4.0%, 터키계 1.6%이다. 전(前) 유고계와 터키계 외국인들은 주로 건설 · 관광 및 섬유산업에 종사하고 있다. 기타 슬로베니아 인

1) 이하 회원국 순서는 영문 명칭의 알파벳 순서에 따름.

종 그룹과 크로아티아 및 헝가리 인종 그룹은 각각 그들의 학교를 가지고 있다. 오스트리아 공식 언어는 독일어이다.

(3) 경제

2012년 기준에 따르면 GDP는 3,996억 달러이고 GDP 성장률은 1%이다. 1인당 GDP는 4만 7,223달러이고 실업률은 4.3%이다. 총수출 규모는 1,657억 달러이고 주요 수출품은 기계장비, 자동차 및 부품, 제지류, 금속 제품, 화학 제품 등이다. 총수입 규모는 1,752억 달러이고 주요 수입품은 기계장비, 자동차, 화학 제품, 금속 제품, 원유 등이다. 산업구조는 서비스업 68.4%, 제조업 30.1%, 농업 1.5%이다. 양호한 산업 기반과 천혜의 관광자원이 경제적 강점이고 높은 대외의존도가 경제적 약점이다.

오스트리아는 자유시장경제체제를 운영하는 고도로 발달된 공업 국가이다. 외국 무역은 오스트리아 경제에 중요한 역할을 하고 있다. 철의 장막(Iron Curtain)이 걷힌 후 중동부 유럽의 관문으로서 오스트리아의 역할이 현저히 증가하였다.

오스트리아 GNP의 약 40%는 상업, 외국 무역 그리고 서비스 부문으로부터 얻는다. 무역과 산업 다음으로는 관광(여름 및 겨울)이 경제의 큰 부분을 차지한다.

(4) 정부

오스트리아는 민주연방공화국이다. 국가 차원에서 보면 상 · 하 양원에 의해 통치된다. 하원은 국민의회(National Council, Nationalrat)라고 하며, 임기 5년의 183명으로 구성된다. 상원은 연방의회(Federal Council, Bundesrat)라고 하는데, 9개 연방 국가에서 선출된 62명으로 구성된다. 상원은 하원에서 통과된 법안을 검토하며, 경우에 따라 지연시키기도 한다.

오스트리아 대통령은 6년 임기로 직접 선출된다. 대통령은 하원의 다수석을 확보한 정당 또는 하원에서 연합할 수 있는 정당에서 총리를 임명한다. 또한 하원을 해산할 수 있으며, 군의 최고통수권자이기도 하다.

오스트리아의 스키

스키가 오스트리아에서는 최고의 겨울 스포츠라는 사실은 부분적으로 오스트리아가 제공하는 이상적인 지형적 · 기후적 조건 때문이라고 할 수 있겠다. 그러나 오스트리아 또한 스포츠 발전에서 주도적인 역할을 수행하고 있다. 1897년에 이미 차르스키(Matthias Zarsky, 1856~1940)는 세계 최초의 스키 교본을 집필하였으며, 첫 번째 실용 가능한 스키 바인딩을 고안하였고, 1905년에는 스키 역사상 첫 번째 회전활강 경기를 체계화하였다. 자일러(Toni Sailer), 슈란츠(Karl Schranz), 프롤(Annemarie Moser Proll), 클라머(Franz Klammer)는 스키 세계를 통하여 알려진 이름들이다. 지난 200여 년간 그들을 포함한 오스트리아 스키 선수들은 수차례에 걸쳐 올림픽 금메달과 세계선수권대회 타이틀을 차지하였다.

(5) 유럽통합 관계

오스트리아는 마셜플랜에 참여하였고 이듬해 OEEC의 창립회원국이 되었으며, 1956년에는 유럽평의회(Council of Europe)에도 가입하였다. 1960년에는 유럽자유무역연합(EFTA)의 창립국이 되었다. 다른 EFTA 회원국과는 달리, 오스트리아는 EC와 매우 긴밀한 유대 관계를 맺기를 원하였었다. 1965년과 1967년 사이의 EC와의 준회원국협정(Association Agreement)을 위한 협상은 성공적이지 못하였지만, 1973년에는 다른 EFTA 회원국처럼 EC 9개국과 자유무역협정을 체결하였다.

1980년대 말 동 · 서 간의 긴장 해소는 중립국인 오스트리아가 서방 국가와 적극적인 접촉을 할 수 있는 기회를 주었고, 1989년 7월 19일, 유럽공동체 가입을 위한 공식 제안서를 제출하도록 하였다. 그 제안서는 오스트리아의 영세 중립을 강조하였으며, 1991년 8월 집행위원회의 일반특혜심의(generally favourable opinion)에서 상세히 논의되었다. 그 심의에서 언급된 것처럼 오스트리아는 이미 EC 12개국과 자유무역을 실시하고 있었으며, 공동체 법과 규범(acquis communautaire)[2]의 실질적인 부분인 단일시장 입법을 적용할 준비가 되어 있었다.

오스트리아와의 협상은 거의 어려움이 없었으며, 1994년 3월에 완결되었다.

2) EU의 범위 내에서 합의되거나 발전되어 온 모든 원칙, 정책, 법, 관행, 의무 및 목표를 총체적으로 의미한다.

1994년 5월 유럽의회는 오스트리아의 가입을 승낙하였으며, 1994년 6월 12일 오스트리아의 국민투표에서도 가결되었다(투표율 81.3% 중에서 66.4%의 찬성). 그 결과 오스트리아는 1995년 1월 1일자로 EU의 13번째 정식 회원국이 되었다.

12.1.2 벨기에(Kingdom of Belgium)

총인구: 1,108만 명(2013년)
수도: 브뤼셀(Brussels)
EU 가입연도: ECSC(1952년), EEC 및 Euratom(1958년)

(1) 국토

벨기에는 유럽의 북서쪽에 위치하며, 북쪽으로는 네덜란드, 남쪽으로는 프랑스, 동쪽으로는 룩셈부르크와 독일 그리고 서쪽으로는 북해와 접하고 있다. 벨기에의 면적은 3만 519km²이다. 해안내륙 지방은 비옥하나 플랜더스(Flanders) 지방은 모래밭 평원이며, 캄파뉴(Campagne) 지방은 관목과 숲으로 덮여 있다.

북쪽의 저지대와 남쪽의 숲이 많은 안데네스(Andennes)와 벨기에 로렌(Belgian Lorraine) 사이에는 선상지(扇狀地)인 중부 평원이 있다.

(2) 국민

2013년 기준 총인구는 약 1,080만 명이며, 인구밀도는 366명이다. 민족은 플라망족(58%), 왈룬족(31%) 등으로 구성되어 있다.

공식 언어는 플레미시(Flemish, 플랜더스어로 네덜란드어와 같음)이며, 남부 왈룬(Walloons) 지방의 공식 언어는 프랑스어이다. 브뤼셀에서는 프랑스어와 플레미시어가 공식 언어로서 동등한 비중을 갖고 있으나, 프랑스어 사용자가 더 많다. 동쪽 리에주(Liege)와 룩셈부르크(Luxembourg) 지방에는 독일어를 쓰는 소수민족이 있다. 이

유럽의 수도 브뤼셀

벨기에의 브뤼셀은 유럽위원회, 유럽의회 그리고 유럽각료이사회의 사무소가 있는 EU 본부이다. 집행위원회에서 일하는 1만 6,000명에 이르는 직원 외에도 수많은 통역관, 인쇄업자, 로비스트, 변호사 그리고 컨설팅회사 자문위원들이 집행위원회 때문에 벨기에에 상주하면서 일하고 있다.

일반적으로 모든 벨기에인 두 명 중 한 명은 유럽 관련 일을 하고 있다. 몇몇 개발가는 200만~300만m^2의 사무실 공간이 필요하다고 추정하고 있다. 수많은 다국적기업이 브뤼셀에 본사를 두고 있고 NATO도 브뤼셀에 본부를 두고 있다. 그리고 브뤼셀 도시 자체는 워싱턴DC를 포함하여 세계의 어떤 도시보다도 많은 언론인이 상주하고 있다.

러한 3개 국어가 모두 벨기에의 공식 언어이다. 인구의 약 57%는 플랑드르어를, 그리고 42%는 프랑스어를 사용한다.

(3) 경제

2012년 기준에 따르면 GDP는 5,145억 달러이며 GDP 성장률은 –0.2%이다. 1인당 GDP는 3만 7,781달러이고 실업률은 7.2%이다. 총수출 규모는 4,321억 달러이고 주요 수출품은 기계 · 장비류, 화학 제품, 금속 제품, 식료품 등이다. 총수입 규모는 4,362억 달러이고 주요 수입품은 원자재, 기계 · 장비류, 제약, 식료품, 운송장비, 석유 제품 등이다. 산업구조는 서비스업 77.0%, 제조업 22.3%, 농업 0.7%이다. 교통의 요지이고 금융 산업이 발달된 것이 경제적 강점이고 대외의존도가 높은 것이 경제적 약점이다.

벨기에는 금속가공이 매우 발달하여 제조업 고용 중 약 20%를 차지하고 있다. 화학 및 전자 산업 역시 큰 비중을 차지하고 있다. 섬유(플랜더스 지방)와 유리(왈룬 지방) 산업은 합리화 · 현대화되었다. 이 산업의 기원은 중세 의류 제조업자로부터, 그리고 베니스풍의 유리 산업으로부터 유래되었다. 벨기에의 가장 유명한 수출식품은 초콜릿이다. 초콜릿 수출은 벨기에의 무역수지 흑자에 크게 기여하고 있다.

(4) 정부

벨기에왕국은 의회군주국이며, 지역(region)과 공동체(community)로 구성된 연방국가이다. 연방 차원에서의 입법권은 국왕과 상 · 하 양원이 공동으로 가지고 있다. 1993년의 헌법 개정에 따라 하원의원은 150명, 상원의원은 71명으로 그 수가 줄었다. 행정권은 국왕과 장관에게 부여되어 있는데, 국왕은 연방의회를 해산할 수 있다. 한편, 의회는 연방정부에 대한 불신임권을 가지고 있으며, 동시에 새로운 총리를 국왕에 추천할 수 있다. 2014년 현재 국가원수는 필립 국왕(His Majesty Philippe)이고 엘리오 디 루포(Elio Di Rupo)가 총리직을 수행하고 있다.

(5) 유럽통합 관계

벨기에는 1921년부터 룩셈부르크와 경제동맹을, 1948년에는 룩셈부르크, 네덜란드와 함께 베네룩스경제동맹을 결성하였다. 특히, 후자는 EEC 창설의 모형이 되었다. 벨기에는 1951년 ECSC와 1957년 EEC와 Euratom 창설시 창립회원국이 되었다. 유럽통합에 적극적인 자세를 보여 왔으며, 유럽통합의 진전과 함께 브뤼셀은 EU의 수도로 위상을 높이고 있다. 북대서양조약기구(NATO), 경제협력개발기구(OECD) 및 유럽평의회(Council of Europe)에도 가입하고 있다. 벨기에는 다른 베네룩스 국가와 마찬가지로 강력한 초당적 지지를 받으면서 친유럽통합적인 성향을 보여 왔다. 특히, 스파크(Paul-Henri Spaak) 전 벨기에 외무장관은 EEC 창설의 산파역을 맡았었다.

EU 내 베네룩스 정부의 정책은 유럽 이익의 수호자로서의 집행위원회를 가능한 한 지원하였을 뿐만 아니라, 강대국에 의해 불가피하게 수행되는 지배적인 역할을 견제해 왔다. 브뤼셀과 룩셈부르크에 다수의 유럽 기구가 위치한다는 지리적인 사실은 베네룩스가 유럽통합에 대한 공공여론을 선도할 수 있도록 만들었다. 3개국이 베네룩스로 통합함으로써 협정상 주어진 3개국의 힘보다 더 큰 영향력을 행사할 수 있게 되었다.

12.1.3 불가리아(Republic of Bulgaria)

총인구: 772만 명(2013년)

수도: 소피아(Sofia)

EU 가입연도: 2007년 1월

(1) 국토

불가리아의 지형 · 기후적 특징은 릴라(Rila), 피린(Pirin), 발칸(Balkan) 산의 눈 덮인 산악 지형부터 흑해의 온화하고 화창한 해변, 북쪽의 다뉴비안 평원, 그리고 북쪽의 강한 기후의 영향을 받는 마케도니아(Macedonia) 계곡과 최남단의 테라세(Therace) 등으로 다양하다. 국토의 넓이는 총 11만km²로서 세계 112위에 해당하는 면적을 가지고 있다.

(2) 국민

2013년 총인구는 772만 명으로 불가리아계 650만 명(84%), 터키계 73만 명(9.5%), 집시 34만 명(4.4%), 기타(유대인, 루마니아인, 러시아인, 그리스인 등) 15만 명(2%)으로 이루어져 있으며, 불가리아어를 모국어로 사용한다. 슬라브어족에 속해 있는 불가리아어는 유일한 공식 언어지만, 일부는 터키어나 집시어를 쓰기도 한다.

(3) 경제

2012년 기준에 따르면 GDP는 510억 달러이고 GDP 성장률은 0.7%이다. 1인당 GDP는 6,986달러이다. 총수출 규모는 270억 달러이고 주요 수출품은 금속, 의류, 신발, 철강, 기계장비 등이다. 총수입 규모는 313억 달러이고 주요 수입품은 기계장비, 금속, 플라스틱 등이다. 산업구조는 서비스업 57.7%, 제조업 35.2%, 농업 7.1%이다(2012년 기준). 건전한 재정구조가 경제적 강점이고 대외수지의 불균형과 에너지에 대한 높은 대외의존도가 경제적 약점이다. 경제지표상으로는 최근 유로존 재정위기에도 안정적인 편이다.

(4) 정부

제2차 세계대전 이후 불가리아는 소비에트연방의 영향 아래에 있었다. 1946년 인민공화국이 됨과 동시에 소비에트연방의 동맹국이 되었다. 1970년대 이후 인접국인 그리스와의 관계가 정상화되었는데, 1978년 소비에트연방의 붕괴와 함께 한 동유럽 국가들의 붕괴로 인민공화국은 붕괴되었다. 반대 세력은 1989년 11월 10일 불가리아 공산당 리더인 지브코프(Todor Zhivkov)와 그의 오른팔인 발레프(Milko Balev)를 권력에서 물러나게 하였다.

1990년 2월, 공산당은 자발적으로 독재를 포기하였으며, 1990년 6월에 1931년 이후 처음으로 실시된 자유투표에서 불가리아사회당(Moderate Wing of the Communist Party, 후에 BSP라 변경됨)이 승리하였다. 1991년 7월, 불가리아는 비교적 권한이 약한 대통령과 입법 권한을 가진 총리를 규정한 새로운 헌법을 받아들였다.

1992년과 1994년 사이 반공산당인 민주당이 권력을 잡고 토지와 산업의 사유화를 시도하였으나 대량 실업과 경제적 어려움에 봉착하였다. 경제 개혁을 위한 대응으로 BSP가 1995년에 다시 권력을 잡았지만, 1996년 BSP 정부는 다시 어려움을 맞이하게 되었고, 그 해 대통령선거에서 민주세력동맹(UDF)의 스토야노프(Petar Stoyanov)가 당선됨으로써 1997년 BSP 정부는 붕괴하고 민주세력동맹이 정권을 잡게 되었다. 하지만 실업률은 여전히 높았으며, 두 정당에 대한 유권자들의 불만은 커져 갔다. 2001년 11월 게오르기 파르바노프(Georgi Parvanov) 사회당 후보가 대통령에 당선되었고 2006년 10월 재선하였다. 2009년 7월 중도우파 신생정당 GERB가 40% 득표율을 확보하여 연립정부를 수립하였고, 2011년 10월 로센 플레브넬리에프(Rosen Plevneliev) GERB 후보가 대통령에 당선되어 2012년 1월에 취임하였다.

(5) 유럽통합 관계

EU 회원국들과 불가리아 간 통합 과정을 논의하기 위한 회의인 합동위원회

(Association Committee)가 2004년 6월 22일 개최되었다. EU는 불가리아의 인신매매와 같은 조직범죄와 부패 문제를 지적하면서 이를 개선할 것을 가입조건으로 내세웠다. 2007년 EU의 회원국이 되었으나 수차례 모니터링 과정을 통해 발표된 보고서에서는 아직까지 효과적인 성과를 거두지 못하고 있는 것으로 나타났다. 이에 2008년 EU는 수억 유로에 해당되는 기금 지원을 유보하겠다고까지 언급하였다. 2010년 EU는 다시 한 번 불가리아 정부가 범죄와 부패를 근절하는 대책을 수립할 것을 촉구하였으며, 상당한 정도의 진전이 있기까지는 셴겐 지역(Schengen zone)에 가입시키는 것을 유보하기로 결정한 바 있다.

12.1.4 크로아티아(Republic of Croatia)

총인구: 450만 명(2013년)
수도: 자그레브(Zagreb)
EU 가입연도: 2013년 7월

(1) 국토

면적은 약 5만 7,000km^{2}이다. 한반도의 약 1/4 크기의 면적으로 아드리아해 동부해안에 위치하고 있으며 지중해성 기후이다.

(2) 국민

2013년 총인구는 약 450만 명이며, 인구밀도는 79명이다. 인구구성 비율은 크로아티아인이 89.5%, 세르비아인이 4.5%, 기타 6%이다. 공용어로 크로아티아어를 사용한다.

(3) 경제

2012년 기준으로 GDP는 564억 달러이고 GDP 증가율은 -2.0%이다. 1인당 GDP는 1만 2,993달러이고 실업률은 19.0%이다. 총수출 규모는 119억 달러이고 주요 수출품은 운송장비, 기계류, 섬유류 등이다. 총수입액은 207억 달러이고 주요 수입품은 기계류, 운송장비 및 전기기기, 화학 제품, 연료, 식료품 등이다. 산업구조는 서비스업 69.2%, 제조업 25.8%, 농업 5.0%이다. 정치 · 경제의 안정과 풍부한 관광자원이 경제적 강점이지만, 저부가가치의 수출 기반과 관광 산업에의 높은 의존도는 경제적 약점이다.

(4) 정부

크로아티아는 구 공산권 지역 출신으로, 기존 유럽연합의 주류를 이루고 있는 서유럽 회원국에 비해 사회적 · 경제적으로 낙후되었을 뿐만 아니라 정치적으로 전혀 다른 체제에 속하였다. 1991년 6월 구 유고연방에서 독립하여 1992년 5월 UN에 가입하였다. 대통령 직선 하의 의원내각제로 크로아티아 민주연합(HDZ), 크로아티아 시회민주당(SDP), 크로아티아 사회진보당(HSLS)이 주요 정당이다.

(5) 유럽통합 관계

크로아티아는 유럽연합의 가입을 위해 2003년 가입신청서를 제출하였고, 2004년 6월 유럽연합 가입후보국(candidate country) 지위를 획득하였다. 2005년 10월에는 가입 협상을 개시하였다. 2012년 유럽연합 가입이 확정되었고 2013년 7월에 EU의 정식 회원국이 되었다. 크로아티아는 EU 가입을 위해 정의, 치안 및 국경 통제, 경쟁정책 그리고 조선소 및 철강 산업의 구조 조정에 중점을 두었고, 현재도 계속해서 집행위원회의 모니터링을 받고 있다.

12.1.5 사이프러스(Republic of Cyprus)

총인구: 116만 명(2013년)

수도: 니코시아(Nicosia)

EU 가입연도: 2004년 5월

(1) 국토

사이프러스는 지중해에 있는 섬으로 터키의 남쪽에 위치한다. 사이프러스는 터키계의 북사이프러스와 그리스계의 남사이프러스로 분리되어 첨예하게 대립하고 있다.

(2) 국민

2013년 총인구는 116만 명이며, 이 중 그리스계 77%, 터키계가 18%이다. 그리스어와 터키어, 영어를 사용한다.

(3) 경제

2012년 기준에 따르면, GDP는 약 230억 달러이고 GDP 성장률은 -2.0%이다. 1인당 GDP는 2만 354달러이다. 총수출 규모는 16억 달러이고 주요 수출품은 감귤류, 시멘트, 감자, 의류, 의약품 등이다. 총수입 규모는 73억 달러이고 주요 수입품은 소비재, 석유, 기계류, 선박장비 등이다. 산업구조는 서비스업 80.9%, 제조 · 건설업 16.7%, 농업이 2.4%이다. 풍부한 관광자원이 경제적 강점이고 분단된 국토와 그리스계와 터키계의 민족 대립이 경제적 약점이다. 해상교통의 요지인 사이프러스는 보유 선박수가 2,600대로 세계 6위의 선박보유국이다. 그리스계 사이프러스의 경제는 번성하나 대외적인 충격에 매우 취약한 구조를 갖고 있다. 관광산업이 많은 비중을 차지하는 경제여건상 정치적 불안정이나 서유럽의 경제적 동요로 인한 관광객 감소는 바로 이 지역 경제에 치명타를 가져온다. 터키계 사이프러스는, 특히 만성적인 식수 부족으로 큰 곤란을 겪고 있다. 터키계 지역의 1인당 GDP는 그리스계의 1/3 정도에 그치고 있는데, 국제적으로 터키만이 북사이프러스를 인정하는 국가인 까닭에 외국 자본 유입과 투자가 어려운 형편이다. 이 지역 경제는 농업과 정부 보조에 달려 있는데, 전체 노동 인구의 절반 가량이 농업에 종사할 정도로 농업의 비중이 크다.

(4) 헌정과 정부

1960년 영국으로부터 독립한 사이프러스는 다수 인종인 그리스계와 소수 인종인 터키계가 첨예하게 대립하여 왔다. 1974년 그리스의 지원을 등에 업은 세력들이 정권을 탈취하려 하자 터키가 직접 군사 개입을 하였고, 곧 사이프러스 섬의 약 40% 가량이 터키의 통제 하에 놓이게 되었다. 1983년 터키의 지배 하에 있는 지역이 '북사이프러스 터키공화국'(Turkish Republic of Northern Cyprus)으로 분리를 선언하였으나 이 공화국은 지금까지 터키 외에는 국제사회에서 인정받지 못하고 있는 상태이다. 2004년 5월에 가입한 EU 회원국은 그리스계 사이프러스만이 해당된다.

(5) 유럽통합 관계

EU의 교역 개방 조치를 보면, 앞으로 북사이프러스에서 EU 회원국에 반입되는 품목에 대해 원칙적으로 관세를 면제하나 이를 악용하는 교역 왜곡을 막기 위해 '관세쿼터제'(Tariff Quota) 형태로 운영한다는 방침이다. 이와 관련, 북사이프러스 상품에 대한 원산지 증명은 그린라인규제(Green Line Regulation)에 의거하여 북사이프러스 상공회의소에서 발급하도록 규정하고 있다. 이와 더불어 EU는 북사이프러스의 경제교역 환경 개선 및 남 · 북 사이프러스 간의 교류 증진을 위해 주로 에너지와 교통, 환경과 통신 분야 등 사회경제 시스템과 인프라 개발에 2004년 총 2억 5,900만 유로의 지원금을 지원하였다. 남사이프러스만이 2004년 5월 1일부로 EU에 가입한 이후 남북 간 경제적 격차가 더욱 벌어지게 되었으나 2012~2013년 유로화 재정위기 당시 남사이프러스도 타격을 입어 구제금융을 요청하기에 이르렀다. 남사이프러스는

2008년부터 유로화를 사용하고 있다.

12.1.6 체코(Czech Republic)

총인구: 1,051만 명(2013년)

수도: 프라하(Prague)

EU 가입연도: 2004년 5월

(1) 국토

체코는 독일, 오스트리아, 슬로바키아 그리고 폴란드에 둘러싸인 내륙 국가로 중부 유럽 역사에 있어 중요한 부분을 차지하고 있다. 면적은 7만 9,000km²로 오스트리아와 비슷한 크기이다.

(2) 국민

2013년 총인구는 1,051만 명이고 체코인 94%, 슬로바키아인 2%, 기타 4%이다. 언어는 체코어를 사용한다.

(3) 경제

2012년 기준에 따르면 GDP는 약 1,962억 달러이고 GDP 성장률은 -1.2%이다. 1인당 GDP는 2012년 기준 2만 6,159달러이다. 체코의 경제 개혁이 본격화된 1991년을 기점으로 공업 부문의 비중이 감소하고, 상업 및 서비스 산업의 비중이 증가하는 변화 추세가 뚜렷이 나타나고 있다. 총수출 규모는 1,567억 달러이고 주요 수출품은 자동차, 기계류, 기초금속 제품, 철강 제품, 비철금속 제품 등이다. 총수입 규모는 1,407억 달러이고 주요 수입품은 자동차, 기계류, 화학 제품, 철강 및 금속 제품, 원유, 가스 등이다. 산업구조는 제조업 24.6%, 서비스업 67.0%, 건설업 6.3%, 1차 산업

2.1%이다. 제조업과 수출 산업 중심으로 다각화된 산업구조가 경제적 강점이고 높은 에너지 대외의존도와 높은 사회보장 비용이 경제적 약점이다. 2004년 EU 가입 이후 2007년까지 연평균 6% 이상의 고성장을 기록하였지만 2008년 글로벌 경제위기 이후 주요 수출시장인 서유럽의 경기위축으로 경제가 급속하게 악화되었다. 2009년 말부터 해외 수출 수요 및 산업 생산 증가로 경기회복이 진행되었지만, 2011년 하반기부터 유로존 위기 영향으로 성장세가 둔화되었다.

(4) 정부

체코는 1989년 벨벳혁명으로 공산주의 체제를 마감하고 민주주의와 자유시장경제, 인권존중 등 범세계적 가치에 기초한 새로운 체제로 전환하였다. 그 이후 1995년 OECD 가입, 1999년 3월의 NATO 가입을 거쳐, 2004년 5월 EU에 정식으로 가입하였다. 또한 체코는 보헤미아왕국, 합스부르크, 오스트리아-헝가리제국 시대를 거치는 동안 유럽의 중앙에 위치하여 화려한 문화적 전통을 유지하여 왔고, 경제적인 면에서도 기초과학이 상당한 수준으로 발달해 있고 우수한 인력을 보유하여 세계의 평화와 번영에 크게 기여할 수 있는 잠재력을 가진 나라이다. 2013년 1월 체코 사상 최초 국민 직선으로 대통령을 선출하였고 밀로시 제만(Miloš Zeman) 전(前) 총리가 당선되었다.

(5) 유럽통합 관계

체코는 EU 가입 찬반 국민투표에서 77%의 압도적인 지지로 EU에 가입하였다. 2004년 5월 1일 정식 EU 회원국이 되면서 체코는 경제 및 각 분야에 걸쳐 많은 변혁을 겪고 있다. EU 가입 이후 미국과 유럽의 경제 상황 호전과 맞물려 체코의 2004년도 경제성장률은 4.6%를 기록하였으며, 2005년부터 2007년까지 6%대의 고도성장률을 유지하였지만 글로벌 경제위기의 영향으로 경제성장이 크게 둔화되었다.

EU 가입 이후 체코 정부에게 가장 중요한 목표는 유로화 사용을 위해 체코의 재정적자폭과 물가 상승률을 EU 기준에 맞게 낮추는 것이다. 현재의 EU 기준에 따르면 재정적자는 GDP의 3%를 넘지 않도록 정해져 있다. 하지만 EU 통계청에 따르면 체코의 재정적자 규모는 2012년 GDP의 4.4%에 달하였다. 현재 체코의 지속적인 노력에도 불구하고 전체적으로 재정 부담은 계속 증가하고 있어, 안정적인 유로화 도입 기준인 3% 이내의 재정적자 관리는 아직까지 어려운 것으로 평가되고 있다. 체코 정부의 다양한 노력에도 불구하고 유로화 도입은 당분간은 쉽지 않을 전망이다.

12.1.7 덴마크(Kingdom of Denmark)

총인구: 560만 명(2013년)
수도: 코펜하겐(Copenhagen)
EU 가입연도: EC(1973년)

덴마크는 14개 지방과 프레데릭스베르크(Frederiksberg)가 포함된 광역 코펜하겐 지역으로 분할되어 있다. 패로우제도(Faroe Islands)와 그린란드(Greenland)는 덴마크왕국에 속하면서 자치권을 가진 지역이다. 이 두 지역은 자체의 의회를 가지고 있으며, 덴마크와 달리 EU에 가입하고 있지 않다. 그린란드는 1721년 이래 덴마크에 속해 있으나, 1979년 국민투표에 따라 자치권을 획득하였다.

(1) 국토

덴마크는 4만 3,000km²의 면적을 가지고 있다. 덴마크는 독일 국경으로부터 북쪽으로 67km 뻗어 있는 유틀란트(Jutland)반도와 수많은 섬으로 구성되어 있는데, 질란트(Zealand), 푸넨(Funen), 롤란트 팔스테르(Lolland Falster) 그리고 보른홀름(Bornholm) 등이 큰 섬이다. 국토는 삼면이 바다로 둘러싸여 있는데, 북쪽과 서쪽은 북해, 동쪽은 발틱해와 면해 있다.

(2) 국민

2013년 기준 총인구는 550만 명이며, 인구밀도는 130명이다. 공식 언어는 덴마크어인데, 이 언어의 특징은 단어 끝에 성문폐쇄음(聲門閉鎖音)이 오는 것이 특징이다. 영어를 제2언어로 사용하고 있다.

(3) 경제

2012년 기준으로 GDP는 3,142억 달러이고 GDP 성장률은 −0.5%이다. 1인당 GDP는 4만 1,341달러로 추정된다. 총수출 규모는 1,034억 달러이고 주요 수출품은 기계 · 운송장비, 육가공류, 유제품, 의약품 등이다. 총수입 규모는 906억 달러이고 주요 수입품은 기계 · 운송장비, 원자재, 중간재, 화학품, 식료품, 소비재 등이다. 산업구조는 서비스업 76.6%, 제조업 22.1%, 농업 1.3%이다. 안정적인 경제 발전과 안정적인 거시경제정책, 그리고 발달된 낙농업이 경제적 강점이고 대외의존도가 높은 것이 경제적 약점이다.

덴마크는 성공적인 농업 국가로서 명성이 높은데, 그 전통은 지금도 유지된다. 그렇지만 지난 수세기 동안 제조업의 수출이 농업 수출을 초과하였다. 덴마크 산업구조의 특징은 중소기업으로 구성되어 있다는 것이다. 북해에서 산출되는 원유와 천연가스는 덴마크 경제에서 점점 더 큰 비중을 차지하고 있다.

(4) 정부

덴마크왕국은 입헌군주제와 의회민주주의를 채택하고 있다. 입법권은 여왕과 단일의회(Folketing)가 공동으로 보유하고 있다. 179명의 국회의원은 4년 임기의 비례대표제도로 직접 선출된다. 여왕은 정당지도자와 상의한 후 총리를 임명한다.

총리는 집권당이 과반수 획득에 실패하면 새로운 의회 선거를 요청할 수 있다. 여왕은 장관도 임명하는데, 장관들은 의회에 대해 개인적으로 책임을 지며, 의회의 불신임을 받으면 자리에서 물러나게 된다. 국가각료이사회(여왕과 장관으로 구성됨)는 모든 법안(bills)과 중요한 정부의 조치를 취한다. 의회를 통과한 법안인 경우, 의

덴마크의 바이킹

오늘날 바이킹(Viking)의 이미지는 신화적인 면이 강하다. 초기에 자주 묘사되었던 것처럼 그들의 투구가 뿔로 장식되어 있다는 근거는 없다. 더욱이 바이킹은 노르웨이, 스웨덴, 덴마크에서 시작하였고, 이미 대부분의 사람은 바이킹이 주로 덴마크인이었다고 믿는다. 그러나 여기에는 이유가 있다. 17세기 전 유럽에 걸친 바이킹 시대에 대한 북유럽 문화 연구 전파의 권위자였던 덴마크 학자 보름(Ole Worm)은 다른 많은 국가의 역사학자들과 일치하는 견해를 피력하였다. 10세기 중반 이전에 블루투트(Harold Bluetooth)가 기독교를 받아들인 최초의 덴마크 왕이 되었을 때, 바이킹은 아주 큰 증오의 대상이었으며, 전 유럽에 걸쳐 두려움의 대상이었다. 이교사상(異敎思想)이 그들에게는 최악의 죄이었던 것 같다. 1033년에 덴마크의 크누트(Knut) 왕은 영국을 정복하였다. 바이킹에 대한 비난은 그들이 정착하기 시작하고 기독교인이 됨으로써 존경할 만한 일을 이룬 것과 함께 잠잠해지기 시작하였다.

원 1/3이 요청하면 국민투표에 부쳐진다. 모든 시민은 부당한 행정조치에 대해 의회의 옴부즈맨(Ombudsman)에게 진정할 수 있다.

2011년 9월 총선에서 사회민주당을 주축으로 한 중도좌파 야권(Red Block)이 승리하여 10년 만에 정권이 교체되었고, 같은 해 10월 사회민주당 당수 헬레 토닝 슈미트(Helle Thorning Schmidt)가 덴마크 사상 첫 여성 총리로 취임하였다.

(5) 유럽통합 관계

1960년대에 덴마크는 EFTA의 공동회원국인 영국과 함께 EEC에 가입 신청을 하였다. 그러나 영국의 가입에 대한 드골의 두 번에 걸친 반대는 덴마크의 가입에 대해서도 부정적 반응으로 나타났다. 덴마크는 1972년 국민투표에서 63.3%의 가입 찬성을 얻어 1973년 1월 1일 EC에 가입하였다.

1980년대 중반부터 EU에 대한 덴마크의 적대감이 커지기 시작하여, 1986년 2월에는 단일유럽의정서(Single European Act: SEA)를 비준하기 위한 국민투표를 별도로 실시해야 했다. 왜냐하면, 그 해 1월 덴마크 의회가 SEA가 유럽의회(European Parliament)에 더 많은 권한을 준다는 이유로 거절하였기 때문이다. 이후 1992년 유럽 정상들

간에 서명된 마스트리히트조약을 비준하기 위해 1992년 6월 2일 국민투표를 실시하였는데, 덴마크 국민은 근소한 차이로 마스트리히트조약을 부결시켰다(찬성: 49.3%, 반대: 50.7%). 1992년 12월 에든버러 유럽이사회는 6월 국민투표에서 덴마크 국민이 부결한 이유를 고려, 덴마크의 요구에 대한 합의를 이끌어 냈다(에든버러협약(Edinburgh Agreement)). 즉, 시민권에 관한 마스트리히트조약의 조항이 명료화되었는데, 경제통화동맹(EMU)의 3단계에는 참여하지 않겠다는 덴마크의 결정을 인정하고, 근로조건 · 사회정책 · 소비자 보호 그리고 환경면에서는 좀더 엄격한 조항을 유지할 수 있는 회원국의 권리를 보장한 것이다. 이러한 원칙에 근거하여 두 번째 국민투표가 1993년 5월에 실시되어 56.3%로 가결됨으로써 덴마크는 마스트리히트조약을 승인하였다.

12.1.8 에스토니아(Republic of Estonia)

총인구: 134만 명(2012년)

수도: 탈린(Tallinn)

EU 가입연도: 2004년 5월

(1) 국토

발틱해를 사이에 두고 핀란드의 정방향 남쪽에 위치하고 있으며, 러시아와는 동쪽으로, 라트비아와는 남쪽으로 국경선을 접하고 있다. 면적은 4만 5,000km²로 발틱해와 핀란드만을 접하고 있다.

(2) 국민

총인구는 2012년 기준 134만 명이며, 에스토니아계가 69%로 가장 많고, 다음으로는 러시아계가 26%를 차지한다.

(3) 경제

2012년 기준으로 GDP는 약 220억 달러이고 GDP 성장률은 3.2%이다. 1인당 GDP는 2만 1,529달러에 달한다. 총수출 규모는 2012년 기준 153억 달러이고 주요 수출품은 기계 및 전기부품, 제지 · 목재, 자동차부품, 식료품 등이다. 총수입 규모는 169억 달러이고 기계 및 전기부품, 섬유류, 광물, 화학제품, 식료품 등이다. 산업구조는 서비스업 75.6%, 제조업 20.2%, 농업 4.2%이다. 적극적인 구조 개혁과 선진화된 국민의식과 행정제도가 경제적 강점이고 민간 부문의 높은 외채 비중이 경제적 약점이다. 에스토니아는 2011년 1월 유로존에 가입하였고 자국 화폐를 유로화에 연동시키면서 서방 국가들과의 꾸준한 협력 속에 점진적인 시장경제화의 과정을 밟아 가고 있다. 주요 산업으로는 전자와 통신 분야가 있으며, 에스토니아 경제는 주요 교역국인 핀란드, 스웨덴, 독일 경제로부터 많은 영향을 받고 있다.

(4) 정부

수세기에 걸친 덴마크, 스웨덴, 독일 및 러시아의 지배를 거친 에스토니아는 1918년 독립을 얻었으나 1940년에 다시 소련에 강제 편입되었다. 1991년 소련의 붕괴로 독립을 되찾은 후 1994년 마지막으로 남아 있던 러시아군이 철수함으로써 더욱 자유롭게 서유럽 국가들과 경제적 · 정치적으로 결속을 다지게 되었다. 소련으로부터 최종적으로 해방된 것은 1991년 8월 20일이지만, 1917년 10월 혁명을 계기로 러시아 제정으로부터 독립하였던 1918년 2월 24일을 국경일로 기념하고 있다.

(5) 유럽통합 관계

에스토니아는 1991년 9월에 UN에 가입한 이래 유럽안보협력기구(Organization on Security and Cooperation in Europe: OSCE), 평화를 위한 동반자 관계(Partnership for Peace), 그리고 유럽평의회(Council of Europe) 등 여러 국제기구의 일원이 되었다. 에스토니아는 정치적으로 중립을 지향하나 NATO, EU 등과 긴밀한 협력 관계를 갖고자 노력하였다. 2004년 나토와 EU의 정회원국이 되면서 안보 보장과 더불어 경제 개발에 박차를 가할 수 있는 기회로 여기고 있다. 2010년 5월 OECD에 가입하였고, 2011년 1월 유로존에 가입하였다.

12.1.9 핀란드(Republic of Finland)

총인구: 530만(2013년)

수도: 헬싱키(Helsinki)

EU 가입연도: 1995년

(1) 국토

핀란드공화국은 유럽의 북부에 있으며, 북쪽 및 북서쪽으로 각각 노르웨이와 스웨덴에 접하고 있다. 동쪽으로는 러시아 그리고 서쪽과 남쪽에는 발틱해가 위치한다. 국토는 33만 8,000km^{2}이나, 빙하시대 이래 해면이 낮아져 국토의 크기는 조금씩 커지고 있다.

(2) 국민

핀란드의 인구는 약 530만 명이며, 인구밀도는 16명이다. 인구의 60%는 도시 지역에 살고 있으며, 수도인 헬싱키에만 110만 명이 살고 있다. 그렇지만 핀란드인의 농촌생활에 대한 애착은 대단히 커서 핀란드 시골에 약 40만 채의 여름 별장이 있다. 핀족이 93.4%이고 스웨덴인 5.6%, 러시아인 0.5%이다. 대부분의 외국 이민자는 유럽 국가들로부터 들어온다. 1960년대 핀란드인이 스웨덴으로 이주한 적이 있다. 소수민족인 사미(Sami)족이 북부에 살고 있다. 그들은 자신의 언어를 가지고 있으며, 상당한 정도로 그들의 전통생활 양식을 유지하고 있다. 핀란드에는 2개의 공식 언어가 있는데, 하나는 핀란드어(91.5%)이고, 다른 하나는 스웨덴어(5.5%)이다.

(3) 경제

2012년 기준에 따르면 GDP는 2,500억 달러이고 GDP 성장률은 -0.2%이다. 1인당 GDP는 3만 8,279달러로 추정되며 실업률은 7.7%이다. 총수출 규모는 721억 달러이고 주요 수출품은 전기 및 광학 기구, 기계 · 운송장비, 제지, 화학 제품 등이다. 총수입 규모는 757억 달러이고 주요 수입품은 식료품, 원유, 화학 제품, 운송장비 등이다. 산업구조는 서비스업 70.1%, 제조업 27.1%, 농업 2.8%이다. 경쟁력 있는 수출 중심의 경제구조와 합의에 기초한 합리적 사회제도가 경제적 강점인 반면, 높은 실업률이 경제적 약점이다.

핀란드 경제는 민간 소유에 바탕을 두고 있다. 임업과 임업 관련 산업(펄프와 제지 산업)이 핀란드 경제의 전통적인 기반이다. 최근 금속 산업이 괄목할 정도로 신장하였는데, 이 산업의 성장은 나무를 베고 종이를 만드는 기계와 장비의 발전에 기인하는 바 큰 것으로 보인다. 기타 중요한 부문은 수출의 큰 비중을 차지하고 있는 텔레커뮤니케이션과 하이테크이다.

(4) 정부

핀란드는 민주공화국이다. 단원제 의회(Eduskunta)는 비례대표제에 의해 선출된 4년 임기의 200명 의원으로 구성된다. 대통령은 국가원수이며 6년 임기로 직접 선출된다. 대통령은 외교정책을 담당하며, 의회의 해산권과 이에 따른 새로운 선거를 실시할 권한을 가진다.

입법권은 의회에 있다. 대통령이 임명하는 총리는 대통령의 승인을 전제로 각료를 추천하는데, 각료는 의회에 대해 책임을 진다.

핀란드는 12개의 도(province)로 나뉘어 있으며, 각 도에는 임명된 도지사(governor)가 있다. 12도에는 모두 461개의 기초지방자치단체(municipality)가 있다. 아베난마(Ahvenanmaa) 지방의 올란드제도(Åland Islands)에는 내무행정에 관한 입법권이 허용되어 있다.

핀란드의 산타클로스

산타클로스는 크리스마스에 어린이에게 선물을 나누어 주는 전설상의 할아버지이다. 전설에 의하면, 산타클로스는 라플란드(Lapland)에 살고 있다고 알려져 있다. 원래 산타클로스의 유래는 역사가에게 거의 잘 알려지지 않은 (25년 동안 주교를 지냈던) 성 니콜라스(Nicholas)의 이야기로부터 발전된 것이다. 16세기의 종교개혁 기간에 신교도는 성 니콜라스를 오늘날 크리스마스의 아버지인 파파 노엘(Papa Noël)과 같은 비종교적인 이미지로 바꾸어 놓았다. 1800년대까지 성 니콜라스는 주교의 복장을 하고 백마를 탄, 키가 크고 호리호리하며 위엄 있는 인물로 묘사되었다. 핀란드는 지난 수년 간에 걸쳐 산타클로스에게 더 많은 상업적 윤택과 더 많은 국제적 이미지를 부과하였다. 1944년 74대 이상의 전세비행기가 히드로(Heathrow)에서 산타클로스와 그의 순록이 있는 핀란드 라플란드의 주요한 도시 로바니에미(Rovaniemi)로 몰려들었다. 사실 산타클로스는 매년 어림잡아 50만 명의 관광객을 각 나라로부터 끌어들이고 있다.

(5) 유럽통합 관계

핀란드는 러시아와 접경하고 있었기 때문에(차르 시대에는 Grand Duchy of Finland로서 러시아 영토의 일부였음), 핀란드와 동맹을 맺으려는 서방 국가는 매우 신중하였다. 유럽평의회(Council of Europe)의 회원이었고 노르딕평의회의 파트너였지만, 핀란드는 1955년까지 UN에 가입하지 않았으며 처음에는 EFTA의 준회원이었다(1986년부터 정회원). EFTA 국가로서, 핀란드는 EC와 1973년부터 효력을 발효한 자유무역협정을 맺었으며, 그 후 EEA 설립협정을 맺었다. 핀란드는 1992년 3월 18일에 EC에 가입 신청을 하였는데, 그 동기는 소련의 그늘에서 벗어나기 위한 정치적인 것이었다. 스웨덴과 마찬가지로 핀란드는 오랫동안 중립국이었다. 그러나 마스트리히트조약에서 군사동맹을 결성하지 못하고 회원국 각자에게 방어체제를 갖추도록 하였기 때문에 중립국인 핀란드는 그 조항이 부적절하다고 판단하였다. 1992년 10월 28일 브뤼주(Bruges)에서 코이비스토(Koivisto) 대통령은 공동체 법과 규범(acquis communautaire), 마스트리히트조약과 EU의 정치적 목적(finalité politique)을 승낙한다고 밝혔다. 집행위원회의 일반특혜심의(generally favourable opinion)에서 밝혀진 문제는 핀란드의 산업과 상업은 이미 공동체 법과 규범을 채택하고 있었지만, 법인세제(company taxation)와 직접세

제 그리고 사회보장 분야 등에서 예외가 있었다. 핀란드와의 협정은 1994년 3월에 완료되었으며, 그 결과 무엇보다도 구조기금과 관련하여 여섯 가지의 새로운 목표가 설정되었다. 이것은 핀란드와 스웨덴에서 인구가 희박하고 농업 조건이 좋지 않은 지역에 대해 원조를 허용하는 것이었다. 유럽의회는 1994년 5월에 핀란드의 가입을 허용하였다. 1994년 10월 16일 자문성격을 가진 국민투표에서 56.9%의 찬성을 얻었다. 핀란드 의회는 1994년 11월 18일 상기 사항을 비준하였고, 그 결과 핀란드는 1995년 1월 1일자로 EU의 14번째 국가가 되었다.

12.1.10 프랑스(French Republic)

총인구: 6,600만 명(2013년)
수도: 파리(Paris)
EU 가입연도: ECSC(1952년), EEC 및 Euratom(1958년)

프랑스 본토(Metropolitan France)는 22개 광역 지역과 95개 도로 나뉜다. 이와 별도로, 4개의 해외 현(French Guiana, Guadeloupe, Martinique, Reunion), 4개의 해외 영토(French Polynesia, French Southern and Antarctic Territorries, New Caledonia, Wallis/Futuna Island), 그리고 2개의 특별지역(Collectivité territoriale)이 있다.

(1) 국토

프랑스는 서유럽에 위치하고 있으며, 동쪽으로는 벨기에, 룩셈부르크, 독일, 스위스, 이탈리아, 그리고 남쪽으로는 스페인과 국경을 접하고 있다. 북쪽으로는 영국해협, 남쪽으로는 지중해, 그리고 서쪽으로는 대서양이 있다. 코르시카(Corsica)를 포함한 총국토면적은 54만 4,000km^{2}이다. 파리에서 보는 바와 같이 프랑스는 풍부한 역사 · 문화 유산을 소유하고 있다. 로마네스크 교회, 고딕성당 그리고 르네상스 고성(chateaux)을 포함한 3만 개의 문화유적이 목록화되어 있다.

(2) 국민

총인구는 약 6,600만 명이며, 인구밀도는 117명이다. 수도인 파리의 인구는 1,040만 명이다. 민족은 켈트족, 튜튼족, 라틴족, 슬라브족, 북아프리카계, 바스크족으로 구성되어 있다. 공식 언어는 프랑스어이다.

(3) 경제

2012년 기준에 따르면 GDP는 2조 6,128억 달러이고 GDP 상승률은 0.0%이다. 1인당 GDP는 4만 1,223달러이고 실업률은 10.0%이다. 총수출 규모는 6,740억 달러이고 주요 수출품은 기계 · 운송장비, 비행기, 플라스틱, 화학 제품, 의약품이다. 총수입 규모는 5,690억 달러이고 주요 수입품은 기계 · 장비, 자동차, 원유, 비행기, 플라스틱, 화학 제품이다. 산업구조는 서비스업 79.2%, 제조업 18.8%, 농업 2.0%이다. 높은 수준의 기술과 풍부한 관광자원이 경제적 강점이고, 높은 실업률이 경제적 약점이다.

프랑스는 서유럽 최대 농업 생산국이며, 이탈리아와 함께 세계 최대 포도주 생산국이다. 그뿐만 아니라 프랑스는 세계 공업주도국이기도 하다. 특히, 철강 생산과 자동차 그리고 우주항공 분야에서 두각을 나타내고 있다. 공업 지역은 파리 인근 지역과 로렌 그리고 리옹 주변에 몰려 있다.

(4) 정부

프랑스는 입헌공화국이며, 권력은 대통령과 정부 그리고 하원(Assemblée Nationale)에 분할되어 있다. 대통령은 7년 임기로 직접선거에 의해 선출된다. 대통령은 국가원수이며, 총리를 임명한다. 그는 총리의 추천에 의하여 각료를 임명 또는 해임시키며, 국무회의를 주재한다. 그뿐만 아니라 그는 의회(하원)를 해산할 수 있으며, 주요 법안을 국민투표에 회부할 수 있다. 정부는 헌법에 정해진 바에 따라 국가정책을 결정 및 실행한다.

프랑스의 포도주

프랑스는 세계 일류 포도주 생산국 중의 하나이다. 그러므로 프랑스 사람은 그들의 포도주에 대단히 큰 자부심을 가지고 있다. 프랑스산 포도주를 제조하는 데는 300여 가지의 다양한 포도가 사용된다. 대부분은 남프랑스에서 주조된다. 총생산량의 절반은 프랑스의 남부와 남동부 지대에 있는 6개의 현에서 생산된다. 최고급 포도주용 포도는 알자스(Alsace), 보르도(Bordeaux), 부르군디(Burgundy), 샹파뉴(Champagne) 그리고 루아르(Loire) 계곡을 포함한 몇몇 다른 지역에서 생산된다. 포도주는 주로 연도별로 생산되나 때때로 깊은 지하실이나 동굴 속에서 다년간 저장되기도 한다.

의회는 상원과 하원으로 구성된다. 577명의 하원은 2단계 투표제(two-ballot system)에 의하여 각 도(department) 단위로 선출된다. 9년 임기의 상원의원 317명은 간접선거에 의해 선출되며, 3년마다 1/3씩 교체된다. 선거인단은 하원의원(deputies), 도(department)의원, 시장(기초단체장)과 시(municipal)의원으로 구성된다.

법안은 양원을 모두 통과해야 한다. 그런데 합의가 되지 않으면 공동법안(common text)을 작성하기 위한 합동위원회가 설치된다. 만일 합동위원회에서도 합의되지 않으면, 정부는 의회에서 최종 결정을 추구할 수 있다. 정부는 의회(하원)에 대해 책임을 진다.

(5) 유럽통합 관계

프랑스는 ECSC를 창설한 슈만플랜(Schuman Plan)을 제안한 나라답게 유럽통합 과정에서 가장 주도적인 역할을 했다고 해도 과언이 아니다.

드골(Charles de Gaulle)이 집권한 1958년에 EEC가 가동되기 시작하였다. 드골이 초국가적인 것에 대해 갖고 있는 의혹이 무엇이든지 간에 그는 독일을 견제하는 것이 기본적인 목표라는 것에 동의하였다. 그러나 그는 영국의 가입이 프랑스가 정치적 헤게모니를 다시 획득하도록 해주었던 상당히 조정된 세력 균형을 파괴할 것이라는 것을 곧 알아차렸다. 기본적으로는 이런 이유 때문에, 그러나 또한 영국이 미국에게 갖는 호감이나 자유무역에 대한 애착을 공유하고 있지 않았기 때문에, 드골은 1963년과 1967년 두 번이나 영국의 가입을 반대하였다. 한편, 드골은 아데나워와 관계 개선을 시작하였고, 1963년 엘리제조약을 통해 프랑스-독일 협력의 토대를 제시하였다.

1969년 드골의 사임으로 유럽통합에 대한 프랑스의 태도는 큰 변화를 보였다. 퐁피두(George Pompidou) 대통령은 영국과 덴마크 그리고 아일랜드가 공동체에 가입하는 것을 허용하였다(1972년 3월 프랑스 국민투표에 의해 승인됨). 그의 후임자인 데스탱(Valery Giscard d'Estaing)은 유럽주의자이지만, 유럽이사회의 설립을 통해 공동체 정책결정에 정부 간 요소를 강화시키자는 그의 제안에는 궁극적인 권력이 어디에 있어야 하는가에 대한 프랑스의 전통적인 견해를 반영하였다.

1980년대에는 프랑스는 유럽 정치에서 가장 영향력이 있는 두 인물, 즉 미테랑과 들로르를 배출함으로써 프랑스의 우월한 힘을 보여주었다. 유럽 문제에 대한 정당 간의 또는 정당 내의 불일치가 있어도, 프랑스는 독일에게 추격당하지 않으리라고 강한 결의를 보여 왔다. 프랑스는 독일과 함께 지난 60년 동안 이루었던 유럽의 지도적 위치에 남아 있고 싶어 하며, 스스로도 그럴 만한 자격이 있다고 자부한다.

12.1.11 독일(Federal Republic of Germany)

총인구: 8,115만 명(2013년)
수도: 베를린(Berlin)
EU 가입연도: ECSC(1952년), EEC 및 Euratom(1958년)

각 주(州, Lander)는 자체의 입법기관(Assembly)이 있으며, 연방의회 고유의 영역(국방, 외교, 금융)을 제외한 사안에 관하여 입법권을 보유한다.

(1) 국토

독일연방공화국은 유럽의 심장 부분에 위치하고 있다. 독일은 9개의 국가와 인접해 있는데, 서쪽으로 네덜란드, 벨기에, 룩셈부르크, 프랑스, 남쪽으로 스위스와 오스트리아, 그리고 동쪽으로는 폴란드와 체코공화국이 있다. 독일의 중심적인 위치는 통독 이후 더욱 부각되고 있다.

(2) 국민

독일은 8,000만 명 이상의 인구를 가진 EU 최대 국가이며, 인구밀도 역시 225명으로 대단히 높다. 독일에는 게르만족이 91.5%이고 터키인이 2.4%이다. 그 다음은 구 유고인, 이탈리아인, 그리스인, 폴란드인, 오스트리아인, 루마니아인 그리고 스페인인 순으로 많다. 독일은 외국인 근로자와 비즈니스맨에게 많은 일거리를 제공하고 있다. 독일의 공식 언어는 독일어이나 몇몇 지방 사투리가 통용된다. 만일 프리지아인(Frisian)이나 메클렌부르크인(Mecklenburger), 그리고 바바리아인(Bavarian)이 각각 순수한 사투리를 사용한다면, 그들은 서로를 잘 이해하기 어려울 것이다.

(3) 경제

2012년 기준으로 GDP는 3조 4,000억 달러이고 GDP 성장률은 1%이다. 1인당 GDP는 4만 1,519달러이고, 무역 규모는 2조 7,000억 달러이다. 주요 수출품은 자동차 및 기계류, 화학 제품, 컴퓨터 및 전자 제품, 의약품 등이고 주요 수입품은 기계류, 자동차, 화학 제품, 광물, 원유 및 가스 등이다. 산업구조는 서비스업 71.2%, 제조업 28.0%, 농업 0.8%이다. 고도의 다각화와 경쟁력을 갖춘 경제구조가 경제적 강점인 반면, 높은 임금 수준과 고령화된 인구구조가 경제적 약점이다.

독일은 유럽 최강의 경제 국가이지만, 오늘날까지도 통독 이후 동 · 서독 간의 엄청난 경제력 격차(특히, 급여 수준과 생활 수준의 상이)를 해소하기 위한 조정 중에 있다. 독일은 사회시장경제(social market economy)제도를 채택하고 있다. 자동차 생산은 독일의 주된 산업으로 기계공업이나 전기공업, 화학 산업 그리고 제약 산업만큼 중요하다. 철강과 제철 산업 역시 경제의 큰 부분을 차지하고 있다.

(4) 정부

독일에는 16개 주가 있는데, 각기 자신의 헌법과 의회 그리고 정부를 보유하고 있다. 독일은 양원제도의 의회를 가지고 있다. 상원인 분데스라트(Bundesrat)는 의석수가 68석이며, 각 주는 3~6석을 차지하고 있다. 임기는 각 주의 선거일자에 따라 다르다. 주된 입법기관은 하원인 분데스타크(Bundestag, Federal Assembly)이다. 하원에는 672명의 의원이 있는데, 4년 임기의 직선 비례대표에 의해 선출된다.

행정기관으로 연방총리(Federal Chancellor)가 이끄는 연방정부가 있으며, 연방총리는 하원에서 절대과반수의 지지로 선출된다. 그는 각료를 임명한다. 한편, 연방대통령은 하원과 각 주의회의 동수로 구성된 연방의회(Bundesversammulung, Federal Convention)에서 선출된다. 대통령은 헌정상 국가수반이지만, 정부에 대한 영향력은 거의 없다. 2013년 3월 연방총회에서 요하임 빌헬름 가욱(Joachim Wilhelm Gauck) 대통령을 선출하였다.

(5) 유럽통합 관계

서독은 1950년 유럽평의회(Council of Europe)에 가입하였고, 그 해에 슈만플랜이 시작되었다. 그리고 1951년에는 최초 가맹 6개국(서독 포함)이 유럽석탄 · 철강공동체(ECSC)를 설립하는 파리조약을 체결하였다. ECSC 내의 석탄과 철강 산업의 국제화는 1955년 프랑스와의 자르(Saar) 지역 논쟁을 해결하여 자르 지역을 서독의 영토 내로 통합하도록 만든다. 서독은 같은 해 NATO에 가입하였는데, 이에 대해 소련은 바르샤바조약을 제의하여 동독을 하나의 국가로 인정함으로써 독일은 완전히 분리되었다.

1950년대와 1960년대 독일 경제는 기적의 시대였다. 서독은 1955년 메시나(Messina)회의에서 EEC를 설립하자는 제안에 적극적으로 지지하였다. EEC의 설립 기한이 된 협상조건은 프랑스의 보장된 농산물시장과 독일의 더 넓은 공산품시장의 확보와 어떠한 국가도 다른 국가보다 우위에 설 수 없다는 정치 · 제도적 구조였다. 이 프랑스-독일협정의 결과 1963년 양국은 우호조약(Élysée Treaty)을 체결하게 되었다.

독일의 맥주

저장맥주(Lager)는 독일인에게서 기원한 것이고, 실제로 그 이름은 독일어 lagen(저장하다)에서 나온 말이다. 독일인은 그들 맥주(Beer)의 순수성과 맥주에 화학첨가제(Reinheitsgebot)를 사용하지 않는 것에 대하여 자부심을 가져왔다. 이는 1516년 이후로 계속 시행되었다. 하지만 단일시장 규칙 하에서 그 맥주가 화학첨가제를 사용하여 양조된 것인지 아닌지에 관계없이 다른 나라로부터 수입된 맥주는 판매될 수 있다. 매년 9월 마지막 주와 10월 첫째 주 사이 뮌헨시에서는 맥주와 이와 관련된 축제를 즐기려고 많은 사람이 찾아오고 있다. 옥토버페스트(Oktoberfest)는 맥주 페스티벌이며, 그 축제는 다른 주에서 많은 독일인과 외국 관광객의 주의를 끌고 있다. 맥주는 종종 커다란 1리터들이 맥주용 컵에 따라 제공되고, 그 축제기간에 사용하기 위하여 설치된 특별한 천막 안에서 제공된다. 맥주 페스티벌은 전통적인 바바리안 풍습을 접할 수 있는 좋은 기회라고 할 수 있겠다.

프랑스와는 달리 서독은 영국의 EEC 가입을 반대하지는 않았다. 또한 EEC(특히, 독일 출신의 할슈타인(Walter Hallstein)이 집행위원장으로 있는)의 초국가적인 성격에 관해서도 걱정하지 않았으며, 1965년의 공석위기(empty chair crisis)에 대해서도 불안해하지 않았다. 정치적인 면에서도 프랑스가 1969년 드골(Charles de Gaulle)이 사임할 때까지 가졌던 반미성향을 서독은 거의 가지지 않았다.

독일 통일 이후 EU 내에서의 독일 경제의 우세와 EU 예산에 대해 가장 큰 공여국이라는 사실은 어떠한 EU의 발전이나 개발도 독일의 지지 없이는 성립할 수 없다는 것을 의미하였다. 독일은 공동농업정책(CAP)도 전폭적으로 지지하였다. 법적인 이유로 인해 독일이 최근까지 전폭적인 지지를 할 수 없는 분야가 바로 국방과 안보정책이다. 1949년 독일 헌법 하에서 군대는 독일 외부로 파병될 수 없었으며, 이를 개정하기 위한 독일 내 모든 당의 합의가 이루어지지 않았다. 그러나 그 문제는 1994년 6월 연방헌법재판소의 판결에 의해 독일 연방의회의 사전 승인에 의해 북대서양조약기구(NATO) 역외에의 파병이 인정되었다. 1990년대 이후 독일 연방군은 NATO나 EU, UN의 일원으로 독일 국외에서 평화유지 활동(peacekeeping operation: PKO) 작전을 점차적으로 많이 실시하고 있다.

12.1.12 그리스(Hellenic Republic)

총인구: 1,077만 명(2013년)

수도: 아테네(Athens)

EU 가입연도: EC(1981년)

(1) 국토

그리스는 남유럽의 반도로서 13만 1,990km²의 면적을 보유하고 있다. 국토의 대부분은 산악지대이며 바위투성이의 산악지대(최고봉은 2,917m인 올림푸스(Olympus) 산임)과 지중해의 푸른 바다가 대조되는 경치를 이루고 있다.

국토의 44%는 농업에 사용되며, 22%는 숲이다. 주요한 강은 아켈로스(Akheloos)와 알리아크몬(Aliakmon)이다. 반도의 동 · 서 · 남쪽에 수많은 섬이 널려 있는데, 그 중 크레테(Crete)가 가장 크다. 행정구역상으로는 52개 현(prefecture)과 13개 지역(region)으로 구성된다.

(2) 국민

2013년 총인구는 약 1,077만 명이며, 인구밀도는 86명이다. 전체 인구의 약 40%가 해외에 살고 있는 것으로 추산된다. 과거에 가장 많이 이민간 곳은 미국이고, 그 다음 오스트레일리아와 독일의 순이다. 연간 인구 증가율은 대단히 낮다. 공식 언어는 그리스어이다.

(3) 경제

2012년 기준으로 GDP는 2,491억 달러이고 GDP 상승률은 −6.8%이다. 1인당 GDP는 2만 2,083달러이고 실업률은 24.6%에 달한다. 총수출 규모는 348억 달러이고 주요 수출품은 식료품 및 음료수, 공산품, 석유 제품, 화학 제품, 섬유 등이다. 총수입 규모는 626억 달러이고 기계류, 운송장비, 연료, 화학 제품 등이다. 산업구조는 서비스업 80.6%, 제조업 16.0%, 농업 3.4%이다. 풍부한 관광자원이 경제적 강점이고 다른 주요 EU 회원국에 비해 산업 기반이 취약하고 재정적자와 정부채무 비율이 높은 것이 경제적 약점이다.

농업과 해운업의 비중이 가장 크다. 1960년대까지 가족경영의 영세 제조업이 주류를 이루고 있었으나, 그 후 그리스 공업구조가 크게 개선되어 수출 중 제조업의 비중이 오늘날에는 계속 증가하고 있다. 그리스의 유명한 농업 제품은 포도주, 올리브와 올리브기름, 치즈(feta cheese), 담배, 호두, 아몬드 등이다.

그리스 경제는 실질소득 및 고용률 감소, 높은 세금으로 인해 민간소비와 투자가 급격히 위축되면서 2007년 3분기 고점을 찍은 후 현재까지 마이너스 성장을 이어가고 있다. 2012년 11월 그리스 정부는 EU 및 IMF가 요구한 국채 Buy-back 실시를 통해 211억 유로 규모의 민간부채를 탕감받았다.

(4) 정부

그리스는 의회민주주의 국가이다. 입법권은 의회가 가지고 있으며, 대통령은 법안을 승인하고 공포한다. 300명의 의원 중 12명을 제외한 나머지는 비례대표제도 국민투표에 의해서 선출된다. 12명의 의원은 정당의 득표에 따라 각 당에 할당된다.

행정권은 대통령과 정부에 의해 공동으로 운영된다. 대통령은 5년 임기로 의회에서 선출되는데, 대통령은 총리를 임명하고, 총리의 추천에 의해 각료를 임명한다.

2012년 6월 총선 결과 양당 구도가 붕괴되었고 신생 정당의 하나인 급진좌파연합(SYRIZA)이 급부상하였다. 그리스 정부의 긴축재정안을 지지한 두 주요 정당인 사회당(PASOK)과 신민주당(New Democracy)에 대한 지지율은 각각 43%에서 13%, 33%에서 18%로 감소한 반면, 이에 반대한 급진좌파연합에 대한 지지율은 4%에서 16%로 급증하였다.

(5) 유럽통합 관계

그리스는 1961년 EEC와 아테네조약을 통하여 최초로 준회원국협정(Association

그리스의 파르테논

파르테논은 아테네 아크로폴리스 언덕에 있는 사원이다. 파르테논이라는 이름은 여신 아테네 파르테노스의 숭배로부터 유래된 것이다. 아테네의 정치가 페리클레스(Pericles)가 이 신전의 건축을 지시하였고, BC 447년에 착공하였다. 건물 자체는 BC 438년에 완공되었으나, 실내장식은 BC 432년까지 계속 되었다. 파르테논신전은 많은 조각상을 상실하는 등 수세기에 걸쳐 손상되었음에도 불구하고 그 기본적인 구조를 보존하였다. 파르테논신전으로부터 떨어져 나간 조각상은 오늘날 런던, 파리, 코펜하겐 등의 다른 장소에서 찾아볼 수 있다.

Agreement)을 체결하였다. 이 협정은 최초 가입 6개국에게는 EEC에 대한 국제적인 승인의 상징으로서 매우 중요한 것이었다. 이 협정은 후에 그리스가 완전한 회원국이 될 수 있는 명백한 보증서이기도 하였다. 군사독재기간(1967~1974년) 동안 이 협정은 중지되었는데, 따라서 공동체와 10년간의 관세동맹이 되기 위한 과도기도 일시 중단되었다. 민주주의 통치로 원상복귀한 지 1년 후, 그리스는 당시 9개국으로 구성된 공동체에 가입을 신청하였다. 그러나 당시 집행위원회의 그리스 가입에 대한 분위기는 대체로 부정적이었다. 그 이유는 그리스의 경제 및 정치와 행정제도가 EC 회원국이 되기에는 제대로 갖추어져 있지 않았기 때문이다. 이러한 집행위원회의 견해는 그리스가 공동체에 가입하면 민주주의가 강화될 수 있다고 믿는 각료이사회에 의하여 뒤집혔다. 그 결과 1979년 5월에 가입조약이 서명되었으며, 그리스는 1981년 1월 1일부터 공동체의 열 번째 회원국이 되었다.

EU 가입 당시 가장 가난한 나라로서, 그리스는 구조기금을 통하여 실제적인 혜택을 받아 왔다. 그리스는 터키의 EU 가입에 대하여 완강한 반대자이며, 사이프러스(Cyprus) 문제에 관해서도 민감한 편이다.

EU와의 관계는 그리스 정계의 불화요인(예를 들어, 공산당은 친유럽파와 반유럽파로 나뉘어 있음)으로 작용하고 있으며, 그리스는 보다 밀접한 유럽통합에 대한 가장 열성이 부족한 회원국 중 하나로 인식되기도 한다. 그러나 그리스는 현재 유로화를 사용하고 있으며, 셴겐 지역에도 속해 있다.

2009년 발발한 유럽 재정위기를 계기로 그리스 경제의 구조적 문제가 노출되었으며, 재정위기를 맞이한 PIGS 국가들 중에서 제일 먼저 구제금융을 신청하였다. 구제금융 제공의 대가로 EU는 그리스 내부의 대대적인 개혁을 요구하였는데, 이에 반발한 그리스 국민들은 총파업을 일으키기에 이르렀다. 2012년 6월 총선에서 급진좌파인 시리자당(Syriza)이 구제금융 전면 재협상, 유로존 탈퇴 검토 등을 공약으로 내세우면서 돌풍을 일으켰지만 유로존 잔류를 강조하며 구제금융 조건 수용을 내세운 신민주당(New Democracy)이 승리하면서 최악의 갈등 국면은 가까스로 피하게 되었다. 그러나 향후 해결해야 할 과제들이 산적해 있고 그리스가 설령 EU 탈퇴를 선택한다 하더라도 그것 또한 간단한 문제는 아니어서 향후 전개는 지켜볼 일이다.

12.1.13 헝가리(Hungary)

총인구: 996만 명(2013년)
수도: 부다페스트(Budapest)
EU 가입연도: 2004년 5월

(1) 국토

중부 유럽의 다뉴브 강에 위치하며, 7개국과 국경을 접하고 있다. 면적은 9만 3,030km²로 남한 면적의 0.94배에 해당된다.

(2) 국민

마자르족이 인구의 대부분(98.5%)을 차지한다. 약 1,000만 명이 헝가리 본토에 거주하고 있고, 약 500만 명이 해외에 흩어져 있다. 특히, 170만 명이 거주하고 있는 트란실바니아 지역은 루마니아와 민족 문제를 겪고 있는 곳이기도 하다. 헝가리의 소수민족으로 독일인이 17만 명, 슬로바키아인 12만 명, 세르비아인 5만 명 등이 거주하고 있다. 언어로는 전체 인구의 약 98.5%가 헝가리어를 사용하나 상당수의 헝가리인들은 영어, 독일어를 구사한다.

(3) 경제

2012년에 따르면 GDP는 약 1,255억 달러이고 GDP 성장률은 -2.0%이다. 1인당 GDP는 1만 2,735달러이고 실업률은 10.9%다. 산업구조는 농업 3.2%, 광공업(제조업) 22.8%(19.4%), 건설업 3.1%, 서비스업 54.7%이다(2013년 8월 기준). 총수출 규모는 1,006억 달러이고 주요 수출품은 기계류, 운송장비, 공산품 등이다. 총수입 규모는 938억 달러이고 주요 수입품은 기계류, 운송장비, 공산품 등이다. 양호한 외국인 투자 환경이 경제적 강점이고 높은 대외무역 의존도와 빈약한 천연자원이 경제적 약점이다.

헝가리는 1960년대 말 '신경제정책'의 시행으로 시장경제 요소를 도입하는 등 점진적 경제 개혁을 시도하였다. 그 후 1989년 동유럽의 혁명 이후 시장경제체제로의 전환 과정에서 과도기적 혼란으로 1990~1993년간 마이너스 경제성장을 기록하다가 1994년 이후 경제안정화 조치의 성과, 공업 생산 및 투자 증가, EU 등 서방국과의 관계 강화 등으로 마이너스 성장 탈피, 1997년 이후 4~5% 이상의 고성장을 실현하고 있다. 1999년 NATO 가입과 2004년 EU 가입을 계기로 세계화 추세는 가속화되고 있다. 헝가리 경제에서 무역이 차지하는 비중이 매우 커 국민소득의 약 42%를 무역이 차지한다. 대외무역은 국가가 독점하여 대외무역부가 전반적인 수출입의 계획과 관리를 담당한다. 무역실무는 각종 수출입 공단 및 수출입 허가를 얻은 생산기업에 의해 이루어진다. 그 밖에 외국 회사와 대리점 계약을 체결하고 그 거래를 대행하는 무역대리점(10여 개)이 있으며, 1968년 신경제관리제도(경제 개혁)의 도입 이래 수출입을 행하는 기업 및 무역대리 기업의 수가 증가하고 있다.

2012년 현재 헝가리의 교역 실적은 수출 1,006억 달러, 수입 938억 달러이다. 수출은 1997년과 1998년 사이에 20%가 넘는 큰 폭의 증가율을 보였지만 러시아 경제침체의 장기화와 유고 사태로 인한 영향으로 1999년에는 저조한 실적을 보였다. EU 가입 이후 헝가리가 중동부 유럽권의 금융 허브로 급부상하고 있다. 이는 헝가리가 지리적으로 연계성이 뛰어나고, 이번에 EU에 가입한 중부 유럽 국가 중 금융 인프라가 가장 낫다는 평가를 받고 있기 때문인 것으로 보인다. 헝가리의 EU 가입으로 인해 EU 역내에 있는 금융기관이 헝가리에 지사를 설립하기 위해서는 자체적으로 등록만 하면 되는 등 간편해진 점도 작용하고 있는 것으로 평가된다.

(4) 정부

헝가리는 1989년 10월에 헌법 개정, 민주화, 시장경제 도입 등을 통해 체제 전환을 시도하였으며, 1990년 3월 최초의 자유총선거로 내각제 민주정부가 출범한 바 있다. 대통령은 외교 · 국방권과 상징적 지도자로서의 권위를 가진 5년 임기의 간선직이며, 총리는 독일 총리와 비슷한 권한을 보유한다. 2010년 8월 취임한 팔 슈미트(Pál Schmitt) 대통령이 2012년 4월 박사논문 표절로 사임하였고, 2012년 5월 야노시 아데르(János Áder) 대통령이 취임하였다.

(5) 유럽통합 관계

헝가리는 대외정책의 3대 기조로 NATO, EU 등 유럽 · 대서양 통합기구 가입과 인접국들과의 우호 · 친선 관계 유지, 인접국 거주 헝가리계 소수민족 권익보호를 주요 목표로 삼고 있다. 특히, NATO 및 EU에 가입함으로써 명실상부한 '유럽의 일원'으로의 복귀를 최우선 과제로 삼고 있다. NATO에는 1999년 3월에 가입하였으며, EU에는 2004년 5월 1일자로 가입하였다. 2011년 상반기에는 EU 이사회 순환의장국을 수임하였다.

12.1.14 아일랜드(Ireland)

총인구: 480만 명(2013년)

수도: 더블린(Dublin)

EU 가입연도: EC(1973년)

(1) 국토

국토의 면적은 7만 284km^{2}이다. 아일랜드는 중부 내륙지방의 대규모 석회석 저지대와 해안산맥으로 구성되어 있는데, 가장 높은 산은 1,040m의 카란투힐(Carrauntoohil)이다. 최장의 강은 샤논(Shannon)이며, 몇 개의 호수가 있다.

아일랜드는 얼스터(Ulster), 문스터(Munster), 린스터(Leinster) 그리고 코노트(Connaught)의 4개의 도(province)로 나뉘어 있다. 수도인 더블린은 린스터 동쪽 해안의 리피(Liffey) 강 어귀에 있다.

(2) 국민

아일랜드의 인구는 1961년 이래 꾸준히 증가해 왔고, 현재 약 4,800만 명 정도이다. 인구밀도는 65명이다. 아일랜드는 유럽에서 이민 비율이 가장 높다. 아일랜드 태생의 외국 거주자는 아일랜드 인구의 절반 정도로 추산된다. 아일랜드 헌법은 아일랜드어(Irish, Gaelic)를 제1외국어로 인정하고 있지만, 공문서는 영어와 아일랜드어로 동시에 작성된다. 그렇지만 토착어로 아일랜드어를 사용하는 지역은 갤타크트(Gaeltacht)뿐이며, 영어가 주로 사용된다.

(3) 경제

2012년 기준에 따르면 GDP는 2,104억 달러이고 GDP 성장률은 0.9%이다. 1인당 GDP는 4만 2,516달러이고 실업률은 14.7%이다. 총수출 규모는 1,120억 달러이고 주요 수출품은 기계장비, 컴퓨터, 화학 제품, 제약품 등이다. 총수입 규모는 614억 달러이고 주요 수입품은 기계장비, 화학 제품, 원유 및 석유 제품, 섬유, 의류 등이다. 산업구조는 서비스업 72%, 제조업 26.3%, 농업 1.8%이다. 양질의 풍부한 노동력과 다각화된 수출 중심의 산업구조가 경제적 강점이고 투자에 의존적인 경제성장으로 내수 기반이 취약한 것이 경제적 약점이다.

아일랜드 경제는 매우 개방되어 있다. 350만 명의 협소한 시장을 가진 아일랜드는 무역에 크게 의존하고 있는데, 재화 및 서비스의 수출이 GNP의 약 80%에 달하고 있다. 최근 수십 년 동안 급속한 개발과 공업화는 아일랜드가 외국 투자의 최적지로 만든 정책에 크게 기인한다. 산업개발청(Industrial Development Agency: IDA)이 첨단산업 중심의 해외 투자를 촉진하는 기관인 반면에, 포베어트(Forbairt)는 국내 산업을 담당하는 기관이다. 한편, 농업과 관광도 경제의 주요 부분을 차지하고 있다. 2010년 경제위기의 영향으로 EU, IMF의 구제금융을 지원받았고, 2011년 상반기 거시경제지표가 다소 개선되었으나 최근 유로존 경제위기로 인한 불확실성이 증대되면서 다시 경제위기를 겪었지만 2013년 구제금융을 졸업하였다.

(4) 정부

아일랜드는 의회민주주의 국가이다. 입법권은 대통령과 상 · 하 양원으로 구성된 국회(Oireachtas, National Parliament)에 부여되어 있다. 하원(Dali, House of Representative)에는 비례대표제로 직접선거에 의해 선출된 최대 임기 5년의 166명의 의원이 있다. 같은 임기의 상원의원은 60명인데, 그 중 11명은 총리에 의해서, 43명은 하원에서 5대 분야(교육, 농업, 노동, 공업과 상업 그리고 행정)에서, 그리고 나머지 6명은 국내 대졸자 중에서 선출된다.

헌법 개정은 상 · 하 양원과 국민투표에 의해 가능하다. 7년 임기로 선출된 대통령은 하원의 지명에 의해 임명한다. 다른 각료는 총리의 권고와 하원의 사전승인에 따라 대통령이 임명한다. 대통령은 총리의 권고에 따라 하원을 해산할 수 있다. 각료의 수는 15명까지인데, 그 중 2명은 상원에 의해 지명되며, 나머지는 하원의원이어야 한다.

(5) 유럽통합 관계

아일랜드는 1960년대 영국을 뒤좇아 공동체에 참가신청을 하였으나, 드골의 영국에 대한 거부권 행사로 가입이 배제되었다. 그 후 아일랜드는 1973년 1월 1일에 덴마크, 영국과 함께 공동체에 참가하였으며, 이를 위한 아일랜드의 국민투표 결과는 83.1%의 찬성이었다. 회원 자격에 대한 최대의 매력은 보다 넓은 시장과 아일랜드 농업에 대한 대규모 지원이었으며, 그 밖에도 제도적인 틀 안에서 영국과 동등한 자격으로 참가하는 것이었다. 1979년 환율조정 장치(Exchange Rate Mechanism: ERM) 도입은 아일랜드 파운드와 영국 파운드 간의 연계를 단절시켰다.

아일랜드는 최근 유럽통합 과정에서 많은 주목을 끈 나라이다. EU는 2003년 부결된 발효된 '유럽헌법조약'(European Constitutional Treaty)을 수정하여 리스본조약으로 재탄생시켰다. 리스본조약은 유럽헌법과는 달리 아일랜드를 제외한 26개 회원국의 국내 의회에서의 표결 절차만으로 비준이 가능하도록 규정되어 있어서 그 비준 절차는 무난히 진행될 것으로 전망되었다. 그러나 아일랜드의 국민들은 1차 투표에서 ① 노동자의 권리 침해 우려, ② 임신중절의 합법화 가능성, ③ 집행위원회 위원의 수 감소, ④ EU 입법 과정시 소규모 회원국 의견 미반영, ⑤ 군사적 중립성의 미보장 등의 이유로 비준에 반대하였다.

그러나 이후 지속적인 아일랜드 정부의 설득과 2008년 아일랜드를 강타한 글로벌 금융위기를 계기로 아일랜드 국민들의 여론이 바뀌었고, 2009년 10월 2일에 있은 2차 투표에서 찬성 67%-반대 33%로 통과되었다. 이에 따라 리스본조약은 2009년 12월 1일자로 발효되었다.

12.1.15 이탈리아(Italian Republic)

총인구: 6,150만 명(2013년)

수도: 로마(Rome)

EU 가입연도: ECSC(1952년), EEC(1958년)

(1) 국토

이탈리아공화국은 반도로서 남유럽으로부터 지중해로 뻗어 있으며, 면적은 약 30만km^2이다. 주요 2개의 섬은 시칠리아(Sicilia, Sicily)와 사르데냐(Sardegna, Sardinia)이다. 북부 지방은 알프스 산맥을 국경으로 하여 프랑스, 스위스, 오스트리아, 슬로베니아와 접하고 있다. 독립국가인 산마리노공화국(Republic of San Marino)과 바티칸시국(Vatican City State)은 이탈리아 영토 안에 위치하고 있다.

(2) 국민

2013년 기준 총인구는 6,150만 명이며, 인구밀도는 199명이다. 수도인 로마에는 340만 명이 살고 있으며, 가장 인구밀도가 높다. 공식적인 언어인 이탈리아어(Italian)가 주로 쓰이지만, 독일어(Trentino-Alto Adige 지역), 프랑스어(Valle d'Aosta 지역), 트리에스테어(Trieste 지역), 고리치아어(Gorizia 지역) 그리고 라딘어[2](Trentino-Alto Adige 일부 지역)도 쓰인다.

(3) 경제

2012년 기준에 따르면 GDP는 2조 136억 달러이고 GDP 성장률은 −2.4%이다. 1인당 GDP는 3만 2,578달러이며, 실업률은 10.6%이다. 총수출 규모는 4,898억 달러이고 주요 수출품은 기계류, 금속, 석유, 의류, 자동차, 수송장비 등이다. 총수입 규모는 4,517억 달러이고 금속, 화학 제품, 운송장비, 원유, 식료품 등이다. 산업구조는 서비스업 73.8%, 제조업 24.2%, 농업 2.0%이다. 풍부한 관광자원이 경제적 강점이고 과중한 원유 수입과 취약한 재정구조가 경제적 약점이다. 또한 유럽 경제권에 대한 무역의존도가 높아 EU 회원국의 경제 상황 변화에 민감한 구조적 취약성을 지니고 있다.

최근 수십 년 동안 이탈리아는 농업 국가에서 공업 국가로 변모하였다. 그렇지

2) 라딘(Ladin)어는 스위스 일부 지역에 쓰이는 레토로만어임.

만 눈부신 경제발전은 국토 전역에서 이루어지지 못하여, 남북 간의 현저한 경제력 차이는 심각한 문제로 남아 있다. 이탈리아의 주된 수출품은 기계류, 운송장비(자동차 포함), 화공품, 의류 및 신발류이다. 그리고 관광 역시 중요한 수입원이 되고 있다.

긴축정책 및 글로벌 경기침체로 인한 대외수요 감소로 2012년 -2.4%의 성장률을 기록한 이후, 2013년 한 차례 더 마이너스 성장률(-1.8%)을 보였으나, 유럽 경기가 조금씩 되살아나고 국내 소비 수요가 회복됨에 따라 2014년 이후 경제성장률이 점차 회복될 것으로 예상된다.

(4) 정부

이탈리아는 의회민주주의공화국이다. 권력은 의회(상 · 하 양원에 균등하게)에 부여되어 있다. 630명의 하원의원과 315명의 상원의원은 5년 임기로 선출된다. 1993년에 발효된 법령에 의하면 75%의 하원의원은 단일선거구제 하에서 단순다수결로 선출되며, 25%는 비례대표 방식에 의해서 선출된다. 상원의원은 지역별로 선출된다. 의회에서 선출된 대통령은 국무총리와 총리의 추천에 의하여 각료들을 임명한다. 그뿐만 아니라 대통령은 의회에서 제정된 법을 공포하고, 경우에 따라서는 재고를 위하여 반려하기도 한다.

이탈리아는 행정구역상 20개 지역으로 나뉘어 있다. 그 중 발레 다오스타(Valle d'Aosta), 트렌티노-알토 아디게(Trentino-Alto Adige), 시칠리아, 사르데냐 그리고 프리울리-베네치아 줄리아(Friuli-Venezia Giuila)는 다른 15개 지역보다 광범위한 자치권과 특별한 헌정제도를 가지고 있다.

(5) 유럽통합 관계

25년간의 파시스트 통치 경험을 겪은 이후 EEC 가입 6개국 중 가장 가난하였던 이탈리아에게는 공동체 가입이 최상의 선택이었다. 전후 이탈리아에서 가장 유명한 정치인이었던 데 가스페리(Alcide de Gasperi)는 이탈리아가 EEC 및 NATO의 설립 회원국으로서 그 역할을 다해야 한다고 역설하였다. 이탈리아 각 정당 및 사회 각계각

이탈리아의 신발

이탈리아인은 세련되고 잘 차려 입는 것으로 유명하다. 그들은 EU의 어떤 회원국 국민보다도 옷과 신발에 많은 돈을 쓰는데, 실제로 총지출의 10%에 해당되는 금액이다. 아마도 이러한 산업이 그들 경제에 아주 중요하다는 것은 놀라운 것이 아니다. 이탈리아는 세계에서 두 번째, 유럽에서는 가장 큰 신발 생산국이다. 이것과 연결되어 그들은 품질과 디자인 면에서도 산업계의 평판이 높다. 이탈리아산 신발은 다른 어떤 나라도 경쟁할 수 없는 특징이 있다. 아마도 이것은 이탈리아 신발 산업이 어떻게 움직이고 있는가의 부분적인 반영이다. 전통적으로 대부분 회사는 소규모 가족 단위 경영이다. 최근까지 구치(Gucci)사는 완벽한 예였다. 그 회사는 1950년대 피렌체(Firenze, Florence)에서 구치(Maurizo Gucci)가 설립하여 지금까지 성장해 오고 있다. 이 회사의 유명한 간편화(loafers)는 1960년대 재키(Jackie Kennedy)와 그레이스 켈리(Grace Kelly)의 동년배가 착용하였다. 그리고 1980년대에 이르러서 회사는 오랜 장인 정신과 최고의 품질을 새로운 세대에게 전수하였다. 그리하여 이 회사는 오늘날에도 계속해서 성공의 기쁨을 누리고 있다.

층은 유럽통합에 대하여 전폭적인 지지를 해왔었다.

이탈리아는 구조기금을 강력히 지지하는 입장이었을 뿐만 아니라, 지중해농업(특히, 포도주와 올리브유) 부문에 대한 기금 수혜 대상국이기도 하였다. 그렇지만 이탈리아 정부의 일관성 부족과 전략적 사고의 부족, 그리고 이탈리아 정치의 내부지향적 성격으로 인하여 공동체 내에서의 이탈리아 정부의 입지가 약했을 뿐만 아니라 유럽을 향한 이탈리아의 이니셔티브 또한 별로 없었다. 1981년 겐셔-콜롬보플랜(Gensher-Colombo Plan)을 예외로 하면, 1955년 메시나(Messina)회의 이래 그러한 정부 차원의 이니셔티브는 없었다. 집행위원회의 유일한 이탈리아 출신 위원장인 말파티(Franco Maria Malfati, 1970~1972)는 임기가 짧아 두각을 나타내지 못하였다. 그는 국내정치 복귀를 위하여 임기 9개월 전에 사임하였다. 1994년 이탈리아 국내 정치의 지각변동으로 등장한 전진이탈리아당(Forza Italia)은 적극적인 대유럽 정책을 표명하였지만 단명으로 끝나고 말았다. 최근 이탈리아 정부는 유로존 재정위기가 확산되는 것을 막기 위해 독일 등 EU 회원국과 원만한 관계를 유지하면서 유로존 결속을 다지고 시장의 불안을 잠재우는 데 역점을 두고 있다.

12.1.16 라트비아(Republic of Latvia)

총인구: 220만 명(2011년)

수도: 리가(Riga)

EU 가입연도: 2004년 5월

(1) 국토

유럽의 북동부 지역에 위치한다. 동쪽으로 러시아, 북쪽으로 에스토니아, 남쪽으로 리투아니아, 서쪽으로 발틱해에 면해 있으며, 해안선의 길이가 약 500km에 달한다. 면적은 6만 4,589km^2로 남한 면적의 약 2/3 크기이다.

(2) 국민

2011년 기준 총인구는 약 220만 명으로 라트비아인 57.7%, 러시아인 29.6%로 이들 민족이 인구의 대부분을 차지한다. 라트비아어가 공식 언어지만 러시아인이 소수민족의 대부분을 차지함에 따라 러시아어도 널리 쓰인다.

(3) 경제

2012년 기준으로 GDP는 284억 달러이고 GDP 성장률은 5.6%이다. 1인당 GDP는 1만 5,520달러이고 실업률은 11.4%이다. 총수출 규모는 138억 달러이고 주요 수출품은 식료품, 목재, 기계 · 설비, 섬유류 등이다. 총수입 규모는 171억 달러이고 기계 · 설비, 소비재, 화학 제품, 연료, 자동차 등이다. 산업구조는 서비스업 69.6%, 제조업 25.2%, 농업 5.1%이다. 우수한 노동생산성, 서유럽과 긴밀한 관계유지, 지속적인 경제 개혁 추진이 경제적 강점이지만, 에너지 분야의 높은 러시아 의존도가 경제적 약점이다. 라트비아는 러시아와의 무역의존도를 떨어뜨리기 위해 긴축재정정책과 수출선을 EU쪽으로 돌리기 시작하였고, 1999년 WTO의 공식 회원국이 된 라트비아는 EU 가입을 외교정책의 최우선 과제로 두었다. 2008년 12월부터 2011년 12월까지

IMF, EU 집행위원회, 세계은행 등으로부터 약 44억 유로의 구제금융을 지원받았다. 교육 · 보건 등 공공지출 감축, 공공기관 통폐합 및 임금 삭감과 세금 인상 등 적극적인 경제안정화 조치를 취한 결과 2011년 기준으로 5.5%의 경제성장률을 기록하는 등 유럽 금융위기에도 불구하고 지속적인 성장세를 유지하고 있다. 2012년에는 GDP 대비 재정적자 비율을 2.5% 달성하는 등 지속적으로 유로존 가입을 위한 기반을 마련하였다. 그 결과, 2014년 1월 유로존에 가입하여 자국 통화를 유로화로 대체하였다.

(4) 정부

제1차 및 제2차 세계대전 사이에 잠시 독립한 적이 있었던 라트비아는 1940년 소비에트연방에 의하여 합병되었다. 소련이 붕괴되고 난 다음 1991년 8월 21일에 독립되었는데, 러시아군은 1994년에야 마지막으로 철군하였다. 라트비아에는 약 30%에 달하는 러시아계가 소수민족을 이루고 있는데, 러시아 정부로서는 이들의 지위에 대하여 예민한 관심을 보이고 있다. 라트비아 정부는 최종적으로는 서유럽의 정치 및 경제기구에 동참하는 것을 목표로 꾸준히 개혁을 이루어 오고 있다. 2012년 2월 의회는 정치 투명성 제고를 위한 판사, 부패방지청장 및 옴부즈맨 등 고위 공직자 선출을 전자투표를 통해 대중에 공개하는 방식(이전 비밀투표)으로 전환하는 법안을 통과시켰고, 2012년 4월에는 화합중앙당(Harmony Centre)이 현행 대통령의 의회간접선거 방식을 국민직접선거로 하는 개정안을 발의하기도 하였다.

(5) 유럽통합 관계

라트비아는 1991년 독립 이후 탈러시아정책으로 정치 · 경제 분야에서 서방과의 협조를 가속화하였다. 그 일환으로 NATO의 조속한 가입을 위해 발트 3국 간 협력을 강화하였다. 그러나 아직까지 러시아인이 국민의 대다수를 차지하고 있는 상황에서 라트비아가 러시아와의 정치적 관계를 절연하고, 서유럽과 북유럽을 향한 길로 나서려는 움직임은 그리 달가운 것만은 아니었다. 2003년 라트비아의 EU 가입

의사를 묻는 국민투표에서 러시아 인구가 다수를 차지하는 지역에서의 선거참여율은 극히 저조하였고, 그나마 대다수가 라트비아의 EU 가입에 반대표를 던진 것으로 알려져 있다. 게다가 라트비아 내 모든 학교에서 전체 과목의 60% 이상을 필수적으로 라트비아어로 실시하도록 하는 법안이 통과되자, 라트비아에 사는 러시아계는 물론 크렘린에서까지 러시아 소수민족의 탄압이라며 상당히 언짢은 태도를 보였다. 2012년 2월 러시아어를 제2의 국어로 지정하기 위한 국민투표를 실시하였지만 74.8%의 반대로 부결되었다. 2004년 5월 EU에 가입하였지만 라트비아는 자국 내 러시아 민족과의 갈등을 해결해야 하는 과제를 안고 있다.

12.1.17 리투아니아(Republic of Lithuania)

총인구: 350만 명(2013년)

수도: 빌니우스(Vilnius)

EU 가입연도: 2004년 5월

(1) 국토

라트비아와 러시아의 중간에 위치하며 발틱해를 경계로 한다. 면적은 6만 5,200km²이다.

(2) 국민

2013년 기준으로 총인구는 약 350만 명이며 리투아니아인이 84%로 대부분을 차지한다. 그 밖에 폴란드인 6.1%, 러시아인이 4.9% 등으로 소수민족을 구성하고 있다. 언어는 리투아니아어를 공용어로 사용하고 있으며 러시아어와 폴란드어를 상용어로 사용하고 있다.

(3) 경제

2012년 기준에 따르면 GDP는 422.6억 달러이고 GDP 성장률은 3.7%이다. 1인당 GDP는 20,074달러이며, 실업률이 13.2%이다. 총수출 규모는 292억 달러이고 주요 수출품은 광물, 기계·설비, 화학 제품, 섬유류이다. 총수입 규모는 320억 달러이고 주요 수입품은 광물, 기계·설비, 운송장비, 화학 제품이다. 산업구조는 서비스업 72.5%, 제조업 19.6%, 농업 7.9%이다. 정부의 적극적인 외국인 투자 유치 및 시장 개혁이 경제적 강점이고, 민간 부문의 단기 외채 차입 과중이 경제적 약점이다. 2012년 기준으로 실업률이 13.2%에 달하는 등 어려움이 있지만 투자 증가로 인해 경제 상황이 호전되고 있다.

(4) 정부

1990년 3월 선언된 리투아니아의 독립은 1991년 8월 30일까지 러시아를 포함한 40개국 이상이 리투아니아의 독립을 승인하고 외교 관계를 수립함으로써 리투아니아 정부의 위상이 대외적으로 확고해졌다. 1988년 지식인들과 작가들이 중심이 되어 결성된 리투아니아 개혁운동인 '사유지스'(Sajudis)가 리투아니아 독립에 많은 영향을 미쳤다. 정치제도는 단원제 의회인 최고회의(Seimas, 141명)가 최고 국가기구로서 입법, 총리를 비롯한 국무위원과 최고 법원 선출, 그리고 국가의 중요사를 처리한다. 대통령은 최고 군통수권자이자 외교 및 국가 안보를 담당하며, 총리는 행정을 담당한다. 대통령은 직접선거로 선출되며 5년 임기로 최대 2회까지 연임이 가능하며, 총리는 의회에서 선출된다. 리투아니아에는 국가진보당, 기독교민주당, 농민인민연합당, 사회민주당, 민족연합 등 다양한 정치노선을 추구하는 많은 정당이 있다.

(5) 유럽통합 관계

유럽연합 가입은 리투아니아인들에게는 역사적 의미가 남다르다. 14세기 초반 게디미나스(Gediminas) 대공(大公)이 유럽 각국의 장인들을 초청해 현재의 수도 빌니우스를 건립하였다. 리투아니아대공국은 15세기 한때 발트해에서 흑해에 이르는 영토로 유럽의 최강자로 군림하였으나, 이후 강력한 러시아의 등장으로 지난 350년간 러시아와 서유럽의 주변국으로 전락하였고, 급기야 50년간 소련의 지배를 받았다. 이제 유럽대륙의 지리적 중앙에 위치한 리투아니아가 유럽의 품으로 다시 돌아왔고, EU와 NATO의 회원국으로 확고한 국가 안전을 보장받게 되었다. 이에 하루빨리 서유럽의 선진국처럼 부강한 나라에 대한 기대가 어느 때보다도 고조되어 있다. 하지만 2003년 91%의 압도적인 지지로 EU 가입에 찬성하였다. 그러나 여론조사 결과로 54%가 러시아 영향 하에 있었을 때가 더 살기 좋았다고 답변하고 있고, 2012년 10월 총선 결과 러시아계 정당인 노동당이 20%를 득표하여 제1당이 되는 등 여전히 유럽연합에 대한 비관론과 낙관론이 팽배하고 있다.

12.1.18 룩셈부르크(Grand Duchy of Luxembourg)

총인구: 51만 명(2013년)

수도: 룩셈부르크(City of Luxembourg)

EU 가입연도: ECSC(1952년), EEC 및 Euratom(1958년)

(1) 국토

룩셈부르크공국은 서유럽 내륙 지방에 위치한다. 면적은 2,586km²이고, 북서쪽으로 벨기에, 남쪽으로는 프랑스, 동쪽으로는 독일과 국경을 접하고 있다. 지정학상의 주된 특징은 분지라는 점이다. 아르덴(Ardennes) 지방의 고도는 450m, 구틀란트(Gutland) 지방은 250m이다. 주요 강으로는 모젤(Moselle), 아우르(Our) 그리고 주레(Sure)가 있다. 룩셈부르크는 12개의 군(canton)으로 나뉘어 있다.

(2) 국민

2013년 기준으로 총인구는 51만 명이고 인구밀도가 208명인 EU 내 최소국이다.

다양한 인종 그룹이 혼합되어 있다. 프랑스인, 독일인, 벨기에인이 다수이고, 이탈리아인, 포르투갈인이 소수민족 중에서는 큰 비중을 차지한다. 인구의 30% 이상이 외국인이다.

'레체뷔르게슈'(Letzebuergesch)라는 룩셈부르크 고유의 언어가 1984년에 공식 언어로 지정되었지만, 행정목적상으로 프랑스어가 사용되며, 주요 언론은 독일어를 사용하고 있다.

(3) 경제

2012년 기준에 따르면 GDP는 573억 달러이고 GDP 성장률은 0.3%에 달한다. 1인당 GDP는 8만 1,596달러이고 실업률은 6.4%이다. 총수출 규모는 195억 달러이고 주요 수출품은 기계 · 설비, 철강, 화학 제품, 고무 제품, 유리 등이다. 총수입 규모는 276억 달러이고 주요 수입품은 광물, 금속, 식료품, 고급 소비재 등이다. 산업구조는 서비스업 86%, 제조업 13.6%, 농업 0.4%이다. 발달된 금융시장이 경제적 강점이고, 대외의존도가 높은 것이 경제적 약점이다.

룩셈부르크는 대체로 중공업, 국제무역, 금융업에 기반을 가진 발전된 시장경제를 가지고 있다. 룩셈부르크의 철강 산업은 유럽뿐만 아니라 세계적으로도 유명하다. 제조업은 GDP의 1/4이 넘는 가장 중요한 산업이다. 주요 무역대상국은 벨기에, 독일, 프랑스이다.

(4) 정부

룩셈부르크는 의회민주주의와 입헌왕정을 실시하는 나라이다. 행정권은 대공(大公, Grand Duke)에게 있지만, 실제로는 총리의 조정 하에 각료가 통치한다. 하원은 국가를 대표하며, 하원의원은 국민에 의해 선출된다.

대공과 하원(Chamber of Deputies) 모두 입법제안을 할 수 있다. 하원은 제출된 법안을 심의 · 토론한 후 투표를 통하여 이를 통과 · 거부할 수 있다. 국가평의회(Council of State)가 의견을 표명하기 전 이 법안에 관한 최종 투표를 할 수 없다. 헌법에 정해

작은 나라 룩셈부르크

총 2,586km²의 면적에, 제일 긴 북쪽과 남쪽의 축이 82km, 동쪽과 서쪽의 최대폭이 겨우 57km밖에 되지 않는 룩셈부르크는 정말로 소규모 국가이다. 그럼에도 불구하고 룩셈부르크는 하나의 나라가 갖추어야 할 모든 것을 갖추고 있다. 예를 들면, 룩셈부르크의 군대는 군악대를 포함하여 700명의 지원자로 이루어졌다. 룩셈부르크인은 고유한 풍습을 가진 그들의 독립 국가와 언어, 높은 생활 수준과 낮은 수준의 실업률 등에 대하여 자긍심을 가지고 있다. 20여 회가 넘는 포위와 점령을 당한 룩셈부르크의 역사를 보면, 소국 룩셈부르크는 그들의 독립을 잘 지켜 왔다고 할 수 있다.

진 바에 의해 국가평의회는 회부된 법안을 검토한다. 그뿐만 아니라 국가평의회는 대공에 의해 또는 법률에 따라 자신에 회부된 행정 분쟁이나 기타 안건을 해결한다.

(5) 유럽통합 관계

룩셈부르크는 1921년에는 벨기에-룩셈부르크 경제동맹을, 1948년에는 베네룩스 경제동맹을 결성하였으며, 현재 주요 교역국은 벨기에, 독일, 프랑스와 네덜란드 등이다. 제2차 세계대전 때 중립국의 위치가 무시된 채 독일에 점령당하자, 전후 NATO 창설에 참여하였다. EEC 창설 6개국 중의 하나이며, 수도 룩셈부르크에는 현재 EU의 회계감사원, 유럽재판소, 유럽의회 사무국과 유럽투자은행 본점이 있다. OECD에도 가입하였다.

베네룩스 국가는 강력한 초당적 지지를 받으면서 친유럽통합 성향을 보여 왔었다. 손(Gaston Thorn), 상테르(Jacques Santer) 등과 같은 많은 룩셈부르크 정치가들이 유럽 기구의 영향력 있는 고위직을 역임하였다.

EU 내 베네룩스 정부의 정책은 유럽 이익의 수호자로서의 집행위원회를 가능한 한 지원하였을 뿐만 아니라, 강대국에 의해 불가피하게 수행되는 지배적인 역할을 견제해 왔다. 브뤼셀과 룩셈부르크에 다수의 유럽 기구가 위치한다는 지리적인 사실은 베네룩스가 유럽통합에 대한 공공여론을 선도할 수 있도록 만들었다. 3개국이 베네룩스로 통합함으로써 협정상 주어진 3개국의 힘보다 더 큰 영향력을 행사할 수 있게 되었다.

12.1.19 몰타(Republic of Malta)

총인구: 41만 명(2013년)

수도: 발레타(Valletta)

EU 가입연도: 2004년 5월

(1) 국토

몰타는 지중해상의 도서국으로 이탈리아 시실리의 남쪽에 위치한다. 면적은 서울시의 1/2에 불과한 316km²로 총인구는 약 40만 명이며, 인구밀도는 km²당 1,255명으로 다른 유럽 국가들에 비해 높은 편에 속한다.

(2) 국민

2013년 기준으로 총인구는 41만 명이다. 인종은 고대의 카르타고인과 페니키아인들의 후예인 몰타인으로, 이탈리아와 기타 지중해 민족들의 피가 많이 섞여 있다. 약 160년간 영국의 식민지였다가 1964년 독립하여 영국 문화가 사회 전반에 걸쳐 많이 남아 있으며, 자국어인 몰타어와 함께 영어가 공용어로 널리 쓰이고 있고, 지리적으로 인접한 데 따른 잦은 문화적 접촉과 TV 시청을 통해 이탈리아어도 폭넓게 사용되고 있다.

(3) 경제

2012년 기준에 따른 GDP는 88억 달러이고 GDP 성장률은 1.0%이다. 1인당 GDP는 2012년 기준 2만 998달러이고 실업률은 2011년 기준 6.4%이다. 총수출 규모는 31억 달러이고 주요 수출품은 전자기계류, 연료, 의약품, 항공기 부속품 등이다. 총수입 규모는 65억 달러이고 주요 수입품은 원유, 기계류, 비행기부품, 식료품 등이다. 산업구조는 서비스업 80.9%, 제조업 17.2%, 농업 1.9%이다. 낮은 실업률이 경제적 강점이지만, 부존자원 빈약과 국토 및 국내 시장이 협소한 것이 경제적 약점이다.

주요 자원은 석회석이며, 지리적으로 요충지에 있다고 할 수 있다. 근로자들의 생산성이 높은 것도 유리한 점의 하나이다. 필요한 식량의 20% 정도만 자급하고 식수가 제한되어 있으며, 국내에 에너지 자원이 없는 것이 몰타 경제의 한계라고 할 수 있다. 그만큼 이 나라는 대외무역, 특히 전자와 섬유와 같은 제조업 및 관광 산업을 통한 대외교역 의존도가 높은 편이다. 2008년 글로벌 경제위기의 영향으로 수출 감소와 투자 및 관광객이 감소하였으나, 이후 빠르게 위기에서 벗어나 2011년 EU 내 최고 수준인 2.5%의 경제성장을 기록하였다.

(4) 정부

영국이 몰타를 점령한 것은 1814년이다. 몰타는 제1, 2차 세계대전을 통해 종주국 영국 편에 서서 싸웠고, 이로 인해 1964년 독립된 뒤 영연방의 일원으로 남아 있게 되었다. 1980년대 중반부터 몰타는 화물선들의 환적지, 금융의 중심 및 관광지로 자리잡았다. 1964년 9월 21일 영국으로부터 독립한 날을 기념하여 매년 9월 21일을 국경일로 지키고 있다. 몰타는 단원제 하원 65석의 내각책임제이다.

(5) 유럽통합 관계

몰타는 2004년 5월 1일 다른 동유럽 국가들과 함께 EU 회원국이 되었다. 유럽연합 가입에 대비하여 상당수의 국영기업을 민영화하고 시장을 자유화하였다. 세계화에 다소 늦었기 때문에 현재 수출, 관광 및 전반적인 경제성장이 더딘 상황이다. 2008년 유로 가입 후 규제 개혁, 자유화, 민영화를 통해 경제 개선을 도모하였으며, 특히 IT, 의약품 등 고부가가치 산업을 중점적으로 육성하였다. 과도한 이민 유입에 따른 경제 · 사회적 부담에 대하여 국제사회에 우려를 표명해 왔고, 2010년 4월 지중해 몰타 구조 지역에서 터키 선박이 구조한 150명의 불법 이민 수용 문제로 이탈리아와의 외교 쟁점을 벌이기도 하였다. 이를 계기로 몰타와 이탈리아는 EU 회원국 간 불법 이민에 따른 부담을 강제로 공유하는 협정 체결을 재차 추진하기로 합의하였다.

12.1.20 네덜란드(Netherlands)

총인구: 1,680만 명(2013년)
수도: 암스테르담(Amsterdam)
EU 가입연도: ECSC(1952년), EEC 및 Euratom(1958년)

(1) 국토

네덜란드는 유럽 북서쪽 저지대에 위치하고 있으며, 동쪽으로는 독일, 남쪽으로는 벨기에와 맞닿아 있다. 북쪽과 서쪽으로는 북해가 놓여 있다. 국토의 많은 부분이 수면보다 낮으며, 운하와 강 그리고 호수로 덮여 있다. 고지대는 남동쪽뿐인데, 최고점이라야 발제를레르크(Vaalserlerg) 산으로 고작 321m에 불과하다.

(2) 국민

인구밀도가 498명으로 높으며, 전체 인구는 1,600만 명이 넘는다. 사람이 가장 몰려 사는 지역은 서부의 란트슈타트(Randstad)인데, 그 주위에는 헤이그, 로테르담 그리고 우트레히트(Utrecht) 등의 도시가 있다. 제2차 세계대전 이후 1960년까지 네덜란드를 떠나는 사람이 이민 오는 사람보다 많았다. 그 후 상황은 달라져서 다수의 외국인이 네덜란드에 정착하기 시작하였다. 1995년 77만 4,000명의 외국인이 있었는데, 그 중 19만 3,000명은 EU, 특히 벨기에인이었다. 그렇지만 대부분 외국인은 EU 이외, 특히 터키와 모로코로부터 왔다. 민족 구성은 네덜란드인 80.7%, 인도네시아인 2.4% 등이다.

네덜란드어가 공식 언어이지만 북동쪽 프리슬란트(Friesland) 지역의 제2공식어는 프리지안어(Frisian)이다.

(3) 경제

2012년 기준에 따르면, GDP는 7,739억 달러이고 GDP 성장률은 -1.3%이다. 1인당 GDP는 4만 2,625달러이며 실업률은 5.3%이다. 총수출 규모는 6,418억 달러이고 주요 수출품은 기계 · 운송장비, 화학 제품, 연료, 식료품 등이다. 총수입 규모는 5,872억 달러이고 주요 수입품은 기계 · 운송장비, 화학 제품, 연료, 식료품, 의류 등이다. 산업구조는 서비스업 73.2%, 제조업 24.1%, 농업 2.8%이다. 교통의 요지에 위치하고 있는 것이 경제적 강점이고 대외의존도가 높은 것이 경제적 약점이다.

유럽의 북서부 심장부에 위치한 네덜란드는 지정학적인 유리함을 활용하기 위하여 경제적으로 매우 개방되어 있다. 무역과 운송은 가장 중요한 2개의 경제 부문이다. 항구의 물동량을 기준으로 로테르담은 세계 최대 규모이다. 네덜란드는 화공, 전기공학 그리고 자동차 산업뿐만 아니라, 농업 부문이 기계화되어 있다. 석유와 천연가스의 생산 역시 국가경제의 중요한 비중을 차지하고 있다.

(4) 정부

네덜란드왕국은 세습 왕정과 의회민주주의를 실시하고 있다. 여왕과 내각은 함께 정부를 구성한다. 각료는 상 · 하 양원으로 된 의회(States-General)에 대해 책임을 진다. 75명의 상원의원은 지방의회에 의해 간접적으로 선출된다. 150명의 하원의원은 4년 임기의 비례대표제 방식으로 직접 선출된다.

법안은 정부와 하원의원이 제출할 수 있다. 상원은 이 법안의 개정 권리를 갖고 있지 않다. 국가평의회(Council of State)는 입법제안에 대해 자문한다.

네덜란드는 12개 주로 나뉘며, 각 주에는 주지사(Queen's Commissioner)와 주의회(Provincial Council)가 있다. 주의회는 임기 4년의 주의원으로 구성되는데, 이들은 주민의 직접선거로 선출된다. 주의 최고 입법기관으로 주민들을 대표한다.

네덜란드의 튤립

최초의 네덜란드 튤립은 1594년 봄에 피었다. 튤립은 라이덴대학의 정원을 담당하던 클루시우스(Carolus Clusius)가 재배하였다. 그는 오토만(Ottoman)제국에서 외교관으로 재직 중에 튤립을 꺾던 오스트리아 대사로부터 한 줌의 튤립을 선물받았다. 튤립은 대단한 센세이션을 일으켰고, 곧 네덜란드 귀족의 힘과 명예의 상징이 되었다. 오늘날 튤립은 네덜란드 제일의 구근식물(球根植物) 수출 품목이다. 그 품목 다음으로 글라디올러스와 붓꽃이 주요 구근식물 수출 품목이다. 네덜란드에서 가장 큰 경매장은 5,000명의 재배자협동조합인 Verenigde Bloemenveilingen Aalsmeer이다. 실제로, 공급과 거래액 면에서 이 경매지는 세계 어떤 종류의 경매지보다 규모가 크다. 거의 1,400만 송이의 꽃과 150만 주의 식물이 매주 이 곳 경매지에서 매매된다. 이 경매지의 건물 자체는 축구경기장 100개 크기와 같다. 네덜란드는 세계 화훼의 59%를 수출하는데, 주로 독일, 프랑스, 영국이 그 대상 국가이다.

(5) 유럽통합 관계

네덜란드는 제2차 세계대전을 계기로 중립국의 위치를 포기하고, NATO, WEU와 EEC 창설 회원국이 되었다. 그 외 베네룩스경제동맹, 유럽평의회와 OECD 및 UN 회원국이다.

네덜란드는 강력한 초당적 지지를 받으면서 친유럽통합 성향을 보여 왔었다. 만숄트플랜의 만숄트(Sicco Mansholt), 레이(Jean Rey), 그리고 NATO 사무총장이었던 룬스(Joseph Luns) 등 많은 네덜란드 정치가가 유럽연합 기구의 영향력 있는 고위직을 역임하였다.

EU 내 베네룩스 정부의 정책은 유럽 이익의 수호자로서의 집행위원회를 가능한 한 지원하였을 뿐만 아니라, 강대국에 의해 불가피하게 수행되는 지배적인 역할을 견제해 왔다. 브뤼셀과 룩셈부르크에 다수의 유럽 기구가 위치한다는 지리적인 사실은 베네룩스가 유럽통합에 대한 공공여론을 선도할 수 있도록 만들었다. 3개국이 베네룩스로 통합함으로써 협정상 주어진 3개국의 힘보다 더 큰 영향력을 행사할 수 있게 되었다.

12.1.21 폴란드(Republic of Poland)

총인구: 3,838만 명(2013년)

수도: 바르샤바(Warsaw)

EU 가입연도: 2004년 5월

(1) 국토

국토는 31만 2,685km²로 한반도의 1.4배이며, 남북 길이 649km, 동서 길이 689km로 거의 4각형의 국토를 이룬다. 북동쪽으로 러시아연방, 동쪽으로 리투아니아, 벨로루시, 우크라이나, 남쪽으로 슬로바키아, 체코, 서쪽으로 독일과 접경을 이루며, 북쪽은 발트해에 면한다.

(2) 국민

민족 구성은 총인구의 98.7%가 폴란드인으로 단일민족 국가라 할 수 있고, 이 밖에 독일인, 벨라루스인, 우크라이나인, 유태인 등이 거주하고 있다. 해외에 거주하는 폴란드인은 1,300만 명에 이르는데, 이 가운데 미국에 약 1,000만 명으로 가장 많은 수가 살고, 러시아에 100만 명 이상, 브라질에 80만 명, 프랑스에 60만 명 등이 거주하고 있다. 특히, 미국의 시카고는 폴란드를 포함하여 세계의 도시 중에서 두 번째로 많은 폴란드인이 거주하고 있는 도시이다. 해외 거주 폴란드인은 폴로니언(Polonian)이라 하고, 그들의 공동체를 폴로니아(Polonia)라고 부른다. 언어는 서슬라브어 계통인 폴란드어가 유일한 공용어이다. 폴란드어는 체코어, 슬로바키아어와 유사한 계열이다. 32자의 라틴 문자를 사용하며 q, v, x는 사용하지 않는다. 문법구조는 유럽 언어 가운데 가장 복잡하며, 발음은 까다로운 편이다.

(3) 경제

2012년 기준으로 GDP는 4,897억 달러이고 GDP 성장률은 2.0%이다. 1인당 GDP는

1만 2,709달러이고 실업률은 10.1%이다. 총수출 규모는 1,776억 달러이고 주요 수출품은 기계 · 운송상비, 공산품, 잡화 제품 등이다. 총수입 규모는 1,871억 달러이고 주요 수입품은 기계 · 운송장비, 공산품, 화학 제품 등이다. 산업구조는 서비스업 57%, 제조업 30.2%, 농업 12.9%이다. 양질의 인력, 과감한 경제 개혁 추진이 경제적 강점이나, 외채 부담이 과중하고 수출구조가 취약한 점이 경제적 약점이다.

전통적으로 폴란드의 산업은 동유럽 국가들과 밀접한 관계를 맺고 있었다. 대외무역도 1/2 정도가 동유럽권과의 무역이며, CIS 지역의 각국 및 독일 · 체코 · 슬로바키아가 주요 거래국이었다. 1970년대 초부터 종래의 무역 위주에서 산업기술 협력의 형태로 방향을 전환하고 있으며, 특히 고도 경제성장의 달성을 위해 서방 선진제국과의 경제협력을 적극 추진하고 있다.

(4) 정부

1945년 제2차 대전 이후 통일정부가 성립되었다. 그러나 소련의 압력으로 1948년 노동자당과 사회당을 통합한 폴란드 노동자당(People's Republic of Poland)이 정권을 장악하여 1952년 폴란드 인민공화국을 수립하고 그해 인민공화국 헌법을 제정하였다. 헌법은 1954년, 1957년, 1960년에 일부 개정되었고, 1976년에는 "폴란드 인민공화국은 사회주의 국가이다"라고 규정한 조항을 신설하는 등 대폭적인 개정이 있었다. 그러나 헌법이 규정한 이와 같은 사회주의 체제는 1989년 9월 자유노조 주도의 마조비에츠키(Tadeusz Mazowiecki) 내각이 출범한 후 단행된 국유기업체의 사유화 추진, 시장경제로의 이행 등으로 유명무실되었다. 이에 더하여 1990년 12월 대통령에 취임한 바웬사(Lech Wałęsa)가 1940년대 이후의 런던 망명정부(폴란드 제2공화국)를 계승하는 제3공화국을 선포함으로써 공산주의 체제는 완전히 소멸되었다. 1991년 10월 실시한 47년 만의 자유총선 결과 집권 시민민주연합이 참패하였다. 총리 얀 올세프스키(Jan Olszewski)의 연립내각이 5개월 만에 해산, 파블라크(Waldemar Pawlak)가 뒤를 이었으나 1992년 7월 역시 사임하였다. 그 뒤 중도파인 총리 안나 수호츠카(Hanna Suchocka)도 비교적 안정을 이루었으나 급진 개혁에 따른 부작용으로 사퇴, 대통령은 의회를 해산하고 9.19 총선거를 실시하였다. 선거 결과 농민당의 총리 파블라크(Waldemar Pawlak) 아래 좌파연립내각이 구성되었다. 1995년 총선거에서 알렉산테르 크바스니에프스키(Aleksander Kwaśniewski)가 임기 5년의 대통령에 선출되었고, 2000년 재선되었다. 2005년 레흐 카친스키(Lech Kaczyński)가 집권하였고 2010년 브로니스와브 코모로프스키(Bronisław Komorowski)가 집권하고 있다.

(5) 유럽통합 관계

2004년 5월의 EU 가입은 폴란드에 있어 966년 가톨릭화 이후 서구 일원으로 복귀한다는 역사적 의미를 가진다. 뿐만 아니라 폴란드의 경제적 발전 계기가 마련된 셈이다. 폴란드는 전통적으로 지정학적 위치와 약 4,000만 명에 달하는 국가적 규모를 최대한 활용하여 중동부 유럽에서의 균형자적 역할을 자처하려는 측면이 강하다. 2011년 하반기 EU 의장국을 수임하였다.

12.1.22 포르투갈(Portuguese Republic)

총인구: 1,080만 명(2013년)

수도: 리스본(Lisbon)

EU 가입연도: EC(1986년)

(1) 국토

포르투갈공화국은 이베리아 반도의 서쪽에 위치하여 대서양에 접하고 있으며, 북동쪽으로는 스페인과 인접해 있다. 대서양의 군도인 아조레스(Azores)와 마데이라(Madeira)도 포르투갈 영토에 포함된다.

(2) 국민

포르투갈의 인구는 1,100만 명이며, 인구밀도는 115명이다. 국민은 주로 리스본 북쪽의 해안가에 몰려 살기 때문에 리스본과 오포르토(Oporto)의 인구밀도는 대단히 높다. 1960년과 1972년 사이에만 해도 150만 명의 포르투갈인이 해외로 이민을 갔다. 그 당시 대규모 인구이동은 경제적인 동기에서뿐만 아니라, 포르투갈 식민지가 독립운동을 하고 있는 상황에서, 많은 젊은이들의 병역기피 목적의 해외 이주에 기인한 것으로 설명된다. 오늘날도 300만 명의 포르투갈인이 EU 인접 국가(특히, 프랑스, 독일, 룩셈부르크 등)를 중심으로 세계에 흩어져 살고 있다. 민족은 이베리아족, 켈트족, 라틴족, 게르만족, 무어족 등 혼혈민족이다.

공식 언어는 포르투갈어이다.

(3) 경제

2012년 기준으로 GDP는 2,215억 달러이고 GDP 성장률은 −3.3%이다. 1인당 GDP는 2만 182달러이고 실업률은 15.7%이다. 총수출 규모는 578억 달러이고 주요 수출품은 농산품, 식료품, 석유 · 화학 제품, 섬유 · 의류, 와인, 고무 제품 등이다. 총수입 규모는 719억 달러이고 주요 수입품은 농산품, 화학 제품, 운송기관 자재, 컴퓨터 부속품 등이다. 산업구조는 서비스업 74.8%, 제조업 22.6%, 농업 2.6%이다. 풍부한 관광자원이 경제적 강점이고 부족한 에너지 자원이 경제적 약점이다.

포르투갈의 경제는 수출과 수입에 의존하는 소규모 개방형이다. 유럽 내 주요 교역 상대국은 스페인, 영국, 독일이다. 섬유와 의류 산업은 제조업 부문에서 특히 중요하다. 의류 산업이 차지하는 수출액 중 비중은 21%를 차지한다. 포르투갈은 EU 가입 직후 유럽 내 최대성장률을 달성하였었다. 외국 투자가 국가경제에 활력을 주고 있으며, 해외 이민자의 송금 역시 중요한 역할을 하고 있다. 포르투갈의 전통과 관련된 부문, 즉 관광과 포도주 생산 역시 주요 소득원으로 남아 있다.

2007년 말 글로벌 경제위기의 영향으로 2008년 이후 경제성장세가 둔화되었고 2011년에는 780억 유로의 금융 지원을 받았다.

포르투갈의 탐험가

15세기는 포르투갈이 국력을 팽창한 시기였다. 포르투갈의 지정학적 위치와 해상무역의 전통은 독립을 재확인하려는 바람과 개척시대에 나빠지는 경제 상황을 향상시키기 위한 바람을 결합시켰고, 이로 인하여 포르투갈을 선발주자로 이끄는 데 기여하였다. 해양탐험가였던 헨리 왕자는 그의 해양학교를 성 빈센트(Vincent) 캠프 근처 알가르베(Algarve)에 설립하였다. 이 곳에서 많은 유명한 포르투갈의 탐험가가 탐험가로서의 그들의 삶을 시작하였다. 에아네스(Gil Eanes)가 1437년에 아프리카 연안을 따라 탐험한 후 케이프 보하도르(Cape Bojador)에 도착하였을 때, 그는 '어둠의 바다'(The Sea of Darkness)라는 신화를 깨뜨렸다. 바르톨레뮤 디아스(Bartolemeu Dias)가 1498년 희망봉을 거쳐 되돌아 항해함으로써 인도 항로를 개척하게 되었다. 1498년 바스코 다가마가 인도 캘커타에 도달하였고, 이로써 수세기 동안 유럽에서 존재하였던 꿈을 현실화시키게 되었다. 인도양에서 대부분의 탐험은 포르투갈이 높은 파도에도 견딜 수 있는 돛단배(caravel)를 발명함으로써 가능해졌다. 1519년 마젤란(Magellan)은 최초의 세계일주에 성공하였다. 그러나 그것은 스페인 왕의 원조로 이루어진 것이다.

(4) 정부

포르투갈은 의회민주주의공화국이다. 입법권은 230명으로 구성된 의회가 가지고 있다. 국회의원은 4년 임기 비례대표제(d'Hondt voting system)에 의하여 직선으로 선출된다. 대통령은 5년 임기로 국민투표를 통해 직접 선출된다. 대통령은 총리를 임명하며, 의회와 내각을 해산할 수 있다. 포르투갈 본토는 18개 구역(district)으로 나뉘어 있으며, 각 구역에는 정부가 임명한 민간인 도지사(광역단체장)가 있다. 아조레스(Azores)와 마데이라(Madeira) 제도는 자치 지역으로 직선에 의한 지역의회와 광범위한 권한이 위임된 지역행정부가 허용되고 있다.

(5) 유럽통합 관계

유럽자유무역연합(EFTA)과 NATO의 창립 멤버인 포르투갈의 공동체 가입은 살라자르(Antonio Salazar, 1932~1968) 총리와 카에타노(Marcelo Caetano, 1968~1974) 총리가 비민주적이라는 이유로 처음부터 금지되어 왔었다. 무장반군세력운동(Armed Forces Movement)이 1974년 4월에 권력을 장악하였으며, 민주주의는 마침내 1976년에 재건되었다.

그때까지 포르투갈은 다른 EFTA 국가와 마찬가지로 공동체의 특별무역협정 수혜국이었다. 그러나 민주주의 공고화와 수아레스(Mario Soares) 총리의 개인적인 약속과 같은 정치적인 이유로 1977년 3월 28일에 완전한 공동체 회원 자격을 신청하였다. 이에 대한 집행위원회의 우호적인 견해가 그 이듬해 발표되었고, 그 후 1986년 1월 1일부터 공동체에 가입하였다. 스페인과 마찬가지로 포르투갈은 자국 경제와 사회의 현대화, 그리고 유럽 무대로의 재등장이 참가 신청을 유도한 것으로 보인다.

가입 당시 그리스와 함께 공동체 내 최빈국이었던 포르투갈은 구조기금에 예민한 관심을 가지고 있었을 뿐만 아니라 어업 및 농업 분야에도 상당한 관심을 가지고 있었다. 많은 포르투갈인이 다른 회원국(특히, 프랑스, 벨기에, 룩셈부르크)에서 일하고 있는 점을 감안하여 포르투갈 정부는 사람의 자유로운 이동(free movement of person)을 용이하게 하는 데 최선을 다하였다.

포르투갈의 협상 스타일은 대체로 큰 것을 허용한 후, 스페인 및 이탈리아와 같이 목소리 큰 남유럽 국가가 주도적으로 몫을 챙기면 같이 나누어 가지는 방식을 취하고 있다. 포르투갈 공산당은 국내에서 유일한 유럽통합 반대 세력이다.

12.1.23 루마니아(Romania)

총인구: 2,170만 명(2013년)

수도: 부카레스트(Bucharest)

EU 가입연도: 2007년 1월

(1) 국토

루마니아의 국토 면적은 23만 8,000km²로 남동유럽에서 가장 크고, 유럽 전체에서는 12번째로 크다. 루마니아의 국경 대부분은 다뉴브(Danube) 강을 주변으로 구분된다. 루마니아 지형은 산, 언덕, 저지대로 거의 균등하게 구분된다.

(2) 국민

2013년 총인구는 2,170만 명으로, 루마니아계 2,013만 2,000명(89.5%), 헝가리계 159만 8,000명(6.6%), 집시 40만 5,000명(2.5%), 기타(1.4%)로 구성되어 있다. 언어는 루마니아어를 공용어로 사용하고 있으며 영어, 불어, 독일어, 헝가리어를 상용어로 사용하고 있다.

(3) 경제

2012년 기준에 따르면, GDP는 약 1,679억 달러이고, GDP 성장률은 0.2%이다. 1인당 GDP는 2011년 기준으로 8,405달러이다. 실업률은 2011년 5.1%, 2012년 4.3%를 기록하였다. 총수출 규모는 578억 7,100만 달러였고 주요 수출품은 전기기계, 자동차, 기계류, 광물성 연료, 철강 등이다. 총수입 규모는 701억 7,400만 달러였고 주요 수입품은 전기기계, 기계류, 광물성 연료, 자동차, 플라스틱 등이다. 산업구조는 농림수산업 5.3%, 제조업 28.4%, 서비스업 53.4%이다. 저렴하고 숙련된 노동력이 경제적 강점이고 낙후된 농업과 빈약한 국내 자본이 경제적 약점이다. 2008년 글로벌 경제위기 여파로 불황이 이어지면서 2009년부터 2011년까지 2년 동안 200억 유로 규모의 구제금융을 지원받았다.

(4) 정부

의원내각제가 가미된 대통령 중심제로 국가수반으로서의 대통령과 정치수반으로서의 총리가 존재한다. 대통령은 국가수반으로 직접선거로 선출되며, 트라이안 바셰스쿠(Traian Băsescu)가 2009년 12월 재취임하면서 대통령직을 연임하고 있다. 대통령은 총리, 대법원장 및 검찰총장을 임명하고, 각료회의를 조정 및 통제하며, 조약 비준, 법률 제안 및 거부 등의 권한을 갖는다. 냉전 이후의 루마니아는 서유럽과 가깝게 발전하였으며, 결과적으로 2004년 NATO에 가입하게 된다. 루마니아는 유럽연합 회원국으로 1993년 6월 지원하여 1995년 EU의 가능 후보국(potential candidate)이 되었고, 2004년에는 후보국(candidate)이 되었고, 2007년 1월 정식 회원국이 되었다. 1980년대 말부터 시작된 민주화와 1990년대의 경제침체로 인해 200만 명에 이르는 루마니아인은 집단 이주를 떠났다. 주요 이민국은 스페인, 이탈리아, 독일, 오스트리아, 영국 그리고 미국이다. 특히, 2014년부터 EU 가입 후 6년간 적용되어 왔던 이주 제한이 해제됨으로 인해 영국을 비롯한 서유럽 국가로 직업을 찾아 이주하는 경향이 두드러지고 있다.

(5) 유럽통합 관계

1989년의 루마니아혁명 이후 EU 가입은 루마니아 정부와 모든 정당의 우선 과제였다. 루마니아는 1993년에 '유럽연합가입협정'(European Union Association Agreement)에 합의하였고, 1995년에는 공식 회원국 지원서를 EU에 제출하였다. 루마니아의 EU 가입 지원은 동유럽 국가들 중에서 헝가리와 폴란드 다음으로 3번째였다. EU 회원국 가입 지원서를 제출함과 아울러 루마니아는 스나코프선언(Snagov Declaration)이라 불리는 EU 가입을 지지하는 전체 14개 정당들이 공동작성한 문서를 제출하였다.

2000년대 들어와서는 민주제도 통합, 법규제도, 인간의 권리 인정, 개인의 표현의 자유에 대한 약속, 그리고 자유경제시장의 구축 등 EU 가입을 위한 여러 개혁들을 추진하였다. 루마니아의 전략적 지정학 위치는 EU의 전체 동유럽 · 중동 · 터키 및 아시아 정책에 영향을 끼치게 된다. 남동유럽국가협력기구(Southeast European Cooperative Initiative)에서 루마니아는 이 지역에서 리더십을 발휘할 수 있는 기회를 가지게 되었다. EU 가입은 또한 루마니아의 지역 관계에도 영향을 미치고 있다. 루마니아는 러시아, 우크라이나, 벨로루시, 세르비아, 몬테네그로, 터키, 몰도바 등의 여러 나라에게 비자를 요구하고 있다. 정부 관리들은 루마니아를 중앙유럽의 일부임과 동시에 남동유럽의 일부로 생각하고 있다. 이것은 루마니아 정부의 두 가지 야망을 보여주는 것으로서, Euro-Atlantic 통합에서 루마니아의 위상을 강화함과 동시에 안정과 민주정체의 지역이며 선도국임을 이웃 국가에게 보여주는 것이다.

12.1.24 슬로바키아(Slovak Republic)

총인구: 550만 명(2013년)

수도: 브라티슬라바(Bratislava)

EU 가입연도: 2004년 5월

(1) 국토

중앙유럽에 위치하고 있으며 북쪽으로는 체코와 폴란드, 남쪽으로는 헝가리, 동쪽으로는 우크라이나, 서쪽으로는 오스트리아와 인접한다. 면적은 4만 8,845km^2로 남한의 절반 정도의 면적이다.

(2) 국민

2013년 현재 총인구는 550만 명이며, 전체 인구의 85.8%가 슬로바키아인이고, 헝가리인이 9.8%이다. 슬로바키아 내 최대 소수민족인 헝가리인은 대부분 동부와 남부에 거주하고 있는데, 1992년 9월에 발효된 슬로바키아 헌법은 소수민족의 권리를 보장하고 있다. 실제로 헝가리 어린이들의 2/3가 모국어로 수업을 받고 있다.

(3) 경제

2012년 기준에 따르면 GDP는 919억 달러이고 GDP 성장률은 2.0%이다. 1인당 GDP는 1만 7,008달러이고 실업률은 14.0%이다. 총수출 규모는 772억 달러이고 주요 수출품은 기계 · 전기장비, 자동차, 금속, 화학, 광물 제품 등이다. 총수입 규모는 765억 달러이고, 기계 · 운송장비, 광물 제품, 자동차, 금속, 화학 제품이 주요 수입품이다. 산업구조는 서비스업 59.8%, 제조업 36.4%, 농업 3.8%이다. 높은 교육 수준을 갖춘 인적 자원과 안정적인 거시경제가 경제적 강점이며, 높은 실업률이 경제적 약점이다.

슬로바키아는 중앙계획경제로부터 현대적인 시장경제로 옮겨 가는데 수반되는 어려움을 상당히 잘 견뎌 냈다고 할 수 있다. 2001년부터 2003년 사이에 슬로바키아 정부의 거시경제는 상당히 안정적이고 구조 개혁도 잘 되어 국유기업의 민영화는 거의 다 달성되었다고 할 수 있다. 특히, 금융 부문의 개방이 많이 이루어져 외국 자본 유치에 성과를 거두고 있다. 이 덕분에 위 기간 동안 여타 동유럽 국가들의 지지부진한 경제발전 속도에 비추어 상대적으로 기대 이상의 효과를 거두었다고 할 수 있다.

(4) 정부

슬로바키아는 체코와 분리 독립한 직후 1993년 1월 19일 체코와 동시에 국제연합의 회원국으로 가입, 국제사회의 일원으로 등장하였다. 한편, 1993년 2월에는 초대 대통령에 미하일 코바치(Michal Kováč)가 선출되었고, 1994년 3월에는 그 동안 총리직을 맡은 메치아르(Vladimír Mečiar)가 물러났으며, 외무장관인 모라브치크(Jozef Moravčík)가 총리로 취임하였다. 그러나 1994년 10월에 실시된 총선에서 메치아르가 이끄는 '민주슬로바키아운동'이 다시 제1당이 되었다. 1998년 9월 선거 후 야당의 대연합에 의해 10월에는 미쿨라시 주린다(Mikulas Dzurinda)가 총리로 취임하였고, 1999년 6월에는 루돌프 스후스테르(Rudolf Schuster)가 제2대 대통령으로 취임하였다. 슬로바키아의 기본 외교 방침은 유럽에 회귀하는 것이며, EU · NATO 가입이 목표였다. 2004년 3월 29일 NATO 정회원국이 됨과 동시에 5월 1일 EU 회원국이 되었다. 2012년 3월, 조기 총선 실시 후 중도좌파 사회민주당(SMER-SD) 단독정부가 출범하였다.

(5) 유럽통합 관계

2004년 5월 1일부로 EU 정회원국이 됨에 따라 슬로바키아 정부는 재정적자 감소, 물가 상승률 유지, 건강보험제도 개선이라는 새로운 현안들을 해결해야만 하는 처지에 놓여 있다. 이 중에서도, 특히 2003년도에 GDP의 3.6%를 기록한 재정적자는 슬로바키아의 유로화 채용을 위해서 2007년까지 GDP의 3%까지 감소되어야 하는 시급한 문제를 야기하기에 이르렀으나 가입조건을 충족시켜 2009년 1월부터 유로화를 사용하게 되었다. 현 정부는 EU 좌파 성향에도 불구하고 EU 지향적이며, 자국의 유로존 참여와 유럽 통화 유지를 지지하는 입장을 보이고 있다.

12.1.25 슬로베니아(Republic of Slovenia)

총인구: 200만 명(2013년)

수도: 류블랴나(Ljubljana)

EU 가입연도: 2004년 5월

(1) 국토

슬로베니아는 오스트리아와 크로아티아의 중간에 위치하면서 아드리아해를 접하고 있는 동부 알프스 지역에 있다. 이탈리아, 헝가리와 짧은 국경선을 맞대고 있으며, 오스트리아와 크로아티아 사이에 끼어 있다. 면적은 2만 256km^{2}로 동유럽에서 가장 작다. 국토의 대부분이 산지이며, 율리안(Julian) 알프스 산맥에서 트리글라브(Triglav) 산은 최고점(2,864m)을 차지하고 있다.

(2) 국민

2013년 총인구는 200만여 명이며, 슬로베니아계(83%)가 다수를 차지한다. 그 밖의 소수민족으로는 크로아티아계(1.8%), 세르비아계(2%), 보스니아계(1%) 등이 있다. 슬로베니아어를 공용어로 사용한다.

(3) 경제

2012년 기준에 따르면 GDP는 455억 달러이고 GDP 성장률은 −2.3%에 이른다. 1인당 GDP는 2만 2,094달러이고 실업률은 12.0%이다. 총수출 규모는 321억 달러이고 주요 수출품은 기계 · 운송장비, 공산품, 화학 제품, 식료품 등이다. 총수입 규모는 320억 달러이고 주요 수입품은 기계 · 운송장비, 공산품, 화학 제품, 연료 · 윤활유 등이다. 산업구조는 서비스업 69.7%, 제조업 27.6%, 농업 2.7%이다. 교역 관련 제도와 제조업 기반을 구축한 것이 경제적 강점이고 내수시장이 협소하고 부존자원이 부족한 것이 경제적 약점이다.

슬로베니아는 오랫동안 서유럽 국가들과 결속을 다져오면서 중앙유럽의 여타 국가들보다 상당히 높은 1인당 GDP를 기록하였다. 성공적인 구조조정으로 인해 대규모 외국 자본들이 투자할 수 있는 환경이 조성된 결과, 실업률도 상당히 낮아졌다. 인플레이션 억제와 부패 문제 해결 등이 아직도 이 나라의 과제로 남아 있다.

(4) 정부

슬로베니아 영토는 1918년까지 신성로마제국과 오스트리아에 속해 있다가 세르비아 및 크로아티아 주민들과 통합하여 신생국을 만들었는데, 1929년에 와서 이 새로운 국가의 이름을 유고슬라비아로 명명하였다. 제2차 세계대전 후에 유고슬라비아공화국은 공산주의 체제를 취하기는 하였지만 소비에트연방과는 다소 거리를 두었었다. 유고슬라비아의 다수민족을 이루고 있는 세르비아계 주민들에게 권력이 집중되어 소외받아 온 슬로베니아계는 1991년 10일간의 짧은 내전을 거쳐 독립 국가를 세우게 되었다. 서유럽과의 전통적인 우호 관계, 비교적 내실 있는 경제와 안정적 민주주의는 슬로베니아로 하여금 현대적인 시장 국가로 변모하는 데 큰 도움이 되어 오고 있다. 2002년에 NATO 가입과 EU 가입의 초청을 받은 이 나라는 2003년 3월 국민투표를 통해 EU 가입은 90%, NATO 가입은 66%의 찬성률을 보여주었다. 2004년 3월 29일 NATO에 가입하였고, 이어 5월 1일부로 EU 정회원국이 되었다. 2007년 1월 유로화를 도입하였다. 2008년 상반기 EU 의장국을 수임하였고, 2010년 7월 OECD에 가입하였다.

(5) 유럽통합 관계

슬로베니아에서는 EU 가입이 국가적인 관심사가 되어 왔다. 아드리아해 연안의 작은 국가인 슬로베니아는 10여 년 전에 독립하였으며, 유고연방에서는 가장 먼저 EU 가입국이 되었다. 슬로베니아 국민들에게 EU는 지난 1990년 유고슬라비아 붕괴 이후 경제적 진보 및 자유정치의 상징으로 비치고 있을 뿐 아니라, 과거사와의 분리이자 새로운 역사의 시작을 의미한다. 슬로베니아는 2004년 EU에 새로 가입한 10개국들 중 가장 준비가 잘 된 국가로 평가받은 바 있다.

12.1.26 스페인(Kingdom of Spain)

총인구: 4,730만 명(2013년)

수도: 마드리드(Madrid)

EU 가입연도: EC(1986년)

(1) 국토

국토의 넓이는 약 50만 5,000km²이다. 지중해의 발레아르 군도(Balearic Islands)와 대서양의 카나리아제도(Canary Islands) 그리고 북아프리카의 일부 지역이 스페인 영토에 포함된다. 스페인 본토는 북쪽은 프랑스와 서쪽은 포르투갈과 국경을 맞대고 있다.

(2) 국민

2013년 총인구는 약 4,730만 명이며, 인구밀도는 91명이며 마드리드 자치공동체의 인구밀도가 가장 높다. 마드리드를 제외하면 공업화와 도시화의 경향에 따라 해안 지방으로 인구가 이동하면서 내륙도시의 인구는 감소하고 있다. 1960년과 1977년 사이 약 250만 명의 스페인 사람이 다른 서유럽 나라로 이주하였다. 그렇지만 그 중 상당수는 여러 해 동안 외국에 산 후 다시 귀국하였다. 48만 5,000명의 외국인 거주자 가운데 절반은 EU 국가 사람인데, 영국(8만 6,000명), 포르투갈(3만 8,000명) 그리고 독일(5만 명) 순으로 많다.

주된 언어는 표준 스페인어인 카스틸라어(Castillian Spanish)이지만, 각 자치공동체에서 카탈로니아(Catalan), 바스크(Basque), 갈리시안어(Galician), 아란어(Aranese)를 공식적으로 지역 공용어로 사용하고 있다.

(3) 경제

2012년 기준에 따르면 GDP는 1조 3,514달러이고 GDP 성장률은 -1.4%이다. 1인당 GDP는 3만 2,188달러이며 실업률은 25.1%에 달한다. 총수출 규모는 2,879억 달러이고 주요 수출품은 기계, 자동차, 식료품, 의약품 등이다. 총수입 규모는 3,320억 달러이고 기계 · 장비, 연료, 화학 제품, 식료품 등이다. 산업구조는 서비스업 72.6%, 제조업 24.2%, 농업 3.3%이다. 지중해에서 교통의 요지이며 관광자원이 풍부한 것이 경제적 강점이나, 높은 실업률이 경제적 약점이다.

스페인은 세계 주요 자동차 수출국 중 하나이며, 다른 주요 산업으로는 조선, 화장품, 철강, 섬유와 신발 산업이 있다. 국토 면적의 54%가 농업에 이용되고 있다. 주된 농작물은 감귤류 과일, 포도, 올리브이며, 포도주와 올리브기름은 중요한 농산품이다. 어업 규모 역시 상당하며, 스페인 선단은 세계 최대 규모 중 하나이다. 관광산업은 스페인 경제에 크게 기여하고 있다.

금융위기의 여파로 2009년 GDP 대비 재정수지 적자가 11.2%로 최고치를 기록하였으며 긴축재정안 발표 이후 꾸준히 감소하였으나, 2012년 주변 유럽국들의 재정위기 확산으로 10.8%로 증가하였다. 2012년 경제성장률은 계속 감소하여 -1.6%를 기록하였으며, 이 같은 경기 악화는 저축률 감소, 공공 · 민간소비 위축, 고용시장 내 불안감 조성 팽배, 공공 · 민간 부채율 등에서 기인하였다.

(4) 정부

스페인은 1978년 헌법 하에서 세습입헌군주제와 의회민주주의를 실시하고 있

스페인의 왕 후안 카를로스

1975년 스페인의 왕이 된 카를로스 1세(Juan Carlos Ⅰ)는 그의 유년기를 이탈리아와 포르투갈에서 보냈으며, 1947년 처음으로 스페인으로 돌아왔다. 그는 1962년 아테네에서 그리스의 소피아 공주와 결혼하였다. 카를로스 부부 슬하에는 두 명의 딸 엘레나와 크리스티나가 있고, 아들 필립이 있다. 1981년 카를로스는 미국을 방문한 첫 번째 국왕이 되었고, 중국을 공식 방문한 첫 번째 군주가 되었다. 스페인 국민은 그들 왕가를 추앙하고 있다. 오늘날 스페인의 국왕이 누리고 있는 상당한 국민적 존경과 좋은 평판은 스페인 왕으로서의 민주주의를 뿌리내리게 하였을 뿐만 아니라 왕과 왕실이 이끌어 내는 평범하고 소박한 생활 방식 때문이다.

다. 국왕은 국가원수이며 국군통수권자이다. 의회(Cortes Generales)는 양원으로 나뉘어 있는데, 하원(Congress of Deputies)은 직선 비례대표제에 의해 선출된 50명의 의원으로 구성되며, 상원(Senate)은 각 지방에서 선출되거나 자치공동체 입법부에 의해 임명된 225명으로 구성된다. 양원 모두 입법 과정에 참여하지만, 만일 합의에 실패할 경우 하원이 최종 결정을 한다.

(5) 유럽통합 관계

스페인은 1962년 EEC(당시 6개국)에 가입을 신청하였으나, 프랑코(Francisco Franco) 장군의 정권이 비민주적이라는 이유로 거부되었다. 프랑코가 1975년 사망한 후, 1977년 7월 28일(포르투갈보다 3개월 늦게) 다시 신청하였다. 이듬해 집행위원회 측의 긍정적인 견해가 발표된 후 1986년 1월 1일 공동체에 가입하였다.

스페인의 가입은 비록 스페인과 관련 정도가 크지 않더라도, 국제적인 측면에서 남미(南美)지향적 공동체 무역과 개발정책이라는 결과를 가져왔다. 영국과의 지브롤터(Gibraltar) 문제는 그대로 남아 있다. 스페인은 거대한 어업군단을 가지고 있었기 때문에 공동어업정책(Common Fisheries Policy)의 완성 과정에서 큰 영향력을 행사해 왔다. 보이지 않는 반미감정은 1986년 NATO 회원국(1982년에 가입함) 존속 여부에 대한 국민투표를 치르게 하였다. 더욱이 최근에 스페인은 유럽군(Eurocorps)에 합류할 것을 결정하였다. 스페인에는 유럽통합에 대한 심각한 반대가 없다. 왜냐하면, 유럽은 스페인에게 자유와 현대화, 번영 그리고 스페인의 이익 추구에 도움이 된다고 확인되었기 때문이다. 2010년 1월부터 6월까지 EU 의장국을 수임하였다.

2009년부터 유럽 전역을 강타한 재정위기로 인해 국가채무위기에 빠지게 된 스페인은 2012년 구제금융을 받기에 이르렀다. 2013년 12월 말을 기점으로 구제금융 관리체제를 졸업하였으나 보다 근본적인 구조 개혁을 필요로 하고 있다.

12.1.27 스웨덴(Kingdom of Sweden)

총인구: 910만 명(2013년)

수도: 스톡홀름(Stockholm)

EU 가입연도: 1995년 1월

(1) 국토

북유럽의 중심에 위치하며 북유럽 최대 면적(45만km²) 및 인구를 보유하고 있다. 국토의 절반 이상이 숲이며, 경작 면적은 10%도 되지 않는다. 북서쪽에는 스칸데르나(Skanderna) 산맥이 길게 뻗어 있으며, 최고봉은 2,111m이다. 스웨덴에는 약 1,000개의 호수가 있으며, 수천 개의 섬이 해안가를 따라 자리잡고 있다.

(2) 국민

2013년 총인구는 약 910만 명이고 인구밀도는 21명이다. 1865년부터 1930년까지 140만 명이 조국을 떠나는 대규모 이민이 일어났다. 그들의 주된 목적지는 미국이었다. 그러나 20세기 후반에는 그 반대 현상이 발생하여 약 50만 명 이상이 스웨덴으로 역(逆)이주해 왔다. 오늘날 이민은 인구 증가의 40%를 차지하고 있으며, 현재 100만 명의 외국인이 거주하고 있다. 이들의 대부분은 다른 북유럽으로부터 왔으며, 기타 구(舊) 유고연방, 이탈리아, 그리스와 터키 등지로부터도 유입되었다. 최근에는 정치적인 망명자수가 크게 늘고 있다.

공식 언어는 스웨덴어이지만 핀란드어와 라플란드(Lapland)어가 소수민족에 의해 사용된다.

(3) 경제

2012년 기준으로 GDP는 5,252억 달러이고 GDP 성장률은 1.2%이다. 1인당 GDP는 4만 2,178달러이고 실업률은 8.0%이다. 총수출 규모는 1,633억 달러이고 주요 수출품은 기계류, 자동차, 펄프 · 제지, 철강 제품, 화학 제품 등이다. 총수입 규모는 1,610억 달러이고 주요 수입품은 기계류, 원유, 화학 제품, 식료품, 의류 등이다. 산업구조는 서비스업 70.9%, 제조업 27.3%, 농업 1.8%이다. 풍부한 보존자원이 경제적 강점이고 높은 대외의존도가 경제적 약점이다.

스웨덴은 100년 전 농업국에서 오늘날에는 농업 인구가 3% 미만인 공업 국가로 변모하였다. 제조업 수출이 전체 수출(상품 및 용역 합계)의 70%(2011년 기준)로 대부분을 차지하고 있다. 스웨덴은 경제를 부유하게 만든 유명한 다수의 다국적기업을 탄생시킨 것으로 유명하다.

강력한 제조업 부문과 역설적으로 스웨덴의 노조는 세계 최강이다. 기타 스웨덴 공기업은 어떤 다른 서유럽 국가보다 그 규모가 큰 것도 특기할 만한 경제적 특징이다.

(4) 정부

스웨덴은 입헌군주국이다. 오늘날 군주(monarch)는 국가원수로서 의례적인 기능을 가지고 있을 뿐이다. 행정력은 내각(Regeringen)이 가지고 있으며, 내각은 의회(Riksdagen)에 대해 책임을 진다. 단원인 의회는 1971년에 도입되었다. 이 의회 의원 349명은 4년 임기 비례대표제로 직접 선출된다. 총리는 국회의장에 의해 임명된 후 전체 의회의 확인을 받아야 한다.

스웨덴은 24주(county)와 286시(municipal district)로 분할되어 있으며, 주와 시는 국민

스웨덴의 노벨상

19세기 산업경영인 노벨(Alfred Nobel)은 전 세계에서 가장 명성 있는 학술상에 그의 이름을 붙였다. 그는 다이너마이트를 발명하였고, 자신과 다른 사람의 발명품을 개발하여 곧 큰 부자가 되었다. 그의 유언장에서 그의 부동산 수입이 매년 5개의 같은 부분으로 나뉘어 전년도 인류에게 가장 큰 공헌을 한 사람에게 상금 형식으로 분배되도록 명시하였다. 1910년 이후 매년 12월 10일에 스웨덴 왕은 스톡홀름 콘서트홀에서 열리는 한 기념식에서 노벨문학상과 과학상을 수여하였다. 노벨상은 아주 명성이 있고, 또한 때때로 일류 대학은 교수와 졸업생 중 노벨상을 몇 명 수상하였는가에 따라 분류되기도 하였다. 노벨문학상은 스웨덴 학회에 의하여 수여되고, 노벨과학상은 스웨덴 과학기구에 의하여 수여된다. 그리고 노벨평화상은 노르웨이 의회의 위원회에 의하여 오슬로에서 수여된다(노르웨이는 1925년까지 스웨덴과 연맹 관계에 있었다).

2012년 유럽연합은 지난 60여 년 간의 유럽통합 과정을 통해 유럽의 평화와 화합, 민주주의, 인권 증진에 크게 기여했다는 이유로 노벨평화상을 수상하였다.

투표에 의한 지방의회를 가지고 있다. 18세 이상 투표할 수 있으며, 전통적으로 높은 투표율을 기록하고 있다.

(5) 유럽통합 관계

제1, 2차 세계대전 동안 중립국이었던 스웨덴은 군사동맹에 가입하지 않는다는 일관된 정책을 추구하였음에도 불구하고 OECD, 유럽평의회(Council of Europe)와 EFTA의 창립 회원국이었다. 또한 스웨덴은 노르딕평의회(Nordic Council)에서도 중요한 역할을 하였다. 오스트리아와 마찬가지로 스웨덴은 EC와 긴밀한 유대 관계를 맺으려고 노력하였지만, 1960년대와 1970년대의 협상은 1973년 1월부터 발효된 모든 EFTA 회원국 간의 자유무역협정과 그 후 스웨덴의 EEA 회원 가입으로 결론 짓는 것에 그쳤다.

스웨덴이 유럽공동체의 정회원으로 가입하는 문제는 정치적인 이슈가 되었으며, 정회원 신청은 1991년 7월 1일에 카를손(Ingvar Carlsson)의 사회당 정부가 하였다. EU와의 협상은 1994년 4월에 완료되었고, 두 달 뒤에 유럽의회는 스웨덴의 회원 가입을 승인하였다. 1994년 11월 13일에 실시된 국민투표에서 스웨덴 국민은 52.2%의

지지로 가입을 찬성하였다. 이로써 1995년 1월 1일에 EU의 15번째 회원국이 되었다. 그러나 아직까지 유로화는 사용하고 있지 않다.

12.1.28 영국(United Kingdom of Great Britain and Northern Ireland)

총인구: 6,340만 명(2013년)
수도: 런던(London)
EU 가입연도: EC(1973년)

(1) 국토

영국의 면적은 약 24만 4,000km²으로 잉글랜드(England), 웨일스(Wales), 스코틀랜드(Scotland) 그리고 북아일랜드(Northern Ireland)로 구성되어 있다. 남동쪽 영국해협을 경계로 서유럽과 분리되어 있으며, 북쪽과 서쪽은 대서양과 동쪽은 북해와 접하고 있다.

(2) 국민

2013년 총인구는 6,340만 명이며, 인구밀도는 262명이다. 전체 인구 중 13%에 해당되는 817만 명이 런던에 거주하고 있다. 지역별 인구 구성 비율을 보면 전체 인구의 80%는 잉글랜드(England) 지방에, 9%는 스코틀랜드(Scotland) 지방에, 5%는 웨일즈(Wales) 지방에, 그리고 3%는 북아일랜드(Northern Ireland)에 거주하고 있다. 이 밖에도 250만 명의 외국인 거주자가 있다. 외국인 중 78만 2,000명은 EU 시민인데, 그 중 2/3는 아일랜드 출신이다.

2011년을 기준으로 전체 인구의 약 13%에 해당되는 800만 명이 유색인이다. 이들은 흑인(3%), 인도인(2.3%), 파키스탄인(1.9%), 방글라데시인(0.7%), 중국인(0.7%) 등으로 구성되어 있다.

(3) 경제

2012년 기준으로 GDP는 2조 4,352억 달러이고 GDP 성장률은 0.2%이다. 1인당 GDP는 3만 8,514달러이고 실업률은 7.4%이다. 총수출 규모는 4,316억 달러이고 주요 수출품은 공산품, 연료, 화학 제품, 식료품 등이다. 총수입 규모는 6,560억 달러이고 주요 수입품은 공산품, 기계, 연료 등이다. 산업구조는 서비스업 78.3%, 제조업 21%, 농업 0.7%이다. 금융 등 발달된 서비스업과 높은 기술 수준이 경제적 강점인 반면, 금융 산업에 대한 높은 의존도와 높은 부채 수준이 경제적 약점이다.

영국 경제는 대체로 민간기업에 의존하고 있으며, 정부정책은 민간 부문을 확대시키는 데 주력하고 있다. 민간 부문은 총생산의 약 80%, 그리고 고용의 75%를 차지하고 있다. 석탄, 제철, 철강, 섬유 그리고 조선 등 전통 산업의 경우 세계무역에서 차지하는 비중의 감소를 감안하여 현재 재편되고 있다. 1980년대에는 하이테크 산업(인공위성통신, 로봇공학, 정보처리 등)과 서비스 산업 분야에서 괄목할 만한 성장을 보였다.

(4) 정부

영국은 입헌군주국이다. 국왕은 국가원수이며, 왕위는 계승된다. 의회는 하원(House of Commons)과 상원(House of Lords)으로 나뉜다. 651명의 하원의원은 5년 임기로 단일선거구에서 직접선거로 선출된다. 상원에는 세습된 귀족(peers of the Realm)과 현저한 사회봉사 실적으로 여왕이 뽑은 종신귀족(life peers)이 포함된다.

입법은 양원 어느 곳에서나 발의될 수 있지만, 주로 하원에서 그 역할을 한다. 하원에서 3독(three readings)한 법안은 상원으로 보내지며, 상원은 이 법안을 하원에 대하여 개정 또는 개정 제의를 할 수 있다. 하원에서 2회 이상 통과한 법안에 대해 상원은 입법을 방해할 수 없으며, 다만 지연시킬 수 있다.

총리를 중심으로 한 내각은 행정권을 보유하고 있다. 총리 및 장관은 하원의원인 동시에 하원에 대해서 책임을 져야 한다.

행정적으로 볼 때, 영국은 의회를 중심으로 한 단일국가이다. 그러나 스코틀랜

영국의 비틀즈

비틀즈는 음악사에서 가장 유명한 록(rock)그룹이라 할 수 있다. 비틀즈는 잉글랜드 리버풀 출신의 조지 해리슨, 존 레넌, 폴 매카트니 그리고 링고 스타로 이루어진 그룹이다. 1980년, 레논은 그의 뉴욕에 있는 아파트 야외에서 암살당하였다. 레논과 매카트니가 대부분의 그들 노래를 작곡한 반면, 해리슨과 스타는 종종 곡을 썼다. 스타는 드럼을, 그리고 다른 멤버는 기타를 연주하였고, 그룹 멤버 전체가 노래를 불렀다. 그들의 음악 성향은 1960년대 초와 1960년대 말 사이에 전환기를 이루었다. 1970년 비틀즈가 해체될 무렵, 그들의 레코드는 역사상 다른 어떤 음악가의 레코드보다도 많이 팔렸다. 최근 들어 영국의 대중음악은 자아의식을 나타내는 가사, 기타 베이스의 가락을 그들 자신의 음악 스타일에 접목시켜 작곡과 연주를 하는 펄프, 슈퍼그래스, 일러스티카, 블루어와 특히 오아시스(Oasis)와 함께 부흥기를 맞고 있다. 비틀즈적 요소의 음악적 스타일을 물려받은 맨체스터 출신의 그룹 오아시스는 1994년 봄 그들의 첫 번째 싱글 앨범 발매 이후 음악계에 큰 반향을 일으켰다. 그들의 2집 앨범 ("What's the story, Morning Glories")은 400만 장 이상의 판매고를 올렸고, 유럽의 베스트셀러 음반으로 남아 있다.

드는 고유의 법적 및 교육제도를 보유하고 있으며, 웨일스는 의회로부터 위임된 상당한 행정자치권을 가지고 있다. 에든버러(Edinburgh, Scotland)와 카디프(Cardiff, Wales)에는 각 지방담당 장관이 있다. 1921년에 북아일랜드의 6개 주(county)를 통치하기 위해 벨파스트(Belfast)에 지역의회(Stormont)가 설립되었다. 그러나 지역의회제도는 중단되고 지금은 북아일랜드 장관(Secretary of State for Northern Ireland)이 직접 통치한다.

1974년의 지방정부 개혁 이후 잉글랜드는 46개 주, 웨일스는 8개 주 그리고 스코틀랜드는 12개 지역으로 분할되었다. 북아일랜드에는 26개의 관할구역(district)이 있다.

(5) 유럽통합 관계

영국은 1950년 슈만플랜과 ECSC 창설 당시, 협상에 참가하지 않기로 결정하여 최초 가입 6개국을 실망시켰다. 5년 후 영국 정부는 EEC의 기틀을 최초로 논의하였던 메시나(Messina)회의에 무역부(Board of Trade)의 중간관리급을 옵서버로 파견하였을 뿐이었다. 영국의 참여를 주저하게 하였던 원인은 공동체제도의 초국가적 성격

(supranational character)에 있었다. 처칠을 비롯한 다수의 영국 지도자는 영국이 대영제국(British Empire)을 중심으로 한 광역영어권 국가와 운명을 같이 해야 한다는 신념을 가지고 있었다.

반면, 유럽평의회(Council of Europe), 브뤼셀조약기구(Brussel Treaty Organization, 1954년부터 Western European Union으로 알려짐), OEEC, EFTA 등 전후 설립된 유럽 기구에서는 영국이 주도적인 역할을 하였었다.

1961년에 맥밀란(Harold Macmillan)에 의한, 그리고 1967년 노동당 정부의 가입 신청은 드골에 의해 두 번 다 거부되었다. 그가 거부권을 행사한 이유는 영국의 전통적인 친미 · 친자유무역주의가 프랑스의 이익과 일치되지 않는다는 것이었다. 게다가 그는 영국이 공동체 내에서 프랑스와 정치지도력 경쟁을 하게 될 것이라고 생각하고 있었다. 그렇지만 아이러니하게도 드골의 공동체 정부 간 모델(Fouchet Plan으로 정형화된)은 영국의 지원을 받은 것이었다. 영국의 회원 가입에 대한 다른 회원국의 강력하고도 일관된 지원에도 불구하고 퐁피두가 드골의 대통령직을 승계할 때인 1969년까지 실현되지 못하였다. 퐁피두 대통령이 프랑스의 거부권을 철회한 후 영국, 덴마크, 아일랜드 그리고 노르웨이의 가입에 대한 협상이 진지하게 시작되었다.

1971년 보수당의 히스(Edward Heath) 정부는 이 협상을 성공적으로 수행하였다. 후에 하원은 EC법(European Community Act)을 승인하였다. 그렇지만 노동당은 기본적으로 공동체 회원 자격에 반대해 왔으며, '토리 텀즈'(Tory terms)라는 가입조건에 공식적으로 반대하였다.

1979년 보수당의 대처(Margaret Thatcher) 정부 집권 직후 영국은 분담금 문제로 공동체와 또 다른 갈등 상태에 놓여 있었으며, 그 문제는 1984년까지 해결되지 않은 채로 남아 있었다. 다른 EU 국가와 합의(consensus)를 무시하고 또 공동체 내 영국의 의무를 축소하는 한편, 국가의 신뢰감을 고양시키고자 하는 영국 총리로서는 브뤼셀을 공공연히 비난하지 않을 수 없었던 것이다.

1975년부터 시작된 유럽지역발전기금(European Regional Development Fund)과 제1차 로마협약(Rome Convention)에 영연방 국가를 가입시킨 것을 예외로 한다면, 1986년 단일시장계획까지 공동체의 발전에 대한 영국의 긍정적인 기여는 거의 없었다고 해도 과언이 아니었다. 1986년 이후 영국은 공동체의 확대에 대해서는 긍정적인 입장을 취하였으나 이에 수반되어야 할 제도적 개혁에 관해서는 신중한 입장을 견지하였었다.

다른 영역 중에 영국이 정책상 개혁을 집중적으로 원하였던 분야는 공동농업정책(CAP), 예산집행규칙 그리고 경쟁정책이었다. 영국은 엄격하고도 충분한 유럽법(Community Law)의 시행을 항상 주장하였었다. 그렇지만 주권(sovereignty)에 대한 영국의 우려는 매우 커서 연합(Union) 관리 · 감독에 대해서도 부정적인 입장을 취하였다.

마스트리히트조약 당시 하원에서 격렬한 논쟁이 있었고, 그 결과 1990~1991년 개최된 정부 간 회의(IGC)에서 영국은 두 가지의 입장을 제시하였다. 첫째는 EU의 기관과 개별 국가 간의 책임 분할에서 보충성(subsidiarity)의 중요성을 반영할 것을 제시하였다. 둘째는 사회정책에 관한 장(章)과 경제통화동맹(EMU) 제3단계에 대한 선택적 불참(opt-out)이었다. 암스테르담조약에서는 사회정책에 관해 선택적 참가(opt-in)를 결정하였지만, 아직까지 영국은 유로화를 도입하고 있지 않으며, 셴겐 지역에도 속하지 않고 있다.

12. 2 EFTA 회원국

12.2.1 아이슬란드(Republic of Iceland)

아이슬란드는 1380년부터 덴마크에 속했으나, 1944년에 완전히 독립하였다. 31만 5,000명의 적은 인구로 유럽에서 가장 인구밀도가 낮은 나라이다. 수출소득의

3/4은 어업 생산품이 차지하고 있으며, 주요 수출시장은 영국이다. 아이슬란드의 주장에 의하면 '세계 최고의 의회는 자국의 올싱'(Althing)이라고 한다.

지리상으로 아주 멀리 떨어져 있음에도 불구하고 아이슬란드는 유럽평의회(Council of Europe), NATO, EFTA, EEA, WEU, 그리고 노르딕평의회 등의 기구에 활발하게 참여하고 있다.

12.2.2 리히텐슈타인(Principality of Liechtenstein)

공국(公國)인 리히텐슈타인은 약 3만 7,000명의 인구와 160km²의 면적을 가지고 있다. 양차 세계대전 동안 중립을 유지하였고, 스위스와는 1923년 이래로 관세동맹 협정을 맺고 있으며, 스위스 프랑(CHF)이 통화로 사용되고 있다. EFTA의 회원국으로서 리히텐슈타인은 EEA의 창설 협상에 참여하였고, 리히텐슈타인 국민은 1992년 12월 13일 국민투표를 통해 EEA의 협정에 대한 그들의 지지를 보여주었다. 그러나 비준 1주일 전 스위스는 EEA 가입 여부에 대하여 반대 투표를 하였고, 이것은 EEA협정에 대한 일부 조정을 불가피하게 하였다. 1995년 4월 9일에 실시된 두 번째 국민투표를 통해, 리히텐슈타인은 1995년 5월 1일 EEA에 가입하였다. 이 가입은 리히텐슈타인에서 아주 급진적인 조치이다. 왜냐하면, 이 협정에 의하면 다른 EEA 국가의 사람, 자본, 서비스, 설립의 자유와 토지 소유에 대해서는 차별하지 않도록 요구되었기 때문이었다. 리히텐슈타인은 EU 가입을 신청하지는 않았으나, 2008년 EU와 셴겐 준협정(Schengen Association Agreement)을 체결하여 2011년부터 셴겐 지역에 속하고 있다. 이와 별도로 리히텐슈타인은 1978년부터 유럽평의회의 회원국이자, 1990년부터는 UN 회원국이기도 하다. 리히텐슈타인은 또한 1972년부터 OSCE에 참여하고 있으나 중립국으로서 어떠한 방위동맹에도 참여하지 않고 있다.

12.2.3 노르웨이(Kingdom of Norway)

노르웨이는 1949년 NATO와 1960년 EFTA의 창립국이었으며, 1950년부터 유럽평의회의 회원국이었다. 1962년에 이어 1967년에 다시 노르웨이는 EC에 가입 신청을 하였다. 그 결과 가맹조약은 체결하였지만, 1972년 9월 국민투표에서 53.6%가 반대하여 EC에 가입하는 것은 부결되었다.

다른 EFTA 국가와 마찬가지로 노르웨이도 1973년부터 EC와 자유무역협정을 맺었으며, 1992년 5월에는 EEA 설립을 위한 합의에 참여하였다. EC와의 이러한 긴밀한 경제적인 통합에도 불구하고, 오스트리아, 스웨덴, 핀란드 3개국이 이미 EC에 회원 가입 신청을 한 것에 자극을 받은 브룬틀란트(Gro Harlem Brundtland)의 노동당 정부는 "노르웨이도 유럽공동체에 가입해야 한다"는 입장을 견지하였다. 그 결과 1992년 11월 25일 가입신청서를 EC에 제출하였다. 그 이듬해 EC 집행위원회는 "노르웨이의 앞선 경제적 발전과 환경보호 등은 EC에 엄청난 기여를 하였다"며 가입에 대한 긍정적인 견해를 밝혔다.

노르웨이는 이때 이미 수입의 50%, 수출의 66%를 EU에 의존하고 있었다. 세계에서 가장 큰 해운국 가운데 하나인 노르웨이는, 특히 해상정책의 개발에 큰 관심을 가지고 있는데, 이러한 분야에 관한 EU와 노르웨이의 협상은 1994년 3월에 완료되었다.

노르웨이가 EU의 회원국이 되느냐의 여부는, 특히 시골 지역에서는 많은 논란이 있었다. 왜냐하면, 노르웨이인은 정서적으로 EU의 국가보다 오히려 노르딕과 좀 더 친밀함을 느끼기 때문이었다. 또한 기독교인들은 주류에 대해 국가 독점을 해제하면 알코올중독자와 또 다른 사회적 악을 낳을 것이라는 이유로 EU 가입에 반대 입장을 표명하였다. 노르웨이의 주요 정당은 공식적으로는 EU 회원 가입을 찬성하였지만, 1994년 11월 28일의 국민투표에서 53.5% 대 46.5%로 EU 가입은 부결되었다. 그럼에도 불구하고 노르웨이는 EU와 긴밀한 교역 관계를 유지하고 있다. 노르웨이는 EU의 네 번째 수입대상국이며, EU와 역내 시장(internal market)을 형성하고 있다. 또한 노르웨이는 셴겐 지역에 속해 있다.

12.2.4 스위스(Swiss Confederation)

스위스는 네 가지의 공식 언어(독일어, 프랑스어, 로만슈어, 이탈리아어)를 사용하고 있고, 강한 지역의식과 국가의식이 공존하는 국가이다. 이 때문에 스위스는 종종 EU가 어떻게 운영되어야 하는지를 보여주는 모델로서 제시되고 있다. 사실 스위스는 지리적 · 정치적 · 종교적 · 역사적 환경이 매우 독특하게 결합되면서 700년에 걸쳐 점진적으로 이루어진 국가이다. 스위스는 연방, 주 그리고 자치 단위로 통치되고 있으며, 각각은 1874년 중앙정부의 권한을 제한하는 수단으로 도입된 헌법 조항에서 국민투표를 가질 수도 있다.

대부분의 다른 서방 국가가 소속된 국제기구에 참여하지 않았던 스위스의 정책은 1990년대에 들어 변화하기 시작하였다. 스위스는 1992년에 IMF와 세계은행(World Bank)에는 가입하였지만, 그 해에 있었던 EEA 가입은 국민투표 결과 부결되었다. 비록 1963년부터 유럽평의회의 회원이며 EFTA의 설립국이었지만, 1986년 국민투표에서 UN의 정회원이 되는 것이 부결된 스위스는 한동안 UN에 옵서버 자격으로 있다가 2002년에 정식으로 가입하였다. 다른 EFTA 국가와 마찬가지로 스위스는 EU와 자유무역협정을 맺고 있었으나, 단일시장의 완성과 동 · 서 간의 긴장 완화는 스위스의 이해 관계와 중립국으로서의 긴 전통을 다시금 평가하도록 만들었다. 개인의 자유로운 이동, 연구와 기술, 농업, 공산품 표준의 상호 인정, 그리고 공동구매와 같은 분야에서 스위스와 EU 간의 쌍무협약이 이루어지고 있다.

스위스를 통과하는 공동체 내의 상거래 운송은 일련의 운송협약에 의해 통제되어 왔다. 1994년 2월 국민투표에서 스위스는 2004년부터 스위스를 통과하는 모든 상거래 운송을 금지하는 법안을 통과시켰다. 이 결정은 알프스를 통과하는 새로운 터널의 개통, 도로와 철도의 복합 운송 개발 등과 같은 좀더 야심찬 계획에 따른 것이었다.

스위스는 2001년 국민투표에서 76.8%의 절대 다수 국민이 EU 회원국 가입을 거부하여 아직까지 EU에 가입하지 않고 있지만 EU와 긴밀한 교역 관계를 맺고 있다. EU는 스위스의 최대 교역대상국이며, 스위스는 EU의 네 번째 교역대상국이다. 또한 2010년을 기준으로 스위스는 EU와 단일시장에 관한 210개의 조약을 맺어 왔다. 2008년에는 셴겐 지역에도 가입하였다. 스위스에서는 자국화폐인 프랑(franc)이 사용되나 유로를 사용하는 국가들로 둘러싸여 있어 유로화도 통용되고 있다.

당장에는 실현성이 없어 보이지만, 세계에서 가장 번영한 국가 중 하나인 스위스가 EU에 가입한다면, 회원국으로서의 경제적 의무를 쉽게 수행할 수 있을 것이다.

12. 3 초소규모 국가

초소규모 국가(micro-state)는 영토 크기가 매우 작거나(1,000km² 미만), 인구수가 매우 적은(50만 명 미만) 주권 국가를 지칭하는 명칭이다. 유럽 국가로는 다음과 같이 인구 7만 2,000명의 안도라에서 인구 800명의 바티칸시티까지 몇몇 국가들이 해당된다(리히텐슈타인, 몰타, 안도라, 모나코, 바티칸시티 등). 이들 중 몰타를 제외한 어떤 나라도 EU의 회원국이 아니다. 대신 EU는 이들 초소규모 국가와 특별한 관계를 확립하여 왔다.

제2차 세계대전 이후부터 대부분의 국제기구는 초소규모 국가의 편의를 도모하는 많은 방법을 찾아 왔다. 그리고 이런 노력은 자치라는 결과로 귀결되었다. UN은 1945년 51개의 회원국에서 2014년 192개의 회원국으로 성장해 왔는데, 이 과정에서 더 많은 초소규모 국가들이 국제적으로 인정받으면서 선례가 정착되었으며, 이들

〈표 12-1〉 기타 초소규모 국가 개황

	국 가	면적(km^2)	인구(천 명)
1	안도라	468	72
2	바티칸시티	0.44	0.8
3	모나코	1.95	32
4	산마리노	61.2	29

은 보다 강한 주권을 요구하였다. 유럽에서도 유럽평의회와 OSCE 모두 초소규모 국가를 기꺼이 인정하였고, 초소규모 국가 자신도 국제무대에서 각자의 정체성을 주장하기 위해 강한 결의를 보여 왔다.

초소규모 국가는 EU에 대한 문제에 계속하여 직면하고 있다. 이것은 단순히 내재된 회원 자격의 의무 범위가 다른 국제기구보다 크기 때문만이 아니라, EU 회원국으로서의 권리도 대단히 크기 때문이다. 예를 들면, 각료이사회 구성, 주요 결정에 대한 거부권 행사, 집행위원회 · 유럽사법재판소 · 유럽의회에서의 의석 구성, 그리고 순번에 따른 유럽이사회 의장직 수임 등이다. 초소규모 국가는 종종 국가주권(sovereignty)과 유효한 집단적 행동 사이에서 그리고 기구상의 능률과 대소국(大小國)의 동등한 권리 행사(UN 헌장에 의함) 사이에서 마찰을 일으키고 있어, 이들 국가를 EU체제 내부로 끌어들이는 데에 있어서도 신중한 고려와 판단을 필요로 한다. 현재 EU는 안도라, 모나코, 산마리노의 EEA 가입에 대한 실효성을 검토 중이다.

12.3.1 안도라(Principality of Andorra)

안도라는 시민이 공화국 제도를 채택한 1993년 5월 14일까지 스페인 우르겔(Urgell) 주교와 프랑스공화국 대통령이 연대통치권을 행사한 공국(co-principality)이었다. 카탈로니아어(Catalan)가 공식 언어로 쓰인다. 1986년부터 스페인이 EC에 가입하였기 때문에, 안도라도 1991년 7월부터 EC의 관세동맹의 일부가 되었다. 그러나 농산품의 경우 특별협정이 적용된다. 관세협정은 공동위원회에 의해 관장된다. 안도라는 재정적으로 독립된 상태이나, 자체의 통화는 발행하지 않으며, 유로를 사용한다. 1993년 안도라는 UN의 회원국으로서 가입하였으나, 중립국으로서 EU나 기타 방위동맹에 가입하려고 하지는 않았다. 1994년 안도라는 유럽평의회에 가입하였다.

각기 다른 시대에 국제기구는 여러 다른 방법으로 초소규모 국가의 회원 자격에 대한 신청을 다루었다. 그 예로 국제연맹은 산마리노와 리히텐슈타인으로부터의 신청을 초소규모 국가가 가지게 될 거부권과 의회 대표 선출권이라는 의사결정제도 때문에 반대하였다. 비록 안도라의 신청은 안도라가 국제법상 독립국이 아니라는 이유로 프랑스가 반대하였지만, 모나코의 신청은 모나코의 회원국 자격이 사실상 프랑스에 두 번째 투표권을 주게 된다는 이유로 반대되었다. 일반적 염려는 초소규모 국가의 연맹 규범의 의무를 충족시킬 수 있는 역량에 대한 의구심이었다.

12.3.2 모나코(Principality of Monaco)

모나코공국에는 3만 6,000명 정도의 인구가 $2km^2$라는 아주 좁은 면적에 살고 있다. 중세 이후로 그리말디(Grimaldi) 가문의 통치를 받아 온 모나코(1860년까지 Menton과 Roquebrune의 지방이 포함되었음)는 역사상 프랑스, 스페인 그리고 사르디니아(Sardinia) 왕국의 보호 하에 있었다. 현재 프랑스와의 조약은 1918년 7월부터 체결된 것이고, 현재의 정치 체계는 1962년부터 유지된 것이다.

모나코는 1865년 이래 프랑스와 관세동맹을 맺어 왔고, 총리를 포함한 국내 일정한 고위직은 프랑스 시민이 맡도록 되어 있다. 프랑스의 압력에 의해서 1960년 모나코의 재정체제는 재편되었고, 그리하여 프랑스에서 운영되고 있는 기업과 개인은 더 이상 모나코의 호의적인 세제 혜택을 누리지 못하게 되었다. 부가가치세를 포함한 매출세 등의 재정 수입은 복잡한 공식에 의해 프랑스와 나누어 가지게 된다. 모나코는 프랑스와 구별되는 독자적인 대외적 정책을 가지고 있다고 말할 수 없고,

외국인의 체재 및 거주에 대한 권리에 관한 모나코법은 프랑스와 일치한다. 모나코와 프랑스 간의 관세동맹은 1963년 체결된 협약에 의해 관리되고 있다. 이때부터 모나코공국은 EC와 사실상 관세동맹 관계를 가져왔다. 그러나 모나코는 지금까지도 이러한 효과를 위한 독자적인 협정 체결을 추구하고 있지 않다. 모나코는 유럽평의회의 회원국이 되려 하지 않고 있으며, 오직 1975년 헬싱키 최종 협정의 채택 이후 OSCE에만 참여하고 있다. 모나코공국은 1993년 5월 UN에 가입하였다.

12.3.3 산마리노(Republic of San Marino)

산마리노는 61km²의 면적에 3만 2,000명의 인구를 가지고 있다. 산마리노공화국은 중세 전반 이후(비록 완벽한 독립은 아니었지만) 분리된 실재(實在)로 존재하였다. 1862년 체결된 조약에 의하여 산마리노는 새로이 수립된 이탈리아왕국의 보호 하에서 경제적 활동을 수행할 수 있었다. 그러나 정치적으로는 독자성을 유지하였다. 1971년에 마련된 협정을 통해서는 산마리노는 이탈리아와 관세동맹을 설립하였다. 1862년 이후 이탈리아의 리라(lira)는 산마리노의 법정 화폐가 되었다(물론 오늘날은 유로를 사용함).

1983년 산마리노는 EEC와 관세동맹과 협력협정에 관한 협상을 시작하였다. 그 협상은 1992년 타결되었으나 비준 과정에서 연기될 것이 예상되어 잠정협약이 마련되었고, 1992년 12월에 발효되었다. 이 협정은 산마리노와 EEC 간에 대부분의 재화(공산품, 농산품)에 대한 자유이동을 확립하고, EEC가 산마리노 경제를 원조하도록 하고, 노동자에 대해서는 무차별대우를 제공하고(그러나 자유이동 권리는 보장하지 않음), 산마리노와 EEC 사이에는 협력위원회를 설치하도록 하였다.

이와 별도로 산마리노는 항상 OSCE의 활동에 설립 초기부터 참여하여 왔다. 그리고 1988년에는 유럽평의회의 회원국이 되었고, 1992년에는 UN 회원국이 되었다.

12.3.4 바티칸시티(Vatican City State)

1929년 2월 11일 '라테란조약'(Lateran Treaty)에 의해 확정된 교황청(Holy See) 영역은 바티칸궁, 성베드로궁, 라테란궁 그리고 로마 교황의 카스텔 간돌포(Castel Gandolfo) 별장까지 확대되었다. 세계에서 가장 작은 정치적 실재(實在)인 바티칸시티는 이탈리아 관세구역 밖에 있으므로, 바티칸으로 도입되는 물품은 기본적으로 이탈리아의 관세와 다른 조세의 영향을 받지 않는다. 바티칸시티와 EU는 1970년에 처음으로 공식적인 외교 관계를 수립하였고, 2006년에 처음으로 주바티칸시티 EU대표부 대사를 임명하였다. 바티칸시티는 EU와의 특별협정에 의거하여 1999년부터 유로를 사용하고 있다. 지폐는 직접 발행하고 있지는 않지만 주화의 경우 양자간에 체결한 관련 조약에 의거하여 자체적으로 발행하고 있다. 2009년 EU는 2000년에 체결한 통화협정(Monetary Agreement)을 개정하여 유로주화 발행 규정을 명시하였다. 바티칸시티는 또한 이탈리아와 체결한 협정에 의거하여 EU와도 특혜관세협정(preferential customs agreement)을 체결하였다. 교황청은 UN과 유럽평의회에 각각 1964년, 1970년부터 영구 옵서버(permanent observer) 지위를 가지고 있으며, OSCE의 활동에도 일부 참여하고 있다.

부록 1

1. 유럽 통합일지

1946. 9. 19	처칠(Winston Churchill), 취리히(Zürich)에서 유럽합중국(United States of Europe) 창설 주장
1948. 5. 8~10	단일유럽조정위원회, 헤이그회의(Hague Congress) 조직. 헤이그회의, 통일된 민주유럽과 유럽평의회(Council of Europe) 창설 제안
1949. 5. 5	유럽평의회, 스트라스부르(Strasbourg)에 본부를 정하고 임시로 런던에 정착
1950. 5. 9	프랑스 외무장관 슈만(Robert Schuman), ECSC 창설 제안
1950. 10. 24	프랑스 총리 플레방(René Pleven), 통합유럽군 창설 계획 제출
1951. 4. 18	벨기에 · 서독 · 프랑스 · 이탈리아 · 룩셈부르크 · 네덜란드 6개국, ECSC 설립을 위한 파리조약에 서명
1952. 5. 27	상기 6개국, 유럽방위공동체(EDC) 설립을 위한 조약에 서명. 프랑스 의회, 1954년에 비준 거부
1952. 8. 10	고위 관청(High Authority), ECSC의 집행기구로 모네(Jean Monnet)를 의장으로 업무 개시
1952. 9. 10	상기 6개국 외무장관, 유럽정치공동체(EPC) 설립을 위한 조약 초안 작성을 ECSC 의회에 요구. 1953년 3월 10일에 제출
1953. 2. 10	석탄 · 철광석 및 폐철 공동시장 설립
1953. 5. 1	철강공동시장 설립
1954. 8. 30	EDC 설립조약(EPC 포함), 프랑스 의회에서 거부됨
1955. 6. 1~2	6개국 외무장관, 메시나(Messina)에서 스파크(Paul-Henri Spaak) 주재로 지속적인 통합과 정부 간 위원회 설립에 합의
1957. 3. 25	6개국, 로마에서 EEC와 Euratom 설립을 위한 로마조약에 서명
1958. 1. 1	로마조약 발효. 초대 EEC 집행위원장에 할슈타인(Walter Hallstein) 초대 Euratom 위원장에 아르망(Louis Armand) 취임
1959. 1. 1	EEC 내 관세 10% 감축
1959. 7. 21	OEEC의 7개 회원국(비EEC 국가)인 오스트리아 · 덴마크 · 노르웨이 · 포르투갈 · 스웨덴 · 스위스 · 영국, EFTA 설립에 합의. 동 조약 1960년 5월 3일부터 발효
1961. 1. 1	EEC 6개국 최초로 국별 대외관세 부분적으로 일치화됨. 궁극적 목표는 단일대외관세임
1961. 2. 10	6개국 대통령 또는 총리, 보다 밀접한 정책협력에 합의. 이를 위해 푸셰(Christian Fouchet) 주재로 계획서 작성

1961. 7. 9	EEC, 그리스와 준회원국협정(Association Agreement) 서명
1961. 7. 31	아일랜드, EEC에 가입 신청
1961. 8. 9	영국, EEC에 가입 신청
1961. 8. 10	덴마크, EEC에 가입 신청
1961. 11. 8	영국, 가입을 위한 협상 시작
1962. 1. 14	각료이사회, 처음으로 농업 분야 4개 규칙 채택, 그리고 첫 금융규칙과 경쟁규칙 채택
1962. 4. 17	푸셰위원회 제안의 미합의로 정치동맹 협상 결렬
1962. 4. 30	노르웨이, EEC에 가입 신청
1963. 1. 14	프랑스 대통령 드골(Charles de Gaulle), 영국의 회원 자격에 거부권 행사
1963. 1. 29	프랑스와 서독, 파리에서 '우정과 협력조약'(Élysée Treaty) 서명
1963. 1. 29	영국과의 가입 협상 결렬
1963. 7. 20	EEC, 17개 아프리카 국가 및 마다가스카르와 야운데에서 연합협약(Association Convention) 서명(이를 '야운데협약'(Yaoundé Convention)이라고 함)
1963. 9. 12	EEC, 터키와 준회원국협정 서명
1965. 4. 8	ECSC, EEC, Euratom 3개국 통합협약(Merger Treaty) 서명
1967. 5. 10	영국, 두 번째로 EEC 회원 자격 신청. 아일랜드도 두 번째로 신청
1967. 5. 11	덴마크, EEC 회원 자격 두 번째로 신청
1967. 7. 1	통합조약 발효. 레이(Jean Rey), 3개 공동체(ECSC, EEC, Euratom) 초대 집행위원장 취임
1967. 7. 24	노르웨이, 회원 자격 두 번째로 신청
1967. 7. 28	스웨덴, 회원 자격 신청
1968. 7. 1	관세동맹 완성으로 공동대외관세 실시
1968. 7. 29	공동체 내 공동노동시장 설립을 위하여 근로자 이동의 자유 보장
1968. 12. 18	집행위원회, 공동체 농업 개혁을 위한 만숄트 계획(Mansholt Plan)을 이사회에 제출
1969. 3. 4	EC, 튀니지 및 모로코와 준회원국협정 서명
1969. 7. 29	제2차 야운데협약 서명. 1971년 1월 1일부터 발효
1969. 12. 1~2	국가원수 및 정부수반, 헤이그에서 단일시장의 완성, EC의 통합 심화와 확대 논의. 1980년까지 EMU의 단계적 실시, 그리고 정치 문제에 관한 통합과 협력 가속화하기로 합의. 영국 · 덴마크 · 아일랜드 · 노르웨이와 가입 협상 재개 합의
1969. 12. 19~22	각료이사회, 농업을 위한 금융협정 합의(EC 자체 재원 할당, 유럽의회 예산권 강화)
1970. 1. 1	대외무역정책(External Trade Policy)에 대한 책임이 회원국에서 EC로 이전
1970. 4. 21	각료이사회, 1975년부터 자체 재원(예산 징수 예정)
1970. 6. 30	영국 · 덴마크 · 아일랜드 · 노르웨이 4개국 가입을 위한 제2차 협상 실시(룩셈부르크)

1970. 7. 2 말파티(Franco M. Malfatti), 집행위원장 취임

1970. 10. 8 EMU의 단계적 달성을 위한 베르너(Werner)계획서(룩셈부르크 총리의 이름에서 따옴) 각료이사회 및 집행위원회에 제출됨

1970. 10. 27 외무장관, EPC에 관한 다비뇽보고서(Davignon Report)를 룩셈부르크에서 국가원수 및 내각수반에 제출

1970. 12. 5 EC, 몰타와 준회원국협정 서명

1971. 7. 1 91개 개도국과 일반특혜관세제도(GSP) 합의

1972. 1. 22 EC, 영국 · 덴마크 · 아일랜드 · 노르웨이와 가입조약 서명

1972. 3. 21 통화스네이크(snake)제도 도입. 이사회, 회원국 환율변동폭을 상하 2.25%로 고정하하기로 합의

1972. 3. 22 만숄트(Sicco Mansholt), 집행위원회 위원장 취임

1972. 5. 10 아일랜드, 국민투표에서 EC 가입 결정

1972. 7. 13 영국 하원, 영국의 EC 가입 승인

1972. 7. 22 EC에 가입 신청을 한 영국 등 4개국을 제외한 기타 EFTA 국가와 자유무역협정 체결(오스트리아 · 아이슬란드 · 포르투갈 · 스웨덴 · 스위스)

1972. 9. 25 노르웨이, 국민투표에서 EC 가입 거부

1972. 10. 2 덴마크, 국민투표에서 EC 가입 결정

1972. 10. 19~20 확대 EC의 국가원수 및 정부수반, EC를 European Union으로 전환시키고 EMU를 추진하는 새 일정표에 합의

1972. 12. 19 EC, 사이프러스와 준회원국협정 서명

1973. 1. 1 EC, 9개국으로 공식 출범. EC, 공동무역정책에 관한 고유 권한 확보

1973. 3. 11~12 아일랜드, 이탈리아, 영국 3개국 통화스네이크제 포기. 재무장관, 미 달러에 대해 공동변동환율제 결정

1973. 5. 14 노르웨이, EC와 자유무역협정 서명

1973. 7. 23 외무장관, EPC에 관한 제2차 보고서(Copenhagen Report) 제출

1973. 7. 26~27 EC, ACP(Africa, Caribbean and Pacific Group of States) 46개국과 관계 개선을 위한 장관급 회의를 브뤼셀에서 개최

1973. 10. 5 핀란드, EC와 자유무역협정 서명

1974. 12. 9~10 국가원수 및 내각수반, 유럽이사회(European Council)를 창설하여 정기적인 모임을 정례화할 것에 합의

1975. 2. 28 EC 및 46개 ACP 국가, 금융 및 기술 지원과 무역양허를 내용으로 하는 제1차 로메협약(Lomé Convention) 서명

1975. 3. 10~11 국가 및 내각수반, 더블린에서 유럽이사회 제1차 회의 개최
1975. 3. 18 각료이사회, 유럽지역개발기금(ERDF) 창설 합의
1975. 5. 11 EC, 이스라엘과 협력협정(Cooperation Agreement) 서명
1975. 6. 5 영국, 국민투표에서 EC 잔류 결정
1975. 9. 16 EC, 중국과 공식 관계 체결
1975. 12. 1~2 유럽이사회(로마), 유럽여권 도입 및 남북대화 참여하기로 합의
1976. 2. 16 상호경제원조회의(CMEA), 회원국과 EC의 협정 제안
1976. 7. 27 그리스와 가입 협상 개시
1976. 12. 20 젠킨스(Roy Jenkins), 집행위원장 취임
1977. 3. 28 포르투갈, EC 가입 신청
1977. 7. 1 EC, 9개국 간 관세 완전 제거
1977. 7. 28 스페인, EC 가입 신청
1978. 7. 6~7 유럽이사회(브레멘), 유럽통화제도(EMS) 및 유럽통화단위(ECU) 창설 계획 승인
1978. 9. 5 EC 국가, 공동어업정책(CFP)에 관한 협상 개시
1978. 10. 17 포르투갈과 가입 협상 개시
1979. 2. 5 스페인과 가입 협상 개시
1979. 3. 13 EMS, 1979년 1월 1일부터 소급 발효
1979. 5. 28 그리스 가입에 관한 조례(acts) 아테네에서 서명
1979. 6. 7~10 9개국에서 최초의 유럽의회 직접선거 실시
1979. 7. 17~20 직접선거로 최초의 유럽의회를 스트라스부르(strasbourg)에서 개최. 베일(Simone Veil), 의장으로 선출
1979. 10. 31 EC와 58개 ACP 국가, 로마에서 제2차 로마협약 서명
1980. 3. 7~8 아세안(ASEAN) 국가와 협력협정 서명
1980. 4. 2 유고슬라비아와 협력협정 서명
1980. 6. 12~13 유럽이사회(베니스), 중동사태에 성명 발표
1980. 7. 28 EC, 루마니아와 협력협정 서명
1980. 10. 6 집행위원회, 제철산업의 위기를 선언한 후 생산 쿼터제 도입 승인을 이사회에 요청
1981. 1. 1 그리스, 열 번째 회원국으로 EC 가입
1981. 1. 6~20 독일 · 이탈리아 외무장관, EPC 강화를 제안(Colombo Genscherinitiative)
1981. 1. 6 손(Gaston Thorn), 집행위원장 취임
1981. 10. 13 유럽이사회(런던)에서 외무장관, EPC 개선을 위한 런던보고서 승인
1982. 1. 4 외무장관, 폴란드의 계엄령 비난

1982. 2. 19 당커트(Pieter Dankert), 직선 후 두 번째 유럽의회 의장으로 선출

1982. 2. 23 그린란드(Greenland), 국민투표에서 EC 탈퇴 결정

1982. 6. 30 예산절차 개선조치에 관하여 유럽의회, 각료이사회, 집행위원회 공동선언

1983. 1. 25 6년간의 협상 끝에 회원국 공동어업정책에 합의

1983. 6. 17~19 유럽이사회(슈투트가르트), EU에 관한 엄숙한 선서(Solemn Declaration)에 서명

1984. 2. 14 유럽의회, 제도문제위원회 스피넬리(Altiero Spinelli) 위원장이 작성한 EU조약 초안을 승인

1984. 6. 14~17 제2차 유럽의회 직접선거

1984. 6. 25~26 유럽이사회(퐁텐블로), SEA 설립에 관한 두주위원회(Dooge Committee)와 하나의 유럽('A People's Europe')에 관한 아도니노위원회(Adonnino Committee)의 진전이 있었음

1984. 7. 24 핌린(Pierre Pfimlin), 직접선거 후 제3대 유럽의장 선출

1984. 9. 26 EC 및 동유럽, 통상 및 경제협정 개시

1984. 12. 8 EC 및 65개 ACP 국가, 제3차 로마협약 서명

1985. 1. 7 들로르(Jacques Delors), 집행위원장 취임

1985. 3. 29~30 유럽이사회(브뤼셀), 스페인과 포르투갈 가입 장애물을 없애기 위한 통합지중해계획(Integrated Mediterranean Programme) 합의

1985. 6. 12 스페인 · 포르투갈, 가입인정서 서명

1985. 6. 14 집행위원회, 단일시장 완성에 관한 백서(White Paper) 제출

1985. 6. 28~29 유럽이사회(밀라노), 로마조약 수정을 위한 정부 간 회의(IGC) 소집 결정

1985. 12. 2~3 유럽이사회(룩셈부르크), 외교정책 협력을 위한 제도적 개혁에 합의. 조약 수정은 SEA에 포함

1986. 1. 1 스페인과 포르투갈의 EC 가입으로 12개국이 됨

1986. 2. 17~18 12개국 정부에 의해 SEA 서명

1987. 1. 1 EPC 사무국 브뤼셀에 설립

1987. 4. 14 터키, EC 가입 신청

1987. 7. 1 SEA 발효

1988. 2. 11~12 유럽이사회(브뤼셀), 재정제도와 공동농업정책 그리고 구조기금을 2배로 늘리는 예산 개혁안인 들로르 패키지 I(Delors Package I)에 합의

1988. 3. 29 집행위원회, 단일유럽의 이익을 수량화한 체키니보고서(Cecchini Report) 제출

1988. 9. 26 EC, 헝가리와 통상 및 경제협력협정 서명

1989. 6. 15~18 유럽의회, 제3차 직접선거

1989. 6. 26~27 유럽이사회(마드리드), 들로르 계획에 따른 EMU(경제통화동맹) 창설을 위한 정부 간

회의 소집에 합의

1989. 6. 29 스페인, EMS에 합류

1989. 7. 17 오스트리아, EC 가입 신청

1989. 7. 26 바론(Enrico Baron), 유럽의회 직선 후 제5대 의장 선출

1989. 9. 19 EC, 폴란드와 통상 및 경제협력협정 서명

1989. 12. 15 EC · ACP 68개국, 제4차 로메협약 서명

1989. 12. 19 EC · EFTA, 협력 강화와 EEA 형성을 위한 협상 시작

1990. 5. 9 EC, 불가리아와 무역 및 협력협정 서명

1990. 6. 19 제2차 셴겐협정(Schengen Agreement), 룩셈부르크에서 서명

1990. 6. 25~26 유럽이사회(더블린), EMU 및 정치동맹(Political Union)에 관한 IGC 소집에 합의

1990. 7. 1 EMU 1단계 시작

1990. 7. 4 사이프러스(Cyprus), EC 가입 신청

1990. 7. 16 몰타(Malta), EC 가입 신청

1990. 8. 21 집행위원회, 동독을 EC에 통합하기 위한 일련의 조치 채택

1990. 10. 3 서독과 동독, 조약 체결(동독). 구동독 5개 주(Länder) EC에 새로이 편입됨

1990. 10. 8 영국, 열 번째 EMS 참가 회원국이 됨

1991. 3. 29 셴겐협정 참가국과 폴란드, 1991년 4월 8일부터 비자(visa) 면제에 합의

1991. 6. 24 재무장관, 부가가치세(VAT)와 알코올 · 담배 · 광물류에 대한 물품세(excise duty) 조화의 돌파구 마련. 1993년부터 표준 VAT는 15% 이상

1991. 6. 25 스페인과 포르투갈, 셴겐협정 참가

1991. 7. 1 스웨덴, EC 가입 신청

1991. 12. 9~10 유럽이사회(마스트리히트), 국가원수 및 정부수반 EU에 관한 조약 초안에 합의

1991. 12. 16 EC와 폴란드 · 헝가리 · 체코슬로바키아, 브뤼셀에서 유럽협정(Europe Agreement)에 서명

1992. 1. 13 클렙슈(Egon Klepsch), 유럽의회 제6대 의장 선출

1992. 2. 7 마스트리히트조약 서명

1992. 3. 8 핀란드, EC 가입 신청

1992. 4. 5 포르투갈 에스쿠도(escudo)화, EMS에 합류

1992. 5. 2 EC · EFTA 외무장관, EEA 설립협정에 서명

1992. 5. 20 스위스, EC 가입 신청

1992. 6. 2 덴마크, 국민투표 결과 50.7%가 유럽연합조약에 반대

1992. 9. 20 프랑스, 국민투표 결과 51.05%가 유럽연합조약에 찬성

1992. 11. 25 노르웨이, EC 가입 신청

1992. 12. 6 스위스, 국민투표 결과 EEA협정에 반대

1992. 12. 11~12 유럽이사회(에딘버러), 단일통화와 공동방위정책에서 덴마크의 예외적인 입장 인정. 들로르 패키지 Ⅱ(Delors Package Ⅱ)와 성장 이니셔티브 승인

1992. 12. 22 EC, 불가리아와 브뤼셀에서 유럽협정 서명

1993. 1. 1 단일시장 대부분 완성

1993. 1. 12 아이슬란드 EEA조약 비준으로 EFTA 국가 비준 완료(스위스 제외)

1993. 2. 1 EC, 루마니아와 유럽협정 서명

1993. 3. 17 추가 프로토콜에 의해 스위스 제외하고도 EEA조약 유효

1993. 5. 18 덴마크의 선택적 불참(opt-out) 인정 후, 2차투표에서 56.8% 유럽연합조약 찬성

1993. 8. 2 EMS 격변 이후 ERM 임시변동폭 2.25%에서 15%로 확대

1993. 10. 4 EC, 분리된 체코슬로바키아 2개국과 유럽협정 재협상

1993. 10. 29 국가원수 및 정부수반, 브뤼셀에서 특별정상회의를 개최하여 EU 기관 소재지 확인. EMI는 프랑크푸르트, 유럽경찰청(Europol)은 네덜란드, 그리고 유럽환경청(European Environment Agency)은 덴마크에 두기로 함

1993. 11. 1 TEU 발효

1993. 12. 10~11 들로르 집행위원장, 『성장, 경쟁력 그리고 고용에 관한 백서』 제출

1994. 1. 1 EMU 2단계 시작

1994. 3. 16 오스트리아 · 핀란드 · 스웨덴에 이어 노르웨이와 가입 협상 완료

1994. 4. 1 헝가리, EU 가입 신청

1994. 4. 8 폴란드, EU 가입 신청

1994. 6. 9~12 유럽의회 4차 직접선거

1994. 6. 12 오스트리아, 국민투표 결과 66.4% EU 가입 찬성

1994. 7. 19 한슈(Klaus Hansch), 제7대 유럽의회 의장에 선출됨

1994. 10. 16 핀란드, 국민투표 결과 57% EU 가입 찬성

1994. 11. 13 스웨덴, 국민투표 결과 52.2% EU 가입 찬성

1994. 11. 27~28 노르웨이, 국민투표 결과 52.2% EU 가입 반대

1994. 12. 9~10 유럽이사회(에센), 중 · 동유럽에 대한 친EU전략과 집행위원회의 신지중해전략 승인

1995. 1. 1 오스트리아 · 핀란드 · 스웨덴, EU 가입

1995. 1. 9 오스트리아, EMS 참가

1995. 1. 23 상테르(Jacques Santer), 임기 5년의 집행위원장 취임

1995. 3. 26 셴겐협정 발효. 베네룩스 · 프랑스 · 독일 · 포르투갈 · 스페인 간 국경 통제 철폐

1995. 6. 12 EU와 에스토니아 · 라트비아 · 리투아니아, 준회원국협정 서명

1995. 6. 22 루마니아, EU 가입 신청

1995. 6. 26~27 유럽이사회(칸), 1996년 IGC에서 TEU를 개정 준비 임무 부여

1995. 6. 27 슬로바키아, EU 가입 신청

1995. 7. 18 EU, 신지중해정책의 일환으로 튀니지(Tunisia)와 첫 번째로 준회원국협정 서명

1995. 9. 17 스웨덴, 최초로 유럽의회 선거 보류

1995. 10. 27 라트비아, EU 가입 신청

1995. 11. 20 EU와 이스라엘, 준회원국협정 서명

1995. 11. 27~28 EU-지중해회의(바르셀로나), 북아프리카와 중동과 장기적인 공동협력(partnership)에 합의. 한 가지 목표는 2010년까지 유럽-지중해 자유무역지역 창설임

1995. 11. 28 에스토니아, EU 가입 신청

1995. 12. 2 EU-미국(마드리드), 무역과 공동협력을 위한 초대서양 의제(agenda)에 서명

1995. 12. 8 리투아니아, EU에 가입 신청

1995. 12. 14 불가리아, EU에 가입 신청

1995. 12. 15~16 유럽이사회(마드리드), 단일통화를 '유로'(euro)로 명명. EMU 도입 일정 불변. '유로화' 2002년부터 EMU 회원국의 유일한 법정 화폐. 남미공동시장(Mercosur) 국가들과 자유무역협정 서명

1996. 1. 1 EU, 터키와 관세동맹 발효

1996. 1. 17 체코공화국, EU에 가입 신청

1996. 2. 29 러시아, 39번째로 유럽평의회 가입

1996. 3. 27 집행위원회, 영국 소고기 및 동 제품 수출 금지

1996. 3. 29 IGC(토리노), 마스트리히트조약 개정을 위한 회의 시작. 제도의 효율성 및 외교정책 결정구조 등에 관해 12개월 내 제안(proposal)을 마련하기로 계획

1996. 6. 10 슬로베니아, EU에 가입 신청

1996. 6. 20 EU 에너지장관, 역내 에너지시장 자유화 규칙에 합의

1996. 6. 21~22 유럽이사회(피렌체), Europol협약 채택

1996. 10. 13 오스트리아, 유럽의회 선거 보류

1996. 10. 14 핀란드, EMS 참가

1996. 10. 20 핀란드, 유럽의회 선거 보류

1996. 11. 6 크로아티아, 유럽평의회 40번째 회원국

1996. 11. 24 이탈리아, ERM에 복귀

1996. 12. 13~14 유럽이사회(더블린), EMU 성공을 위한 안정 및 성장협정에 합의. '유로화' 일반에 공개됨

1997. 1. 22 집행위원회, EC 경쟁정책의 수직적 예약에 관한 녹서(Green Paper) 채택

1997. 2. 24 집행위원회-PLO, 정규적인 정치대화 관계 개설을 위한 공동성명 채택
1997. 4. 24 각료이사회, 남아프리카공화국을 로마협약에 가입시키기 위한 의정서를 승인하는 결정(decision) 채택
1997. 4. 29 EU, 캄보디아 · 라오스와 협력협정 서명
1997. 6. 2 각료이사회, 인종차별과 외국인 공포에 대한 유럽감시센터 설립을 위한 규칙 채택. 알바니아에 대한 EU전략을 정의하는 공동입장 채택
1997. 6. 16~17 유럽이사회, 암스테르담에서 조약 초안에 대한 합의 도출
1997. 6. 26 각료이사회, 민사상 문제의 소송 및 비소송 문서 송달에 관한 협약 제정
1997. 7. 16 집행위원회, '보다 강하고 넓은 유럽을 위한 Agenda 2000'과 중부유럽 10개국 가입에 관한 의견 제출
1997. 10. 2 외무각료이사회, 암스테르담조약 서명
1997. 11. 21~22 고용에 관한 특별유럽이사회 룩셈부르크에서 개최. 1998년 회원국의 고용정책에 대한 지침이 합의됨
1997. 12. 4 각료이사회, 담배광고 금지 합의
1997. 12. 8 EU, 멕시코와 경제 파트너십 및 정치조정과 협력협정 서명
1998. 1. 1 구 유고, 마케도니아공화국과 협력협정 발효
1998. 2. 1 에스토니아 · 라트비아 · 리투아니아 발틱 3국과 유럽협정 체결
1998. 3. 1 우크라이나, 파트너십 및 협력협정 발효. 튀니지 유럽 · 지중해 준회원국협정 발효
1998. 3. 16 그리스 드라크마(drachma), ERM 환율 메커니즘에 가입
1998. 3. 25 집행위원회 수렴보고서 채택. 11개 회원국을 1999년 1월 1일부터 출범하는 유로 채택국으로 추천
1998. 3. 30 중 · 동유럽 10개국 및 사이프러스의 가입 과정을 위한 각료급 모임 시작
1998. 4. 3~4 제2차 ASEM 정상회의, 영국 런던에서 개최됨
1998. 5. 1 카르타헤나(Cartagena)협정 국가들과 EC 간 기본협력협정 발효
1998. 5. 3 특별각료이사회, 상기 11개국 1999년 1월 1일부터 출범할 단일통화 채택조건을 충족시킨다고 결정함
1998. 5. 5~7 G8 정상회의, 영국 버밍엄에서 개최
1998. 5. 25 각료이사회, 아프리카에서의 인권과 민주주의 원칙, 법의 적용, 그리고 선의의 통치에 관한 공동입장 채택
1998. 6. 1 유럽중앙은행(ECB) 창설. 제4차 로마협약, 중간 검토 후 발효
1998. 6. 15~16 유럽이사회, 영국 카디프에서 개최. 성장 · 번영 그리고 고용 촉진 등을 위한 추가적인 고용전략의 핵심 요소 도출

1998. 7. 1	멕시코와 무역 및 무역 관련 문제에 관한 잠정협정 발효. 몰도바와 파트너십 및 협력협정 발효. 예멘과 협력협정 발효
1998. 10. 1	유럽경찰청, 반(反)마약협약 발효
1998. 11. 4	집행위원회, 가입신청국에 대한 평가보고서 채택
1998. 11. 10	사이프러스 · 폴란드 · 에스토니아 · 체코공화국 · 헝가리 · 슬로베니아와 가입 협의를 위한 각료급 모임 개최
1998. 12. 11~12	유럽이사회, 오스트리아 빈에서 개최
1999. 1. 1	유로화 공식 출범. 오스트리아, 벨기에, 핀란드, 프랑스, 독일, 아일랜드, 이탈리아, 룩셈부르크, 네덜란드, 포르투갈, 스페인 11개국이 유로를 공식 통화로 채택
1999. 1. 12	상테르 집행위원장, 유럽의회에 신임 문제로 소환됨
1999. 2. 1	EC, 슬로베니아 협정 발효
1999. 3. 24	유럽이사회, 신임 집행위원장으로 프로디(Romano Prodi) 임명을 선언함
1999. 4. 15~16	제3차 유럽-지중해회의, 독일 스튜트가르트에서 개최
1999. 4. 28	집행위원회, EC조약 제85조 및 제86조의 이행규칙을 현대화하기 위한 백서 채택
1999. 5. 1	암스테르담조약 발효
1999. 5. 5	유럽의회, 프로디 신임 집행위원장 임명 동의
1999. 6. 3~4	유럽이사회, 독일 퀼른에서 개최
1999. 6. 10	유럽의회 선거, 영국 · 네덜란드 · 덴마크에서 실시
1999. 6. 11	아일랜드, 유럽의회 선거
1999. 6. 13	유럽의회 선거, 오스트리아 · 벨기에 · 스페인 · 핀란드 · 프랑스 · 독일 · 그리스 · 이탈리아 · 룩셈부르크 · 포르투갈 · 스웨덴에서 실시
1999. 6. 20	G8 정상회의, 독일 퀼른에서 개최
1999. 7. 19	EU 15개국, 중 · 동유럽 가입 신청 10개국, 사이프러스, 몰타와 스위스(터키는 거절함) 외무장관들 브뤼셀에서 회의
1999. 7. 20	폰테인(Nicole Fontaine), 신임 유럽의회 의장 선출
1999. 9. 15	유럽의회, 신임 집행위원회 투표로 승인
1999. 10. 11~14	제29차 EU-ACP 공동총회 바하마(Bahamas)에서 개최
1999. 10. 15~16	특별유럽이사회, 핀란드 탐페레에서 개최
1999. 10. 18~19	WEU, 안보와 유럽의 도전에 관한 특별회의 개최
1999. 10. 19	EU 이사회, 인권에 관한 최초의 연례보고서 발간
1999. 10. 22	EU-러시아 정상회의, 헬싱키(Helsinki)에서 개최
1999. 10. 28	유럽사법재판소 1심 재판소 최초의 단독재판

1999. 11. 25 마이스타트(Philippe Maystadt), 유럽투자은행 총재로 임명

1999. 12. 9 집행위원회, 서발칸에 대한 재건원조(CARA 프로그램) 결성

1999. 12. 10~11 유럽이사회, 헬싱키에서 개최. 루마니아 · 슬로바키아 · 라트비아 · 리투아니아 · 불가리아 · 몰타 그리고 루마니아와 가입 협상 개시를, 그리고 터키를 가입신청국으로 인정하기로 결정, 2000년 2월에 EU의 제 조약을 개정하기 위한 정부 간 회의 소집에 합의

1999. 12. 16 EU-캐나다, 오타와에서 정상회의 개최

1999. 12. 17 EU-미국, 워싱턴에서 정상회의 개최

1999. 12. 21 EU-중국, 베이징에서 정상회의 개최

2000. 1. 15 몰타 · 루마니아 · 슬로바키아 · 라트비아 · 리투아니아 · 불가리아와 가입 협상을 위한 각료회의 개시

2000. 2. 2~3 EU · ACP, 로메협약 수행을 위한 실천 계획에 합의

2000. 2. 14 제도 개혁을 위한 정부 간 회의, 브뤼셀에서 개최됨

2000. 3. 23~24 특별유럽이사회(지식경제에 기반을 둔 고용, 경제 개혁과 사회 결속의 새로운 전략 결정을 위한), 리스본에서 개최

2000. 4. 3~4 아프리카-유럽 정상회의, 카이로에서 개최

2000. 4. 10 EU-러시아, 협력이사회 개최

2000. 5. 3 집행위원회, 유로지역(Eurozone)의 12번째 가입국으로 그리스를 추천

2000. 5. 9 슈만선언 50주년 경축

2000. 6. 8 유럽의회 각료이사회, 2001년을 유럽 언어의 해로 정하는 결정을 채택

2000. 6. 19~20 유럽이사회, 포르투갈 산타 마리아 다 페이라(Santa Mariada Feira)에서 개최. 그리스의 유로 가입 승인, 지중해 지역에 대한 공동전략 채택, EU의 외부 및 초국경정책에서 북부 차원을 위한 행동강령 채택

2000. 6. 23 EU-ACP, 베냉(Bénin)의 코토누(Cotonou)에서 로메협약을 대체하는 새로운 협약에 서명

2000. 7. 1 프랑스, EU 의장국 인수

2000. 7. 19 제9차 EU-일본 정상회의, 도쿄에서 개최

2000. 9. 15 EU-우크라이나, 파리에서 정상회의 개최

2000. 9. 28 덴마크, 유로 참가에 대한 국민투표에서 과반수가 거부함

2000. 10. 20~21 제3차 ASEM(아시아 · 유럽정상회의) 서울에서 개최

2000. 10. 30 EU, 러시아와 파리에서 정상회의 개최

2000. 11. 23~24 EU, 발칸(Balkans) 국가와 크로아티아에서 정상회의

2000. 12. 7 유럽이사회, 프랑스 니스에서 개최. EU 이사회, 유럽의회 그리고 유럽위원회가 공

동선포한 기본권 헌장을 확인. EU 가입신청국들의 중간 노력 과정 환영. 터키의 가입 전 전략 수행 과정도 환영

2001. 1. 1 스웨덴, EU 의장국 인수

2001. 1. 2 그리스, 12번째 Eurozone 회원국이 됨

2001. 2. 26 지난 12월 니스에서 개최된 유럽이사회 결과에 따른 "A New Treaty amending the Treaty on European Union"과 "Treaties Establishing the European Communities"에 서명함

2001. 5. 17 EU-러시아, 모스크바에서 정상회의 개최

2001. 6. 7 아일랜드, 국민투표로 니스조약 거부

2001. 6. 14 EU-미국, 스웨덴 예테보리(Göteborg)에서 정상회의 개최

2001. 6. 15~16 유럽이사회, 스웨덴 예테보리에서 개최

2001. 6. 21 EU-캐나다, 스웨덴 스톡홀름에서 정상회의 개최

2001. 6. 25 EU, 이집트와 준회원국협정 서명

2001. 7. 1 벨기에, EU 이사회 의장국 인수

2001. 7. 20~22 G7/G8 정상회의, 이탈리아 제노바(Genova)에서 개최

2001. 11. 9~13 WTO 각료회의, 카타르 도하(Doha)에서 개최

2001. 12. 14~15 벨기에 래커에서 유럽이사회 개최. EU 미래를 위한 개혁 작업을 위한 선언, 테러리즘 등 국제 문제에 관한 EU의 역할 강화, 2004년 유럽의회 선거 준비를 위한 신규 가입 예상국과 협상 종료

2002. 1. 1 스페인, 의장국 인수. 오스트리아 · 벨기에 · 핀란드 · 프랑스 · 독일 · 그리스 · 아일랜드 · 이탈리아 · 룩셈부르크 · 네덜란드 · 포르투갈 · 스페인 등 12개국에서 유로(euro) 동전 및 지폐 사용 시작

2002. 1. 15 콕스(Pat Cox), 유럽의회 의장 선출

2002. 2. 28 유로 사용 12개국 신구화폐 병용기간 종료

2002. 3. 15~16 유럽미래회의 개회식 브뤼셀에서 개최. 유럽이사회, 스페인 바르셀로나에서 개최. 완전고용과 지식경제 관련 정책 강화

2002. 4. 22 EU, 알제리와 준회원국협정 서명(스페인 발렌시아)

2002. 5. 8 EU-캐나다, 스페인 톨레도(Toledo)에서 정상회의

2002. 5. 17~18 EU-중남미 국가, 스페인 마드리드에서 정상회의

2002. 5. 18 EU-멕시코, 스페인 마드리드에서 정상회의

2002. 5. 29 EU-러시아, 모스크바에서 정상회의

2002. 5. 31 EU, 교토의정서 비준

2002. 6. 17 EU, 레바논과 준회원국협정 서명

2002. 6. 21~22 유럽이사회, 스페인 세비야(Seville)에서 개최

2002. 7. 4 EU-우크라이나, 코펜하겐에서 정상회의

2002. 7. 8 EU-일본, 도쿄에서 정상회의

2002. 7. 23 ECSC조약, 50년 만에 만료

2002. 9. 24 EU-한국, 덴마크 코펜하겐에서 정상회의

2002. 10. 9 집행위원회, 10개국을 2004년 초까지 가입시키기 위한 협상을 2002년도 말까지 종료하도록 추천

2002. 10. 10 EU-인도, 덴마크 코펜하겐에서 정상회의

2002. 10. 19 아일랜드, 2차투표에서 니스조약 비준

2002. 10. 24~25 유럽이사회, 브뤼셀에서 개최

2002. 11. 11 EU-러시아, 브뤼셀에서 정상회의

2002. 11. 18 EU-칠레, 준회원국협정 서명(브뤼셀)

2002. 12. 12~13 유럽이사회, 덴마크 코펜하겐에서 개최

2002. 12. 19 EU-캐나다, 캐나다 오타와에서 정상회의

2003. 1. 1 그리스, EU 이사회 의장국 인수

2003. 1. 1 EU, 단일시장 10주년 경축

2003. 2. 1 니스조약 발효

2003. 3. 8 몰타, EU 가입을 위한 국민투표 개최, 과반수 찬성

2003. 3. 23 슬로베니아, 국민투표 결과 과반수가 EU 가입에 찬성

2003. 4. 9 유럽의회, 10개국 가입에 동의(assent) 절차 완료

2003. 5. 10~11 리투아니아, EU 가입 국민투표에서 과반수 찬성

2003. 5. 16~17 슬로바키아, EU 가입 국민투표에서 과반수 찬성

2003. 6. 7~8 폴란드, EU 가입 국민투표에서 과반수 찬성

2003. 6. 13~14 체코공화국, EU 가입 국민투표에서 과반수 찬성

2003. 6. 20~21 유럽이사회, 그리스 테살로니키에서 개최, EU 헌법 초안 수용됨

2003. 6. 25 EU-미국, 워싱턴DC에서 정상회의. 국제테러리즘과 무기 확산에 대한 공동협력 결정

2003. 7. 1 이탈리아, EU 이사회 의장국 인수

2003. 9. 14 스웨덴, 유로 채택에 관하여 국민투표하였으나 부결

2003. 9. 14 멕시코 칸쿤(Cancún)에서 WTO 제5차 각료회의 개최

2003. 9. 20 라트비아, EU 가입 국민투표에서 과반수 찬성

2003. 10. 4 정부 간 회의 로마에서 개최. 최초의 EU 헌법안 채택이 주된 임무이었으나 일부 국가에 의해 개정 요구됨. 2004년 6월 유럽의회 선거 전 채택 예정

2003. 11. 1 트리셰(Jean-Claude Trichet, 전 프랑스중앙은행 총재), 유럽중앙은행(ECB) 총재로 취임, 뒤센베르흐(Willem F. Duisenberg, 1998. 6. 1~2003. 10. 31)를 계승함

2003. 12. 12 집행위원회, 이라크 재건을 위한 첫 EU 예산 양도 결정

2003. 12. 12~13 유럽이사회, 브뤼셀에서 개최

2004. 1. 1 아일랜드, 이사회 의장국 인수

2004. 2. 11 스트라우브(Peter Straub), 지역위원회 의장에 선출

2004. 3. 18 EU-캐나다, 정상회의 개최

2004. 3. 24 집행위원장 프로디, 브뤼셀에서 아프리카동맹위원회 영접

2004. 3. 25~26 제4차 유럽회의, 브뤼셀에서 개최

2004. 4. 27 EU 고위 대표 솔라나, 브뤼셀에서 카다피 리비아 대통령 면담

2004. 5. 1 가입조약 발효로 사이프러스, 체코, 에스토니아, 헝가리, 라트비아, 리투아니아, 몰타, 폴란드, 슬로바키아, 슬로베니아가 가입하여 EU 최대 확대 실현

2004. 5. 5 유럽의회, 가입 승인을 위한 공식 투표, 각료이사회 10명의 신임 집행위원 공식적으로 임명

2004. 5. 28~29 EU-중남미, 멕시코 과달라하라에서 정상회의 개최

2004. 6. 1 EU-이집트, 준회원국협정 발효

2004. 6. 17~18 유럽이사회, 브뤼셀에서 개최. 크로아티아가 EU 가입을 위한 코펜하겐 기준을 충족하였으므로 가입후보국으로 절차가 진행되어야 함

2004. 6. 22 EU-일본, 도쿄에서 정상회의

2004. 6. 26 EU-미국, 아일랜드에서 정상회의

2004. 6. 29 2,595번째 정상회의 브뤼셀에서 개최. 바호주(José Manuel Barroso), 집행위원장에 임명. 솔라나(Javier Solana), EU 이사회 사무총장 및 CFSP 고위 대표 그리고 부아시외(Pierre de Boissieu) 동 부사무총장 임명. 동 정상회의는 솔라나를 유럽헌법이 발효되는 대로 EU 외무장관에 임명하기로 결정

2005. 1. 1 룩셈부르크, 이사회 의장국 인수

2005. 2. 20 스페인, 유럽헌법에 관한 투표를 EU 회원국 중 최초로 실시

2005. 2. 21~22 조지 W. 부시 미국 대통령 NATO와 EU 방문

2005. 4. 13 유럽의회, 루마니아와 불가리아의 EU 가입을 승인

2005. 4. 15 산토스(Manuel Antonio dos Santos), 유럽의회의 부의장으로 선출

2005. 5. 2 제14차 EU-일본 정상회의, 룩셈부르크에서 개최

2005. 5. 9 제2차 세계대전 종전 60주년

2005. 5. 10 제15차 EU-러시아 정상회의, 모스크바에서 개최

2005. 5. 29 프랑스, 투표에서 헌법조약 비준 부결

2005. 6. 1 네덜란드, 투표에서 헌법조약 비준 부결

2005. 6. 19 EU-캐나다 정상회의, 나이아가라 온 더 레이크(Niagara-on-the-Lake)에서 개최

2005. 6. 22 EU와 미국의 공동개최로 이라크 국제회의 브뤼셀에서 개최

2005. 9. 5 제8차 EU-중국 정상회의, 베이징에서 개최

2005. 9. 7 제6차 EU-인도 정상회의, 뉴델리에서 개최

2005. 10. 3 EU, 터키 · 크로아티아와 EU 가입 협상 개최

2005. 10. 4 제16차 EU-러시아 정상회의, 런던에서 개최

2005. 11. 7 EESC 의장 시그먼드(Anne-Marie Sigmund)와 집행위원회장 바로수, 두 기관 간에 새로운 협력의정서에 서명

2005. 12. 1 EU-우크라이나 정상회의, 키예프(Kiev)에서 개최

2006. 1. 1 오스트리아, 이사회 의장국 인수

2006. 2. 1 집행위원회, 커뮤니케이션 정책백서 "Debating Europe: Involving Citizens" 착수

2006. 4. 7 '.eu' 도메인 출범

2006. 5. 25 제17차 EU-러시아 정상회의, 소치(Sochi)에서 개최

2006. 6. 21 바로수 집행위원장, 슈젤(Chancellor Wolfgand Schussel) 유럽의사회장, 조지 W. 부시 미국 대통령, EU-미국 정상회의 비엔나에서 개최. 외교정책 협력, 에너지, 안보, 경제, 무역에 관한 토론

2006. 7. 11 각료이사회, 2007년 1월 1일부터 슬로베니아의 유로 도입 채택

2006. 9. 9 EU-대한민국 정상회의, 헬싱키에서 개최. 9차 EU-중국 정상회의, 헬싱키에서 개최

2006. 10. 13 제7차 EU-인도 정상회의, 뉴델리에서 개최

2006. 11. 24 제18차 EU-러시아 정상회의, 헬싱키에서 개최

2007. 1. 1 2004년 5월에 EU에 가입한 루마니아와 불가리아에 대하여 각료이사회가 집행위원회의 회원으로 불가리아의 쿠네바(Meglena Kuneva)와 루마니아의 오르반(Leonard Orban)을 지목함. 슬로베니아, 유로 도입. 독일, 이사회 의장국 인수

2007. 1. 16 유럽의회, 포이터링(Hans-Gert Poettering)을 의장으로 선출

2007. 4. 30 EU-미국 정상회의, 워싱턴 DC에서 개최

2007. 5. 18 제18차 EU-러시아 정상회의, 사마라에서 개최

2007. 6. 5 제16차 EU-일본 정상회의, 베를린에서 개최

2007. 7. 1 포르투갈, 이사회 의장국 인수

2007. 7. 10 ECOFIN 이사회, 2008년 1월 1일부터 사이프러스와 몰타의 유로 도입 승인

2007. 7. 23 조약 개혁에 관한 정부 간 회의를 브뤼셀에서 진행

2007. 8. 1	루마니아 · 불가리아, 유로폴 정식 회원이 됨
2007. 10. 26	제20차 EU-러시아 정상회의, 포르투갈 마프라에서 개최
2007. 11. 30	제8차 EU-인도 정상회의, 뉴델리에서 개최
2007. 12. 12	유럽의회, 집행위원회, EU 이사회, 기본권에 관한 헌장에 서명
2007. 12. 13	리스본조약 서명
2007. 12. 21	솅겐 지역이 에스토니아, 체코, 리투아니아, 헝가리, 라트비아, 몰타, 폴란드, 슬로바키아, 슬로베니아까지 확장됨
2008. 1. 1	슬로베니아, 이사회 의장국 인수. 사이프러스와 몰타, 유로 도입. 사이프러스와 몰타가 유로를 채택함으로써 유로 지역은 15개국 3억 2,000만 명이 됨
2008. 2. 12	유럽이사회, 크로아티아 가입 수정안 채택
2008. 3. 12	유럽의회, 설립 50주년 경축
2008. 3. 30	EU-미국 항공에 관한 'Open Skies'협약이 실시되어 EU나 미국 항공은 EU나 미국 상공에서 어떠한 제약도 받지 않게 됨
2008. 4. 23	제17차 EU-일본 정상회의, 도쿄에서 개최
2008. 5. 26	제18차 EU-GCC 합동 이사회 및 각료회의 브뤼셀에서 개최
2008. 6. 12	아일랜드, 국민투표에서 53.4%의 반대로 리스본조약 거부
2008. 7. 1	프랑스, 이사회 의장국 인수
2008. 7. 7~8	EU, G8 정상회담에 참가하여 이산화탄소 배출에 관한 새로운 목표를 지지함
2008. 9. 7	세계금융위기 미국에서 발발함
2008. 10. 22	애쉬튼(Catherine Ashton), 맨덜슨(Peter Mandelson)을 대체하여 대외무역 집행위원에 임명됨
2008. 10. 24	제7차 ASEM 회의, 지속 가능한 발전 선언
2008. 12. 12	EU, 스위스의 솅겐 지역 참가를 희망함
2009. 1. 1	슬로바키아, 유로화 공식 통화 채택. 체코공화국, EU 이사회 의장국
2009. 2. 8	스위스, EU-스위스 간 자유통행을 위한 협정 연장을 투표로 결의함
2009. 4. 5	EU-미국, 프라하에서 금융위기와 안전 이슈에 관한 정상회담
2009. 5. 7	EU 특별정상회의, 경제위기 상황에서의 고용 대책 논의
2009. 6. 4~7	유럽의회, 736석의 위원 선거 실시. 43.62%의 투표율
2009. 7. 1	스웨덴, 유럽이사회 의장국. 의장국의 우선순위는 경제회복과 기후 변화
2009. 7. 14	폴란드의 부제크(Jerzy Buzek), 유럽의회 의장에 선출됨
2009. 7. 23	아이슬란드, EU 가입 신청
2009. 9. 16	유럽의회, 바호주를 재차 5년 임기의 집행위원장으로 임명 승인

2009. 10. 3	아일랜드, 2차 국민투표에서 리스본조약 승인
2009. 11. 9	베를린 장벽 붕괴 20주년
2009. 11. 2	롬푸이(Herman Van Rompuy)를 초대 유럽이사회 상임의장 임명. 애쉬튼을 외무 및 안보정책의 EU 고위 대표로 임명
2009. 12. 1	리스본조약 발효
2009. 12. 19	코펜하겐 기후변화협약 서명
2009. 12. 22	세르비아, EU 가입 신청
2010. 1. 1	스페인, 네 번째로 유럽이사회 의장국 취임. 리스본조약 체제의 첫 의장국으로 차기 두 의장국과 함께 트리오 의장제(trio presidency system) 형성. 독일의 루르 지역의 에센(Essen), 헝가리의 피치(Pécs) 그리고 터키의 이스탄불이 2010년 유럽문화수도에 선정됨
2010. 2. 9	유럽의회, Barroso II 집행위원회 승인(찬성 488, 반대 137, 기권 72)
2010. 7. 1	벨기에, 유럽이사회 의장국
2010. 7. 23	91개 유럽은행 중 7개를 제외한 나머지 은행들 스트레스 테스트에 통과함
2010. 10. 20	닐손(Staffan Nilsson), 2년 반 임기의 유럽경제사회위원회 위원장에 선출됨
2010. 10. 28	EU, 유로의 안정을 위해 아일랜드 지원 합의
2011. 1. 1	에스토니아, 17번째로 유로를 공식 통화로 채택, 핀란드의 투르쿠(Turku), 에스토니아의 탈린(Tallinn)이 2011년 유럽 문화수도로 선정됨. 헝가리, 유럽이사회 의장국. 3개의 유럽 금융감독당국 운영 개시(유럽은행당국, 유럽보험 및 직업연금당국, 유럽 안전 및 시장당국)
2011. 6. 23	집행위원회/유럽의회, 투명성 제고를 위해 EU 로비스트 합동 등록제도 출범
2011. 7. 1	폴란드, 유럽이사회 의장국
2011. 7. 21	유로 지역 국가원수, 그리스에 1,090억 유로 지원 합의
2011. 9. 27	EU, 북아프리카/중동 국가들의 민주화를 위해 3억 5,000만 유로 지원 발표
2011. 11. 1	마리오 드라기, 전 이탈리아 중앙은행장이 유럽중앙은행 총재에 부임
2011. 12. 19	리히텐슈타인, EU의 국경통제 없는 셴겐 지역 참가
2012. 1. 1	포르투갈의 기마랑이스(Guimarães)와 슬로베니아의 마리보르(Maribor), 2012년 유럽문화수도로 선정됨. 덴마크, 유럽이사회 의장국
2012. 1. 17	독일 사회당의 슐츠(Martin Schulz), 유럽의회 의장에 피선
2012. 1. 22	크로아티아, 28번째 EU 가입을 국민투표로 결정. 2013년 7월 1일부터 가입 예정
2012. 3. 1~2	롬푸이, 유럽이사회 상임의장에 재선
2012. 7. 1	사이프러스, 유럽이사회 의장국

2012. 10. 8 유럽안정기구(ESM)가 출범함으로써 유로 지역의 금융안정을 위한 방화벽 역할 기대

2012. 12. 10 EU, 오슬로에서 노벨 평화상 수상. 지난 60년 간 평화, 화해, 민주주의, 인권을 신장시킨 공헌을 인정함

2012. 12. 13 EU 정상회의, 은행동맹을 위한 첫 단계 조치로 ECB가 유로 지역 대규모 은행을 감독할 수 있는 SSM(단일 감독기구) 설립에 합의

2013. 1. 1 아일랜드, 유럽이사회 의장국

프랑스의 마르세이유(Marseille)와 슬로바키아의 코시체(Košice), 2013년 유럽문화수도에 선정됨

2013. 1. 21 유로 그룹, 새 의장으로 네덜란드 재무장관 예룬 데이셀불룸(Jeroen Dijsselboem)을 선출. 임기는 2년 6개월

2013. 1. 22 11개 유로 지역 국가 재무장관, 금융거래세 도입에 원칙적으로 합의

2013. 4. 19 세르비아와 코소보, 애쉬튼의 중재로 관계정상화를 위한 협약에 서명

2013. 7. 1 크로아티아가 EU에 가입함으로써 28개국이 됨. 이로써 공식 언어는 24개가 됨

크로아티아 출신 미미차(Neven Mimica), 소비자정책 담당 집행위원에 새로 임명됨

리투아니아, 유럽이사회 의장국

2013. 11. 28~29 조지아와 몰도바, EU와 준회원국협정에 서명함. 우크라이나와는 논의 중

2. EU의 주요 조약들

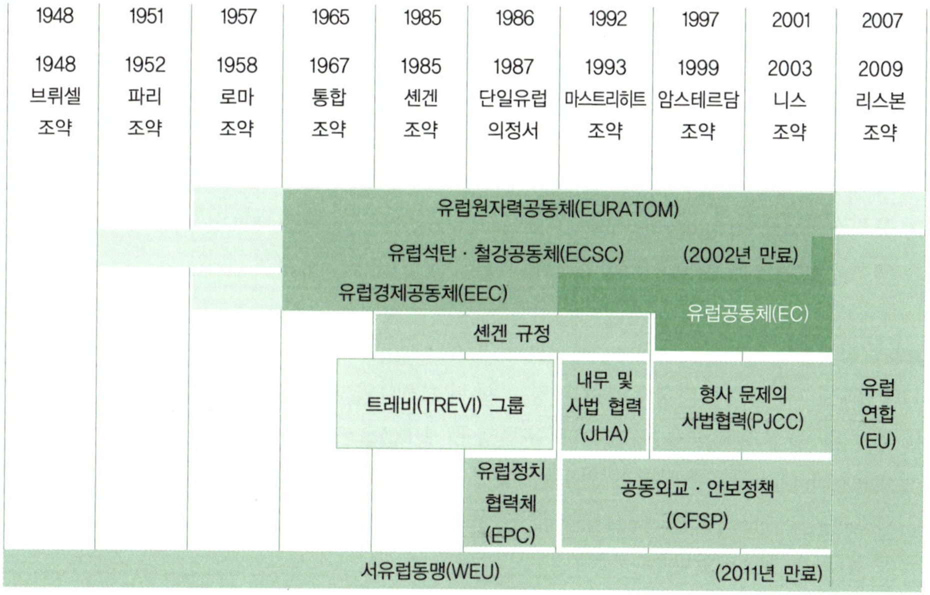

: 유럽공동체(European Communities)

출처: Wikipedia에서 재구성.

창설조약

① 유럽석탄 · 철강공동체(ECSC) 설립조약(Treaty establishing the European Coal and Steel Community): 1951년 4월 18일 파리에서 서명되어, 1952년 7월 23일부터 발효됨. 50년 만인 2002년 7월 23일 조약 이행기간이 완료되었으며, 현재는 폐지됨. 기존에 ECSC에서 관장하던 정책 분야는 로마조약에 포함시키기로 함.

② 유럽원자력에너지공동체(Euratom 또는 EAEC) 설립조약(Treaty establishing the European Atomic Energy Community): 1957년 3월 25일 로마에서 서명됨(일명 '로마조약'이라고 함), 1958년 1월 1일부터 발효되어 현재까지 유효함. Euratom은 법적으로는 EU와 별개이나, 회원국이 EU 회원국과 동일하고 운영도 EU 기구들에 의해 운영되고 있음.

③ 유럽경제공동체(EEC) 설립조약(Treaty establishing the European Economic Community): 1957년 3월 25일 로마에서 서명됨(일명 '로마조약'), 1958년 1월 1일부터 발효됨. 프랑스, 서독, 이탈리아와 베네룩스 3국(벨기에, 네덜란드, 룩셈부르크) 간에 조인됨. 참가국 간에 공동시장

(Common Market) 형성을 포함하여 경제통합을 추진하기 위해 서명함. EEC는 1993년에 EC(European Community)로 명칭이 바뀜.

단일유럽의정서(Single European Act: SEA)

1986년 2월에 서명되고, 당해 회원국의 비준 과정을 거쳐 1987년 7월 1일에 발효됨.

① 1957년 로마조약을 처음으로 개정한 협약으로 1992년 12월 31일까지 단일시장을 형성하기로 합의함.

② 유럽정치협력체(European Political Cooperation: EPC)가 공식화됨. EPC는 마스트리히트조약에서 도입되는 공동외교 · 안보정책(CFSP)의 전신이 됨.

유럽연합조약(Treaty on European Union: TEU)

1992년 2월 7일 마스트리히트에서 서명, 1993년 11월 1일 발효됨(일명 마스트리히트조약).

① 기존의 유럽경제공동체(EEC)가 유럽공동체(EC)로 명명되고, EC는 다시 유럽연합(European Union)의 한 부분에 편입됨. 유럽경제공동체 설립조약은 유럽공동체 설립조약(Treaty establishing the European Community: TEC, 또는 EC조약(European Community Treaty)이라고도 함)으로 개명되었다.

② EU는 경제통합을 목표로 하는 EC 외에 공동외교 · 안보정책(Common Foreign and Security Policy: CFSP)과 사법 및 내무 업무(Justice and Home Affairs: JHA) 영역을 공식적인 정책 영역에 편입시켜, 삼주체제(three-pillar structure)를 구성하도록 하였다. CFSP는 SEA에 도입된 유럽정치협력체(EPC)가 근간이며, JHA는 회원국 법무장관들 간의 네트워크인 트레비(TREVI) 그룹이 전신임. 트레비 그룹은 1975년에 로마 유럽이사회에서 만들어진 조직으로, 유럽공동체 틀에는 포함되지 않음.

③ 유럽 단일통화인 유로화(Euro)가 도입됨. 후에 마스트리히트조약은 암스테르담조약, 니스조약, 리스본조약을 통해 수정 · 보완됨.

암스테르담조약(Treaty of Amsterdam amending the Treaty of the European Union, the Treaties establishing the European Communities and certain related acts)

1997년 10월 2일 서명, 1999년 5월 1일 발효. TEU의 첫 번째 개정 조약임.

① 삼주(三柱)체제가 수정됨. 세 번째 기둥인 사법 및 내무협력(JHA)을 '형사 문제에 있어 경찰 및 사법협력'(Police and Judicial Co-operation in Criminal Matters: PJCC)으로 명명함. 대신 불법이민, 비자, 망명, 민간 분야의 사법적 공조 등의 영역은 EC 영역(첫 번째 기둥 영역)으로 편입시킴.

② 고용 · 시민권 개념 강조, 자유 · 안보 · 사법 영역(Area of Freedom, Security, and Justice: AFSJ) 도입하여 EU 차원에서 국경 통제, 망명, 이민, 범죄와의 전쟁 등에 대한 공조체제 확립키로 함. 셴겐협정(Schengen Agreement)을 EU의 정책 영역으로 편입하고 2004년까지 전 회원국 간 국경 개방 합의(영국과 아일랜드는 제외)

③ 독일 통일과 소련의 붕괴에 따른 동유럽으로의 확대에 따른 제도적 구조조정 실시. CFSP와 관련해서 대외적으로 EU를 대표할 고위 대표(High Representative) 신설, 건설적 기권(constructive abstention) 조항 명시. 군사기구인 서유럽동맹(Western European Union: WEU)에 EU를 대신해 평화유지 및 인도주의적 활동 수행을 요청할 수 있도록 허용함.

④ 유로폴(Europol)에 범죄수사 지원권을 부여키로 합의

⑤ 고용정책(employment policy)에서 개방형 정책조정 방식(Open Method of Coordination: OMC) 개념을 처음으로 도입. OMC는 2000년 리스본 유럽이사회에서 공식적으로 명명되었고 사회정책, 이민정책, 보건정책 분야 등에 널리 사용되기 시작함.

니스조약(Treaty of Nice amending the Treaty on European Union, the Treaties establishing the European Communities and certain related acts)

2001년 2월 26일 서명, 2003년 2월 1일 발효. EU의 두 설립조약인 TEU와 TEC를 개정함.

① 동유럽 및 지중해 국가들의 가입에 따른 제도적 개혁을 목적으로 체결함. 암스테르담조약에서 미처 다루지 못한 부분을 다룸.

② 집행위원회의 규모를 축소하고, 5대 주요 회원국(프랑스, 독일, 영국, 스페인, 이탈리아)에게 부여한 추가 의석은 폐지함(모든 회원국에 동등하게 1석 부여). 유럽의회 의석도 축소 합의

③ 가중다수결제의 적용 분야 확대, 암스테르담조약에 도입된 '긴밀한 협력'(closer cooperation) 장치에 대한 새로운 규칙 마련

리스본조약(Treaty of Lisbon amending the Treaty on European Union and the Treaty establishing the European Community)

2007년 12월 13일 서명, 2009년 12월 1일 발효

① 경제통합의 성과를 바탕으로 정치공동체로 한 단계 도약하기 위한 기반을 마련하고자 암스테르담조약과 니스조약에 이어 설립조약을 수정 · 보완한 조약임.

② EU가 독립된 법인격(legal personality)을 갖춤(이전에는 EC만이 독립된 법인격체였음). 6개월 순회의장국제도와 별도로 2년 6개월 임기의 유럽이사회 상임의장직(유럽연합 대통령으로 불리기도 함)과 5년 임기의 외무장관직을 신설. 리스본조약 이전에는 암스테르담조약에서 신설된 공동외교 · 안보정책의 고위 대표가 이사회 사무총장직을 겸직하였음.

③ 유럽중앙은행(European Central Bank: ECB)이 공식적인 EU 기구로 인정받게 되었으며, 유럽이사회는 가중다수결로 ECB의 수장을 지명할 권한을 가지게 됨.

④ 2014년부터 가중다수결의 개념이 바뀜: 회원국의 55% 이상이 찬성하고, 회원국 전체 인구의 65% 이상이 찬성해야 함(이중다수결제도 도입).

⑤ 공동결정절차(co-decision procedure)를 보통입법절차(ordinary legislative procedure: OLP)로 개명하고 대부분의 입법 과정에 적용함.

⑥ 28명인 현 집행위원수를 2014년부터는 2/3 수준으로 축소하기로 함.

⑦ 제1심 재판소(Court of First Instance)를 일반법원(General Court)으로 개명하였고, 사법재판소의 공식 명칭도 유럽공동체사법재판소(Court of Justice of the European Communities)에서 유럽연합사법재판소(Court of Justice of the European Union: CJEU)로 변경되었음. CJEU는 두 개의 주 법원(유럽사법재판소와 일반법원)과 기타 특수법원들로 나뉨.

⑧ 리스본조약의 발효로 1999년 유럽미래회의(European Convention)에서 마련된 유럽기본권헌장(Charter of Fundamental Rights of the European Union)이 발효됨.

3. 집행위원회 총국과 서비스

총국(Directorate-General: DG)

- 농업 및 지역 개발(Agriculture and Rural Development: AGRI)
- 예산(Budget: BUDG)
- 기후정책(Climate Action: CLIMA)
- 커뮤니케이션(Communication: COMM)
- 경쟁(Competition: COMP)
- 경제 및 재정(Economic and Financial Affairs: ECFIN)
- 교육 및 문화(Education and Culture: EAC)
- 고용, 사회정책 및 통합(Employment, Social Affairs and Inclusion: EMPL)
- 에너지(Energy: ENER)
- 확대(Enlargement: ELARG)
- 기업 및 산업(Enterprise and Industry: ENTR)
- 환경(Environment: ENV)
- 유럽원조 개발 및 협력(EuropeAid Development and Cooperation: DEVCO)
- 유럽통계국(Eurostat: ESTAT)
- 외교정책(Foreign Policy Instruments Service: FPI)
- 보건 및 소비자(Health and Consumers: SANCO)

- 내무(Home Affairs: HOME)
- 인도적 원조(Humanitarian Aid: ECHO)
- 인적 자원 보호(Human Resources and Security: HR)
- 정보과학(Informatics: DIGIT)
- 정보 사회 미디어(Information Society and Media: INFSO)
- 역내 시장 및 서비스(Internal Market and Services: MARKT)
- 통역(Interpretation: SCIC)
- 공동연구센터(Joint Research Centre: JRC)
- 사법(Justice: JUST)
- 수산(Maritime Affairs and Fisheries: MARE)
- 수송(Mobility and Transport: MOVE)
- 지역정책(Regional Policy: REGIO)
- 연구혁신(Research and Innovation: RTD)
- 사무국(Secretariat General: SG)
- 관세(Taxation and Customs Union: TAXUD)
- 통상(Trade: TRADE)
- 번역(Translation: DGT)

기타 서비스

- 유럽정책조언자국(Bureau of European Policy Advisers: BEPA)
- 중앙도서관(Central Library)
- 부패방지국(European Anti-Fraud Office: OLAF)
- 데이터보호국(European Commission Data Protection Officer)
- 기록보존소(Historical Archives)
- 인프라 및 물류-브뤼셀(Infrastructures and Logistics-Brussels: OIB)
- 인프라 및 물류-룩셈부르크(Infrastructures and Logistics-Luxembourg: OIL)
- 감사국(Internal Audit Service: IAS)
- 법률 서비스(Legal Service: SJ)
- 인사행정국(Office for Administration and Payment of Individual Entitlements: PMO)
- 출판국(Publications Office: OP)

4. 집행위원회 위원 및 관장 업무(2009~2014년)

- José Manuel Barroso(포르투갈): 위원장
- Catherine Ashton(영국): 수석 부위원장이자 외교 및 안보정책 고위 대표(High Representative of the Union for Foreign Affairs and Security Policy), Service for Foreign Policy Instruments
- Viviane Reding(룩셈부르크): 부위원장, Communication; Justice
- Joaquin Almunia(스페인): 부위원장, Competition
- Siim Kallas(에스토니아): 부위원장, Mobility and Transport
- Neelie Kroes(네덜란드): 부위원장, Communications Networks, Content and Technology
- Antonio Tajani(이탈리아): 부위원장, Entrepreneurship and Industry
- Maros Šefčovič(슬로바키아): 부위원장, Human Resources and Security
- Olli Rehn(핀란드): Economic and Financial Affairs
- Janez Potočnik(슬로베니아): Environment
- Andris Piebalgs(라트비아): EuroAid Development and Cooperation
- Michel Barnier(프랑스): Internal Market and Services
- Androulla Vassiliou(사이프러스): Education and Culture
- Algirdas Šemeta(리투아니아): Eurostat; Taxation and Customs Union
- Karel De Gucht(벨기에): Trade
- Maire Geoghegan-Quinn(아일랜드): Joint Research Centre
- Janusz Lewandowski(폴란드): Budget
- Maria Damanaki(그리스): Maritime Affairs and Fisheries
- Kristalina Georgieva(불가리아): Humanitarian Aid and Civil Protection
- Gunther Oettinger(독일): Energy
- Johannes Hahn(오스트리아): Regional Policy
- Connie Hedegaard(덴마크): Climate Action
- Stefan Fule(체코): Enlargement
- Laszlo Andor(헝가리): Employment, Social Affairs and Inclusion
- Cecilia Malmström(스웨덴): Home Affairs
- Dacian Ciolos(루마니아): Agriculture and Rural Development
- Tonio Borg(몰타): Health and Consumers(Health 담당)
- Neven Mimica(크로아티아): Health and Consumers(Consumers 담당)

부록 2

1. EU 관련 국내외 기관 웹사이트

- ASEF: http://www.asef.org/
- ASEM: http://www.aseminfoboard.org/
- Council of the European Union: http://www.consilium.europa.eu/
- Court of Justice of the European Union: http://www.curia.europa.eu/
- EFTA: http://www.efta.int/
- EU: http://europa.eu.int/
- European Central Bank: http://www.ecb.int/
- European Commission: http://www.europa.eu/
- European Investment Bank: http://www.eib.org/
- European Ombudsman: http://ombudsman.europa.eu/
- European Parliament: http://www.europarl.eu/
- European University Institute: http://www.iue.it/
- Executive Training Programme: http: //www.euetp.eu/
- Export Helpdesk: http://exporthelp.europa.eu/
- 대외경제정책연구원: http://www.kiep.go.kr/
- 대한무역투자진흥공사: http://www.kotra.or.kr/
- 삼성경제연구소: http://www.seri.org/
- 외교부: http://www.mofa.go.kr/
- 주유럽연합 대한민국 대사관: http://missiontoeu.mofa.go.kr/korean/eu/missiontoeu/main/index.jsp
- 주한유럽상공회의소: http://www.ecck.eu/
- 주한유럽연합대표부: http://eeas.europa.eu/delegations/south_korea/index_en.htm
- 한국무역협회: http://www.kita.net/
- 한국유럽학회: http://www.europe.ac.kr/
- 한국EU학회: http://www.keusa.or.kr/
- 현대경제연구원: http://www.hri.co.kr/

2. 국내 EU Centre 리스트

HUFS-HRI EU Centre: http://www.hufs-hri.org/(한국외국어대학교)

KU-KIEP-SBS EU Centre: http://www.ku-kiep-sbs.org/(고려대학교)

PNU EU Centre: http://eucenter.pusan.ac.kr/(부산대학교)

Yonsei-SERI EU Centre: http://www.yonseri.org/(연세대학교)

YU-EU Centre: http://eucentre.yu.ac.kr/(영남대학교)

참고문헌

한국어 문헌

강유덕 · 김준엽, 「한 · EU FTA 발효 이후 한국의 대EU 무역 · 투자 동향 분석 및 향후 과제」, 『오늘의 세계경제』, Vol. 13, No. 18, 대외경제정책연구원, 2013. 8. 27.

______ · 오태현 · 오현정, 「아일랜드 구제금융의 배경과 위기확산 가능성 전망」, 『오늘의 세계경제』, Vol. 10, No. 36, 대외경제정책연구원, 2010. 12. 15.

______ · 오현정, 「포르투갈 구제금융과 유로지역 재정위기 전망」, 『지역경제포커스』 제11-17호, 대외경제정책연구원, 2011.

강원택 · 조홍식, 『유럽의 부활-EU의 발전과 전망』, 푸른길, 1999. 5.

김균 · 문우식, 『유럽통화동맹의 경제이론과 역사』, 법문사, 1997.

김기수 편, 『WTO와 반덤핑관세』, 세종연구소, 1995.

김대순, 『EU法論』, 삼영사, 1995.

______, 「2001년 EU의 니스조약, 무엇을 담고 있나?」, 『국제법학회논총』 제46권 제1호(통권 89호), 2001. 6.

______ · 이종원 · 이창훈, 『EU-정치, 경제, 법』, 삼영사, 2000.

김득갑, 「한-EU FTA의 주요 쟁점과 협상전략」, Issue Paper, 2007. 5. 15.

김세원, 『EU경제학-유럽경제통합의 이론과 현실』, 박영사, 2004.

______ 편, 『유로화의 출범과 한국경제』, 박영사, 1999.

김시홍, 「유럽연합 시민권과 정체성의 사회적 차원」, 『유럽연구』 제18권, 2003년 겨울.

김윤성, 「차기 EU 공동농업정책의 주요 내용과 시사점」, 2013 NHERI 리포트 제229호, 농협경제연구소, 2013.

김흥종 외, 『한-EU FTA의 경제적 효과분석과 정책적 대응방안』, 대외경제정책연구원 정책연구 05-09, 2005.

대한무역투자진흥공사, 『EU 시장의 중장기 진출전략』, 2001. 8.

민문홍, 「유럽연합의 노동 · 사회정책 패러다임 변화에 관한 연구-90년대 이후 고용 및 사회통합정책을 중심으로」, 2002년도 학술진흥재단 기초학문분야 '동아시아의 로칼리즘, 내셔날리즘, 리저널리즘'에서의 발표논문, 서울대학교 국제대학원 · 현대일본학회, 2003. 5. 17.

박성조, 『통합시장 EC』, 매일경제신문사, 1989.

박성훈, 『아시아-유럽 정상회의(ASEM): 경제협력의 현황과 비전』, 프리드리히 에버트 재단, 2000.

______ · 윤성원 · 김장호, 『EU 문화정책의 유럽통합에 대한 파급효과와 동아시아 통합에 대한 시사점: 유럽문화수도 프로그램의 사례연구를 중심으로』, SNU-KIEP EU센터 연구시리즈 08-03, 대외경제정책연구원, 2008.

박채복, 「동유럽 국가의 EU 가입과 유럽연합의 대응」, 『유럽연구』 제11호, 한국유럽학회, 2000년 여름호.

방청록, 「EU FTA 정책」, 『한국의 FTA 정책과 한-EU FTA: 평가와 전망』, 한국유럽학회 및 한국EU학회, 서울대학교 국제대학원, 2006.

______, 「한-EU FTA 협상 추진전략」, 이종원 외, 『한-EU FTA: 현황과 전망 그리고 추진 전략』, 높이깊이, 2007.

산업통상자원부, 「한-EU FTA 2주년 주요 성과」, 2013. 6. 20.

삼성증권, 「향후 유럽 금융위기 해결방안」, 2011. 3. 9.

신상협, 「ASEM의 한국에 대한 영향: 정치 · 경제분야를 중심으로」, 『국가전략』 제6권 4호, 세종연구소, 2000.

신용대, 『동북아 경제협력과 통합을 위한 로드맵-EU의 단일시장형 경제공동체론을 중심으로』, 산업연구원, 2004.

______ · 손상익 · 홍지승, 「ASEM의 무역원활화 추진방안」, 산업연구원, 1998. 2.

외교부, 『2013 유럽연합 개황』, 2013.

외교통상부 FTA교섭총괄과, 『한-EU 제5차 협상결과』, 2007. 11. 23.

윤성원,「유럽 연합의 문화정책의 역할과 의미: 발전과정과 파급효과를 중심으로」,『EU학 연구』 제14권, 한국EU학회, 2009.

______,「The Paradox of European Identity: Concept, Formation and the Challenge of a 'Constructed' Europe」,『유럽 연구』 제30권 제1호, 한국유럽학회, 2012.

______,「Croatia as a New EU Member State: Is the Membership an Opportunity or a Challenge? Or Maybe Both?」,『유럽연구』 제31권 제3호, 한국유럽학회, 2013.

______ · 박성훈,「시청각분야를 중심으로 본 한-EU 문화협력 현황과「한-EU 문화협력 의정서」의 역할」,『EU학연구』 제18권 제1호, 한국EU학회, 2013.

이갑수,「마스트리히트조약 이후의 EU 통상정책」,『유럽연구』 창간호, 한국유럽학회, 1994.

이성봉,「EU의 기업과세와 한국 기업의 직접투자전략」, 대외경제정책연구원 자료논문, 97-05, 1997.

EU통상연구회,『EU의 통상정책과 법』, 율곡출판사, 2000.

이재현,『유럽 오늘과 내일-EU에서 통일유럽으로』, 도서출판 두남, 2004.

이종광,『유럽통합의 이상과 현실』, 일신사, 1996.

이종원,「단일통화(Euro)의 출범과 유럽통합」,『유럽연구』 통권 8호, 한국유럽학회, 1998. 12.

______,「유럽중앙은행(ECB)의 대내외적 권한과 독립성에 관한 연구」,『무역학회지』 제24권 2호, 한국무역학회, 1999. 10.

______,「한불 투자형 통상마찰에 대한 문화적 접근」,『무역학회지』 제25권 제3호, 한국무역학회, 2000. 9.

______,『EU론(개정판)』, 도서출판 해남, 2001.

______,「ASEM 프로세스와 한국의 대응」,『문화무역연구』, 한국문화무역학회, 2001.

______,「EU에서의 경제력격차 해소와 구조기금의 역할-경제적 시민권을 중심으로」,『무역학회지』 제28권 4호, 한국무역학회, 2003. 9.

______ · 김영생,「EU의 무역 및 환경 연계정책과 우리나라의 대EU 무역에 미치는 영

향」, 『유럽연구』 제17권, 한국유럽학회, 2003년 여름호.

_______ · 정홍열 역, 『국제통합의 경제학』, 도서출판 해남, 1999(Peter Robson, *The Economics of International Integration*).

_______ · 황기식, 『EU 27: 유럽통합의 이해』, 도서출판 해남, 2008.

이창훈 · 이종원 · 김대순, 『EU－政治, 經濟, 法』, 삼영사, 2000.

이호근, 「유럽 통합과정과 사회정책」, 2000년도 한국정치학회 춘계학술대회 발표논문.

일본경제신문사 지음, 국제사회문화연구소 옮김, 『유럽경제입문』, 고려원, 1993.

임문영, 『유럽연합의 사회정책』, 계명대학교 출판부, 2003.

_______ · 이종광 · 김승민 · 류두하, 「유럽통합의 심화와 대외관계의 변화」, 『국제학논총』 제1집, 계명대학교, 1996.

장 홍, 『아름다운 처녀 유럽』, 백산서당, 1997.

정재영, 『한국의 대EC 통상로비 전략에 관한 연구』, 국제무역경영연구원, 1990.

정홍렬, 「유럽연합(EU) 지역정책의 발전과 전망」, 『유럽연구』 통권 제13호, 한국유럽학회, 2001년 여름호.

주벨기에대사관 겸 구주연합대표부, 「EU 정책브리핑」, 외교통상부, 2004.

주EU대표부, 『유럽연합의 오늘(한국과의 관계)』, 1995.

______, 1997 EU 경제인협의회 및 EU 주재공관 합동회의 자료, 1997. 6. 26~27(브뤼셀).

지식경제부, 「한-EU FTA 협상결과 및 기대효과」, 2009. 10.

채형복, 『EU반덤핑법』, 지산, 2000.

______, 『EU통상법』, 지산, 2001.

______, 「유럽헌법 제정을 둘러싼 법적 쟁점의 검토－유럽헌법 초안을 중심으로」, 『영남법학』 제10권 제1호, 영남대학교 법학연구소, 2004.

채희율, 「유럽통화통합의 문제점과 전망」, 금융조사자료 No. 95-3, 한국금융연구원, 1995. 4.

체키니 파올로 저, 이종원 역, 『유럽의 도전: 1992 역내시장통합의 효과』, 형설출판사, 1990.

최홍배 · 채형복 역, 『유럽경제법』, 지산, 2000.

KOTRA, 『EU 신가입 10개국 - KOTRA 월드 비즈니스 가이드』, 리수, 2004.

통상산업부, 『ASEM 추진경과 및 대응방안』, 1996.

______, 『제1차 ASEM 경제장관회의 결과보고서』, 1997.

한국유럽연구협회 편, 『유럽통합의 전망』, 경희대학교 출판국, 1992.

한국은행, 『경제통계연보』, 각 연호.

______, 『해외경제 포커스』, 각호.

한종수, 『유럽연합(EU)과 한국』, 동성사, 1998.

허 만, 『드골의 외교정책론』, 집문당, 1997.

______, 『유럽의 통합정치론』, 부산대학교 출판부, 1999.

황기식, "EU eastward enlargement and its impact on inward FDI: A case study of Korean investment in the electronic goods sector in Central and Eastern Europe," 런던대학교 박사학위논문, 2007.

외국어 문헌

藤原豊司 · 田中俊郎, 『歐洲連合-5億人の巨大市場』, 東洋經濟新聞社, 1995.

Ackill, Robert, *The Common Agricultural Policy*, Sheffield Academic Press, 2001.

Avery, Graham and Fraser Cameron, *The Enlargement of the European Union*, Sheffield Academic Press, 2001.

Barro, Robert J. and Vittorio Grilli, *European Macroeconomics*, Macmillan Press, Ltd., 1994.

Begg, Lain and Nigel Grimwade, *Paying for Europe*, Sheffield Academic Press, 2001.

Benson, David and Andrew Jordan, "Environmental Policy," *in European Union Politics*, Michelle Cini and Nieves Pérez-Solórzano Borragán(eds.), 4th ed., Oxford University Press, 2013.

Brenton, Paul, Henry Scott, and Peter Sinclair, *International Trade a European Text,* Oxford University Press, 1997.

Britton, Andrew and David Mayes, *Achieving Monetary Union in Europe*, Sage Publications, 1992.

Bulmer, Simon and Andrew Scott, *Economic and Political Integration in Europe*, Blackwell Publisher, 1994.

Church, Clive H., *European Integration Theory in the 1990s*, University of North London, 1996.

Cini, Michelle and Nieves Nieves Pérez-Solórzano Borragán(eds.), *European Union Politics*, 4th ed., Oxford University Press, 2013.

Cobham, David(ed.), *European Monetary Upheavals*, Manchester University Press, 1994.

Coffey, Peter, *The Future of Europe*, Edward Elgar, 1995.

Cole, John and Francis Cole, *Geography of the European Union,* 2nd ed., Routledge, 1997.

Commission of the European Communities, "A People's Europe, Reports from the ad hoc Committee," Bulletin of the European Communities, Supplement 7/85, 1985.

______, "Jacques Delors' Introduction to the Community Charter of the Fundamental Social Rights for Workers," European File 6/90, Louxembourg: Office for Official Publications of EC, 1990.

______, "European Community Action in Support of Culture," COM(94)356final, 1994.

______, "Report on the Implementation of the Community Programmes Kaleidoscope, Ariane and Raphael," COM(2004)33final, 2004.

Corbett, Richard, Francis Jacobs, and Michael Shackleton, *The European Parliament,* 3rd ed., Cartermill Publishers, 1995.

De Bonis, Valeria, *Stabilization Policy in an Exchange Rate Union*, Physica-Verlag, 1994.

De Grauwe, Paul and Lucas Papademos(eds.), *The European Monetary System in the 1990s*, Centre for European Policy Studies, Brussels and the Bank of Greece, 1990.

Dedman, Martin J., *The Origins and Development of the European Union* 1945~1995, Routledge, 1996.

Delors, Jacques, "Preface," in J. Vandamme(ed.), *New Dimensions in European Social Policy*, London: Croom Helm, 1985.

______, "Economic Relations between the EU and East Asia: Past, Present and Future," *Intereconomics*, Baden-Baden, Germany: HWWA, January/February 1997.

______, *The European Economy-The Global Context*, Routledge, 1997.

Dent, Christopher M., *EU-East Asia Economic Relations: Completing the Triangle?*, University of North London, 1996.

Dimas, M., "The European Social Model," European Parliament-Plenary Session, EU Institutions Press Releases, Speech/04/224.

Dimitropoulou-Hassiotis, Maria, *A Guide to the European Union-Institutions, Policies, Programmes*, Funds and Entry Tests the EU Institutions, 1999.

Dimopoulos, Angelos, "The Common Commercial Policy after Lisbon: Establishing parallelism between internal and external economic policy," *Croatian Yearbook of European Law and Policy*, Vol. 4, University of Zagreb, 2008.

Duff, Andrew(ed.), *The Treaty of Amsterdam*, Sweet & Maxwell, 1997.

Edwards, Geofrey and David Spence, *The European Commission*, Catermill Publishers, 1995.

El-Agraa, Ali M., *The Economics of the European Community,* 4th ed., Harvester Wheatsheaf, 1994.

Emiliou, Nicholas and David O'Keeffe, *The European Union and World Trade Law*, John Wiley & Sons, 1996.

European Commission, "Relations between the European community and the Republic of Korea," Communication from the commission to the council, unpublished document, Brussels, 1993.

______, "Towards A New Asia Strategy," Communication from the Commission to the Council, COM(94) 314 final, Brussels, 1994. 7.

______, *Exploring Europe: Europe on the move*, Office for Official Publications of the European Communities, 1996.

______, *Europe from A to Z: Guide to European Integration*, European Documentation, 1997.

______, *Treaty of Amsterdam*, Office for Official Publications of the European Communities, 1997.

______, Agenda 2000 COM(97)2000final, Brussels, 1997.

______, *EMU after 5 Years*, 2004.

______ (Directorate-General for Economic and Financial Affairs), "EMU@10: successes and challenges after 10 years of Economic and Monetary Union," Communication from the Commission to the European Parliament, the Council, the European Economic and Social Committee, the Committee of the Regions and the European Central Bank, 2008.

European Free Trade Association, *1996 EFTA–Thirty-sixth Annual Report*, 1997.

Faist, Thomas, "Social Citizenship in the European Union: Nested Membership," *Journal of Common Market Studies*, Vol. 39, No. 1, March 2001.

Falkner, Gerda, *European Social policy in the 1990s: Towards a Corporatist Policy Community*, London: Routledge, 1998.

Felicetta, Lauria, *L'Unione Europea–Origine, Sviluppi, problemi attuali*(quarta e dizione), UTET, 1996.

Galloway, David, *The Treaty of Nice and Beyond–Relities and Illusions of Power in the EU*, Sheffield Academic Press, 2001.

Greenwood, Justin and Aspinwall Mark, *Collective action in the European Union–Interests and the new politics of associability*, Routledge, 1998.

Gros, Daniel and Niels Thygesen, *European Monetary Integration–from the European Monetary System to European Monetary Union*, 1992.

Hall, S., "European Citizenship–Unfinished Business," in L. Holmes and P. Murray, *Citizenship and Identity in Europe*, Aldershot Publishing Co., 1999.

Hanggi, Heiner, "ASEM and the Construction of the New Triad," *Journal of the Asia Pacific Economy*, 4(1).

Hantrais, Linda, *Social Policy in the European Union*, 2nd ed., Palgrave, 2000.

Hix, Simon, *The Political System of the EU*, The European Union Series, Palgrave, 2000.

Jovanovic, Miroslav N., *European Economic Intergration–Limits and Prospects*, Routledge, 1997.

Kleinman, M., *A European Welfare State?: European Union Social Policy in Context*, New York: Palgrave, 2002.

______ and D. Piachaud, "European Social Policy: Conceptions and Choices," *Journal of European Social Policy*, 1, 1993.

Ko, Jong-Hwan, "Should We Be Afraid of Trade Liberalization between Europe and Asia through ASEM?: Anaysis of its impact using a CGE model," a paper presented at the International Conference on the Third Seoul ASEM and Asia-Europe Relations, organized by the Contemporary European Studies, September 29-30, 2000, Seoul Plaza Hotel.

Kollner, Patrick, "Whither ASEM? Lessons from APEC and the Future of Transregional

Cooperation between Asia and Europe," a paper presented at the International Conference on Asia-Europe in a Global Economy: Economics, Economic System and Economic Cooperation, organized by the Korean Economic Association, September 1-2, 2000, Seoul National University.

Lee, Chong Wha, "Searching for and Economic Agenda for the 3rd ASEM Summit: Two Scenarios," KIEP Working Paper 99-31, 1999.

Leibfried, S. and P. Pierson(eds.), *European Social Policy: Between Fragmentation and Intentation,* Washington DC: Brookings Institution, 1995.

Lim, Paul, "The Unfolding Asia-Europe Meeting(ASEM) Process: Issues for ASEM Ⅲ," unpublished paper, 2000.

Lodge, Juliet, *The European Community and the Challenge of the Future*, Publishers, Ltd., 1993.

Masera, Rainer, *Saggi di finanza*, IMI, 1997.

McAllister, Richard, *From EC to EU: An Historical & Political Survey*, Routledge, 1997.

McKay, David, "Policy Legitimacy and Institutional Design: Comparative Lessons for the European Union," *Journal of Common Market Studies*, Vol. 38, No. 1, 2000, pp. 25~44.

Miles, Lee, *Enlargement of the European Union*, University of North London, 1995.

Ministry of Foreign Affairs and Trade(MOFAT), "The Launch of Official negotiation on Korea-EU FTA," Press Release, May 6, 2007.

Moussis, Nicholas, *Guide to European Policies*, 6th revised edition, European Study Service, 2000.

Noelling, Wilhelm, *Monetary Policy in Europe after Maastricht*, St. Martin's Press, 1993.

Nugent, Neill, *The Government and Politics of the European Union*, 3rd ed., The Macmillan Press, Ltd., 1994.

O'Donnell, Rory, "Policy requirement for regional balance in economic and monetary union," in A. Hannequart(ed.), *Economic and Social Cohesion in Europe*, London: Routledge, 1992.

O'Leary, Siofra, "The Social Dimension of Community Citizenship," in Allan Rosas and Esko Antola(eds.), *A Citizen's Europe: in Search of New Order*, London: Sage Publications, 1995.

Pang, Chung Rok, "The Common Commercial Policy of the European Union and South Korea: Analysing Policy-Making and Power in the Cases of the Automobile and Consumer Electronics Industries," Ph.D. Thesis, The University of Birmingham, December 1996.

______, "Policy Network and Multiple Lobbying Strategies in EU Trade Policy-Making," *Asia-Europe Journal*, Vol. 2, No. 3, 2004.

Panic, M. and Aleksandar M. Vacic, *Economic Integration In Europe and North America*, New York and Geneva: United Nations, 1995.

Parry R., Unpublished material for the lecture of European Social Policy at the University of Edinburgh, 1993.

Pedersen, Thomas, *European Union and the EFTA Countries: Enlargement and Integration,* Pinter Publishers, 1994.

Peterson, John and Elizabeth Bomberg, *Decision-making in the European Union*, Macmillan Press Ltd., 1999.

Richardson, Jeremy J., *European Union: Power and Policy-making*, Routledge, 1996.

Roney, Alex, *EC/EU Fact Book: A Complete Guide*, 6th ed., Kogan Page, 2000.

Steinherr, Alfred, *30 Years of European Monetary Integration: from the Werner Plan to EMU*, Longman, 1994.

Stevens, Anne, *Brussels Bureaucrats?: The Administration of the European Union*, Palgrave, 2001.

Swann, Denis, *The Economics of Europe-from Common Market to European Union*, 9th ed., 2000.

______(ed.), *The Single European Market And Beyond*, Routledge, 1992.

Venturini, P., *The European Social Dimension*, EC Document, 1989.

Wallace, Helen and William Wallace, *Policy-Making in the European Union*, Oxford University Press, 1996.

Werner, P., "Report to the Council and the Commission on the Realization by Stages of Economic and Monetary Union in the Community," Bulletin of the European Communities Supplement, Vol. 3, 1970.

Wood, David M. and Birol A. Yesilada, *The Emerging European Union*, Longman Publisers USA, 1996.

Yonsei-SERI EU Centre, "EU Brief," Vol. 5, No. 4, 2013. 8.

Yoon, Sung-Won, "Shaping European Identity through Cultural Policy of the European Union: The Case Study of European Capital of Culture," Ph.D Thesis, Graduate School of International Studies, Korea University, 2009.

______, "Croatia as a New EU Member State: Is the Membership an Opportunity or a Challenge? Or Maybe Both?" *Journal of Contemporary European Studies*, Vol. 31, No. 3, 2013, pp. 323~364.

찾아보기

ㄱ

ㅈ